Jan Philipp Reemtsma

Mord am Strand

Allianzen von Zivilisation und Barbarei

Siedler

Umwelthinweis:
Alle bedruckten Materialien dieses Taschenbuches
sind chlorfrei und umweltschonend.

Siedler Taschenbücher erscheinen im Goldmann Verlag,
einem Unternehmen der Verlagsgruppe Bertelsmann.

1. Auflage
Durchgesehene und erweiterte Taschenbuchausgabe März 2000

Umschlaggestaltung: Design Team München
KF · Herstellung: Augustin Wiesbeck
Made in Germany
ISBN 3-442-75577-8

Inhalt

Vorbemerkung

Die Geschichte der Kriminalerzählung läßt man gerne mit Edgar Allan Poes *Der Doppelmord in der Rue Morgue* beginnen. Zu Recht. Aber man hat auch darauf hingewiesen, daß es sich im Grunde um keine »richtige« Kriminalgeschichte handelt, denn es geschieht ja kein Verbrechen, sondern ein Unglück. Die detektivische Leistung des Urvaters aller Detektive, Auguste Dupin, besteht ja gerade darin, herauszufinden, daß kein Mörder in der Rue Morgue sein Unwesen getrieben hat, sondern ein entlaufener und verstörter Orang-Utan. Nur dadurch, daß man denkt, es handele sich um eine menschliche Tat, einen Mord, ist sie überhaupt eine böse Tat. Andererseits: Solange man sie für einen Mord hält, kann man das Bizarre des Mordes – eine Frauenleiche kopfunter in den Kaminschornstein gestopft, einer anderen der Hals mit einem einzigen Hieb so durchtrennt, daß der Kopf abfällt, als man die Leiche hochhebt – gar nicht recht erfassen. Es ist aber das Bizarre, das, was jenseits aller menschlichen Motivierbarkeit liegt, was Dupin Schritt für Schritt auf die Spur bringt: Die Bestialität der Morde und ihr fehlendes Motiv veranlassen – neben anderen Indizien – den Detektiv zu dem Schluß, daß kein Mensch die Tat habe begehen können. Die Polizei und die Presse, die den Fall als Mordfall behandeln, spielen die Gräßlichkeit herunter und unterstellen ein Motiv – Raubmord, obwohl eine große Summe Geldes verstreut in der Wohnung umherliegt. »Fassen wir die Metzelei selbst ins Auge … Gewöhnliche Mörder bedienen sich keiner solchen Verfahrensweise. Schon gar nicht gehen sie dann derart mit den Ermordeten um. In der Art, den Leichnam in den Kamin hinaufzustoßen, liegt etwas *überaus Outriertes*, das werden Sie mir zugeben – etwas, das alles in allem mit unsern üblichen Begriffen von menschlicher Verhaltensweise nicht übereinzustimmen ist, selbst wenn wir uns unter den Tätern die verderbtesten Menschen vorstellen.«

Im Jahre 1984 veröffentlicht der bald zu einem neuen Kultautor für Horrorgeschichten avancierende World-Fantasy-Award-Preisträger Clive Barker seine Erzählung *Neue Morde in der Rue Morgue*. Wieder ein Frauenmord in Paris; wieder ein Mordverdacht, der auf einen Menschen fällt; wieder ist ein Affe der Täter. Ein Gorilla diesmal. Die Hauptperson der Geschichte, Lewis Fox, ist zudem der Großneffe von E. A. Poes Dupin, dessen Bruder in die USA emigriert war und Poe die Geschichte erzählt hatte. Lewis Fox, er ist schon betagt, 73 Jahre alt, besucht Paris, weil er um Hilfe gebeten wird. Sein gleichfalls bejahrter Freund Philippe wird des Mordes an einer 18jährigen beschuldigt. Auch dieser Mord ist scheußlich. Aber Lewis ist kein Detektiv; was hinter dem Mord steckt, erschließt sich ihm mehr zufällig. Als er es herausgefunden hat, bringt sich sein Freund Philippe im Gefängnis um. Dieser hatte sich nämlich, inspiriert durch die Erzählung Poes, einen Gorilla angeschafft und ihm menschenähnliches Benehmen beigebracht. Seine junge Freundin nun hatte mit dem – ganzkörperrasierten, aufdringlich parfümierten, in Menschenkleidung mit breitem, in die Stirn gezogenem Hut und Schal gern durch die Straßen von Paris flanierenden – Affen ein Verhältnis begonnen, ohne das mit Philippe zu lösen, weshalb der Affe aus Eifersucht mordete. Nun lebt er mit einer jungen drogenabhängigen Prostituierten zusammen, der er – man weiß nicht wie – regelmäßig Rauschgift verschafft. Einen Polizisten, der ihm auf der Spur war, hatte er ermordet, indem er ihm das Gesicht vom Schädel riß. Zu Lewis aber ist der Affe freundlich, denn er erkennt ihn von einem alten Foto aus Philippes Besitz wieder und spricht ihn an: »Hinter ihm ergriff der Affe das Wort und sagte seinen Namen. Aber der kam diesmal nicht wie eine Grunz-Vokabel heraus, vielmehr traf der Primatengaumen Philippes Modulation mit entmutigender Genauigkeit, besser als der begabteste Papagei ... ›Lewis‹, sagte er.«[1]

Poes Erzählung hat Literaturgeschichte gemacht, Barkers Erzählung wird das zweifellos nicht tun. Aber sie ist interessanter, als sie

1 Clive Barker, Das zweite Buch des Blutes, München 1990, S. 222.

auf den ersten Blick scheint – und nicht nur gräßlich. Man vergißt nämlich bei der aufdringlichen Parallelführung zu Poes Erzählung, daß die andere literarische Anregung Kafkas *Bericht für eine Akademie* ist, die Frage nämlich, was es braucht, ein Mensch zu sein. Auf dieser Ebene fällt auf, daß jenes zentrale Moment von Poes Erzählung – der Mord an dem jungen Mädchen ist zu scheußlich und zu unmotiviert, um von einem Menschen begangen zu werden – keinem der Beteiligten in den Sinn kommt. Und interessanterweise wird auch gesagt warum: »Lewis kniete neben Solal (dem ermordeten Polizisten, J.P.R.) nieder; seine Magennerven waren eisern. Während des Krieges hatte er sich, als Kriegsdienstverweigerer, freiwillig zum Lazarettdienst gemeldet, und es gab wenige tiefgreifende Umwandlungen des menschlichen Körpers, die er nicht in der einen oder anderen Kombination gesehen hatte.«[2] Und rückblickend auf E. A. Poe heißt es: »Jetzt, da das zwanzigste Jahrhundert sich durch sein letztes Viertel rackerte, mußte man sich über weitaus größere Greuel Rechenschaft ablegen, allesamt begangen vom menschlichen Wesen. Der armselige Orang-Utan war von Anthropologen untersucht worden. Befund: ein einzelgängerischer Pflanzenfresser, still und stoisch. Die wahren Ungeheuer fielen weit weniger ins Auge und hatten weit mehr Macht. Neben ihren Waffen nahmen sich Rasiermesser jämmerlich aus; ihre Verbrechen waren gigantisch.«[3] Gerade darum verwendet Barker das Motiv des Rasiermessers. Mit ihm gibt sich der Gorilla ein zureichend menschliches Outfit: »Am hellen Vormittag machte eine junge Frau mit rotem Haar, eingehakt bei einem großen häßlichen Mann, einen gemütlichen Spaziergang zu den Stufen von Sacré-Cœur.«[4] Er solle wissen, »worauf man sich gefaßt machen muß auf dieser Welt«[5], hatte sein Freund Philippe vor seinem Selbstmord gesagt – Lewis springt am Schluß in die Seine: »Das war das Ende des Jahrhun-

2 Ebd., S. 218.

3 Ebd., S. 190.

4 Ebd., S. 223.

5 Ebd., S. 194.

derts, da mußte er auf alles gefaßt sein. Selbst darauf, von einer rasierten Bestie ... als Freund eines Freundes begrüßt zu werden.«[6]

Daß man die mentale Beschaffenheit eines Menschen erst dann wirklich kennt, wenn man weiß, wovor er am meisten Angst hat, könnte sowohl die Erkenntnis eines Psychoanalytikers wie eines Folterers sein. Die Angstobsession unserer Zivilisation heißt »Barbarei«. Hätte es ein besseres Debüt für die Demonstration analytischer Intelligenz in der Figur des Detektivs in der ersten Hälfte des 19. Jahrhunderts gegeben als diesen Nachweis, daß das Böse von außen kommt, hereinbricht – und wieder ausgewiesen werden kann? Und ebenso scheint mir die Feststellung, man müsse am Ende des 20. darauf gefaßt sein, von einer rasierten Bestie als Freund eines Freundes begrüßt zu werden, eine angemessene Replik.

Der Begriff »Zivilisation« hat keinen guten Ruf[7]; es empfiehlt sich, ihn zunächst deskriptiv zu gebrauchen. Eine Kultur unter dem Aspekt ihrer Zivilisiertheit zu betrachten heißt, sie daraufhin anzusehen, welche Grenzen sie zwischen erlaubter, gebotener und verbotener Gewalt zieht. Diese Betrachtungsweise erlaubt keine

---

6 Ebd., S. 222.

7 »Ein angesehener Gelehrter, der mit dem Sozialismus sympathisierte, hörte bei einem wissenschaftlichen Tischgespräch einen unbefangenen Teilnehmer von Menschlichkeit sprechen. Er erglühte sogleich in edlem Zorn und wies den Ahnungslosen zurecht: Der Begriff der Menschlichkeit, der ›Humanität‹, sei durch die übelste kapitalistische Praxis, die ihn durch Jahrhunderte als Deckmantel benützte, entehrt und inhaltslos geworden. Anständige Menschen könnten ihn nicht mehr ernsthaft gebrauchen, sie hätten aufgehört, das Wort in den Mund zu nehmen. Ich dachte: ›Ein radikaler Gelehrter! Nur – welcher Bezeichnungen für das, was gut ist, sollen wir uns dann noch bedienen dürfen? Sind sie nicht alle durch einen die schlechte Praxis verschleiernden Gebrauch ebenso entehrt wie der Ausdruck Humanität?‹ Einige Wochen später erschien ein Buch von diesem Gelehrten über die Wirklichkeit des Christentums. Zuerst war ich überrascht, dann fand ich: er hatte gar nicht das Wort, sondern die Sache verworfen.« Max Horkheimer [Heinrich Regius], Dämmerung. Notizen in Deutschland, Zürich 1934, S. 12.

leichte Unterscheidung zwischen »zivilisiert« und »weniger zivilisiert«. Ist eine Kultur, die den Brauch pflegt, Gefangenen bei lebendigem Leibe das Herz herauszureißen, weniger zivilisiert oder zivilisierter als eine, die Menschen bei gleichfalls lebendigem Leibe verbrennt, wenn sie nicht die vorgeschriebenen religiösen Überzeugungen haben? Kulturen pflegen ihre Art der Gewalttätigkeit, das heißt, ihre Art zwischen erlaubt, verboten und geboten zu unterscheiden, für selbstverständlich und andere Grenzziehungen für barbarisch zu halten, nicht nur, weil diese Grenzziehungen *anders* sind, sondern weil der Umstand, daß die fremde Kultur unsere Grenzen nicht achtet, den Verdacht nahelegt, sie werde gar keine achten. Wo immer Kulturen in einem gewaltsamen Konflikt miteinander standen, gewannen sie die Überzeugung, die andere Seite sei besonders gewalttätig oder grausam. Ähnliches gilt für die gewaltsame Begegnung von Kulturen mit denselben zivilisatorischen Standards, etwa im Kriege: Die immer vorkommenden Grenzverletzungen werden im Falle der eigenen Kultur als Ausnahmen, im Falle der anderen als Beweis für deren Barbarisierung angesehen.

Der Fall der sogenannten Moderne, das heißt jener Zivilisationsform, die sich aus den Krisen des 16. und 17. Jahrhunderts gebildet hat, ist etwas komplizierter. Nicht nur weil sie, aufgrund ihrer expansionistischen Tendenz und ökonomisch-technischen Überlegenheit, besonders viele gewaltsame Begegnungen mit anderen Kulturen hatte, die meistens zu deren Unterwerfung führten, sondern vor allem, weil in ihr die Grenze zwischen Zivilisation und Barbarei als permanentes Binnenproblem auftaucht. Alle Kulturen entwerfen Selbstbilder, die, je nach Beobachtungsperspektive, mehr oder weniger gut mit den tatsächlichen Verhältnissen übereinstimmen und, im Falle von Legitimationskrisen, im Rahmen von Rechtfertigungsrhetoriken funktionieren müssen. Die Grenzen zwischen gebotener, erlaubter und verbotener Gewalt tauchen dabei als gottgewollt oder naturgegeben auf, werden auf Ursprungsmythen zurückgeführt usw. Im Selbstbild der Moderne werden die Gewaltgrenzen aber zusätzlich dadurch legitimiert, daß sie nicht selbstverständlich sind, sondern daß es das Ziel der eigenen Kultur ist, sie zu verändern: die Spielräume erlaubter oder gebotener Gewalt nach Möglichkeit einzuschränken.

Dieser Umstand hatte vor allem drei Konsequenzen: Einerseits fiel die Legitimation der eigenen Grausamkeiten anderen Kulturen gegenüber (auch der diesbezüglichen Verletzung eigener Grenzen) besonders heuchlerisch aus, andererseits zeigte aber der besondere Aufwand an Heuchelei, daß die mit dem Selbstbild und der Idealbildung verbundene Selbstbeobachtung nie außer Kraft gesetzt werden konnte. Die dritte Konsequenz war, daß die potentielle, das heißt immer noch nicht zureichend eingeschränkte, Gewalttätigkeit sich innerhalb der eigenen Kultur als Dauerproblem erwies. Man kann das, unter anderem, an der Popularität der Idee der Gleichheit – nicht der politischen Gleichheit, sondern der Gleichheit »als Mensch« – erkennen. Wie problematisch diese Idee der Gleichheit politisch ist, hat Hannah Arendt eloquent im Kapitel über die »Aporien der Menschenrechte« ihres Totalitarismusbuches gezeigt; wie sehr sie unsere Kultur prägt und die Rhetorik der Menschenrechte immer noch und wieder antreibt, zeigt sich. Sie ist kein Abkömmling der christlichen Idee von der Gleichheit der Menschen vor Gott. Hobbes hat die Gleichheit der Menschen unumwunden damit begründet, daß jeder jeden umbringen könne: Was dem einen an Kraft mangele, könne er durch List wettmachen. Wenn man durch die Sammlungen von Rüstungen im Tower von London geht oder die »Band of Brothers«-Rede Heinrichs V. liest, könnte man auf den Gedanken kommen, die Idee der Gleichheit sei bei Azincourt geboren – wenngleich es einige Zeit brauchte, sie wirklich durchzusetzen. Andererseits war es das Ideal der Gleichheit, welches das Aufkommen von Massenheer und allgemeiner Wehrpflicht, das heißt die unterschiedslose, fast klassenübergreifende Todesdrohung für alle, entscheidend beförderte.[8]

---

8 Es »läßt sich nicht leugnen, daß am Ende des 19. Jahrhunderts den europäischen Armeen die außerordentliche und bis dahin beispiellose Leistung gelungen war, den Militärdienst populär zu machen. ›Wer zöge jemals auf eigenen Sold in den Krieg?‹ fragte der heilige Paulus die Korinther; er sprach von

Die andere Seite der dauernden Präsenz des Gewaltthemas in unserer Zivilisationsform ist seine Verleugnung. Für die Sozialwissenschaften ist Gewalt in der Regel ein Gegenstand für Subdisziplinen wie Kriminologie oder Friedensforschung und im allgemeinen stellen sie sich die Aufgabe, »die gesellschaftlichen Ursachen der Gewalt« zu erforschen, also von etwas, das, wie die Formulierung vorab definiert, nicht dazugehört, sondern wie der mörderische Orang-Utan von außen über sie hereinbricht, möglichst bald dingfest gemacht und wieder hinter Schloß und Riegel gebracht werden muß.

Im Ersten Weltkrieg ist das Selbstbild der ihre Gewaltsamkeit kontinuierlich einschränkenden Moderne erschüttert und nach Auschwitz widerlegt worden, ohne daß damit allerdings das mit diesem Selbstbild verbundene Ideal lächerlich geworden wäre.[9] Die damit verbundene Verstörung der zivilisatorischen Selbstgewißheit

---

einer eindeutigen Absurdität für die Untertanen jedes zentralisierten Staates der damaligen Zeit. Aber im Jahre 1900 taten Millionen junger Europäer genau das, was Paulus für unmöglich gehalten hatte – wenn man bedenkt, daß die Wehrpflicht eine Besteuerung der Zeit und des Erwerbsvermögens eines Landes ist –, und nicht nur ohne Klage, sondern in bester Stimmung. Dadurch erschütterten sie nicht nur Marx' Lehren von der Entfremdung und vom Klassenkampf ganz erheblich … Während die Bewegungen, die seine Philosophie hervorgebracht hatte … bemüht waren, sich den Zentralismus, die Hierarchie und Disziplin zu eigen zu machen, die Marx verspätet als Schlüssel zum revolutionären Sieg erkannt hatte, ließen die Armeen, mit denen sie um den Einfluß auf die Massen wetteiferten, sie spielend hinter sich.« John Keegan, Die Maske des Feldherrn, Weinheim 1997, S. 371 (der Titel des Originals lautet »The Mask of Command«, ist also keinesfalls mit »Die Maske des Feldherrn« wiederzugeben).

9 »Vor allem in Frankreich und Deutschland«, schreibt Richard Rorty in einer Anmerkung zu seinem Aufsatz *Menschenrechte, Vernunft und Empfindsamkeit* (transit, 7/1994), »gibt es heute Intellektuelle, die es für offensichtlich halten, daß die im 19. Jahrhundert entstandenen Hoffnungen auf menschliche Freiheit durch den Holocaust eindeutig obsolet geworden sind: Wir Postmodernen seien uns am Ende des 20. Jahrhunderts im klaren darüber, daß das Projekt der Aufklärung zum Scheitern verurteilt ist. Aber in ihren weniger

hat zu einer veränderten Haltung den Opfern der Gewalt gegenüber geführt. Ihre Stimme gehört, ein historisches Novum, zur Rhetorik der sozialen Selbstbeschreibung. Die Memoiren der Überlebenden des Holocaust (wie auch der des Gulag) sind eine eigene Literaturgattung geworden und spielen für die Selbstdeutung der (in diesem Sinne) Postmoderne eine nicht zu unterschätzende Rolle. Es ist vor allem auf sie zurückzuführen, daß sich ein Verständnis für die gesellschaftsformierende Kraft der Gewalt aus dem Verständnis individueller Deformationen durch Gewalttaten entwickelt hat.

Ohne die Analyse des Einzelfalls kommt das Nachdenken über die soziale Funktion der Gewalt nicht aus, dort muß es immer erneut ansetzen, und es muß auch immer wieder die kulturellen Repräsentanzen individueller wie kollektiver Gewalterfahrungen aufsuchen. Im Leben der einzelnen und in ihren kulturellen Selbstverständigungsversuchen, denen in der kollektiven Rezeption immer wieder über den Einzelfall hinaus Verbindlichkeit zugeschrieben wird, werden die Erfahrungen von Gewalt kommuniziert. Eine Analyse dieser Kommunikationsformen kann vor einem traditionellen Fehler des Umgangs der Sozialwissenschaften mit Phänomenen der Gewalt bewahren. Oft verkürzen sie ihr Verständnis instrumentell, ähnlich wie der Clausewitz-Anhänger vom Krieg als der Fortsetzung der Politik mit anderen Mitteln spricht. Mindestens dort ist es unzulässig, Ereignisse oder Handlungen als bloße Zweck-Mittel-Relationen darzustellen, wo die Anwendung des Mittels – gleichgültig, ob der Zweck erreicht wird oder nicht – tie-

---

moralisierenden und salbungsvollen Augenblicken tun sogar diese Intellektuellen ihr Bestes, um dieses Projekt voranzubringen. Das sollten sie auch, denn bisher hat sich noch niemand mit einem besseren gemeldet. Es schmälert das Gedenken an den Holocaust keineswegs, wenn man sagt, auf den Holocaust sollten wir nicht mit der Behauptung reagieren, wir seien zu einer neuen Auffassung der Natur oder der Geschichte des Menschen gelangt, sondern mit der Bereitschaft, uns hochzurappeln und es noch einmal zu versuchen.«

fergehende Veränderungen hervorruft, als es der durch ein anderes Mittel realisierte Zweck getan hätte.[10] Das heißt andererseits nicht, daß man vom instrumentellen Unverständnis ins substantialistische Mißverstehen stolpern sollte, indem man sich etwa die seit einigen Jahren in Mode gekommene Redeweise vom »Bösen« zu eigen machte.

Die folgenden Aufsätze sind zu unterschiedlichen Gelegenheiten in den letzten fünf Jahren entstanden, je nach Anlaß und Auftrag, aber vielleicht mag sie der eine oder andere als kasuistische Vorarbeiten zu einer weiter ausgreifenden Theorie individueller und sozialer Gewalterfahrung lesen. – Den ersten Teil könnte man, wenn man wollte, mit »Trauma und Verkennung« überschreiben. Er besteht aus drei philologischen Einzelstudien – über eine Episode aus Georg Forsters *Reise um die Welt* und die Konsequenzen dieser Episode für Leben und Werk; über den Versuch Kurt Eisslers, eine Pathographie Leonardo da Vincis zu schreiben und die Ursache seines Scheiterns; schließlich über die Blut- und Mordphantasien Hans Henny Jahnns. Man kann in allen drei Fällen von exemplarischem Mißlingen, Erfahrungen des Leidens mitzuteilen, sprechen. Ein solches Mißlingen hat, wie das Scheitern von Kommunikationsakten meist, zwei Seiten: den, der nicht sagen kann, was er möchte, und den, der es nicht hören will. Georg Forsters Leben und Werk ist – und man merke, daß es sich dabei um einen Akt der Unbarmherzigkeit handelt – zum Ideal verklärt worden, zur Ikone deutscher linker Sehnsüchte. Man hat bei Jahnn die Sprachgewalt

10 Es ist darum schon methodisch fragwürdig, ein Massenmordunternehmen auf Zwecke wie Wohnraumbeschaffung für einen anderen Bevölkerungsteil oder ähnliches zurückzuführen. Solche von Historikern zuweilen angebotenen Pseudoerklärungen sind im Alltagsleben unzulässig. Wir mögen akzeptieren, daß ein Mensch einen anderen mit der Zeitung schlägt, um ein Insekt zu vertreiben, aber nicht, wenn er dies mit einem Hammer tut. Wir sagen dann nicht, er habe zu einem besonders fragwürdigen Mittel gegriffen, sondern wir akzeptieren in einem solchen Fall die Rede von Zweck und Mittel nicht.

bewundert, stand vor der Bizarrität mancher Szenarien vielleicht schockiert, aber doch immer fasziniert und hat sich nicht getraut, in den Orgeltönen seines Werkes die Stimme des entsetzten und verstörten Kindes wahrzunehmen, dem schließlich der Weltlauf – ganz konkret: der Erste Weltkrieg – zur grauenhaften Bestätigung seiner Obsessionen wurde und ein Werk in Gang brachte, das der Schauplatz einer lebenslänglichen Sequenz immer gleicher Phantasien wurde. Und Kurt Eissler – in hochgradig ambivalentem Verhältnis zu seinem Lehrer Freud – hat zwar der Idylle, die dieser aus dem Leben Leonardos machen wollte, ein anderes Bild entgegengesetzt, aber doch, wie mir scheint, im entscheidenden Augenblick sich von dem, was sich ihm zeigte, abgewandt.

Der zweite Teil versammelt theoretisch und historisch orientierte Aufsätze zum Thema Macht, Gewalt und der historischen Bedingtheit – wenn man will, der Kontingenz – unseres modernen Verständnisses von und Verhältnisses zur Gewalt sowie der Dynamik sozialer und politischer Gewalt im Nationalsozialismus, der Zentralkatastrophe unseres Jahrhunderts. Schließlich fragt der Aufsatz »Über einen ästhetischen Einwand«, was es angesichts von Ereignissen extremer Destruktivität eigentlich mit unserem Bedürfnis nach »Erklärungen« auf sich hat.

Der dritte Teil handelt in zwei Aufsätzen von den Erinnerungen Überlebender der deutschen Vernichtungspolitik. Der erste fragt danach, was sie als literarische Gattung konstitutiert beziehungsweise, da hier keine literaturtheoretische Diskussion intendiert ist, was unsere Wahrnehmung dieser Literaturgattung und den – alles andere als selbstverständlichen – moralischen Rang, den wir ihnen zumessen, ausmacht. Der zweite Aufsatz handelt von Victor Klemperers beschreibender Analyse jener Vorhölle, die die Deutschen für ihre jüdischen ehemaligen Mitbürger aus einer ganz normalen Stadt wie Dresden gemacht hatten, und aus der nur das Schicksal der Zerstörung dieser Vorhölle ihn am Vorabend der Deportation in die Hölle der Vernichtungslager befreien konnte. Klemperers »dichte Beschreibungen« (um den Terminus von Clifford Geertz zu verwenden) sind ein entscheidender Beitrag zum Verständnis politischer Terrorsysteme, ihrer Auswirkung auf die Terrorisierten, und geben gleichzeitig Einblicke in die Psychologie der Exekutoren des Terrors.

Der vierte Teil enthält Beiträge zum Thema Krieg. Neben allgemeineren Gedanken über die traumatischen Folgen des Krieges für den Krieger handeln sie von dem Vernichtungskrieg, den die deutsche Wehrmacht vor allem auf den Territorien der ehemaligen Sowjetunion geführt hat: seinen historischen, wenn man das vielleicht irritierende Wort hier einmal versuchsweise verwenden will: ideengeschichtlichen Ort, seine Wahrnehmung durch den Veteranen des Ersten Weltkriegs und Wehrmachtsoffizier Ernst Jünger – und Aspekte seiner Auswirkung auf die deutsche Nachkriegsgesellschaft in einem Beitrag über den Veteranen Wolfgang Borchert und zwei Reden anläßlich von Eröffnungen der Ausstellung des Hamburger Instituts für Sozialforschung »Vernichtungskrieg. Verbrechen der Wehrmacht 1941 bis 1944«.

I

Mord am Strand

Georg Forster auf Tanna und anderswo

»Am 3ten sahen wir große Haufen von fliegenden Fischen und fiengen einen Bonito (Scomper pelanys) der gleich zugerichtet ward, aber ein trockenes und unschmackhafteres Fleisch hatte als man ihm gemeiniglich beyzulegen pflegt. Zween Tage nachher glückte es uns eine Dorade (coryphaena hippurus) zu erhaschen. Für die Tafel ist auch dieser Fisch, seines trocknen Fleisches wegen, von keinem sonderlichen Werth, desto mehr aber ergötzt er, wenn man ihn schlachten sieht, die Augen, durch das unbeschreiblich schöne Farben-Spiel seiner Haut. Diese verändert sich alsdann unaufhörlich und eine herrliche Farben-Mischung wechselt immer mit der andern ab, so lange der Fisch nur noch eine Spur von Leben in sich hat. Meiner Empfindung nach, ist dies eines von den prächtigsten Schauspielen die ein Reisender in den Seen des heißen Erdstrichs antreffen kann.«

Reise um die Welt

I

Der Vulkan

Georg Forsters bekanntestes Buch ist seit seinem Erscheinen in Wielands *Teutschem Merkur* natürlich die *Reise um die Welt*.

Daß es, was die Ausführung angeht, ganz seines sei, hat er betont[1], daß es, was den Inhalt angeht, seines und seines Vaters Gemeinschaftswerk ist, hat er nie verhohlen. Woran aber liegt die Besonderheit der Ausführung, der Charme des Ganzen? Wohl an seiner Jugendlichkeit. Gerade das Wissen um den jungen Mann, der hier eine *Reise um die Welt* verfaßt, der noch jünger war, als er sie unternahm, trägt viel zum Reiz des Buches bei. Die Sprödigkeit, mit der die Bordellszenen am Strand nicht nur von Tahiti angedeutet werden, der sachliche Berichtston, der die Konjunkturen des Trippers auf Kapitän Cooks Schiff verzeichnet und so ganz den Jungen am Tisch in der Offiziersmesse vorstellen läßt, der eine durchaus wissenschaftliche Miene aufsetzt, während der andern Rede geht. Es ist auch die Jugend, der man einige Weisheiten durchgehen läßt, die bei einem Älteren ob ihrer Schlichtheit befremden würden, weiß man doch, daß der Junge die Augen und Ohren offenzuhalten weiß, die allgemeinen Betrachtungen über den Weltlauf aber nur gleichsam bauchrednerisch hervorbringt, wie ein Knabe eben, der sein Recht, am Tisch der Erwachsenen zu sitzen, vor sich selbst bestätigt, indem er in die Unterhaltung einige altkluge Bemerkungen einfließen läßt, die er irgendwo abgelauscht hat und die nicht immer passen – und selbst wo sie passen, aus zu jungem Munde kommen, als daß man sie glauben könnte.

Reiseberichte haben in der Regel ein einfaches Formprinzip. Es ist das der chronologischen Reihe. Diese unterbricht man nur, wenn entweder ein Thema zu seiner verständlichen Darstellung Vor- oder Rückgriff braucht oder wenn die verbrachten Tage langweiliger gewesen waren, als man einer Geschichte verzeihen könnte. In letzterem Falle rafft der Erzähler oder mischt Material, das anderswo den Text nur aufgebläht hätte, unter. Georg Forster beherrscht alle diese Techniken, besser als viele andere, und ohne sie sonderlich geübt zu haben. Ihm liegt dieser Stil, und doch wird diese Reise um die Welt

1 Georg Forster, Werke in vier Bänden, herausgegeben von Gerhard Steiner, Leipzig o. J., Bd. 1, S. 1025.

dem botanisch und ethnologisch nur durchschnittlich Interessierten nach einigen hundert Seiten einigermaßen sauer. Das ewige Ziegenaussetzen und Schweine-mit-Glasperlen-Einkaufen wird im Buche nicht interessanter, als es in Wirklichkeit gewesen sein muß, und die Vorstellung, daß die Wirklichkeit drei Jahre brauchte, um aufzuführen, was der Leser in einer Woche hinter sich hat, läßt für den jungen Forster viel Mitgefühl aufkommen. Das liegt nun daran, daß die Zeitreihe die langweiligste Form darstellt, die man sich denken kann, weshalb der Mensch selber sein Leben nicht als Chronologie zu leben sich bemüht, sondern Form und Dramatik in den Ablauf der Tage zu bringen sucht.

Die Zeitreihe ist auch die erste Form, die das Kind beherrscht, wenn es seine Erzählungen wie eine Elefantenkarawane marschieren läßt, Rüssel an Schwanz, und die Berührungspunkte durch das Wort »und dann« markiert. Man kann Georg Forster nur bewundern, wenn man liest, wie er versucht, die Eintönigkeit des Und-dann-und-dann, das Absegeln und Ankommen, das Freundschaftschließen mit Häuptlingen und Unter-Feuer-Nehmen diebischer Eingeborener, das Botanisieren, das Vögelschießen, Noch-bisher-nicht-beschriebene-Tätowierungen-Beschreiben und so weiter und so weiter abwechslungsreich zu schildern, und man kann ihm nur dankbar dafür sein, wie oft ihm das gelingt. Aber kein Repertoire kann groß genug sein, 1000 Seiten Zeitreihe in etwas anderes zu verwandeln, und so wird dann eben auch die Stilistik voraussehbar. Ein einziges Mal durchbricht Georg Forster die Form der Reihe. Er tut das bei der Schilderung eines Inselbesuches, des »Aufenthaltes zu Tanna«.

Tanna, eine Insel der Gruppe der Neuen Hebriden, ist in Georg Forsters *Reise um die Welt* der Ort der tiefsten zivilisatorischen Depression. Zwar ziehen sich durch das ganze Buch Zweifel an der Berechtigung der Entdeckungsreisen im allgemeinen und im besonderen auch derjenigen, an der teilzunehmen ihm der Zufall vergönnt hat. Aber die besonderen Zweifel werden durch die Beschwörung der besonderen Uneigennützigkeit dieser Reise stillgestellt, dieser einen Reise wenigstens, die doch nur unternommen worden sei, um die Kenntnisse der Menschen zu erweitern, wenn auch natürlich immer ein Gran Politik dabei ist. »Vor Capitain Cooks Rückkunft in der Endeavour hatte man noch behauptet, daß sich das feste Land im Süd-Meer bis zum 30sten Grad der Breite erstreckte, mithin unter einem günstigen Himmelsstrich gelegen, und um deswillen ein wichtiger Gegenstand der europäischen Politik seyn müsse. Zwar hatte diese Meynung einen gefährlichen Stoß dadurch erhalten, daß er auf seiner ersten Reise bis zum 40sten Grad gekommen und gleichwohl kein solches Land gefunden hatte. Man ließ sich aber dadurch noch immer nicht irre machen ... Um nun diesem Streit wegen eines solchen festen Landes ein Ende zu machen, gieng unsre Reise auf Befehl Sr. Königl. Großbritannischen Majestät vor sich.«[2] Ferner sei der mittelbare Nutzen dieser und anderer Reisen nicht zu leugnen und somit gegen Nachteile aller Arten und den eben nicht unbegründeten Verdacht, auch die Kenntnisse des Südmeeres möchten nicht allein aus dem Bedürfnis, die Lexika zu füllen, angestrebt werden, aufzurechnen: Man hatte überall allerlei Nutzvieh ausgesetzt. »Aus diesem Gesichtspunkte ist unsre vorige Reise wichtig, und würde unsern Beschützern Ehre bringen, wenn sie auch kein anderes Verdienst hätte, denn daß wir Ziegen auf Tahiti, Hunde auf den freundschaftlichen Inseln und Neuen Hebriden, und Schweine auf Neu-Seeland und Neu-Caledonien zurückgelassen haben. Es wäre gewiß sehr zu wünschen, daß dergleichen Entdeckungs-Reisen, mit so wohlthätigen und wahrhaft nützlichen Absichten noch ferner fortgesetzt würden; zumal da noch selbst in der Südsee viel zu thun ist: Allein wer weiß, ob Neid und Eigennutz nicht durchdringen, und die großmüthigen Unternehmungen eines Monarchen, der die Musen schützt vereitelt werden.«[3]

Mit Skepsis grundiert ist der gesamte Reisebericht. Meistens liefert die Sexualität das Apropos, sei es, daß der physische, sei es, daß

2 Ebd., S. 332.
3 Ebd., S. 21f.

der angenommene sittliche Schaden im Vordergrund des Räsonnements steht. »Am 23sten waren Wind und Wetter gelinde. Capitain Furneaux ... berichtete dem Capitain, daß seine Leute sich noch wohl befänden, einen oder zwey Mann ausgenommen, welche von ihrem Umgange mit ungesunden Frauenspersonen ekelhafte Nachwehen ausstehen müßten. Diese Nachricht war uns in so fern unangenehm, weil man daraus abnehmen konnte, daß jene häßliche Krankheit auch Neu-Seeland schon erreicht hatte, denn nirgends sonst konnten die Leute angesteckt worden seyn. In Betracht der schrecklichen Folgen, welche dies verderbliche Übel auf die Neu-Seeländer bringen mußte, hielten wir es der ernsthaftesten Untersuchung werth, ob, und bey welcher Gelegenheit sie es wohl von Europäern bekommen konnten?«[4] Der Kasus wird aufs gewissenhafteste erörtert, und man kommt dem Importeur nicht auf die Schliche, was ein äußerst beruhigendes Resultat darstellt: »Aus allen diesen Umständen machten wir den Schluß, daß die venerischen Krankheiten in Neu-Seeland zu Hause, und nicht von Europäern herein gebracht sind; wir haben auch im Verfolg unserer Reise, und bis itzt noch, keine Ursach gefunden, unsre Meynung hierüber zu ändern.« Ähnlich wird auch andern Ortes noch einmal geschlossen, doch Georg Forster läßt zwei Sätze folgen, deren Vehemenz erkennen läßt, daß weder er noch die andern, die sich in Cooks Kajüte einredeten, es werde schon nicht so schlimm sein, wirklich an ihr Räsonieren glaubten: »Sollten jedoch, alles Anscheins ohnerachtet, unsre Vermuthungen irrig seyn, so kömmt alsdenn eine Schandthat mehr auf Rechnung der gesittetern Europäischen Nationen, und das unglückliche Volk, welches sie mit diesem Gifte angesteckt haben, wird und muß ihr Andenken dafür verfluchen. Der Schaden, den sie diesem Theile des menschlichen Geschlechts dadurch zugefügt haben, kann nimmermehr und auf keine Weise, weder entschuldigt noch wieder gut gemacht werden.«[5] Hier irrte Forster

4 Ebd., S. 227.

5 Ebd., S. 229.

nicht. Daß James Cook auf seiner dritten Reise von Eingeborenen erschlagen wurde, wird von einigen mit deren Wut über die auf der vorigen zurückgelassenen Krankheiten zusammengebracht. Der Historiker David Stannard berechnete am Beispiel Hawaii einen von importierten Krankheiten verursachten Bevölkerungsrückgang von 800000 auf 40000 Menschen.[6]

Doch mehr noch ist die von ihm befürchtete allgemeine Sittenverderbnis Grund zur Sorge und Anlaß zu einem der zahlreichen altklugen in-between-statements Forsters: »Es ist würklich im Ernste zu wünschen, daß der Umgang der Europäer mit den Einwohnern der Süd-See-Inseln in Zeiten abgebrochen werden möge, ehe die verderbten Sitten der civilisierten Völker diese unschuldigen Leute anstecken können, die hier in ihrer Unwissenheit und Einfalt so glücklich leben. Aber es ist eine traurige Wahrheit, daß Menschenliebe und die politischen Systeme von Europa nicht miteinander harmonieren!«[7] Es verdient hervorgehoben zu werden, daß der Anlaß zu dieser onkelhaften Mahnung (die wer an wen richtet?) der Rat eines spanischen Deserteurs gewesen war, die anlandenden Engländer nicht mit frischem Schweinefleisch zu versorgen, die Leute von Tahiti würden sie auf diese Weise schnellstmöglich wieder los. Was als eine recht getreue Befolgung der Maxime selber gedeutet werden könnte, nimmt der Chronist als Kontaminierung der Südsee mit europäischen Nationenhändeln wahr: Unschuld ist, wo man die Leute von der »Resolution« und sonderlich Vater und Sohn Forster, wenn möglich gratis, wie an etlichen Stellen deutlich wird, durchfüttert. Auch ist die Unwissenheit dort eine Tugend, wo hier die Wissenschaft die vornehmste Excusa für die Fahrt überhaupt darstellt. Man findet das bei Georg Forsters Reflexionen zur Conditio humana im allgemeinen und tahitiana im besonderen oft: Es geht recht kunterbunt zu. Aber wenn man das für einen Augenblick beiseite stellt, schimmert immer jene erwähnte Skepsis durch,

---

6 David Stannard, Before the Horror. The Population of Hawaii on the Eve of Western Contact, Honolulu University of Hawaii Press 1990.

7 Georg Forster, Werke in vier Bänden, a.a.O., S. 281.

ja, sagen wir es doch mit dem angemessenen Wort, das schlechte Gewissen zeigt sich, indem es sich mal hier, mal dort nicht immer konzisesten, aber doch meist ehrlichen Ausdruck verschafft. In Neuseeland beobachtet Forster die Bereitschaft der Männer, ihre Frauen gegen Eisengerät stundenweise zu vermieten, und es ist schön von ihm, daß er jene, die mit Eisen zahlen, für die widerlicheren hält, wenn auch mit einem Argument aus der älteren zivilisationskritischen Schule, man hätte die Neuseeländer nicht mit dem Eisen Bekanntschaft machen lassen sollen: »Es ist Unglücks genug, daß alle unsre Entdeckungen so viel unschuldigen Menschen haben das Leben kosten müssen. So hart das für die kleinen, ungesitteten Völkerschaften seyn mag, welche von Europäern aufgesucht worden sind, so ists doch wahrlich nur eine Kleinigkeit in Vergleich mit dem unersetzlichen Schaden, den ihnen diese durch den Umsturz ihrer sittlichen Grundsätze zugefügt haben. Wäre dies Übel gewissermaßen dadurch wieder gut gemacht, daß man sie wahrhaft nützliche Dinge gelehret oder irgend eine unmoralische oder verderbliche Gewohnheit unter ihnen ausgerottet hätte; so könnten wir uns wenigstens mit dem Gedanken trösten, daß sie auf einer Seite wieder gewonnen hätten, was sie auf der andern verlohren haben mögten. So aber besorge ich leyder, daß unsre Bekanntschaft den Einwohnern der Süd-See durchaus nachtheilig gewesen ist; und ich bin der Meinung, daß gerade diejenigen Völkerschaften am besten weggekommen sind, die sich immer von uns entfernt gehalten und aus Besorgniß und Mistrauen unserm Seevolk nie erlaubt haben, zu bekannt und zu vertraut mit ihnen zu werden.«[8]

Ja, da ist ein böses Gewissen, aber andererseits kommt es eben über die Phrase nicht hinaus. Was soll der vom Vater mitgenommene Junge auch die Moral der europäischen Expansionen auf seinen Schultern tragen, reicht es doch, wenn er sie auf der Feder balanciert, sagt man sich. Doch zu Tanna liest sich's anders. Da ist nämlich jemand totgeschlagen worden, und die Erkenntnis stellt

8 Ebd., S. 207.

sich ein, daß das eben keine Kleinigkeit ist, auch im Vergleich nicht. Und plötzlich redet er darüber, und er tut es, indem er die Form wechselt. Er unterbricht die Zeitreihe und gestaltet ein Drama von fünf Akten.

Der Höhe- und Endpunkt dieses Dramas ist ein Mord, der Mord am Strand von Tanna. Diesen Mord schildert Georg ganz anders als alle anderen Gewalttätigkeiten in der *Reise um die Welt*, und auch ohne dramatische Hinführung zu dieser Schilderung wäre sie auffällig genug. Georg ist ja kein sentimentaler Autor; eine anderswo vorgefallene Szene von drastischster Brutalität einem Eingeborenen gegenüber weiß er lakonisch so abzuhandeln: »Endlich ward einer von den Matrosen des Spiels überdrüssig, und warf den Boothaken nach ihm; unglücklicherweise drang das Eisen ihm unter die Rippen in den Leib; es ward dem Matrosen also nicht schwer, den Indianer vollends bis ans Boot heran zu ziehen und ihn an Bord zu heben.«[9] – Über Tanna hingegen schreibt Georg Forster so: »Zween Männer saßen im Grase und hielten einen Dritten, todt, in ihren Armen. Sie zeigten uns eine Wunde, die er von einer Flintenkugel in die Seite bekommen hatte und sagten dabey mit dem rührendsten Blick: ›er ist umgebracht.‹«[10] Es klingt wie ein Kreuzeswort, und Georg malt eine Pietà am Strand zu Tanna.

Dieses ist die letzte Szene im Tanneser Drama, und was in ihm geschieht, spielt sich vor einem gewaltigen Bühnenbild ab, dem Vulkan zu Tanna. Stets fällt der Blick auf ihn, der im Grollen, im Feuer, im Stummbleiben atmosphärischen Hintergrund gibt und gleichzeitig als Symbol in die Handlung integriert ist. An keiner anderen Stelle der *Reise um die Welt*, so scheint mir, nutzt Georg Forster die (ja stets vorhandenen) Möglichkeiten des dramatischen Einsatzes der Rundum-Natur so aus – fast aufdringlich. Man schiebe das nicht auf den Vulkan als solchen, der immer die Geister zu bewegen imstande ist. Denn *dieser* Vulkan kommt, von seiner

9 Ebd., S. 406f.

10 Ebd., S. 800.

Funktion innerhalb des Dramas selbst abgesehen, interessanterweise nur als Stimmungselement vor. Alles, was die realen Gemüter hätte bewegen müssen und zweifellos bewegt hat, die Gefährlichkeit des Ausbruchs etwa, der immerhin bootsgroße Felsen durch die Gegend schleuderte, der die »Resolution« mit zähem Ruß überzog und die Mannschaft mit Bimsstein eindeckte, wird nur eben so erwähnt, als sollte alles, was die Aufmerksamkeit vom eigentlichen Drama zu Tanna hätte ablenken können, vermieden werden.

Das erste, was man eines Nachts von der Insel sieht, sind »unterschiedne Feuer ... darunter das eine stosweise in die Höhe schlug, wie die Flamme eines feuerspeyenden Berges zu thun pflegt«. Tanna ist eine Vulkaninsel; der Hauptkrater ist während des ganzen Aufenthaltes tätig: »Er bestand aus einem ausgebrannten und daher völlig unfruchtbaren Steinklumpen von braunröthlicher Farbe und kegelförmiger Gestalt, und hatte in der Mitte einen Crater oder Brandbecher ... Aus seinem Schlunde sahe man von Zeit zu Zeit eine Säule von dickem Rauch, gleich einem großen Baum empor steigen, der seine dickbelaubte Krone allmählig ausbreitet. So oft eine neue Rauch-Säule zum Vorschein kam, hörte man ein dumpfes Geprassel, wie von einem fernen Donner, und die Säulen folgten ziemlich hurtig aufeinander. Die Farbe des Rauchs blieb nicht immer einerley; gemeiniglich war sie weiß und gelbligt, zuweilen aber grauröthlich; welches letztere von dem Widerschein des inneren Feuers herrühren mogte.«[11] – Den Vulkan beschreibt Forster ein paar Seiten nach der Erstbeschreibung erneut, und zwar mit den seltsamen Worten beginnend: »Um den Faden dieser Erzählung nicht zu unterbrechen, habe ich von einem merkwürdigen Phönomen, dem auf dieser Insel vorhandenen Volcan, bisher noch nichts erwähnen können«, wiewohl er dies wenige Seiten zuvor, wie eben zitiert, getan hat. »Er war zur Zeit unsers Hierseyns gerade in vollem Ausbruch, und lag 5 bis 6 Meilen weit im Lande, so daß man, verschiedener dazwischen befindlicher Hügel wegen, vom Schiffe

11 Ebd., S. 724f.

aus, nichts als den rauchenden Gipfel desselben sehen konnte. Dieser war an mehreren Stellen geborsten und am äußern Rande gleichsam ausgezackt. Von 5 zu 5 Minuten fuhr, mit donnergleichem Krachen, ein Flammenstoß daraus empor, wobey das unterirdische Getöse oft eine halbe Minute lang währete. Zu gleicher Zeit war die Luft durchaus mit Rauch und schwarzer Schörl-Asche angefüllt, die, wenn sie ins Auge kam, einen beißenden Schmerz verursachte. Sie fiel in solcher Menge herab, daß in Zeit von wenig Stunden, das ganze Schiff damit bedeckt war, und auch der Strand lag überall voll kleiner Bimssteine und ausgebrannter Kohlen.«[12] In Wahrheit aber unterbricht Forster durch diese eingeschobene Beschreibung das eigentliche Thema des Tanna-Aufenthaltes, jenes Thema, das dann mit dem Mord abgeschlossen wird: die Versuche der Tanneser, die Leute von der »Resolution« möglichst nicht in das Land hineinzulassen und, wo sie es nicht gänzlich wehren können, Gänge und Aufenthalte möglichst zu beschränken. Gerade dieses Thema illustriert Georg Forster plastisch an seinen und seines Vaters vergeblichen Versuchen, den Vulkan zu ersteigen, ja ihm überhaupt einigermaßen nahe zu kommen. Der Vulkanbeschreibung aber folgt die des Ortes, an dem der Mord geschehen wird. Ob man hier bewußte oder unbewußte Formung annehmen soll, scheint mir zu entscheiden nicht von vorrangiger Bedeutung, da im einen wie im andern Falle das ästhetische Resultat das nämliche ist, eine Verdichtung, deren Signalement zu beobachten sein wird.

Vor diesem Hintergrund vollzieht sich also das Drama in fünf Akten. Der Fünfakter ist eine klassische Form, die sich für die Gestaltung von Spannungskurven besonders eignet, und Georg nutzt die Form – bewußt oder unbewußt – professionell. Erster Akt: Ankunft und Beschreibung der Spannungen zwischen den Eingeborenen und den Ankommenden; zweiter Akt: weiterer Aufbau der Spannungen, prekäres Gleichgewicht; dritter Akt: Versuch der theoretischen Durchdringung (Theorie des Vulkanismus und des

12 Ebd., S. 732.

Charakters der Tanneser), Zuspitzung der Konflikte, scheinbare Befriedung; vierter Akt: Retardation (doch die Katastrophe kündigt sich an); fünfter Akt: scheinbare Ruhe und plötzliches Hereinbrechen der Katastrophe.

Der erste Akt zeigt die Besatzung der »Resolution« zögerlich Tanna betreten. »Sobald das Schiff vor Anker lag, sahen wir mit vielem Vergnügen die Einwohner aus allen Gegenden der Bay in ihren Canots herankommen, und in einiger Entfernung rund ums Schiff herum rudern. Sie waren durchgehends mit Speeren, Keulen, Bogen und Pfeilen bewaffnet, schienen aber unschlüssig, ob sie uns für Freunde oder für Feinde halten sollten?«[13] Diese Unschlüssigkeit ist, wie man sehen wird, auch die Georg Forsters: Wer sind wir, denen gegenüber?, und er wird sie nicht mehr im Ton altkluger Maximen beantworten, sondern seiner Ratlosigkeit und seinen Versuchen, diese zu bemeistern, Ausdruck verleihen. Gleichermaßen schwingt diese Unschlüssigkeit in den Überlegungen zum Charakter der Tanneser mit: Wie gewalttätig, wie rachsüchtig, wie wild sind die? Es ist immer Projektion in solchem Fragen, aber das kann nicht anders sein. Zwei gewalttätige Kulturen begegnen einander und sich. Allerdings sind die Leute am Ufer der Insel Tanna nicht die ersten Fremden, die Georg Forster sieht, und wir sollten nicht vergessen, daß es das Ende des Dramas ist, das ihn zur dramatischen Form nötigt.

Cook sorgt dafür, daß die Landung sicher sei. Seesoldaten besetzen einen Teil der Bucht, in dem Wasser gefaßt werden kann, eine Linie wird in den Sand gezogen: trespassers will be prosecuted – »womit sie ebenfalls zufrieden waren«[14]. Die Soldaten formieren sich, man verlangt, die Leute von Tanna sollen ihre Waffen niederlegen; die meisten tun das. Inzwischen sind die Wasserfässer gefüllt, und sie kehrten »ans Schiff zurück, ganz erfreut, daß der erste Schritt zur Bekanntschaft mit den Eingebohrnen glücklich gesche-

13 Ebd., S. 727.

14 Ebd., S. 730.

hen und so ruhig abgelaufen sey. Am folgenden Morgen zeigte sich aber, daß die Insulaner nur in Ermangelung einer größern Anzahl so friedlich gegen uns verfahren, im Grunde aber keineswegs gesonnen waren, uns freyen Zugang in ihre Insel zu gestatten.«[15]

Am nächsten Tag versucht sich ein Tanneser im Handel. Er nimmt es mit dem do ut des nicht genau, kennt auch die Reichweite von Schußwaffen nicht, und Cook »schoß ihm also eine Ladung Schrot ins Gesicht«[16]; der Strand wimmelt inzwischen von Neugierigen respektive Verteidigern, Cook landet mit sämtlichen Seesoldaten und einer Gruppe bewaffneter Matrosen; die Tanneser sind nicht zureichend beeindruckt, einer macht das Zeichen der Herausforderung: Er klatscht sich auf das den Ankömmlingen zugewandte Gesäß. Man schießt mit Musketen über ihre Köpfe hinweg, und das Schiff, versehentlich die Schießerei für ein Signal haltend, kartätscht aus fünf Vierpfündern und zwei halbpfündigen Drehbassen in die Vegetation. Allgemeine Flucht. Neugierige Rückkunft. Erneute Aufforderung, die Waffen niederzulegen; ein Teil gehorsam. »Nach und nach fingen wir an, uns in die Wälder zu wagen.«[17]

Der zweite Akt zeigt eine prekäre Balance. »Der Volkan, der sich gestern früh noch dann und wann hören lassen, ward Nachmittag ganz still. In der Nacht regnete es zu verschiedenen malen, und nun fieng der Berg am folgenden Morgen von neuem an unruhig zu werden. Das aufbrennende Feuer desselben verschaffte uns jedesmal ein angenehmes und zugleich prächtiges Schauspiel. Es theilte dem Rauche, der in dicken Wolken kräuselnd empor stieg, wechselsweise, die glänzendsten Schattierungen von gelber, Orange- Scharlach- und Purpur-Farbe mit, welche endlich in ein röthliches Grau und dunkleres Braun verloschen. So oft ein solcher Flammen-Auswurf erfolgte, so oft ward auch die ganze waldigte Gegend des Berges plötzlich durch ein gold- und purpurfarbnes Licht erhellet, welches die verschiedenen Gruppen von Bäumen, nach Maaßgabe ihrer

15 Ebd., S. 731.

16 Ebd., S. 733.

17 Ebd., S. 736.

Entfernung, bald lebhafter, bald sanfter colorierte.«[18] Nichts geht noch zu irgendwessen Zufriedenheit, aber es geht auch nichts wirklich schief beziehungsweise das, was schiefgeht, zeitigt keine weitreichenden Folgen. Die Forsters und die andern Landgänger werden aufgehalten oder, man möchte die Fremden nicht provozieren, auf Umwegen wieder an den Strand geführt. Vegetarisch wird man einigermaßen versorgt, mit Schweinen handeln wollen die Tanneser nicht, nur Vater Forster erhält »ein Ferken« zum Geschenk. Cook läßt lieber an Stelle der Sandlinie Stricke spannen, »zu unserer Sicherheit ... Von Seiten der Insulaner schien das Mißtrauen noch nicht ganz verschwunden zu seyn.«[19] Für den Bordastronomen Wales wird ein Zelt aufgeschlagen. Die Insulaner führen einen zweideutigen Speertanz auf. Einer haut sich wieder auf den Hintern, ein Soldat antwortet mit Schrot. Der am Fuß Verletzte wird abtransportiert, die Partei der Friedlichen behält bei den Tanna-Leuten die Oberhand.

Bei einem späteren Landgang bietet ein Tanneser Georgs Vater seinen Namen an, ein sehr intensives Freundschaftsbegehren. Reinhold Forster nimmt an und heißt jetzt Reinhold Umbejgan Forster; Umbejgan heißt jetzt Umbejgan Reinhold Forster. Die Landgänge aber führen stets zu ängstlichen Tannesern, die den Weitergang zu hindern suchen, sei es durch versuchte Verbote, sei es, wenn die nichts fruchten, dadurch, daß sie sich als Führer anbieten und die Engländer wieder an den Strand geleiten. – Eine große Anzahl Tanneser verläßt den Strand und bricht ins Innere der Insel auf. Um, so meinen einige von der »Resolution«, im Innern der Insel sicherer zu sein; weil, so Georg Forster, sie die Küste nicht mehr mit voller Mannschaft observieren zu müssen glauben. – »Die Nacht über regnete es sehr heftig und fast ohne Unterlaß. Je dunkler dieses die Finsterniß machte, desto mahlerischer war es anzusehen, wie das Feuer des Volcans, den aus dem

18 Ebd., S. 743 f.

19 Ebd., S. 744.

Gipfel emporsteigenden dicken Rauch vergoldete. Der Auswurf hatte nachgelassen, und von dem unterirdischen Getöse war seit mehreren Tagen ebenfalls nichts mehr zu hören gewesen. Am Morgen klärte sich das Wetter wiederum auf und verstattete uns ans Land zu gehen, wo, eben so wie gestern, nur wenig Einwohner zum Vorschein kamen.«[20]

Der dritte Akt steigert zunächst die Spannungen, überführt dann aber die prekäre in eine scheinbar stabile Balance, die erst im fünften Akt zerstört werden wird. Er hat zusätzlich eine Binnendramaturgie, die sich noch einmal von der Form der Zeitreihe abhebt. Forster führt wie in der Eingangsszene den Vulkan und die Begegnung mit den Tannesern zusammen. Im Zentrum dieses Aktes steht ein Räsonnement über Nutzen des Vulkanismus und eines über den Charakter der Leute von Tanna. Beide sind ineinander verschränkt beziehungsweise unterbrechen einander, wie schon in der Exposition die Vulkanbeschreibung die Erzählung über die Begegnung unterbrochen hatte. Der Bogen der Schilderung ist der eines Auf- und Abstiegs, einer zunehmenden Spannung und folgenden Erleichterung.

Sie wollen den Vulkan besteigen. Es hat viel gepoltert in letzter Zeit: »Auf diesem Wege bekamen wir in kurzer Zeit den Volcan zu Gesicht, und konnten das Auswerfen desselben schon sehr deutlich wahrnehmen, ohnerachtet uns noch mancher Hügel und manches Thal wohl zwey Seemeilen weit davon trennen mochte. Die Gewalt des unterirdischen Feuers setzte uns am mehrsten in Erstaunen, denn Fels-Klumpen, zum Theil so groß als unser größtes Boot, wurden aus dem Innersten des Berges hoch empor geschleudert, als ob es gleichsam nur Kieseln wären. Durch den bisherigen guten Fortgang unserer Wanderung, und durch die Einsamkeit dieser Gegend beherzt gemacht, waren wir im Begriff weiter vorzudringen, als plötzlich der Schall von einer oder zween großen Trompeten-Muscheln ertönte … Nun durften wir folglich

20 Ebd., S. 755.

dem Landfrieden nicht länger trauen und kehrten also unverzüglich zurück.«[21] Später versuchen sie einen andern Weg, es begegnen ihnen einige Tanneser, einer von ihnen »huckte sich hinter einem Baume nieder, spannte seinen Bogen, und richtete einen Pfeil auf uns. Dies wurden wir nicht sobald gewahr, als einer von uns gleich mit der Flinte nach ihm zielte, worauf der Kerl augenblicklich den Bogen von sich warf, und ganz demüthig zu uns hervor gekrochen kam. Es mag seyn, daß er keine böse Absicht gehabt, doch ist dergleichen Spaß nicht immer zu trauen.«[22] Man achte bei diesen Schilderungen auf die Details. Ein Vulkan, der Steine, gar bootsgroße Brocken regnen läßt, verursacht keinerlei Beunruhigung. Der bogenspannende Hinterhältler wird erst erblickt, als sich eine Flinte auf ihn richtet – wer blickt? wer zielt?

Dann stellen sich ihnen welche in den Weg, die drohen: Wenn die Leute von der »Resolution« diesen Weg weitergingen, würden sie unfehlbar aufgefressen. Die Zivilisierten wollen's erst nicht glauben, doch die Wilden »deuteten uns durch Zeichen sehr verständlich an, daß sie einen Menschen zuerst todtschlügen, hierauf die Glieder einzeln ablöseten, und dann das Fleisch von den Knochen schabten. Endlich setzten sie die Zähne an den Arm, damit uns gar kein Zweifel übrig bleiben sollte, daß sie würklich Menschenfleisch äßen. Auf diese Warnung kehrten wir von der Landspitze zurück.«[23] Der nächste Tag sieht eine Exkursion zu einer Solfatara, und an die knüpft sich eine Überlegung zum Vulkanismus: »Der Volcan donnerte heut den ganzen Tag über, und warf eine Menge feiner schwarzer Asche aus … Diese geringe Unannehmlichkeit wird aber den Insulanern, von dem Volkan auf andere Art reichlich vergütet. Es geben nemlich die Schlacken, welche er auswirft, zumal wenn sie erst verwittert sind, einen trefflichen Dünger für den Boden ab, und veranlassen den vorzüg-

21 Ebd., S. 757.
22 Ebd., S. 758.
23 Ebd., S. 759.

lichen Flor, worinn sich hier das Pflanzenreich befindet.«[24] Die Fruchtbarkeit der Landschaft um Vesuv und Ätna, die Lustgärten des Landgrafen im Habichtswald in Hessen dienen zum Beispiel. Als sie aber in der Nähe der Solfatara den Erdboden aufgraben wollen, bitten einige Tanneser, davon abzulassen – sie befürchten, das Feuer könne aus der Erde brechen. Nach etlichen Wegen befindet man sich wieder am Strand. Die Tanneser haben sie wieder vom Berge weggeführt. – Eine weitere Wanderung ins Innere der Insel auf einem bisher nicht verwehrten Wege wird ihnen auch untersagt: »Als unsere indianischen Begleiter sahen, daß wir weiter gegen die Landspitze zu giengen, äußerten sie ungemein viel Besorgniß, und baten uns nicht nur, sehr dringend, diese Gegend der Insel undurchsucht zu lassen; sondern drohten uns auch bald, daß man uns im Weigerungsfall todschlagen und auffressen würde. Wir kehrten also um.«[25] Daran schließt sich das Räsonnement über den Charakter der Tanneser. Was sind das für Leute? Warum essen sie Menschen? Nicht aus Not. »Wohl ungleich wahrscheinlicher und richtiger läßt sich diese widernatürliche Gewohnheit aus der Begierde nach Rache herleiten.«[26] Nach Rache? Nun, Georg Forsters Deduktion ist die Folgende: Dem Menschen ist sowohl die Zuneigung zu seinesgleichen, die Menschenliebe, als auch der Trieb zur Selbsterhaltung eingeboren. Dort, wo der Fortschritt der Zivilisation noch zu keiner Monopolisierung der Gewalt geführt hat, ist ein jeder nicht nur berechtigt, sondern von der Natur gehalten, für sich selbst zu sorgen, das heißt, gewaltbereit sowohl in der Vergeltung erlittener Verletzung als auch auf der Hut und zum präventiven Schlag geneigt zu sein. Wer nun unter solchen Verhältnissen lebe, eigne sich eine entsprechende Mentalität an, »eine feindselige, boshafte Gemütsbeschaffenheit«[27]. Andere Völker, die zwar ähnlich politisch unorganisiert seien, aber aufgrund der Zu-

24 Ebd., S. 764.
25 Ebd., S. 771.
26 Ebd., S. 772.
27 Ebd.

fälle in der eigenen Geschichte nicht unter Kriegszügen anderer Völker zu leiden hätten, noch unter sich selbst nennenswert zerstritten seien, hätten die Chance, die Leidenschaft der Menschenliebe auszubilden. »Zur Zeit gehören die Einwohner von Tanna zu der ersteren von diesen beyden Classen. Es läßt sich nemlich aus ihrem anfänglich mißtrauischen Betragen, imgleichen aus dem Gebrauche, nie unbewaffnet zu gehen, allerdings mit Grunde vermuthen, daß sie oft in innere Streitigkeiten unter sich, oder auch mit ihren Nachbarn, verwickelt seyn müssen, und da mögen denn blos Wuth und Rachgier sie nach und nach zu Cannibalen gemacht haben, als welches sie, ihrem eigenen Geständniß nach, noch jetzt wirklich sind. Da wir indessen keineswegs Lust hatten, es an uns selbst auf die Probe ankommen zu lassen, so mußten wir auch Verzicht darauf thun, die Ursach zu ergründen, um deren willen man uns nie gestatten wollte, die östliche Landspitze des Havens in Augenschein zu nehmen.«[28] So haben denn auch Mißtrauen und Gewaltbereitschaft ihren Sinn, wenn sie in Lagen ausgebildet werden, in denen sie dem Überleben förderlich sind, und ihr Vorkommen spricht nicht gegen die Vermutung, die Anlage zur Menschenliebe sei gleichfalls vorhanden, ja unter Umständen zum vorherrschenden Wesenszug auszubilden. Man muß den Vulkan nur von dieser Seite ansehen, dann verheert er nicht mehr, sondern düngt die Felder, beides vermöge seines Vulkanseins, und beide Eigenschaften sind untrennbar. Die »feindselige Gesinnung ist uns aber eben so gut von Natur eigen, als das sanftere Gefühl der allgemeinen Menschenliebe, und, so entgegengesetzt diese beyden Leydenschaften auch zu seyn scheinen; so sind sie doch im Grunde zwey der vornehmsten Triebräder, durch deren gegenseitige Einwirkung die ganze Maschine der menschlichen Gesellschaft in beständigem Gange erhalten, und für Zerrüttung bewahrt wird.«[29]

Diese Einsicht ist gleichsam der Gipfel der Erkenntnis im drit-

28 Ebd., S. 773.

29 Ebd., S. 772.

ten Akt; von hier aus kann der gemächliche Abstieg in ein freundliches Tal beginnen. Forster bestätigt sich die eigene Erkenntnis: »Ohnerachtet im vorhergehenden angemerkt worden, daß die Tanneser von mißtrauischer und rachsüchtiger Gemüthsart sind; so kann ich ihnen doch bey alledem einen gewissen Grad von Gutherzigkeit und menschenfreundlichem Wesen keineswegs absprechen. Jene scheint ihnen nicht sowohl von Natur eigen, sondern vielmehr eine Folge ihrer unablässigen Kriege zu seyn, um deren willen sie fast in steter Lebensgefahr seyn mögen. In dieser Vermuthung bestärkt mich ihr Betragen gegen uns. Sie giengen nämlich nicht länger so vorsichtig, und zurückhaltend mit uns um, als bis sie überzeugt waren, daß wir in keiner feindseligen Absicht zu ihnen kamen.«[30] Man singt zusammen. Georg hatte etwas gesummt, einer von Tanna ihn gebeten, es zu singen. Englische, deutsche, schwedische Lieder (die ernten den meisten Beifall). Dann singen die Tanna-Leute, und siehe, weit melodiöser als alles, was die von der »Resolution« zuvor in der Südsee je gehört. Ernst klingt das Lied, es hat Rhythmus, und Metrum haben die Worte. Dann ertönt eine tannesische Syrinx.

Der vierte Akt bringt das dramentechnisch vorgeschriebene retardierende Moment. Man verzichtet darauf, den Vulkan zu besteigen. Nachdem ihnen zum wiederholten Male der Weg verboten und die Haltung der Tanneser aggressiv bleibt –, fügen sie sich drein: »da es uns aber im geringsten nicht um Händel zu thun war, so baten wir sie, uns den Weg nach dem Strande anzuweisen. Ein wirksameres Mittel zu ihrer Beruhigung hätten wir gar nicht anwenden können.« Auf diesem Wege, das Wetter ist schwül, werden sie mit allerlei Erfrischungen bedacht. »Unsere Absicht, den Volkan näher zu untersuchen, war freylich vereitelt.«[31] Dabei bleibt es nun.

So gehen sie denn auf verstatteten Pfaden. Auf der Suche nach

30 Ebd., S. 775 f.

31 Ebd., S. 784.

Muskat »hörten wir einige scharfe Flintenschüsse, die uns befürchten ließen, daß zwischen den Eingebohrnen und unsern Leuten Händel vorgefallen wären. Ein Indianer, der eben vom Strande her kam, sagt uns im Vorbeygehen etwas, welches wir nicht recht verstanden, aber für eine Bestätigung unsrer Vermuthung hielten. Also eilten wir an die See zurück, wo jedoch alles ruhig, auch dort so wenig, als sonstwo, etwas vorgefallen war.«[32] Man lernt den Häuptling der Insel kennen, dessen geringe Befehlsgewalt Georgs Diagnose vom geringen Grad der Gewaltkonzentration recht gibt. Die Spaziergänger am Lande werden mit Namen gerufen oder danach gefragt. Die Seesoldaten haben das Grenztau abgespannt; nur eine Schildwache steht am Strand. Eine Solfatara wird vermessen; Temperaturschwankungen geben Rätsel auf, ihr Zusammenhang mit der Aktivität des Vulkans ist nicht klar. »Hier müssen wir es bey bloßen Muthmaßungen bewenden lassen; denn der Volkan ... war seit einigen Tagen ganz ruhig.«[33]

Der fünfte Akt beginnt damit, daß die Abreise verschoben werden muß; der Wind treibt die »Resolution« zurück in die Bucht. Man trennt sich und unternimmt Einzelgänge. Georg betrachtet die Tanneser bei der Arbeit, hört ihren Liedern zu. Er blickt über die Pflanzungen, und Tanna dünkt ihn schöner denn Tahiti. Wir lesen eine lange, gefühlvolle Passage und merken rasch die Absicht, die der Verfasser denn auch bald ausspricht: »Die verschiedene Stellung der Bäume gegen das Licht gab der Landschaft das herrlichste Colorit ... das Lied des arbeitenden Ackermanns, welches in diesem Augenblick ertönte, vollendete dies Gemählde gleichsam bis auf den letzten Pinselstrich!«[34] So mochte Moses ins Gelobte Land geblickt haben, und dem Gemälde und der Impression sanfter Erhabenheit folgt die sittliche Selbsterhöhung: »Über mir der Himmel heiter, das Säuseln des kühlen Seewindes um mich her, stand ich da, und genoß in Ruhe des Herzens alles das Glück,

32 Ebd., S. 785.

33 Ebd., S. 795.

34 Ebd., S. 789.

welches ein solcher Zusammenfluß von angenehmen Bildern nur gewähren kann. Unvermerkt verlohr ich mich in eine Reihe von Betrachtungen über den Nutzen, den unser hiesiger Aufenthalt unter den Insulanern gestiftet haben könnte, und welch einen Zuwachs an Vergnügen verschaffte mir nicht der beruhigende, damals noch ahnungsfreye Gedanke, daß wir uns hier, zur Ehre der Menschheit in einem sehr vorteilhaften Lichte gezeigt hätten!«[35] Ich bitte den Leser, sich später zu wundern; die Schwärmerei, die immer nahe am Selbstbetrug liegt, gehört zum Genre.

Georg tritt den Weg zur Bucht an; er trifft Dr. Sparrman, den schwedischen Biologen, der seit dem Aufenthalt in Südafrika an Bord ist, und dessen schwedische Lieder die Tanneser so ergötzt hatten. Sie tauschen und teilen ihre Impressionen. So vorbereitet geht es zur Katastrophe, die sich zunächst nur andeutet: »Der erste Einwohner, dem wir begegneten, flüchtete vor uns, und versteckte sich hinters Gebüsch.« Sie begegnen weiteren; weitere Zeichen von Angst. »Sobald wir aus dem Walde heraus traten, klärte sich das Räthsel auf. Zween Männer saßen im Grase und hielten einen Dritten, todt, in ihren Armen. Sie zeigten uns eine Wunde, die er von einer Flintenkugel in die Seite bekommen hatte und sagten dabey mit dem rührendsten Blick: ›er ist umgebracht.‹«[36]

Was war geschehen? Ein Tanneser hatte am Strand eine Linie überschritten, war von einer Schildwache zurückgestoßen worden, hatte es ein zweites Mal versucht und war ein zweites Mal und diesmal sehr heftig zurückgestoßen worden, hatte einen Pfeil aufgelegt und war daraufhin von einem andern Seesoldaten erschossen worden. Es erfolgt keine Vergeltung. Die »Resolution« segelt bald ab.

Ende des Dramas. Das noch folgende wissenschaftliche Resümee können wir übergehen, nicht aber Georg Forsters Begründung, warum er eine leider durchaus alltägliche Erzählung zu

35 Ebd., S. 799.

36 Ebd., S. 800.

einem derartigen Trauerspiel ausarbeitet. Er weiß doch selbst, daß so beschaffen die Kosten von Entdeckungsreisen sind, hat es doch mit aller Altklugheit sich und allen andern ins Stammbuch geschrieben, daß, so hart dieser oder jener Mord für die Betroffenen sein möge, das doch nur eine Kleinigkeit sei im Vergleich mit und so weiter –? Aber Georg Forster schreibt: »Wie plötzlich, und durch was für eine ruchlose That waren die angenehmen Hoffnungen, womit ich mir, noch wenig Augenblicke zuvor, geschmeichelt hatte, nun nicht auf einmal vereitelt! Was mußten die Wilden von uns denken? Waren wir jetzt noch besser, als andere Fremdlinge? oder verdienten wir nicht weit mehr Abscheu, weil wir uns, unter dem Schein der Freundschaft eingeschlichen hatten, um sie hernach als Meuchelmörder zu tödten? Ich muß gestehen, daß mehrere von unserer Schiffsgesellschaft billig genug dachten, dieses Unglück laut zu beklagen. Dergleichen Übereilungen waren uns fast aller Orten begegnet, und der Schade nirgends gut zu machen gewesen. Und hier in Tanna, wo wir uns, bis auf den Augenblick unserer Abreise, gesitteter und vernünftiger, denn irgendwo, betragen hatten, auch hier mußte dieser Ruhm, durch die offenbarste Grausamkeit, wieder vernichtet werden!«[37] Das nun ist, so weiß ein jeder, der das Buch bis hierhin gelesen, offenbarster Unsinn, oder aber der junge Forster hat uns zuvor geschont respektive allerlei verschwiegen. Cook hatte einer latent feindlich gestimmten Inselbevölkerung gegenüber die nötige Vorsicht walten lassen, hatte, wie überall, seine besondere Empfindlichkeit gezeigt, was Eigentumsfragen anging. Unter Feuer genommen worden waren die Tanneser gleich zu Beginn und zwischendurch ein paarmal. Daß es erst am Ende zu einem Todesfall kam, war reiner Zufall. Aus den bloßen Fakten läßt sich Georg Forsters Klagerede nicht verstehen – oder sagen wir so: sie ließe sich verstehen, hätte er sie nicht nur Tanna gewidmet und die Ausschließlichkeit dieser Widmung zu begründen versucht.

37 Ebd., S. 802.

Fast paradoxerweise scheint Georg Forster der Umstand, daß es sich um eine eher unfreundliche, ja von ihrer Mentalität her, wie er es nennt, »rachsüchtige« Bevölkerung handelte, besonders motiviert zu haben. Hierin könnte man die Enttäuschung einer Hoffnung vermuten. Hätte doch, nach Forsters Theorie, die Gewöhnung an freundliche Behandlung durch Fremde die Tugenden der Menschenliebe gegenüber den Gewohnheiten der präventiven Gewalt, Vergeltung und »Rachsucht« befördern müssen. Aber was war es denn, das Forster den Leuten von der »Resolution« so zugute hielt? Daß sie keine Raubzüge durchs Land, keine Massaker an der Bevölkerung unternommen hatten? In welches Licht, wenn denn das zu erwarten gewesen wäre, stellt er die bisherige Fahrt des Kapitäns Cook? Oder ist es vielmehr so zu verstehen: wenn der Charakter der Tanneser bei Ankunft der »Resolution« so gewesen war, wie Forster ihn beschrieben hatte – hätte dann nicht auf den Mord hin jene so vielbeschworene Rachsucht sich zeigen müssen? In der Tat befürchtete Georg, die Tanneser könnten sich an ihm, Dr. Sparrmann oder seinem Vater für den Mord rächen, bevor sie am Strand den Schutz britischer Gewehre erreichten. Da aber keine Rache erfolgte, nicht einmal Anstalten dazu – hatte dann nicht der bisherige nichtmörderische Umgang mit den Tannesern bei jenen ebendas und durchaus nachhaltig bewirkt, was, Georg zufolge, friedlicher Umgang bewirken müßte? War nicht also das Saatkorn der Menschenliebe, das in jedem Volk steckt, zum Keimen gebracht worden und hatte nicht der Meuchelmord am Strand den Keimling wieder zertreten? Dann aber wäre das eigentlich Merkwürdige, daß die Insulaner doch weit weniger aggressiv waren, als von den Ankömmlingen zuvor angenommen.

Tatsächlich schieben sich Georg Forster die Bilder der Leute von Tanna und der »Resolution« ineinander. Symptomatisch ist, noch einmal, die seltsame Szene mit dem »Indianer«, der den Pfeil auf die Sehne legt, und man weiß nicht, ist es Spaß? Auf die Formulierung, daß »wir« es erst gewahr wurden, als »einer von uns« mit dem Gewehr auf ihn zielte, habe ich schon hingewiesen. Eigentlich hätte Forster schreiben müssen: Ich sah ihn erst, als ein anderer von uns ihn längst bemerkt hatte und auf ihn zielte. Aber so vermeidet er das »ich«, läßt sich im Kollektiv aufgehen wie den Gewehrträger und schreibt damit dem Kollektiv einen besonderen Wahrnehmungsvorgang zu, das Erkennen durchs Anvisieren mit einer Schußwaffe. Ebendas tat der »Indianer«. Die Kollektive erkannten einander, indem sie tödlich Maß aneinander nahmen. Und auch in einem andern verhalten sie sich stupend gleich. Beide haben eine Grenze, die Mitglieder des andern nicht überschreiten dürfen und deren Sinn nur denen des eignen deutlich ist: Cook spannt eine Leine am Strand, und der Trespasser wird erschossen; die Tanneser verwehren mit Drohung und List den Weg zum Inselinnern und zum Vulkan. Beide gehen bewaffnet und mißtrauisch aufeinander zu; von beiden weiß Georg Forster zu sagen, daß sie sonst in einer Welt von Krieg und Bedrohung leben, doch sich wider Erwarten friedlich gegeneinander verhalten haben.

Diese prekäre projektive Einheit hätte durch den Mord am Strand zerstört werden müssen, wenn es sich um eine Empfindung vor Ort gehandelt hätte; von ihr hätte allein sentimentalische Beschwörung bleiben können, wenn die Forsters wirklich gemeint hätten, der Mord hätte ein zivilisatorisches Werk der Befriedigung wilder Gemüter vereitelt. Es wird aber im Gegenteil die Unifizierung der beiden Kollektive im Dienste der Zuspitzung der dramatischen Pointe verwendet. Es wäre also der Gedanke zu wagen, daß der Mord am Strand die Einheitsphantasie stiftet, die dazu geführt hat, ihn als einzigartig herauszustellen. Wie wäre das zugegangen?

Hier müssen wir entweder die Feder sinken lassen oder einer Spekulation nachgehen, zu der uns die Aufzeichnungen des Astronomen William Wales (*Remarks on Mr. Forster's account of Captain Cook's last voyage round the world*) anregen, der Georg Forster eine teils wütende, teils höhnisch-überhebliche Replik (*Reply to Mr. Wales's remarks*) hat folgen lassen. Wales schreibt in seinen *Remarks*, Cook hätte Reinhold Forster zweimal arrestieren lassen, beide Male wegen mutwilliger Übergriffe auf Eingeborene. Einmal habe er auf Eingeborene geschossen, ein andermal sie getreten und bespuckt. Georg weist beide Anschuldigungen zurück. Außerdem sei ein Vater nie arrestiert worden; einmal wohl wegen eines Streites aus der Kapitänskajüte verbannt worden. Das sei vorgefallen, während das Schiff vor Uliatea gelegen habe. Weiter nichts.

Die Tagebücher Reinhold Forsters zeigen nun, daß es auf Uliatea Streit zwischen Georg und einem Eingeborenen gegeben hat, in dessen Folge dieser versucht hatte, jenem das Gewehr zu entreißen. Reinhold schreibt weiter, er habe gesehen, daß sein Sohn mit einer Hand das Gewehr habe fahrenlassen, worauf der Eingeborene es an sich gerissen habe. Er, Reinhold, habe nun auf den Eingeborenen angelegt, worauf dieser das Gewehr zurückgegeben habe und weggelaufen sei. Er hätte den Eingeborenen nun erschießen können, sei aber entschlossen gewesen, ihn nicht zu verletzen, habe ihn 50 Meter weit sich entfernen lassen und erst dann auf ihn geschossen. Eine spätere Untersuchung habe nur neun Fleischwunden (von Schrotkugeln) in der Schulter des Eingeborenen ergeben. Und Reinhold Forster beklagt bitter die Selbstschutzmaßnahmen, zu denen Cooks laxes Verhalten räuberischen Eingeborenen gegenüber nötige.

In einer Eintragung Georgs in seines Vaters Tagebuch findet sich eine andere Darstellung des Falles. Er, Georg, habe seine Pistole gezogen, daraufhin sei der Eingeborene geflohen. Dann habe der Vater, wohl motiviert durch das erschreckte Aussehen des Sohnes, auf den Fliehenden geschossen. Die Tat des Vaters war also durch keine Verteidigungsnotwendigkeit mehr motiviert, sondern eine Vergeltungsmaßnahme beziehungsweise »Rachsucht«, wie sie Georg den Leuten auf Tanna zugeschrieben hätte. – Georgs Eintragung ist unterzeichnet – es handelt sich um eine eidesstattliche Versicherung. Es ist also doch zu einer Untersuchung des Falles gekommen, was Georg in seiner *Reply to Mr. Wales* verschweigt, und Reinhold schreibt in seinem Tagebuch, der Streit zwischen Cook und ihm sei wegen dieser Untersuchung entbrannt, in der der Kapitän sich eine Autorität angemaßt habe, die er, Reinhold, nicht habe akzeptieren können. Daraufhin sei er gewaltsam aus der Kajüte entfernt worden.

Formal betrachtet hat sich Reinhold Forster übrigens nahezu der Meuterei schuldig gemacht, und Cook hat sich äußerst liberal verhalten. Wenn nun Georg in der *Reply* sagt, man könne aus der Tatsache eines am folgenden Tage erfolgten Landganges sehen, daß sein Vater nicht arrestiert worden sei, so muß man wieder in Reinholds Tagebuch sehen, wo dieser befriedigt niederschreibt, für den Landgang am folgenden Tage habe Cook endlich eine genügend starke Schutztruppe zusammengestellt. Es dürfte sich vielmehr so verhalten haben, daß Cook den unberechenbaren Reinhold Forster zunächst nur unter Bewachung an Land hatte gehen lassen wollen. Er und Reinhold hatten sich wohl auf die Interpretation »Schutzhaft« geeinigt.

Die von Wales angesprochene Tanneser Angelegenheit ist weit dunkler. »The scene«, so Georg Forster in der *Reply*, »lies on the sea beach at Tanna.«[38] Er faßt in kurzen Worten eine Tanna-Episode zusammen, die er auch in der »Reise um die Welt« berichtet: Die Forsters lassen sich von einem Tanneser einen Muskatbaum zeigen, die Bestimmung erweist sich als zweifelhaft; am Strand versucht der Eingeborene, so Georg, die andern zu bereden, die Bestimmung anhand vorgewiesener Blätter zu bestätigen. Der Trick wird, so heißt es in der *Reise*, von den Forsters und den meisten der Eingeborenen getadelt. Die *Reply* weist auf Reinholds geringe Sprachkenntnisse hin. Wohl habe der sich beschwert, doch nicht getreten noch gespuckt. Jedenfalls ging es laut zu, so, daß der Leutnant der Seesoldaten Reinhold Forster auffordert, keinen Aufruhr zu veranstalten. »The answer was reechoed in the same tone, ›that he made no disturbance‹.«[39] Daraufhin, so Georg Forster, habe sich der Offizier so sehr vergessen, daß er dem Vater »befohlen« habe, »to leave off making a disturbance«. Und er kommentiert die Renitenz des Vaters mit Worten, die bloß alberne Wichtigtuerei sind: »A free

38 Georg Forsters Werke, Sämtliche Schriften, Tagebücher, Briefe, herausgegeben von der Akademie der Wissenschaften der DDR, Bd. 4, S. 36.

39 Ebd., S. 37.

man is not so easily commanded« – er fügt hinzu: »my father denied the Lieutenant's power over him.«[40]

Hier sollte man erläuternd hinzufügen, daß die Seesoldaten, wie jede Armee, die Sicherheit des Schiffes nach außen (auf Landgängen wie diesem etwa) wie auch die nach innen, das heißt gegen mögliche Meuterer, zu gewährleisten hatten. Der Offizier der Seesoldaten vertrat die Kapitänsgewalt bei entsprechenden Unternehmungen. Man mag des Leutnants Reaktion übertrieben und hitzig finden, aber man sollte den ernsten Hintergrund nicht übersehen. »›If you disobey my orders, was Mr. Clerke's reply, I shall bid the sentry to SHOOT you.‹«[41] Daraufhin zieht Reinhold Forster seine Pistole.

Was Georg dann schreibt, ist unglaubwürdig: Die gezogene Pistole habe »these extravagant heroics« beendet, »and finally closed the whole dispute. Both Mr. Clerke and my father have since laughed at the violent heat, to which they suffered such trifles to mislead them; but where is the man that is not sometimes run away with by passion!«[42] – »The extravagant heroics« ist witzig – so etwas gelingt Georg im Laufe seines Lebens und Schreibens immer wieder –, aber natürlich ist eine gezogene Pistole am Strand von Tanna oder anderswo unter dem Regiment der britischen Kriegsmarine kein Spaß, und natürlich mußte Reinhold klein beigeben. Ist Georg dazwischengesprungen? Hat er die Streithähne gebeten, die Sache als Spaß aufzufassen, und ist die späte Genugtuung für den Triumph der Vermittlungskunst, die zweimal verschwiegen werden mußte, das kleine »extravagant heroics«?

Mag sein. Aber es löst sich darin noch nicht alles. Ich bitte den Leser, sich an die Stelle im vierten Akt zurückzuerinnern, wo die Rede war von »einige(n) scharfe(n) Flintenschüsse(n), die uns befürchten ließen, daß zwischen den Eingebohrnen und unsern Leuten Händel vorgefallen wären. Ein Indianer, der eben vom Strande her kam, sagt uns im Vorbeygehen etwas, welches wir nicht recht

40 Ebd.
41 Ebd.
42 Ebd.

verstanden, aber für eine Bestätigung unsrer Vermuthung hielten. Also eilten wir an die See zurück, wo jedoch alles ruhig, auch dort so wenig, als sonstwo, etwas vorgefallen war.« – Mag sein, das war einfach so. Mag sein, da deutet sich mehr an.

Vielleicht gibt es noch eine verschwiegene Geschichte, die klären könnte, warum dauernd die Rede von der »Rachsucht« der Tanneser ist, die sich doch nirgends rachsüchtig zeigen, nicht vor, nicht nach dem Mord, warum sich Georg nach dem Mord am Strand so auffällig um seinen Vater sorgt, obwohl der mit dem Mord doch gar nichts zu tun hat, oder warum Georg so auffällig erschüttert ist, als es zu keinem Racheakt kommt. War Reinhold Forster näher am Mordgeschehen als geschildert, oder ist noch ganz anderes vorgefallen? Ging der Streit am Strand wirklich nur um die Frage, ob der Baum oben im Wald wirklich ein Muskatbaum gewesen war? Und wieso hat sich nie aufgeklärt, wer eigentlich die Schüsse abgegeben hat, die die Forsters hörten? Und warum müssen die eigens erwähnt werden, ohne daß erwähnt wird, wie sonderbar es ist, daß sich nie aufgeklärt hat, wer da auf was oder wen geschossen hat? Schließlich denke man an den Ort, den Georg diesen rätselhaften Schüssen im Wald gibt: im vierten Akt, in der Retardation, als Ankündigung der Schlußkatastrophe. Was hier als rein stilistisches Mittel erscheint, die Spannung zu halten, könnte einen Grund in den Tatsachen haben: Die eigentliche Katastrophe hat sich nicht am Strand abgespielt.

So könnte es gewesen sein: Es ist, Georg und sein Vater sind allein, erneut zu einer Begegnung gekommen, wie so oft geschildert. Sie sind wieder an eine Grenze gekommen, die sie nicht überschreiten dürfen; ein Tanna-Mann zielt mit dem Bogen; aber diesmal schießt der unbeherrschte Reinhold Forster, trifft, vielleicht tödlich, vielleicht verwundet er nur. Am Strand berichtet ein Eingeborener, der sie begleitet hat auf der Suche nach dem Muskatbaum oder der sie beim Baum belauscht hat, den andern, daß Reinhold Umbejgan Forster einen der ihren getötet oder verwundet hat. Der Vater leugnet lautstark, der Eingeborene lüge, es sei alles nicht wahr; oder: Er und sein Sohn seien angegriffen worden, und er habe sich seiner Haut wehren müssen; oder: Er habe nicht getötet, sondern nur verwundet. Reinhold versucht, den Anzeige Erstattenden zum Schweigen zu bringen, die Zuhörer debattieren über dessen Glaubwürdigkeit – da mischt sich der Kommandant der Seesoldaten ein: Was der Lärm zu bedeuten habe? Reinhold Forster möge die Eingeborenen nicht beunruhigen. Man wußte ja seitens der »Resolution«, was man an ihm hatte. Reinhold Forster hat – nach solchem Vorlauf nicht mehr verwunderlich – inzwischen dermaßen die Fassung verloren, daß nicht einmal die Ermahnung des Kommandanten, er mache sich der Meuterei schuldig, etwas fruchtet. Im Gegenteil, er legt nun auch auf Mr. Clerke an. Jemand – Georg? – springt dazwischen. Man wiegelt ab; immerhin sehen die Eingeborenen zu. Alles nicht so gemeint. Aber übrigens – was waren das für Schüsse im Wald? Schüsse? – Ja, die haben wir auch gehört. Wir wollten Sie grade fragen, ob etwas vorgefallen sei. Nein, bei uns nicht. – Man läßt die Sache auf sich beruhen; die »Resolution« segelt ab. Und eben doch nicht, Winde vereiteln's. Die Forsters gehen noch einmal, da von den Eingeborenen nichts erfolgt ist, über die Insel. Als Georg an den Strand zurückkommt, erfährt er, daß noch etwas passiert ist – einer von Tanna hat sich seinerseits nicht an die von den Leuten der »Resolution« gezogene Grenze gehalten und ist nun tot. Georg gerät in Panik: Sie rächen sich! Bei ihm ist Dr. Sparrman, aber sein Vater ist irgendwo ganz allein. Aber auch der kommt wohlbehalten wieder an. Georgs Angst schlägt in Rührung um.

Wenn es so oder ähnlich gewesen ist, spräche solches Verhalten sehr für Georgs großes Herz. Er hätte dann nicht, wie es Menschenweise oft ist, die Angst vor Vergeltung in Haß umgebildet, sondern sich das Gefühl der Dankbarkeit erlaubt. Wenn es so oder ähnlich gewesen sein sollte, wäre das verworrene Räsonieren über den »rachsüchtigen« Charakter der Tanneser, der dann doch ganz anders war, erklärt. Man könnte, nähme man diese Hypothese als Möglichkeit ernst, aus der ein wenig lächerlichen Forsterschen Theorie von den durch die Zurückhaltung der Leute von der »Resolution« gewissermaßen anzivilisierten Tannesern, die durch den

Unfall in letzter Minute um die Errungenschaft wieder gebracht worden seien, die Erkenntnis hören, daß die Eingeborenen, wiewohl genauso strikt in der Einhaltung ihrer Grenzen wie die Angelandeten, anders als Reinhold Forster oder auch der gewohnheitsmäßig Geiseln nehmende James Cook von Rachsucht wenig wußten – allein, was würden sie nun gelernt haben über den Nutzen dieser Tugend? fügen wir hinzu.

Es muß nicht so gewesen sein. Harmloser kann es gewesen sein, harmloser für fast alle Beteiligten. Vielleicht war es wirklich so, wie Georg in der »Reply« geschrieben hat. Aber auch dann hätte er etwas verschwiegen, denn die Szenerie bricht ab, wenn wir Reinhold Forster zum Schuß auf Mr. Clerke bereit sehen. Was war dann? Vieles, das in der *Reise* so bedeutungsvoll erzählt wird, bleibt dunkel, wenn man einen weniger grellen Scheinwerfer darauf richtet. Aber auch wenn es ganz anders war, so war es doch für den Verfasser der »Reise um die Welt« etwas Ungeheures. Sonst hätte er über diesen einen so wenig ungewöhnlichen Mord nicht so rührend geschrieben, sonst hätte er nicht, alle Routine des Dann-und-dann unterbrechend, sich dramatischer Form bedient, um eine Tragödie zu verfassen.

Wo in der Formlosigkeit oder in der der Formlosigkeit nächsten Form, der Reihe, plötzlich Dramatik entsteht, können wir auf psychische Antriebe schließen, die große Gefühlsquanten zu bezähmen haben. Was immer tatsächlich geschehen ist, jedenfalls ist ein Schweigegebot eingewechselt worden in die Kunst der Form. Ob Georg seinen Vater und dessen oder eine gemeinsame Untat deckte oder ob er nur vor sich und andern schwieg über den unbeherrschten, lächerlich-gefährlichen Vater am Strand, ob er vielleicht nur das Leid in sein Herz einschloß, daß der Vater des Sohnes Mitgefühl mit dem Toten nicht teilen konnte, vielleicht einen anteilnehmenden Satz mit einer Roheit beantwortete, vielleicht mit einer Roheit ähnlich den vielen, die manche jähzornigen Prügel begleitet haben dürften, die der Sohn Jahr um Jahr hinzunehmen hatte – für Georg ist, wir können es an den Folgen für sein Schreiben erkennen, nichts Harmloses gewesen, was auf Tanna geschah.

Was auch geschehen ist, die ohnehin vorhandenen Spannungen zwischen Vater und Sohn dürften dort bis zur Unerträglichkeit gewachsen sein – jedenfalls im Gefühl des Sohnes. Was auch geschehen ist, die hochgradige Verdichtung im Bericht zeigt, wie sehr das Gefühl des Berichtenden sich nicht mit dem bloßen Bericht dessen, was berichtet werden durfte, und mit der Form bloßen Berichtens, ganz gleich, wieviel verschwiegen werden mußte, zufriedengeben konnte. Der scheinbare Bericht gerät allerorten zum Gleichnis. Der Vulkan für die zerstörerischen Leidenschaften der Menschen – und für die Ambivalenzen ihrer Folgen. Die Leute der »Resolution« und die von Tanna werden zu einer zerrissenen, antagonistischen Menschheitsfamilie vereint. Zuerst der Blick in ein etwas verbauertes, aber doch kenntliches Paradies, dann Sündenfall und Sturz. Kein Weg führt zurück, der Heilsplan der Besänftigung der Gemüter scheitert, und als Symbol dafür steht der tote Tanneser, beweint, ein sinnloser Opfertod, zum Unheil. »Es ist vollbracht« heißt wirklich »es ist vorbei«. Was auch geschehen ist, Georg hat es ergriffen und, so ist zu vermuten, nicht mehr verlassen. Das Bild des Toten im Gras, von dem loszureißen die Furcht vor Vergeltung zwang, dürfte überdauert haben als Bild von Identifikationswunsch und -angst. Was immer der Vater zu Tanna angerichtet hat, und sei es nur eine Herzensroheit gegenüber dem Sohn – den hat er sich einen Augenblick eins fühlen lassen mit dem Ermordeten am Strand, auf dem etwas ruhte, was ihn aus dem Vaterauge niemals zuteil geworden war, ein »rührender« Blick.

Aber Georg hat zurück an Bord gehen müssen, und die Identifikation mit Toten ist überhaupt prekär: Es lebt sich nicht gut damit. Aber die mit dem trotz aller Rachsucht oder gegen alles Recht Überlebenden, dem Vater, speziell diesem, der zuweilen den Hals halb in der Schlinge trug, ist auch so eine Sache. – Gegenüber Dritten, die ohne Anschauung, nur sentimentalisch motiviert, die Grausamkeiten der Pazifikfahrer tadelten, hat Georg Forster stets die Partei der »Resolution«, Cooks, Reinholds, seine eigene ergriffen: »Wohlan! heute giebt man ihm Nägel, und morgen wehrt man sich mit Kugeln.«[43] Ich tadle keinen, weil er unter den Lebenden sein will, aber trotz allem ist Georg auf Tanna ein wenig miterschossen worden.

Von Vulkanen ist bei Georg Forster öfter die Rede, und zwar dort, wo er über unvermeidbare Kämpfe zwischen widerstreitenden und nicht zu versöhnenden Kräften, aber auch über das Destruktive, das sich doch zum Guten wenden soll, nachdenkt und das letztere beschwört. In den *Ansichten vom Niederrhein* etwa: »Schön ist das Schauspiel ringender Kräfte; schön und erhaben selbst in ihrer zerstörendsten Wirkung. Im Ausbruch des Vesuv, im Gewittersturm bewundern wir die göttliche Unabhängigkeit der Natur. Wir können nichts dazu, daß … in den Eingeweiden der Erde die elastischen Dämpfe sich entwickeln, die der geschmolzenen Lava den Ausweg bahnen. Das Zusehen haben wir überall; glücklich, daß Zeit und Erfahrung uns doch endlich von dem Wahne heilten, der diese großen Erscheinungen nur für Werkzeuge der göttlichen Strafgerechtigkeit hielt. Wir wissen, daß Kalabrien ruht, indeß der Monigbello wüthet … Mit den Stürmen in der moralischen Welt hat es genau dieselbe Bewandtniß … Die leidenschaftlichen Ausbrüche des Krieges haben ihren Nutzen wie die physischen Ungewitter … Wenn die Selbstentzündungen der Vernunft in einem ganzen Volke nichts als den erstickenden Dampf zurücklassen, so wäre es zwar allerdings erfreulicher, den Witz nur zu rechter Zeit als ein unschuldiges Freudenfeuer auflodern oder in schönen Schwärmern steigen zu sehen; doch wer weiß, was auch in solchen Fällen noch Gutes in dem Caput mortuum übrig bleibt?«[44] Ein Zufall, daß das Bild von der chemischen Eruption mit dem *lateinischen* Wort für den Rückstand in der Phiole verbunden wird?

Das Volk und der »Volkan« sind ihm immer nahe beisammen; ein durchaus konventionelles Bild, aber von Georg Forster doch mit einer gewissen Insistenz gebraucht. Dem Bericht über das Föderationsfest zu Paris fügt er, wie sein Biograph Klaus Harpprecht

43 Georg Forster, Werke in vier Bänden, a. a. O., Bd. 2, S. 184.

44 Ebd., S. 524.

schreibt, »eine merkwürdige Parabel« an, in der wieder der Segen eines Vulkanausbruches für das verwüstete Land beschworen wird.[45] Düster ist das Bild, das er am 24. 10. 1793 in einem Schreiben aus Paris an seine Frau Therese entwirft. Zunächst schreibt er über die Massaker der Revolutionstruppen, illusionslos, doch an die erste Person Plural sich haltend. »Wir haben die Vendée nun ausgerottet, und so werden wir ausrotten, was sich uns widersetzt. Es ist eher an keine Ausgleichung zu denken, als bis man bittend zu uns kommt.« Das Bild dementiert, daß Bitten helfen können: »Die Lava der Revolution fließt majestätisch und schont nichts mehr. Wer vermag sie abzugraben?«

Die Reise um die Welt war Georg Forsters Leben; der Rest sind unerfreuliche Appendices.

II

1. Reinhold

> »Forster war bis gegen 2 Uhr bei mir. Ich befahl mich Gott.«
>
> Karl Woide

Wollte man einer in fast allen Teilen wohlausgestatteten Allegorie sozialer Inkompetenz ein Gesicht geben, so könnte das Reinhold Forsters zum Modell herhalten. Er war ein zu seiner Zeit bedeutender Naturwissenschaftler, sonst ein Nebenmensch, den man gerne missen mochte. Kaum einer, mit dem er sich nicht überwarf; er stets jemand, der seinen Launen hochtrabende Interpretationen zu geben wußte. Das Theater um seinen Reisebericht an die britische Admiralität zeigt Reinhold Forster als illoyalen Vertragspartner, der sich weigert, denen, die ihn bezahlt haben, das gewünschte Produkt zu

45 Klaus Harpprecht, Georg Forster oder Die Liebe zur Welt, Reinbek 1990, S. 464.

liefern. Hinzu kommt, daß Reinhold damit gleichfalls die Pflichten gegen seine Familie verletzt, denn die brauchte Geld, um bloß über die Runden zu kommen. Geld, das Reinhold Forster nicht verdient, obwohl er es könnte, und ausgibt, obwohl er es nicht hat. Reinhold Forster ist ein berüchtigter Schuldenmacher; kein Freund, dem er nicht auf der Tasche liegt. Kommt er zu Geld, hat man Glück, wenn er sich der Schulden erinnert. Da Reinhold Forster den von der Admiralität verlangten Reisebericht nicht schreibt, den, den er schreiben möchte, nicht veröffentlichen darf (der, den er dann schließlich abgibt, wird nicht akzeptiert), spannt er seinen Sohn Georg an. Und die englische Urbanität, die Georgs *Reise um die Welt*, eine eindeutige Vertragsumgehung, unbeanstandet erscheinen läßt, ist bemerkenswert. Nun muß der Sohn dem Vater das Geld, das dieser dann wieder verpulvert, heranschreiben. Die Belastung für den Sohn ist, man kann es in Briefen nachlesen und hat keinen Grund, dem Geschriebenen zu mißtrauen, extrem. Ich meine nicht nur die Arbeitsleistung, sondern auch das Wissen, daß die Wohlfahrt der Familie von ihm abhängt. »Ich bin zu meinem unbeschreiblichen Leidwesen, noch in der mißlichen Lage, nicht nur mein Brod, sondern das Brod vieler andrer, fast ohne Beihülfe, mit dem Schweiße meines Angesichts und der sauersten Mühe erwerben zu müßen, ohne Aussicht daß es je anders werden wird, daß ich uns alle je frei arbeiten werde und also ohne Freunde.«[46] Dazu der schwadronierende Reinhold, dessen Wirtschaftsführung selbst kleinste Erfolge stets zu ruinieren droht, weil man zu teuer wohnt, zu luxuriös ißt und einlädt, weil Reinhold seine Bucheinkäufe nicht kalkulieren kann. Als es wieder einmal knapp wird, verkauft der Vater Zeichnungen des Sohnes, weil er meint, darüber verfügen zu können. Einmal hebt er Geld beim Londoner Kompagnon seines deutschen Buchhändlers und Verlegers Spener in dessen Namen ab. Eine Praktik, die, wie Georgs Biograph Klaus Harpprecht schreibt, an Betrug grenzt und wohl nur deshalb keiner ist, weil Reinhold nicht hoffen konnte,

46 Zitiert nach Klaus Harpprecht, a. a. O., S. 182.

unentdeckt zu bleiben. Georg schreibt, es ist nicht unpikant, auf Anregung des Verlegers Spener die wahre Sensationsgeschichte des Theologen, Hofpredigers, Literaten und Betrügers Dr. William Dodd, der gerade zu London hingerichtet worden war. Das Delikt des Gehenkten, er hatte Wechsel auf den Namen eines Freundes und Gönners gefälscht, war so unähnlich den Forsterschen Geldbeschaffungsmaßnahmen nicht. Dem Sohn ist das Moritatenfeuilleton allemal zu gönnen gewesen, aber man verkenne einmal mehr den Ernst der Lage nicht. Speners Kompagnon hätte Reinhold Forster wenn nicht an den Galgen, so doch für Jahre ins Gefängnis bringen können. Das eine wie das andere hätte zweifellos die finanzielle Sanierung der Familie bedeutet; das erstere die nachhaltige. »Uebrigens haftet die Schande einer öffentlichen Hinrichtung in England nicht auf des Hingerichteten Familie, und gereicht derselben nie zum Vorwurf. Eine billige Denkungsart, die Nachahmung verdient«, schreibt Georg.[47]

Die Zeit in London nach der Reise um die Welt ist die, in der Georg als junger Erwachsener seinen Vater mit geschärften Sinnen erlebt, die es nicht erlauben, die Erlebnisse zur See als Ausnahmen zu rechnen. Der Sohn weiß, was er an seinem Vater hat, wenn auch das Wissen gehemmt bleibt durch Konvention, Zuneigung trotz allem vielleicht, und wer will denn solche Gefühle ausloten, und wer blieb ihm denn? – Kurz: Er weiß, mit wem er es zu tun hat, und tut sich schwer mit den Konsequenzen. Drei Jahre nach dem Ende der Reise um die Welt nimmt er, zunächst heimlich, eine Stelle in Kassel an, die dann vornehmlich ihn ernähren soll, was schwierig genug sein wird.

Die erste große Reise mit dem Vater hatte das Kind mit sieben Jahren getroffen – zu den Kalmücken war es gegangen, 4000 Kilometer weit in die Gegenden um das spätere Stalingrad. Mit sieben Jahren braucht einer ein Vorbild, einen, zu dem man »So will ich werden!« sagen kann. Die zweite Reise, die um die Welt, tritt der

47 Ebd., S. 188.

Heranwachsende an, der sich vom Vorbild lösen muß – kann, wenn er Glück hat und wenn er viel Glück hat, unter glücklichen oder kommoden Umständen kann. Auf der Reise um die Welt dürfte der Vater vor den Augen des Sohnes so gründlich demontiert worden sein, wie man es sich nur denken kann, und das Ambiente des Mordes am Strand könnte sogar nur die phantastische Er- und Verdichtung dessen gewesen sein, was die Wirklichkeit so oft frei Haus liefert und keine Strände braucht und fernes Land, sondern nur Haus und Herd, in diesem Falle Kombüse und Kajüte. Aber Georg konnte nicht von Bord.

Reinhold wurde, wir haben es erwähnt, infolge einer Auseinandersetzung mit Kapitän Cook während des gemeinsamen Abendessens vom Tisch entfernt. Man denke – der Vater vor den Augen und Ohren des Sohnes vom Kapitän mit der Strafe belegt, die unartigen oder vorlauten Kindern droht: die Verbannung von der Familientafel. Damit mag die Auseinandersetzung zwischen Reinhold und Kapitän Cook einen Höhepunkt erreicht haben, aber voraufgegangen und gefolgt sein dürfte dem eine Kette von Zurechtweisungen. Cook war nicht der Mann – und konnte das als Kapitän eines Schiffes auch nicht sein –, Langmut mit einem querulatorischen Professor zu haben, der sich stets aufgeführt haben dürfte, als wäre er die wichtigste Person an Bord. Dem Sohn dürfte aufgegangen sein, daß es sich mit letzterem durchaus anders verhielt.

Georg hat Kapitän Cook mit dem berühmten Essay *Cook, der Entdecker* ein literarisches Denkmal gesetzt. Was Cook betraf, hätte es dieses Denkmals nicht bedurft, das war auch Georg Forster klar, als er den Essay schrieb, aber doch ist der weit mehr als eine bloße Brotarbeit oder eine Populärschrift fürs deutsche Publikum, das weniger informiert war als das englische. Georg hat sich in dieser Schrift mit Cook so weit verbunden, wie es möglich war; er vollzieht so etwas wie eine Adoption im Geiste und bietet sich an als Sohn, der das Erbe besser als jeder andere pflegen kann. Blickte der unsterbliche Cook vom Olymp auf die Erde, »er sähe sein eigenes Werk, die Geschichte seiner Reisen, ein besseres Denkmal als Erz oder Marmor werden; – er sähe auch die Freundschaft Blumen auf sein Grab streuen!«[48] Die *Geschichte seiner Reisen* sind jene drei Bände, die Georg übersetzt, und somit am aere perennius fleißig mitgewirkt, und denen er *Cook, der Entdecker*, die Geste der Freundschaft, vorangestellt hat.

In der Tat ist, und nicht nur auf und unter Deck der »Resolution«, kaum ein vollkommeneres Gegenbild zu Reinhold Forster denkbar als James Cook, und wie schmerzlich und stets gegenwärtig muß der Sohn den Kontrast des Vaters, der notorisch so anmaßend ist wie unfähig, für die eigene Familie, ja zuweilen für sich selbst zu sorgen, mit dem Kapitän empfunden haben, der, von jeglicher Hoffart frei, ein unbestrittener Primus, doch stets das inter pares der Mannschaft gegenüber nie verleugnend, Schiff und Mannschaft, über hundert Mann, nach drei langen Jahren und mehr Meilen, als bis dahin je ein Schiff in diesem Zeitraum zurückgelegt hatte, zuweilen auf bisher unbesegelten Gewässern, mit geringeren Verlusten als jemals zuvor ein anderer Kapitän gehabt hatte, sicher und gesund wieder nach Hause brachte. Es ist darum nicht nur Chronistentreue, wenn Georg die Einleitung zur *Reise um die Welt* mit Cooks Maßnahmen zur Gesundheitsvorsorge enden läßt, die Vorräte eingedickter Fleischbrühe erwähnt, vor allem auch die an Sauerkraut und Malz zur Skorbutprophylaxe, die strengen Sauberkeitsregeln, die Änderung des Wachrhythmus der Mannschaft, der bei gleichbleibender Gesamtdienstzeit durch längere einheitliche Schlafpausen sie weniger beanspruchte, und so weiter: »Erfahrne Ärzte, Seeleute und Menschenfreunde, hatten diese Hülfsmittel vorgeschlagen; der Wundarzt, mein Vater und einige andere Personen im Schiff, hatten den fleißigen Gebrauch derselben unaufhörlich angerathen; auch zeigten sich die vortrefflichen Wirkungen davon bald so deutlich, daß man sie in der Folge für ganz unentbehrlich ansahe. Alle diese Ursachen und eigne Erfahrung, bewogen Capitain Cook sie bey jeder Gelegenheit anzuwenden. Unter göttlicher Führung blieben wir auf diese Art, ohnerachtet aller Be-

48 Georg Forster, Werke in vier Bänden, a. a. O., Bd. 2, S. 224.

schwerlichkeiten einer harten, ungewohnten Lebensart, und öfterer Abwechslung des Clima's bey guter Gesundheit. Der Präsident der königlichen Gesellschaft der Wissenschaften in London, Sir John Pringle, spricht davon ausführlich als ein erfahrner Arzt in seiner am 30sten November 1776 vor der Societät gehaltnen Rede, bey Verschenkung der Copleyschen Denkmünze an Capitain Cook. Die Lobsprüche, die er unserm geschickten und berühmten Seemann giebt, und die Verschenkung der Denkmünze selbst, welche nur durch eine Abweichung von den Statuten der Königl. Gesellschaft bewerkstelligt werden konnte, sind mehr als hinreichend die Wichtigkeit der von Cook befolgten Gesundheitsregeln darzutun.«[49] Reinhold Forster macht sich in diesem Absatz aus wie Pilatus im Credo. Aber man vergesse nicht, daß er der Redakteur des Textes gewesen ist. In *Cook, der Entdecker* wird er nicht mehr als einer der Erfinder jener Regeln, die Cook dann nur befolgte, geführt.

Nach allen ruhmvollen Taten des Kapitäns der »Resolution«, die Georg herzählt, ist es schließlich die väterliche Fürsorge des James Cook für die ihm in Obhut Gegebenen, die der Sohn im Geiste, Georg, über alles andere stellt: »Doch das größte Wunder dieser Reise bleibt noch zu erwähnen übrig. Am dreyßigsten Julius 1775 brachte Cook sein Schiff nach England zurück, und von einhundert neunzehn Personen, die seiner Führung und väterlichen Vorsorge genossen, hatte er trotz aller überstandenen Gefahren und Mühseligkeiten, nur drey durch Zufall und nur einen durch Krankheit verloren«[50], und das, so Georg zwar allzu pathetisch, aber von der Sache her nicht zu Unrecht, sei in der Geschichte der Seefahrt noch nicht vorgekommen und werde weiterhin Geschichte machen: »Ihm also, dem Retter und Befreyer von diesem grauenvollen und langsamverzehrenden Tode, dem Erhalter des Lebens vieler Tausende« gebührt alle Ehre. Wir vergessen dabei nicht, daß die Fahrt der »Resolution« viele Skorbuterkrankungen sah, aber eben keinen

49 Ebd., Bd. 1, S. 36f.
50 Ebd., Bd. 2, S. 139.

Todesfall. Georg selber erkrankte wohl mehrfach; jedenfalls wußte er, wessen Vor- und Umsicht er sein Leben verdankte – nicht seinem Vater, gegen dessen ausdrücklichstes Verbot er vor Tahiti, zu schwach, um an Land zu gehen, eine Frucht aß, anstatt sie zu zeichnen.

Die individuelle Ruhmbegier überwunden zu haben, vielmehr die ferne Wirkung eigenen Unternehmens als den vornehmsten Ruhm anzusehen und die vorausschauende Bildung Späterer als gegenwärtiges Glück erleben zu können nennt Georg einen »Zug«, der »wenn sonst keiner … schon ein vollgültiges Zeugniß« für Cooks »große Seele« gäbe. »Dank sey es der Natur, daß es Wesen von so empfänglicher Organisation giebt, welche dieser zarte Antrieb, der zugleich Menschen in Liebe vereinigt, zu großen Thaten wecken kann! Läßt sich auch die Eigenliebe geselliger und liebenswürdiger denken, als indem sie dahin strebt, sich selbst in andern lieben zu können?«[51] Und es folgt eine unerhört dreiste Devotionalie, derentwegen wir aber Georg, den vaterlosen Jüngling auf der »Resolution«, der doch nicht adoptiert werden konnte von Cook, dem Entdecker, nicht tadeln wollen: »Läßt sich auch die Eigenliebe geselliger und liebenswürdiger denken, als indem sie dahin strebt, sich selbst in andern lieben zu können? Vollständiger als er selbst es voraussehen konnte, hat Cook auch diesen letzten Endzweck erreicht.«

Dem Zusammenleben an Bord hat Georg Forster klare Worte gewidmet: Es ist ziemlich gräßlich. Langweilig. Eng; übelriechend. Es fördert die Menschenkenntnis wie der Aufenthalt in überfüllten Gefängnissen oder Internierungslagern. Man kommt dem Nebenmenschen schnell auf die Substanz, und die ist, auch wo sie vom Besten ist, allemal menschlich, das heißt, um eine grobe Spur zu profan. Auch ein Kapitän, auch ein James Cook, kommt im Auge seiner Betrachter recht herunter, Georg Forster deutet es an: »Es giebt einen bestimmten Gesichtspunkt selbst für wahre Größe. So

---

51 Ebd., S. 224.

wie man dem Meisterstück des Phidias nicht zu nahe treten kann, ohne den Eindruck des Ganzen zu schwächen, und sich mit einem anscheinenden Mißverhältniß zu täuschen; so muß man oft den Helden aus einer gewissen Entfernung betrachten, um nicht die Schwächen der Menschheit an ihm gewahr zu werden.« Und er schließt einen Satz an, der jeden meinen kann, aber man wird ihn wohl lesen müssen mit dem Auge des Sohnes, das vom Kapitän hinüberschweift zu jener Person, die qua Recht des Erzeugers beansprucht, sein Vorbild zu sein, zum Vater Reinhold: »Je tiefer man nun vom Helden zum gewöhnlichen Menschen hinabsteigt, desto ekelhafter ist der Anblick seiner dem Auge zu nahe gerückten Gestalt.«[52]

Es ist, immer und immer wieder erwähnt, Cooks unermüdete, »väterliche Sorge für das Wohl seiner Untergebenen«[53], die Georg hervorhebt, die Sorge des Hausvaters, die er am Vater so sehr vermissen mußte: »Es hätte wahrlich wenig gefruchtet, daß man die Schiffe unter seiner Führung von England aus so reichlich mit allen Erfordernissen versah, wenn nicht Er selbst den großen Haushalt geführt, zu Rathe gehalten, und wo es möglich war, zu ergänzen gesucht hätte.«[54] Er ist der Organisator, der eine unendlich feine Maschinerie aus Leinwand, Hanf, Holz, Menschen, Metallen, Proteinen und Vitaminen durch Kälte und Hitze, Wasser und Nebel, an Eis und Klippen vorbei drei Jahre lang zu steuern vermag: »Wer einigermaßen merkt, was zur zweckmäßigen Ausführung einer wahren Entdeckungsreise gehört, wird ... den Mann aufsuchen, der die Seele des ganzen Unternehmens ist, der alles selbst thut und mit eigenen Augen sieht, der die Zukunft durchdringt und Begebenheiten berechnet, der aber auch, mitten unter den zahllosen Geschäften, denen er seine Zeit und seine Denkkraft widmen muß, im prüfenden Augenblick der Entscheidung, sein selbst ganz mächtig, mit

52 Ebd., S. 169.
53 Ebd., S. 166.
54 Ebd., S. 189.

fester Hand das Ruder führt.«[55] Noch einmal: Was für ein Kontrast zu Vater Reinhold, der nicht einmal die Dozentenstelle in Warwick zur Zufriedenheit hatte verwalten können; was für ein Kontrast zu dem Vater, der den Sohn rücksichtslos ausbeutet, damit er seinen verantwortungslosen Lebensstil weiterführen kann; was für ein Kontrast bildet der Vater zu James Cook, dessen Kompetenz als Ziehvater einer Generation von Seeoffizieren Georg zu einem »Verdienst um die Menschheit« schlechthin promoviert: »Die einsichtsvollsten Schiffscapitains in der Flotte fühlten die Vorzüge dieser Officierschule in ihrem ganzen Umfange, und bewarben sich um die Erlaubniß unseres großes Seemannes, ihre Söhne oder nächsten Verwandten zu ihm ins Noviciat schicken zu dürfen.«[56]

Als Georg die zweite Reise Cooks skizziert, tauchen unter den Reisestationen auch die Neuen Hebriden auf, zu denen Tanna gehört, und Erwähnung findet prompt der verbotene Weg zum Vulkan.[57] Wenig vorher finden sich eine lange Apologie der Schutzmaßnahmen Cooks und einige Sottisen gegen weltfremde Philanthropen, die nicht vom Sturm zerschmetterte Masten, nicht Klippen kennen, die den Kiel aufreißen, nie Mangel an Wasser gelitten, nie den Skorbut gefühlt haben und dennoch darüber moralisieren möchten, wie man sich nach alledem am Strand der endlich erreichten Insel aufführt (und sind nicht auch die Eingeborenen einmal nach langer Fahrt dort gelandet?).[58] Hier möge der Außenstehende nicht unziemlich rechten, und wir können kaum umhin, Georg zuzustimmen, wenn auch sein Ton weniger sachlich als kalt ist: »Die Anzahl der Erschlagenen bleibt auch alsdenn noch unbeträchtlich, wenn man die unglücklichen Schlachtopfer der unverantwortlichen Übereilung oder Fühllosigkeit einzelner Officiere hinzu rechnet.«[59] Gewiß; doch wie unbeträchtlich, gemessen woran auch immer, die

55 Ebd., S. 150.
56 Ebd., S. 205 f.
57 Ebd., S. 187.
58 Ebd., S. 183 f.
59 Ebd., S. 184.

Verluste gewesen sein mögen, es belügt, der einst von den zwei Männern im Grase schrieb, die einen dritten hielten, in ihren Armen, tot, sich selbst. Ihm war dieser Verlust der beträchtlichste: ein fremder Mensch, ein Vater, ein Stück Selbst. – Uns mag die grammatische Zweideutigkeit interessieren, die es erlaubt, entweder von der Übereilung und Fühllosigkeit einzelner Offiziere oder von der Fühllosigkeit einzelner Offiziere und der Übereilung anderer, sagen wir also: unbeherrschter Zivilisten wie Reinhold Forster, zu lesen.

Dennoch sind es einzelne, der hier vorgetragene Tadel affiziert weder Cook, der über allen Tadel erhaben ist, wiewohl wir auch aus Georgs Feder um seine Brutalität wissen, noch das Unternehmen als solches. Was in der *Reise um die Welt* noch in altkluge Skepsis getaucht wurde, kommt jetzt blankgeputzt wieder hervor: »Der Neuseeländer, der heute ganz friedlich Fische zum Verkauf bringt, kommt morgen als Feind. Wohlan! heute giebt man ihm Nägel, und morgen wehrt man sich mit Kugeln. Weit entfernt also, jene Menschen nach unsern schulgerechten Begriffen zu behandeln, sieht man sich vielmehr gezwungen, sich zu den ihrigen herabzulassen. Die Frage, womit der strenge Moralist sich zuletzt durchhelfen will, nämlich: mit welchem Rechte man den Wilden in seinem Lande beunruhige? gehört eigentlich nicht hierher; denn sie betrifft nicht mehr das Betragen des Entdeckers, sondern will die Moralität der Entdeckungsreisen überhaupt verdächtig machen.«[60] Und damit Georgs Leben.

60 Ebd., S. 184.

2. Georg

»Ich habe genug gethan, bin im 21sten Jahr um die Welt gereist.«

Georg Forster

Pascals Wort, demzufolge alles Unglück der Welt daher komme, daß die Leute nicht ruhig in ihren Zimmern sitzen blieben, mag man, wenn man ihm auch sonst jedenfalls nicht in dieser apodiktischen Form zustimmen will, auf Georg Forster zutreffend finden. Die Reise um die Welt hat, wiewohl sie doch seinen Ruhm zu Lebzeiten fast ganz, seinen Nachruhm zu großen Teilen ausgemacht hat, sein Leben ruiniert. Auf der Reise hat er die entscheidenden Prägungen seines Lebens erhalten, doch anfangen konnte er damit nichts. Wie sollte er damit leben? Vielleicht, wenn er in England geblieben wäre und versucht hätte, aus dem Reisen eine Profession zu machen. Hätte er eine Chance gehabt, Cook auf der nächsten Reise zu begleiten? Aber der Vater hätte es nie gelitten, daß nun der Sohn seine Stelle eingenommen hätte, und weder James Cook noch sonst einer hätten Reinhold Forster auf irgendeine Reise mehr mitgenommen. Der Sohn wollte weg vom Vater, heraus aus der häßlichen häuslichen Mühle. Aber weg nach Deutschland. Georg fühlte sich als Deutscher, auch wegen der angeblich schlechten Behandlung des Vaters durch die britische Admiralität – Georg hat sich leider immer seinem Vater zu nah gefühlt, wollte immer weg von ihm und konnte es doch nie so recht.

Man kann auch darin ein Resultat der Reise sehen. Georg konnte nicht von Bord. Er konnte seinen Vater nicht verlassen, nicht nur wegen irgendwelcher Anhänglichkeiten, Familienbande oder was weiß ich. Er konnte nicht weg; nicht den Verschlag verlassen, den er mit dem Vater drei Jahre lang teilte. Und als er von Bord war, und als er sich endlich entschlossen hatte, den Vater zu verlassen – wie sollte er denn leben? Was nützte ihm denn das große Vorbild James Cook, wenn es für ihn doch darum ging, eine Professorenstelle irgendwo in Deutschland zu bekommen? Da war denn das einzige Verhaltensmuster, das er kannte, der Professor Reinhold Forster.

Es ist erschütternd zu sehen, wie Georg seinem Vater ausgerechnet in jener Eigenschaft nacheifert, unter der er selbst so gelitten hatte, dem Schuldenmachen. Vom Vater flieht er in die Professur in Kassel, dort gelingt es ihm, in eineinhalb Jahren das Doppelte seines in dieser Zeit eingenommenen Geldes auszugeben, und selbst als ihm nach geschickten Berufungsverhandlungen das Doppelte seines Anfangssalärs gezahlt wird, ändert das nichts. Sein Benehmen Gläubigern gegenüber, vor allem dem geduldigen Verleger Spener, nennt Klaus Harpprecht zu Recht »Impertinenz«[61]. Die Rettung kommt durch einen Ruf nach Wilna. Die meisten (nicht alle) Schulden bezahlt er und reist ab. In Wilna verschuldet er sich erneut.

Wilna: gewiß kein ersehnter Ort, seine Universitätsstelle nicht so ausgestattet, wie ihm zugesagt, beziehungsweise wie er es erwartet hatte, der botanische Garten, den man ihm versprochen, war ein Krautgarten hinterm Haus gewesen – Georg fühlt sich betrogen, kaum zu Recht, wenn man die Verhältnisse realistisch betrachtet. Zu diesem Schluß kommt viele Jahre später auch seine Frau: sie glaube, »daß Forster gewissermaßen auch nicht Wort hielt«. Er »wartete auf die Erfüllung der ihm getanen Zusagen, um irgend etwas *Großes* zu leisten, und er würde sich eine viel freiere Stellung erworben haben, wenn er mit den armseligen, aber schon vorhandenen Mitteln das mögliche *Kleine* gethan, und dabei unaufhörlich auf das Versprechen gedrungen hätte«. Der Garten? »Gewiß, ein elender Platz – aber Forster's Instruction lautete vorzüglich auf ›einheimische, der Benutzung fähige Gewächse‹; hätte Forster diesen Raum auf die Art bepflanzt … so hätte er Erwartungen in dem lithauischen Publicum erregt, hätte *bewiesen*, wie unzulänglich Raum und Mittel bisher seyen und hätte nicht das drückende Gefühl gänzlicher Amtsunthätigkeit gehabt.«[62]

61 Klaus Harpprecht, a. a. O., S. 228.

62 Therese Huber, zitiert nach Ulrich Enzensberger, Georg Forster. Ein Leben in Scherben, Frankfurt/M. 1996.

Kurz, Forster kommt seinen Aufgaben nicht nach, ist larmoyant. Schuld sind die anderen, er ergeht sich in antipolnischen und antisemitischen Tiraden. Dann kommt das russische Angebot, eine Pazifikreise mitzumachen. Die Stellung in Wilna wird aufgegeben, aber aus der Reise wird nichts, doch während man noch Pläne macht, plagt Georg das Gewissen: Darf er die Reise ohne den Vater antreten? Eine andere Möglichkeit zu großer Entdeckungsfahrt zeigt sich schemenhaft, aber er lehnt ab, empfiehlt vielmehr seinen Vater. Auch daraus wird nichts. Am Ende steht dann die Stelle eines Bibliothekars in Mainz.

Wenn man nur etwas über Georg Forsters Leben weiß, möchte man mehr nicht wissen. Enge, Dumpfheit und so viel Ungeschick, es zu führen. Die Ausnahme bildet eine Reise – an den Niederrhein, durch Brabant, Flandern, Holland, England und Frankreich – im Jahre 1790. Er unternimmt sie mit Alexander von Humboldt, dem größere Reisen bevorstehen, und Iffland stößt auch dazu. Hier hat man für ein Kurzes den Eindruck, als streife Georg sein bisheriges Leben wie eine Puppenhülle ab. Diese Reisebeschreibung, Georg Forsters bei weitem beste Schrift, beginnt damit, daß der Autor ein Buch weglegt: »Auf der Fahrt durch das Rheingau hab' ich, verzeih es mir der Nationalstolz meiner Landsleute! eine Reise nach Borneo gelesen und meine Phantasie an jenen glühenden Farben und jenem gewaltigen Pflanzenwuchs des heißen Erdstrichs, wovon die winterliche Gegend hier nichts hatte, gewärmt und gelabt.« Dann blickt er auf, ins Land, klappt das Buch zu und sieht sich um. »Nicht immer also träumten wir uns in den ewigen Sommer der Palmenländer.«[63] Im Hafen von Amsterdam aber kann er sich dem Anblick des Waldes von Masten und Rahen nicht entziehen: Das ist die eigentliche Welt, dieses Netz- und Gitterwerk von Senk- und Waagerechten ist, was eigentlich den Menschen ausmacht.

Doch bald ist er wieder in Mainz, seine Schulden sind beträchtlich, und er hofft auf eine Stelle in Berlin. Dann ist das französische

63 Georg Forster, Werke in vier Bänden, a. a. O., Bd. 2, S. 379f.

Revolutionsheer in Mainz, und Georg Forster schreibt um Geld an seinen Berliner Verleger Voß, keinen Vorschuß, nein, nur einen Kredit, der aber bitte ohne Vorbedingungen: »... daß das Darlehn mich nicht im geringsten zu irgend einer Verantwortlichkeit für meine politischen Schritte und Grundsätze verbindet. Kann es ohne eine solche nicht geschehen, so thue ich lieber Verzicht auf alles und überlaße mich Gott und meinem Schicksal.«[64] Zuvor aber hatte er schon ausgeführt: »Ich habe Ursache zu glauben, daß man gesonnen ist, mich bei der provisorischen Administration zu brauchen.«[65] Georg wählt den Spatz in der Hand, den er wahrscheinlich für eine Taube hält, und beschließt, Frankreich als seinen neuen Arbeitgeber anzuerkennen und »als Republikaner zu leben und zu sterben«[66]. »Und«, nicht »oder«, das heißt, er spekuliert nunmehr auf eine Lebensstellung und wird Befürworter eines Anschlusses von Mainz an Frankreich. Das hat mit Revolution nicht ganz soviel zu tun, wie er vorgibt zu meinen, aber gut. Es ist ja auch nicht so, daß ihm die Französische Revolution so ganz contre cœur gegangen wäre, aber in seinen revolutionären Reden vernimmt man wieder den bauchrednerischen Ton des Knaben am Kajütentisch, die angelernten, abgelauschten Maximen, die allerdings, da Schicksal und Leben einiger Leute von ihnen abhängen mögen, die jugendliche Unschuld verloren haben. Alexander von Humboldts Bruder Wilhelm weiß zu sagen, was an Georgs Verhalten auszusetzen ist. Nicht, daß er ein Revolutionär geworden wäre – daß jener französische Soldat recht hatte, der den Gruß Georgs »Vive la république!« erwiderte mit: »Elle vivra bien sans vous!«, wußte wohl ein jeder. Auch nicht, daß er sein Vaterland verraten hätte – das war (noch) nicht so arg. Aber seine Illoyalität gegenüber den jeweiligen Arbeitgebern, die war doch langsam auffällig: »Ungeachtet dieser meiner Anhänglichkeit an die französische Revolution kann ich es dennoch Forster nicht verzeihen, daß er in dem jetzigen Zeitpunkt auf einmal

64 Zitiert nach Enzensberger, a. a. O., S. 232.

65 Ebd., S. 231.

66 Zitiert nach Harpprecht, a. a. O., S. 510.

ganz öffentlich zur französischen Partei übergegangen ist ... Ich sage nicht, daß es unpolitisch ist, denn Forsters zerrüttete Finanzumstände mochten vielleicht einen verzweifelten Schritt notwendig machen, aber unmoralisch und unedel scheint es mir doch in hohem Grade, dem Kurfürsten, dem er wahrlich mehr als Wohltaten zu danken hat, in einer Periode untreu zu werden, wo er offenbar der schärfere Teil ist.«[67] Allerdings meinten andere, er habe sich wieder vertan: »Meines Erachtens ... ein sehr unkluger Streich. Gesetzt die Franzosen blieben im Besitze von Maynz – welches doch sehr unwahrscheinlich ist – so werden sie ihm schwerlich 1200.Thlr geben, um nichts dafür zu thun, wie er sie zeither vom Churfürsten erhalten hat.«[68]

3. Rhein / Main

> »Solche Kindereien, sich einen Schnurrbart zum Zeichen der Zufriedenheit über die Hinrichtung des Königs wachsen zu lassen, hätte ich ihm nie zugetraut.«
>
> Sömmering

Klaus Harpprecht hat seine Biographie Georg Forsters ... *oder Die Liebe zur Welt* genannt. Nichts könnte falscher sein. Georg hat die Welt nicht geliebt, warum hätte er sollen. Er hat nicht einmal das Reisen geliebt. Manche, die gern reisen, reisen gern ab, manche kommen gern an, manche sind gern auf Reisen. Georg war froh, mit einigermaßen heiler Haut wieder zu Hause zu sein – nein, auch das nicht, denn zu Hause war er auch nicht gern. Georg war auf der Suche nach einem Ort, den er kannte, an dem zählte, was er kennengelernt hatte. Seine Ratlosigkeit war zuweilen produktiv, im Schreiben. Er schrieb sich in vieles hinein, fand »sein Thema« durchaus

67 Ebd., S. 535.

68 Körner an Schiller, zitiert nach Enzensberger, a.a.O., S. 241.

nicht, faßte auch nicht immer, was dem Leser heute das Wesentliche zu sein scheint, aber immer erleben wir die Angabe des Beobachterstandorts, einen raschen Überblick über die Topographie, so sie vom eingenommenen Standort zu übersehen ist, und allerlei Versuche, das Gesehene in die Bereiche verallgemeinerbarer Bedeutsamkeit hochzudenken. Auch das gelingt nicht immer. Das gelingt sehr wohl, wo Schreibstil und Gegenstand so gut zusammenpassen wie auf der Niederrheinreise. Hier stört auch die Reihenbildung nicht; die Reise geht schnell genug vonstatten, um uns mit bunten Ereignissen zu versorgen, die oft auch herzlich unwichtig sind und also bloß unterhaltsam. Das waren die Ereignisse auf Tahiti und Neuseeland natürlich auch, aber sie waren exotisch und seltenste Nachricht und durften also nicht jene abderitischen Züge tragen, die den rheinischen Ereignissen nie ganz abgeht. Der Ton wechselt, auch schreibt Georg keine 800-Seiten-Abhandlung, sondern Briefe, und klugerweise bewahrt er die Briefform. Hier kann er assoziieren, wie es kommt, und er kann vor allem die Assoziationen auch wieder abbrechen, muß die Beobachtungen nicht zu einer Maxime schürzen oder eine elegante Überleitung finden, die uns von der Politik auf die Brotfrucht oder den Weinbau bringt. Es ist erstaunlich. Ganz ungezwungen bildet Georg in den *Ansichten vom Niederrhein* das Reisen selbst ab, das seltsam lehrreiche Gemenge von Nach- und Nebeneinander, Wichtigem und Unwichtigem, Wissenszuwachs und Beliebigkeit des zufälligerweise Erfahrenen. Hier kann er, buchstäblich, zeigen, was er kann. Er ist auf der Reise, und: Der Vater ist abwesend. Auch kein Gegen- und Übervater ist da. Kein Schatten ruht auch über der Abfassung. Er schreibt, wie es aus der Feder kommt, und es geht gut, obwohl so was selten gutgeht. Zwar ist die Reise etwas wie eine Rückkehr in vergangene Bewegungsform gewesen, doch schreibt da kein Grünschnabel. Es ist, als seien zwei künstlich auseinandergehaltene Existenzen in eine geschmolzen. Nicht mehr reiht ein Knabe seine Beobachtungen aneinander und ein Erwachsener spricht sein »ergo« und »merke!« hinein, sondern ein beweglicher Geist bewegt sich frei in der Welt, und es ist, als wäre die ganze Reise nur ein formaler Vorwand zu zeigen, wie der Menschensinn zwischen Empirie und Theorie sein Webermeisterstück vollbringt, und es macht nichts, wenn der Faden öfters reißt.

Aber wer dieses Atemholen fürs Ganze nähme, irrte sich. Die *Ansichten vom Niederrhein* sind nicht Georg Forster, sie sind *auch* Georg Forster, aber mehr als das, was er hätte sein können, sollen, wenn es nach unsern Wünschen und vielleicht den seinen gegangen wäre, jedoch nicht das, was er meistenteils war. Auch nicht im besetzten und ein wenig revolutionären Mainz, auch nicht in Paris, wo er starb. Doch die Versuchung ist groß, es anders zu sehen, sehen zu wollen. War Georg Forster nicht Demokrat? War er nicht für die Revolution? Sicherlich. Wenn er auch nicht für eine Revolution in Deutschland gewesen ist, ihm fehlte der diesbezügliche Glaube, was wir ihm nicht verdenken wollen. Georg Forster, der Intellektuelle und die Revolution. Das Bild, das man davon entworfen hatte, war doch so schön: Der freie Blick des Weltumseglers, der Enge, Not, Unterdrückung und Despotie zu sehen vermochte, der, skeptisch zwar, was die Chancen der Veränderung betraf, doch entschieden Fürstenherrschaft und -willkür sans phrase zu bezeichnen wußte. Der Zufall will's schließlich, daß die Weltgeschichte just dorthin sich dreht, wo seine intellektuellen Jetons liegen, er kneift nicht, greift zu. Der Intellektuelle als Revolutionär. Eine Ausnahme in Deutschland. Und alle, die auch so gerne deutsche Revolutionäre gewesen wären, erkannten ihre Wünsche in seinem kurzen Leben zu Mainz und Paris. Vive la révolution! Elle vivra bien avec vous?

Es ist verführerisch. Verführerisch wäre auch, von seinen Reisen in diesem Stile zu sprechen: Die erste ging um die Welt, die zweite, ironische, durch deutsch-niederländische Befindlichkeit, die dritte nun geht in die Zeit, die Geschichte, öffnet wie die erste neue und große Horizonte. Wir haben dasselbe auch kleiner: »révolution« und »resulution« – ein Buchstabe Unterschied. Wenn wir den Zufall nicht für würdig erachteten, über unser Leben zu herrschen, so lautet die Mahnung Freuds, müßten wir uns wieder in die Magie flüchten. Wie dem auch sei, Georg blieb in Mainz; dann ging er als Deputierter nach Paris.

Am 15. 11. 1792 hält Georg Forster in der »Gesellschaft der Volksfreunde« zu Mainz seine Rede »Über das Verhältniß der Mainzer gegen die Franken«. Sie ist ein Meisterstück an Schulbuchdemagogie. Der Abstand zu dem, was er in seinem Buch über die Reise am Niederrhein geschrieben hat, könnte – für normalen Menschensinn jedenfalls – kaum größer sein. Was Forster hier von Freiheit, Menschenrechten, Wahrheit einer- und den Wahrscheinlichkeiten der politischen Entwicklung andererseits spricht, müßte ihn entweder als einen Enragé erscheinen lassen, der er nicht war, oder als einen kaltsinnigen Schauspieler, der Karriere machen will. Auch das war er nicht. Was bleibt? Nun, er mag sich wirklich ein wenig dem Taumel überlassen haben, mag vielleicht wirklich gemeint haben, der Mantel der Geschichte sei durch Mainz geweht und sein Schwung könne auch ihm Flügel geben. Doch vor allem bleibt Georg Forster, der seine einzige Chance darin sieht, eine Stelle in Frankreich zu bekommen, und der darum, auf seiner ewigen Suche nach Sicherheit, Aus-, Ein- und Unterkommen, die Sprache, die zu sprechen ist, so schnell lernt, wie es eben nötig ist, er, der diese Fertigkeit am Tisch der Offiziere der »Resolution« gelernt hat, lernt jetzt die Sprache des Jakobinismus: »Mitbürger! Die Ränke und heimlichen Intrigen der Übelgesinnten scheinen mit jedem Tage dem guten Bürger …«[69] Unheimlich fast ist es zu erleben, wie das jeweils nötige Finden-in-den-Ton, das mentale Aufwärmen, das man oft bei Schriften Forsters findet, hier so ganz entfällt, es tönt wie aus dem übervollen Herzen und Verstand und ist doch Tand.

69 Georg Forster, Werke in vier Bänden, a. a. O., Bd. 3, S. 589.

4. La révolution

»Ich schreibe, was ich nicht mehr glaube.«

Georg Forster

In Paris schrieb er eine Abhandlung *Ueber die Beziehung der Staatskunst auf das Glück der Menschheit*, sie gilt als besonders gelungenes Beispiel für Georgs virtuosen Stil. So fängt sie an: »Es wäre ein erhabenes, anziehendes Schauspiel, lieber Freund, wenn die stolzesten menschlichsten Künste, die Regierungskunst und die Politik, einst vor den Richterstuhl der Vernunft gefordert würden, um von ihren Wirkungen Rechenschaft abzulegen, und sich gegen die Anklage der Tugend, und gegen das Zeugniß der Erfahrung zu rechtfertigen. Ihre Vertheidigung müßte zu Entdeckungen führen, die das Menschengeschlecht für die Zukunft gegen Mißbräuche und Unterdrückungen, wo nicht sicher stellen, doch wenigstens mißtrauischer machen würden, als es bisher im Ganzen gewesen ist.«[70]

Lassen wir das seelenlose »erhaben und anziehend« beiseite, das ist die Virtuosität des Journalisten, der im Leser durch das Wiederholen plattgeschriebener Worte das Gefühl erwecken möchte, beide kennten sich aus. Es stehen also vor dem Richterstuhl der Vernunft die Regierungskunst und die Politik. Angeklagt sind sie von der Tugend; die Erfahrung gibt den wohl unparteiischen Zeugen ab. Interessant nun sei, wie sich die Angeklagten verteidigten, das Studium der Verteidigung würde den hypothetischen Zuschauer klüger machen. Warum nicht die Anklage? Das Zeugnis? Das Urteil der Vernunft? Es geht Forster um die Widerlegung des Arguments, die Menschen sive Untertanen seien noch nicht reif zur Freiheit. Im von ihm nicht erfundenen, aber für das Argument gewählten Bild: die Untertanen seien unmündige Kinder, der jeweilige Obertan der nach dem Maße gegebener Möglichkeit bestsorgende Vater. Der

70 Ebd., S. 698.

Stimme des Vaters soll also anzuhören sein, daß er unrecht habe. Er soll sich ins unbezweifelbare Unrecht setzen, nicht ist es der Kinder Aufgabe, es zu erweisen. Politisch stimmt letzteres, aber vor allem deshalb, weil Rechtsbegriffe nur selten zu Metaphern für politische Vorgänge taugen. Das haben so unterschiedliche Charaktere wie Robespierre, Lichtenberg und Wieland gewußt. Und recht eigentlich wäre diese Erkenntnis auch dem Georg Forster der *Ansichten vom Niederrhein* zugänglich gewesen. Aber genausowenig wie das von der Gerichtsverhandlung ist das vom Vater und den unmündig gehaltenen Kindern ein gleichgültiges Bild. Es geht Georg um Recht, Berechtigung, nicht ums Vermögen, um Macht. Daß er den Vater verlassen *konnte*, um die Stelle in Kassel anzunehmen, ist klar – *durfte* er? Auf der »Resolution« konnte er nicht weg – wie leicht läßt sich ein unerträgliches Unvermögen erträglich machen, indem man es in eine sittliche Leistung umlügt: Ich bleibe meinem Vater treu! Aber was ist, wenn man von Bord gegangen ist? »Stellen Sie sich vor, welch einen Kampf in meiner zerschlagenen Brust Ihr letzter Brief erregt hat – einen Kampf zwischen dem principio das für meine Selbsterhaltung wacht, und der Liebe gegen meine Eltern und Geschwister. Großer Gott! in welch schrecklicher Lage soll ich diese unglücklichen verlassen! Es ist wahr, ich bin hier ganz müßig und unnütz; allein ich kenne meinen Vater; er wird mir zuverlässig vorwerfen, daß ich ihn im Unglück verlassen will.«[71] Daß er für den Beitritt von Mainz zur französischen Republik reden *konnte*, ist klar – *durfte* er? Forster möchte ein »Ja!« hören, er möchte aus der Familie mit Billigung aller *ent*lassen werden, nicht sie *ver*lassen. Er möchte der Bürde ledig sein, ständig wieder die eine Handlung vollziehen zu müssen, die ihm ja doch nie gelingt, den Vater zu verlassen, den er doch immer wieder antrifft.

Denn für wen eigentlich wäre die hypothetische Gerichtsverhandlung lehrreich? Doch kaum für Richter, Kläger oder Zeugen.

---

71 Zitiert nach Klaus Harpprecht, a. a. O., S. 200.

Wohl allein für den Angeklagten. Er soll erkennen. Er soll seine Macht aufgeben, den Sohn in die Welt entlassen und ein freundliches Wort dazu sprechen. Und so endet denn auch die Abhandlung so, wie wohl der junge Georg gerne zu Vater Reinhold einmal gesprochen hätte: »Wohlan ihr Fürsten und Priester! wir gönnen Euch euern Genuß; aber wir sprechen Euch zugleich los von eurer Pflicht, die alle eure Kräfte übersteigt. Anstatt uns Glück zu verheißen, laßt es eure alleinige Sorge seyn, die Hindernisse wegzuräumen, die der freien Entwicklung unserer Kräfte entgegenstehen; öffnet uns die Bahn, und wir wandeln sie, ohne Hilfe des Treibersteckens, an das Ziel der sittlichen Bildung; denn seht! wir empfangen Freude und Leid, unsere wahren Erzieher, aus der Mutterhand der Natur!«[72]

Ein Psychoanalytiker würde vielleicht schmunzeln über die zweite Person Plural, die die Brüderhorde signalisiert, die den Vater nun endlich – nun ja, von Mord ist nicht die Rede, sondern nur von der Mutter am Schluß. Und der Forster-Leser merkt die Reise- und Wegesmetapher und denkt wieder an die brüderlich à trois unternommene Rheinreise. Aber lassen wir das. – Vor dem zitierten Ende der Abhandlung, das die Bitte an die regierenden Väter vorträgt, ihre Söhne in die Welt zu entlassen, findet sich eine eigenartige philosophische Digression über Geschichte und Kontingenz, die letztlich den einzigen Zweck erfüllt, das Vertrauen in die »Mutterhand der Natur« zu rechtfertigen. Denn wie überzeugend immer der Leser die vorausgegangenen Argumente gegen die Behauptung der Patres, nur unter ihrem Zepter respektive Prügelstock sei das Glück der ihnen untertanen Kinder gewahrt, finden mag, es scheint, daß Georg die Zweifel, daß es den freigelassenen Kindern in der großen weiten Welt wohlergehen möchte, nicht loslassen. Er ist durchaus skeptisch, daß sich aus dem Gewimmel noch einmal etwas Vernünftiges herausbilden werde. »Nach dreißig, höchstens vierzig Jahren, erneuern sich alle handelnden

72 Georg Forster, Werke in vier Bänden, a. a. O., Bd. 3, S. 725.

Hauptpersonen auf dem großen Welttheater; sie übernehmen ihre Rollen mit anderen Anlagen, Neigungen und Kräften, anderen Kenntnissen und Handlungsweisen als ihre Vorgänger, um wie diese, auf dem einzig möglichen Wege, durch Erfahrung, zur Besinnung und Klugheit zu gelangen. Der große Haufe geht daneben seinen einfachen, maschinenmäßigen Schneckenweg, und bevölkert die Erde mit neuen Zeugungen, die immer wieder den unerfahrnen Nacken unter das Joch beugen und am Rande des Grabes zu spät inne werden, daß man sie um Bildung und Genuß, um Kraft und Leben, um alle Zwecke des Daseyns mit leeren Versprechungen betrog. Wie war es bei so bewandten Umständen möglich, daß man sich je im großen Gange der Staatsbegebenheiten etwas anders als Unbestand und Glückswechsel versprechen konnte? Auf der einen Seite die heftigsten Begierden und Leidenschaften, die unter tausenderlei Gestalten immer neu, und immer mit neuer Gewalt hervorbrechen; und auf der andern das leidende Werkzeug, das ihnen zu Gebote steht, und jede Befriedigung möglich macht!«[73]

Eine merkwürdige Passage, die sich nicht gleich bei der ersten Lektüre erschließt. Als Theorie der Persistenz von Klassen- und Unterdrückungsverhältnissen ist sie wenig plausibel in ihrer Abstraktheit. Man muß sie, um sie plausibel zu finden, noch abstrakter machen. Es gibt, so Georg Forster, keinen geschichtlichen Fortschritt (oder: so wenig davon), weil die Elemente der Kontinuität und Diskontinuität falsch verteilt sind. Diskontinuität: Die oben fangen stets von neuem an; keine Erfahrungskontinuität können sie ausbilden und über die Generationen weiterreichen. Kontinuität: Die unten kennen nur das immer gleiche, das ist die Willkür von oben, und ihr eigenes, der Willkür unterworfenes Leben, das ist auch immer dasselbe. So stellt sich, aus dieser falschen Tarierung, die Kontinuität über die Zeiten her.

73 Ebd., S. 722.

Finden wir hier einen Ausdruck der Erfahrungen mit dem Terreur? Die Erkenntnis, daß das qua Willkür Regellose und das Monotone eins sind? Die Einsicht, daß das Wesen der Herrschaft doch nicht zuletzt in ihren Mitteln erkannt werden muß? Die in seinen Texten verkapselten Analysen der Revolution in Frankreich sind hier nicht unser Thema, doch es soll angesprochen sein mit dem Hinweis, daß hier wenig einfach zutage liegt. Nur scheinbar ist Georg Forsters Stil wasserklar.

Bruch und Kontinuität, einerseits dichotomisch, sind in einer schlechten Einheit verbunden. Georg versagt sich der Versuchung, hier eine positive Geschichtsphilosophie, der jeglicher Gegensatz zum Heil wird, aus den Talarärmeln zu schütteln. Er hat ja auch keinen mehr an. Dennoch sucht er etwas wie eine Philosophie der Geschichte, und er erfindet sie auf kuriose Weise: Er beschwört den Zufall, daß der die schlechte Kontinuität verstöre. »Ich berühre hier die Werkstätte eines Verhängnisses, das aller Berechnung spottet, einer höheren Instanz der Weltregierung, welche durch Menschen Menschenwerk zerrüttet, und den unvorhergesehenen, unwiderstehlichen Widersacher gegen den berauschten Günstling Fortunens heraufzuzaubern weiß; die Werkstätte, wo Alexanders früher Tod in Babylon, wo Cäsars Ermordung, als er kaum zu herrschen angefangen, und tausend ähnliche Bolzen des schnellen Schicksals geschmiedet wurden; die Werkstätte, aus welcher ein Gott von Brodteig hervorging und sich über Jupiters zertrümmerten Altären erhöhte; wo sichs von fern her bereitete, daß Luthers Reformation bestehen konnte gegen die vereinigten Kräfte des Papstthums, daß Östreichs und Burgunds Waffen scheitern mußten an Helvetischer Freiheit, daß die Unabhängigkeit der Niederländer eine Frucht hundertjähriger Kriege ward, daß Amerika sich aus den Händen des Brittischen Übermuthes wand!« Frankreich, Mainz und so – das ist noch unausgemacht, will unerwähnt bleiben. Allons: »In der That, wenn wir nicht den trostlosesten Fatalismus annehmen wollen, mit welchem alle Erörterungen über Zweck, Bestimmung und Sittlichkeit aufhören müssen, so dürfen wir nicht zweifeln, daß die Wirkungen blinder, vernunftloser

Kräfte im Plane des Ganzen abgewogen, und dergestalt hineinverwebt sind, daß ihre Mißtöne sich im allgemeinen Zusammenklange verlieren.«[74]

Wieder weiß man auf den ersten Blick nicht, wie es gemeint ist. Zufälle fuhrwerken in der Geschichte herum; Georg zählt einige auf, deren Auswirkungen ihm gefallen – und einige Unwahrscheinlichkeiten. Was will er sagen? Es hätte schlimmer kommen können? Der Gedanke bleibt unausgeführt und unklar. Nur das Motiv ist einsichtig: Wem die Menschengeschichten schon düster-gleichförmig vorkommen, der mag an Abwechslungen Freude haben. Daß solche allen frommen, will die Hoffnung glauben. Schon ist aus der Monotonie eine Melodie geworden. Sie soll am Schluß uns freuen, wenn sie zu Ende gepfiffen ist! – Was Georg hier tut, ist, das Thema von Kontinuität und Diskontinuität, sagen wir: von Flucht und Generationenbruch einer- und andererseits von Gleichförmigkeit und niederziehendstem Immergleich zu benennen. Es ist, was manche Psychologen einen Wiederholungszwang nennen. Gerade der Versuch, nun allem Gehabten ein Ende zu setzen, gibt doch nur wieder der alten Mühle neuen Schwung – Georg zitiert übrigens gerne den Mythos von Ixion, um zu sagen, was Geschichte oder Leben sei. Aus der Diagnose, daß der Versuch des Neubeginns und die Wiederholung des Alten fatal gut zusammenpassen können, zieht Georg die klassische neurotische Konsequenz: mehr desselben. Wieder beschwört er die Diskontinuität, die Willkür des Schicksals, und – er weiß, daß er wieder bei der Kontinuität landen wird. Doch er deutet sie um. Jetzt ist sie gut. Der geheime Plan, die diskrete Vernunft, die arkane Leitung, die sich offenbart, und siehe! es ist immer alles gut gewesen. So spricht sich der Wunsch aus, daß der Mainz-Pariser Bruch das ganze Leben heilen möge. Es war sein letzter biographischer Mißgriff: »Hätte ich vor 10 Monaten – vor 8 Monaten – gewußt, was ich jetzt weiß, ich wäre *ohne allen Zweifel* nach Hamburg oder Altona gegangen und

74 Ebd., S. 722f.

nicht in den (Jacobiner-) Club.«[75] Dem Wohlfahrtsausschuß legt er ein Gutachten über den Export der Revolution oder doch wenigstens der Aufklärung nach Indien vor, um England zu schwächen und die indischen Fürsten zu Handelspartnern Frankreichs zu machen. Unterzeichnet: »Der Verfasser des vorliegenden Memorandums, der Bürger Georg Forster, – ersehnt eine nützliche Anstellung.«[76] Diesmal soll sich eine ganze Nation aufraffen und ihre Außenpolitik in den Dienst von Georgs Träumen stellen.

5. Die »Resolution«

»Nach Indien!«
Georg Forster aus Paris

Nicht nur das Gegenbild zum Vater ist James Cook für Georg Forster gewesen, sondern auch die reale Verkörperung jener Phantasie von den Fürsten / Vätern, die ihre Kinder in die Welt entlassen – so ausgebildet, daß sie darin nicht untergehen. Zitieren wir noch einmal das größte Verdienst, das er dem Verdienstreichen zuschrieb: »Seine Entwürfe waren groß, durchdacht, wohlgeordnet und von männlicher Kühnheit; sein Genie beseelte ihre Ausführung, und bürgte für den Erfolg … Seine Empfänglichkeit für Begriffe und Gefühle war noch in voller Kraft, und schien vielmehr mit jeder Reise zu gewinnen; ja es finden sich, vorzüglich in der letzten, Spuren einer ungleich zarteren Empfindung, als man in dem abgehärteten Seemanne gesucht hätte. Dieser Zug, wenn sonst keiner, gäbe schon ein vollgültiges Zeugniß für seine große Seele, deren stets währendes Bestreben es war, sich immer vollkommner zu bilden: Kaum wird es jetzt noch befremdend seyn, daß jener dunkle Trieb sich hervorzuthun, der allmählig in Ehrgeiz und Begierde nach Wohlstand übergieng, sich bey einer so reich organisierten Seele

75 Zitiert nach Enzensberger, a. a. O., S. 276.
76 Ebd., S. 266.

zuletzt in ein weit feineres und edleres Gefühl für den Nachruhm verwandelte. Dank sey es der Natur, daß es Wesen von so empfänglicher Organisation giebt, welche dieser zarte Antrieb, der zugleich die Menschen in Liebe vereinigt, zu großen Thaten wecken kann! Läßt sich auch die Eigenliebe geselliger und liebenswürdiger denken, als indem sie dahin strebt, sich selbst in andern lieben zu können?«[77]

Ja, James Cook hat für Georg jene Stufe menschlicher Entwicklung erreicht, in der nicht nur die Dichotomie von, reden wir mit Freud, Ich-Trieben und Eros eine produktive Balance erreichen, sondern in ihm hat eine Verschmelzung dieser beiden Dimensionen stattgefunden. Er steht also oben auf der Stufenleiter der Evolution, und ganz unten, oder vielleicht auf den ersten Sprossen, stehen die Leute von Tanna und blicken herauf. Denn diese waren nach Georgs Urteil, wir erinnern uns, aufgrund unglücklicher Umstände nicht in der Lage, präventive Selbstverteidigung und »Rachsucht« mit dem auch in ihnen angelegten Trieb der Menschenliebe auszubalancieren. Einen Schritt hinauf hätten sie tun können während der kurzen Tage, als die »Resolution« an ihrer Küste lag, wenn nicht Unbeherrschte das Beispiel, das Cook ihnen hatte geben wollen, zunichte gemacht hätten. Es bekommt das wechselseitige Widerbild der beiden Väter fast theologische Dimension: Hier wird ein Schöpfungsplan beschädigt.

Man lese das nicht falsch. Wir lesen hier, was im Getön des Textes mitschwingt, dem, der zu hören versteht, vernehmbar, aber es ist im Cook-Essay eine eher leise Melodie, die man vielleicht erst dann erkennt, wenn man die anderen Texte, in denen sie auch klingt, nicht vergißt. Georg macht Cook weder zu einem Gott noch zu einem Engel. Er vergißt nicht, daß Cook, wie der Vater, cholerischen Temperaments gewesen ist, Georg spricht von der »Reizbarkeit des Gefühls«[78]. Aber: James Cook wußte – zumeist – sich zu

77 Georg Forster, Werke in vier Bänden, a. a. O., Bd. 2, S. 224.

78 Ebd., S. 221.

beherrschen, anders als Reinhold Forster, dem das selten gelang, und es ist denkbar, daß jenes »Übermaaß« am Reizbarkeit des Gefühls, das »zuweilen leidenschaftliche Ausbrüche veranlaßte«, den Verfasser der Worte an die Szenen denken läßt, in denen der Kapitän den Vater aus der Kajüte verbannt.

Aber James Cook darf auch keineswegs der Erdenreste entkleidet werden, soll er doch eben die Erreichbarkeit menschlicher Vervollkommnung darstellen, und da ist er nicht der Held schlechthin, sondern der rechte Mann zur rechten Stunde, einer, in dem Naturanlage und das Ensemble der gesellschaftlichen Verhältnisse glücklich zueinanderkommen. Nur so kann er der väterliche Fürst sein, der die Zöglinge (und Georg hatte auch auf die Ziehsöhne, die Seekadetten hingewiesen) in die Welt entläßt, so, daß diese Entlassung auf glücklichen Ausgang hoffen darf. Mehr noch. Der Mensch Cook konnte, nach dem Mord am Strand, in der Vorstellung des jungen Georg Forster eines nicht mehr als Einzelwesen: die Moralität des ganzen Unternehmens verbürgen. Bei der Durchführung der einzelnen Reise kommt alles auf die »Mäßigung des Befehlshabers« an. Die Frage, »mit welchem Rechte man den Wilden in seinem Lande beunruhige?«[79], ist eine allgemeine, der mit dem Hinweis auf leidliche Manieren und geringe Neigung zum Totschlag einer einzigen Schiffsbesatzung nicht beizukommen ist. Für Georg aber hängt an dieser Frage unendlich viel. Die Antwort enthält die Bewertung der Schule seines Lebens. Die Antwort muß positiv ausfallen, und tut sie das, kann auch der Schritt ins Leben aus dem Vaterhaus oder der Fürstenobhut gewagt werden und mag gut ausgehen.

James Cook ist für Georg Forster nicht nur der große einzelne, sondern die Figur, an der er demonstrieren kann, was in seinem geschichtsphilosophischen Entwurf über die Staatskunst und das Glück der Menschheit nur diffusen Ausdruck gefunden hatte: daß es sich in dieser Welt leben läßt, daß sie, allem Augenschein und aller Erfahrung zum Trotz, keine Mördergrube ist. Wie macht er

79 Ebd., S. 184.

das? Er weist die Klage, sie wäre eine, zurück mit dem Argument, sie könne nicht anders sein, als sie ist. »In einer Welt, wo die größte Mannigfaltigkeit der Gestalten nur durch das Vermögen einander zu verdrängen, bewirkt wird, hieße es in der That die einzige Bedingung ihres Daseyns aufheben, wenn man diesen immerwährenden Krieg und diese anscheinende Unordnung abgestellt wissen wollte.« Einander widersprechende Anlagen gehören zur Natur. Aber: »Hat nicht dem ungeachtet alles in der Natur seine Gesetze? Sind nicht die größeren Bewegungen mit bewundernswürdiger Genauigkeit abgemessen? Sollte sich also nicht vermuthen lassen, daß auch die äußersten Punkte, zwischen welchen jede partielle Kraft schwanken und ihren Nachbarinnen Abbruch thun oder sie verschlingen darf, ihre unabänderlichen Gränzen haben? Man nenne dieses Schwanken zwischen Extremen, wenn man will, einen Puls der Natur … das Mittel zwischen den Extremen, welches manche Philosophen so eifrig suchten, und so oft zu finden wähnten, das vollkommene Gleichgewicht der Kräfte, ist Ruhe, aber Ruhe des Todes.«[80] Wie sich ein Denken des 18. Jahrhunderts vorbereitet auf die Angebote des 19. Welches philosophische oder theoretische Stichwort hätte Georg Forster entzückt? Eines von Hegel? Von Marx? Von Darwin? Von Gobineau? Törichte Frage, denn es ist ja gar nicht der Pulsschlag, der Georg entzückt, nicht die Bewegung, der Sieg der Zukunft, des Stärkeren, der wieder einen finden mag, wie er es angedeutet hat mit dem Hinweis, auch die Tanneser seien ja irgendwann per Schiff angekommen. Was Georg beschwören möchte, ist eine Kraft, die verhindern möge, daß die Amplituden zu extrem ausfallen. Wer will ihm das verdenken, vom Beschwören einmal abgesehen. Hat er sich mit der Annahme eines entsprechenden Naturgesetzes ein Sedativ verabreicht, dürfen die Gegensätze wieder an den Tanz: »Die ersten Kriege, selbst der Wilden, enthalten einen Keim der Kultur; denn indem der Eroberer seines Sieges genießt, vermehren sich die Bedürfnisse, Luxus, Kunst und Wissen-

80 Ebd., S. 108.

schaft, die Kinder Einer Geburt, vermählen sich miteinander und bringen neue Brut – Ungeheuer und Genien – zur Welt. Wer über diesen Kreislauf der Begebenheiten unmuthig werden kann, der klage über Winterschnee und Sommerhitze ... Der Zeitpunkt kam, wo ein heller Kopf den Gedanken hatte, die runde Erde müsse sich umschiffen lassen; er fand einen König, der in der Hoffnung zu einem Gewinste einen Versuch wohl der Mühe werth hielt, – und Amerika ward entdeckt. Unsere Sophisten wissen jetzt mit einem ekelhaften Gepränge von arithmetischer Genauigkeit zu bestimmen, wie viele Tropfen Negerschweiß auf ein Loth Zucker gehen; sie können die Anzahl der Patienten, die durch Fieberrinde genasen, gegen die Schlachtopfer des Venusgifts verrechnen, und zwischen Vortheil und Nachtheil der Entdeckung die kaufmännische Bilanz ziehen, wie ihr Maulwurfsauge sie übersieht. Ob sie aber die Quelle des Bösen verstopfen können, ohne daß zugleich die Quelle des Guten versiegt?«[81] Gut und flott gefragt. Das Räsonnement ist aber abgeschmackt und läuft darauf hinaus, daß Menschen, deren Wunden Ärzte für unheilbar erklärt haben, nicht mehr schreien dürfen.

Allerdings wollte der tote Mann zu Tanna zum Schweigen gebracht werden. Und die Welt sollte eine sein, wo neben der Quelle des Bösen auch die des Guten quillt. Doch das reicht noch nicht. »Wahrheit war die Botschaft, die alle großen Männer an die Menschheit zu verkündigen hatten; Wahrheit, Verhältniß der Dinge unter einander und zu uns. Sie entledigten sich getreu ihres Auftrags und brachten Wahrheit, das Kleinod dem Weisen, das Schwert in eines Narren Hand. Doch Nutzen und Mißbrauch haben ihre Grenze: die Aufklärung aber schreitet von Erfahrung zu Erfahrung ins Unbegränzte fort.«[82] Wie hätte Georg, in der kurzen Spanne, die es ihm erlaubte, Ambivalenzen zu ertragen, sagen wir: in Lüttich, über solche Denkfiguren den Kopf geschüttelt.

Wir nehmen es zur Kenntnis. »Was Cook zur Masse der Er-

81 Ebd., S. 111.
82 Ebd., S. 113.

kenntnisse hinzugefügt hat, ist jedoch von der Beschaffenheit, daß es tiefe Wurzeln schlagen und lange den entscheidendsten Einfluß auf die Thätigkeit der Menschen haben wird. Künstliche vervielfältigte, complicierte Bedürfnisse, wie die unsrigen, und Leidenschaften, die sich darauf beziehen, sind vielleicht unmäßig in ihren Forderungen; allein sie geben den menschlichen Kräften einen Schwung, wodurch sie oft unglaubliche Dinge verrichten. Nur das gegenwärtige Jahrhundert konnte Cooks brennende Ehrbegierde mit allen Hülfsmitteln ausrüsten, wodurch er zum Entdecker ward; und nur Cook konnte diesem Zeitalter Genüge leisten.«[83] Cook ist gleichsam eine Stromschnelle, in der der Fluß der Geschichte Schwung und Gefälle erhält, daß er dann erneut beruhigt einherfließe. Man merke auf die kuriose Korrespondenz dieses Gedankens mit der Vorstellung von Kontinuität und Diskontinuität in der Abhandlung über die Staatskunst und das Glück der Menschen. Dort haben die einzelnen, die Ehrbegierigen, die Besonderen, Ungeheuer oder Genien, den Rest zum Mittel ihrer Leidenschaften degradiert; hier schafft sich eine Zeit aus einem Menschen von sonst vielleicht gar zweifelhaftem Nutzen einen erstrangigen Beförderer ihrer Belange.

Das Mittel, das man Cook zur Verfügung gestellt hatte, damit er Cook hatte sein können, war die »Resolution« nebst Mannschaft. Man lese Georgs noch im späten Bericht die Unmittelbarkeit erschreckten Erstaunens bewahrenden Seiten über die Segel- und Ruderarbeit der Mannschaft: »Der Anblick dieser gefährlichen Verrichtung ist schauderhaft ...«[84] Cooks Disziplin, so Georg Forster, sei »musterhaft«[85] gewesen, wiewohl er nicht sehr streng gewesen sei, nur grobe Unreinlichkeit mit der Peitsche hatte abgewöhnen lassen. Er konnte mit milder Strenge nutzen, was man ihm überlassen hatte. Die englische Marine war auf dem Höhepunkt ihres Könnens. Georg Forster staunt noch in der Erinnerung dieses Ergebnis

83 Ebd., S. 216.

84 Ebd., S. 163.

85 Ebd., S. 166.

200jährigen Drills an, als sähe er eine Horde von Übermenschen in den Wanten turnen: »Jezt scheint er ins Meer hinabgeschleudert zu werden; jezt wieder die Sterne zu berühren. Doch ohne sich diese gewaltsamen Bewegungen anfechten zu lassen, biegt er sich über die Segelstange, entreißt dem Winde das Segel, rollt es zusammen, bindet es fest, und vollendet diese gefahrvolle Arbeit mit seinen Gehülfen in wenigen Minuten. Seine einzige Sorge bey diesem, wie bey jedem anderen Geschäfte ist dahin gerichtet, daß es ihm keiner an Geschicklichkeit und Muth zuvorthun möchte; denn dieser rühmliche Wetteifer liegt tief in seiner Seele, und ist die Folge eines gewissen gemeinschaftlichen Gefühls, welches diesem Stande eigen ist.«[86] Geschwärmt. Allein so fromm! Ist doch auch geschwärmt. Gemeinschaftsgefühl und das, was tief in der Seele liegt, ist zu einem geringeren Maße Einsicht in die Notwendigkeit, als Teil funktionieren zu müssen, wenn das Ganze nicht absaufen soll und man selbst mit ihm; zum weitaus größeren, denn das Ganze funktioniert auch ohne Not und Gefahr für das Ganze, das Ergebnis eines einfachen Drehs: Der letzte wird bestraft. Wenn dieser Drill Mannschaften gebildet hat, werden Kapitäne gerühmt werden, die die Peitsche selten brauchten.

Auf dem Deck der »Resolution« verbinden sich die Gegensätze. Hie der einzelne, Ehrgeizige, da hoi polloi, und doch eine Gemeinsamkeit von Wanten und Wind; der Strom der Kontinuitäten und der Eingriff des Neuerers, der paßt, bessert, die Jahrzehnte und Jahrhunderte akkumulierter Erfahrungen und Seemannslos, und dann die Verordnungen des neuen Kapitäns betreffs Ernährung und Hygiene, zum Heil aller. Dort, wenn irgendwo in menschlichen Dingen, ist Harmonie, oder sagen wir: Reibungslosigkeit – »... daß Cook, wie ich unzähligemal gesehen habe, wenn er aufs Verdeck gestiegen war, gleich auf den ersten Blick in dem Walde von Seilen und Stricken, die einander in der Höhe durchkreuzen, eine oder die andere Leine gewahr wurde die entweder zu stark oder nicht genug-

86 Ebd., S. 164.

sam angezogen, den schärferen Gang des Schiffs verhinderte …«[87] – er konnte es besser, er hatte den »Scharfblick«; doch daß hier solches Können, das anderswo müßige Kunst bedeutet hätte, einen Teil der Welt erschließen konnte, hatten unter anderem die Peitschen seiner Vorgänger gesichert.

Es geht auf Schiffen wie sonst auch in der Geschichtsphilosophie. Man ist beeindruckt und packt den Rest beiseite, und das geht gut, solange es geht. Georg war in Mainz an Bord der Stadt geblieben und tatsächlich auf Reisen gegangen; hätte Vätern/Fürsten/Bischöfen wirklich den Dantonschen Fehdehandschuh ins Gesicht geworfen. Es lag nicht an ihm, eigentlich wollte er nach Berlin oder Altona. Aber: War denn hier nicht, auch wenn die Fürsten nicht mitspielten, ein ganz offensives Stückchen vom großen Funktionieren, zu dem man sich nur gesellen muß, damit die Mühlsteinplage zwischen den Dichotomien aufhört? Wer kam nach Mainz? Einer mit vielen, Custine und die Matrosen der Revolution. Und war da nicht vor allem in der Fraternité das Versprechen, von gütigen Lenkern die Welt geschenkt erhalten zu haben? Es war ganz anders ernst in Mainz und dann Paris, als vorher in Kassel und Wilna. Aber dafür konnte Georg Forster nichts, so und so. Zum Ende blieb ihm die Erkenntnis, daß die Soldaten der Revolution durch die Guillotine in ihrem Rücken angetrieben würden.[88] Ob er an die Matrosen der »Resolution« zurückgedacht hat, kann man nicht wissen. Doch begegnen sich die Kulturen immer wieder, unsere Differenztheoretiker müssen sich da nicht so viele Sorgen machen, und sie erkennen sich aneinander. Der Seesoldat und der Mann von Tanna, der Matrose der »Resolution« und der Soldat der Revolution. »Der Reisende durchirrt alle vier Weltteile, und findet nirgends das liebenswürdige Völkchen, welches man ihm in jedem Walde und in jeder Wildniß versprach.«[89] In Paris sei er an den Spätfolgen des Skorbuts gestorben, sagte man.

87 Ebd., S. 160.

88 Vgl. Harpprecht, a.a.O., S. 585.

89 Ebd., S. 181.

»Forsche nicht nach, wenn die Freiheit dir lieb ist; denn mein Gesicht ist ein Kerker der Liebe«

Philologische Anmerkungen zu Sigmund Freuds und Kurt Eisslers *Leonardo*

für Ann Kathrin Scheerer

»Es ist eine der angenehmsten Verfassungen, in die uns die Einbildungskraft und ein stilles Gemüth setzen können, wenn wir uns mittelst derselben aus unsern Sitten weg, in ein goldnes Weltalter setzen«[1], so heißt es in Salomon Gessners Einleitung zum ersten Band seiner Schriften, und wenn wir eine Definition von »Idylle« haben wollen, so haben wir sie da gleich mit. Kleine Bildchen mit goldenem Rand und aus goldener Zeit, zur Erbauung und Weltabwendung.

In der psychoanalytischen Literatur mag man vielleicht Novellen erwarten – Freud meinte, seine Fallgeschichten läsen sich zuweilen wie solche –, aber kaum Idyllen. Zu sehr steht im Zentrum des psychoanalytischen Interesses der Schmerz, das neurotische Elend, das Freud zufolge in gewöhnliches Leid zu verwandeln das einzige Ziel der analytischen Kur sein könne. Und doch gibt es eine bemerkenswerte Idylle in der psychoanalytischen Literatur, und an keinem peripheren Platz: »Als Leonardo auf der Höhe seines Lebens [beim Modell zu seiner ›Mona Lisa‹, J. P. R.] jenem selig verzückten Lächeln wieder begegnete, wie es einst den Mund seiner Mutter bei ihren Liebkosungen umspielt hatte, stand er längst unter der Herrschaft einer Hemmung, die ihm verbot, je wieder solche Zärtlichkeiten von Frauenlippen zu begehren. Aber er war Maler geworden, und so bemühte er sich, dieses Lächeln mit dem Pinsel wieder zu erschaffen, und er gab es allen seinen Bildern …, der Leda, dem Johannes und dem Bacchus … Diese Bilder atmen eine Mystik, in

1 Salomon Gessner, Schrifften, Bd. 1, Zürich 1777, S. 2.

deren Geheimnis einzudringen man nicht wagt ... Die Gestalten sind ... mannweiblich ..., es sind schöne Jünglinge von weiblicher Zartheit mit weibischen Formen; sie schlagen die Augen nicht nieder, sondern blicken geheimnisvoll triumphierend, als wüßten sie von einem großen Glückserfolg, von dem man schweigen muß; das bekannte berückende Lächeln läßt ahnen, daß es ein Liebesgeheimnis ist. Möglich, daß Leonardo in diesen Gestalten das Unglück seines Liebeslebens verleugnet und künstlerisch überwunden hat, indem er die Wunscherfüllung des von der Mutter betörten Knaben in solch seliger Vereinigung von männlichem und weiblichem Wesen darstellte.«[2]

Sigmund Freud schildert hier nicht nur die Kunst Leonardos als idyllisch in ihrer weltabgewandten Schönheit, sondern er schlägt auch selber den Ton einer Idylle an. Schließlich faßt er die pathogene Kindheitssituation – vom Künstler idealisiert im Lächeln der Mona Lisa und der Heiligen Anna – selber als Idylle: »Seine illegitime Geburt entzieht ihn bis vielleicht zum fünften Jahre dem Einflusse des Vaters und überläßt ihn der zärtlichen Verführung einer Mutter, deren einziger Trost er ist. Von ihr zur sexuellen Frühreife emporgeküßt ...«[3] Freud hätte das anders sagen können, aber er hat es *so* gesagt. Für Freud liegt in dieser vaterlosen, durch sexuelle Necessitierung seitens der Mutter geprägten Zeit das Geheimnis der psychosexuellen Entwicklung Leonardos, seiner Homosexualität, seiner Idealisierung hermaphroditischer Gestalten, aber auch sein wissenschaftlicher Drang und Rang liege begründet in der früh erweckten Sexualneugier, verbunden mit dem Fehlen väterlicher Einschüchterung. Allein seine Unfähigkeit oder Unwilligkeit, in der Kunst *mehr* zu leisten, die Bilder zeitig zu beenden (was das »Abendmahl« ruiniert hat), vermag die Idylle zu überschatten: Er vernachlässige die Kinder seiner Kreativität, wie der leibliche Vater ihn vernachlässigt habe.

---

2 Sigmund Freud, Eine Kindheitserinnerung des Leonardo da Vinci, Gesammelte Werke, Bd. VIII, Frankfurt am Main 1973, S. 189.

3 Ebd., S. 204.

Freuds *Kindheitserinnerung des Leonardo da Vinci* hat keinen sonderlich guten Ruf. Nicht ihrer Idyllik wegen, sondern weil zuviel in ihr nicht stimmt. Im Zentrum der Analyse steht die titelgebende Kindheitserinnerung: Leonardo berichtet, ein Vogel habe mit dem Schwanz seinen Mund geöffnet und ihn gegen seine Lippen gestoßen. Freud deutet dies als eine in eine homoerotische Phantasie (Fellatio) verwandelte Erinnerung an orale Lustempfindungen der frühen Kindheit. Die Spekulationen, die sich in Freuds Analyse an die Annahme knüpfen, es habe sich bei dem phantasierten Vogel um einen Geier gehandelt, ruhen allerdings auf einem Übersetzungsfehler, ebenso läßt sich Leonardos vaterlose Gemeinschaft mit der Mutter nicht nachweisen. Freuds Arbeit beruht so sehr auf Fehlern und Fehlinformationen, daß sie sich zum historischen Material verhält wie Felix Dahn zum Prokop. Aber nicht daß Freud eine wissenschaftliche Phantasie vorgelegt hat, macht ihn zum interessanten Gegenstand philologischer Analyse, *sondern es ist die Antwort*, die dieser idyllische Text in einem anderen psychoanalytischen Text ganz anderer stilistischer Ausrichtung gefunden hat: in Kurt R. Eisslers *Leonardo da Vinci. Psychoanalytische Notizen zu einem Rätsel.*

Freuds Studie war für Eissler zunächst ein Anlaß gewesen, seine theoretische Vasallentreue zu beweisen: Er strebte eine ausführliche polemische Widerlegung derjenigen an, die unter verschiedenen Gesichtspunkten Freuds Aufsatz kritisiert hatten. Er versuchte zu retten, was nicht zu retten war. Um seinerseits genügend über den Gegenstand selber zu wissen, begann Eissler eigene Studien zum Leben und Werk Leonardos und legte schließlich ein 500seitiges Buch vor, in dem er zu zeigen versuchte, wieviel die Psychoanalyse zum Verständnis von Leben, Werk und Person Leonardos beitragen könne. Immer wieder geht Eissler von Freuds Studie aus, korrigiert die empirischen Annahmen, wo dies nötig ist, und setzt seinerseits das Deutungswerk fort.

Dreierlei ist an Eisslers Buch bemerkenswert. Erstens ist es Fragment geblieben, zweitens ist es, was seinen inneren Aufbau und seine Argumentationsfolge angeht, von stupender Unordentlichkeit, drittens ist es ein polemischer Angriff gegen Freud, ohne daß es das selbst bemerkte. Daß Eisslers Arbeit Fragment geblieben ist, spricht nicht gegen sie. Manche Werke bleiben Fragment und lohnen doch die Lektüre. Ehrlicher ist es, sie als Fragmente vorzulegen denn ihnen eine scheinbare Abgeschlossenheit zu geben. Interessant ist aber der Kontrast, den Eisslers Buch allein aufgrund seiner Form zu Freuds Studie bildet. Es ist, als liege darin schon ein Dementi der Befunde Freuds. Zwar braucht Freud die Geschlossenheit seines Textes nicht für die Stringenz seiner Gedankenführung – die könnte ein offenes Ende haben, vielleicht mit dem Stoßseufzer schließen, daß es doch immer noch so vieles gebe, was wir nicht wissen. Wohl aber braucht *die Idylle* die formale Schließung. Sie gehört wesentlich zu ihr. Die Idylle braucht die feste Rahmung, die Ausschließung von Außenwelt, Einrede und Ablenkung. Nur so kann sie leisten, was Gessner mit ihr möchte.

Man mag auf die Betonung des äußerlich Fragmentarischen bei Eissler so viel oder so wenig Gewicht legen wie man will – weit irritierender und als Textmerkmal signifikanter ist das Fragmentarische seines Inneren, seine mangelnde Stringenz, das Abreißen und Nicht-wieder-verknüpft-Werden von Argumentationssträngen, das Nicht-weiter-Verwenden von Deutungsbefunden, die an anderer Stelle, wie der Leser merkt, benötigt werden, vom Verfasser aber aus unerfindlichen Gründen vergessen worden zu sein scheinen. Der Lebensaufwand, den Eissler mit seinen Leonardo-Studien trieb, sowie die Vorlage eines so umfangreichen wie ambitionierten Buches kontrastieren mit der scheinbaren Schlampigkeit des Endproduktes, die sorgsame Bemühung um den Gegenstand mit der Fahrigkeit der Niederschrift der Ergebnisse.

Es ist schließlich der Ton des Ganzen, der aufhorchen läßt. Eissler schreibt keine Idylle, er entwirft ein Schreckensszenario. Gestaltet Freud, allem auch beschriebenen neurotischen Elend zum Trotz, das Bild eines in eine vaterlose Idylle Gebannten, von dem das nicht nur mütterliche Lächeln der Gioconda und Heiligen Anna zeugt, so tritt bei Eissler an dessen Stelle die Gestalt eines Traumatisierten, der sich stets am Rande der Überwältigung durch Sinnesreize befindet, eines furchtbar Geängsteten, der das Entsetzliche sucht und zwanghaften Umgang mit den verwesenden Leichen Hingerichteter pflegt. Erscheint das Genie Leonardo bei Freud als ein traumtänzerischer Infantiler, so tritt es uns bei Eissler als gequälter und gehetzter Dämon entgegen. Gewiß, auf der analytischen Ebene *muß* sich das nicht ausschließen (obwohl es in diesem konkreten Falle aufgrund des zur Analyse herangezogenen Materials sich ausschließt), aber entscheidender scheint mir, daß die Farben, die Freud und Eissler für ihr jeweiliges Bild verwenden, so verschieden sind. Der Hauptteil von Eisslers Buch ist eine große Antithese zu Freuds *Leonardo* – doch Eissler sagt dieses an keinem Ort.

Mehr noch: Eissler schiebt diesem Hauptteil einen von ihm so genannten »polemischen« Teil vor, der besser »apologetischer« hieße, denn in ihm verteidigt Eissler Freuds Studie gegen die Einwände seiner Kritiker. Dann aber folgt eine – stets latent bleibende und ihr Gewicht vor allem durch die antiidyllische Düsternis und Fragmenthaftigkeit des Textes erhaltende – *tatsächliche Polemik gegen Freud*, bei manifestem Ausweis der puren Nachfolgeschaft. Die Art, wie Eissler vor dem Hintergrund des Freudschen Idylls sein Porträt entwirft, zeigt sich schon im ersten Kapitel seines analytischen Teils. Nachdem er beteuert, Freuds Annahme, Leonardo sei bis zum fünften Lebensjahr bei seiner leiblichen Mutter geblieben, sei nicht wirklich widerlegbar, gibt er seiner Darstellung eine plötzliche Wendung und sagt, nicht die späte (wie Freud meinte) Trennung von der vielleicht zu zärtlichen Mutter, sondern eine besonders frühe und die Aufnahme in ein gefühlskaltes Vaterhaus hätten das eigentliche frühkindliche Trauma (ein Wort, das Eissler recht unvermittelt gebraucht, verwendet Freud es doch nicht) gebildet, aus dem Leonardos spätere Entwicklung erklärt werden müsse.

In dem Leonardos Vater gewidmeten Kapitel heißt es: »Freud nahm an, daß Leonardos psycho-sexuelle Entwicklung ernsthaft Schaden genommen hat, daß der Junge die frühen Jahre seiner Entwicklung ohne seinen Vater verbrachte, was bedeutet, daß ihm ein adäquates männliches Identifikationsobjekt fehlte. Mit dieser Tatsache hat Freud Leonardos Abneigung gegen körperlich-sexuelle

Beziehungen mit Frauen in Zusammenhang gebracht.«[4] Nun ist das mit dem Schaden so eine Sache. Sicherlich beschreibt Freud die Entstehung eines Defektes – gemessen am Modell einer normalen sexuellen Entwicklung. Aber er beschreibt ihn als eine ziemlich einmalige Lebenschance. Freud schreibt von der »infantilen Bedingung seiner ... großartigen Leistung als Forscher« und: »Wenn jemand wie Leonardo in seiner ersten Kindheit der Einschüchterung durch den Vater entgangen ist und in seiner Forschung die Fesseln der Autorität abgeworfen hat«, so wunderten wir uns auch nicht darüber, so Freud, ihn als unabhängig von aller dogmatischen Religiosität wiederzufinden. Was das sagen will, weiß jeder, der an Freuds Satz von der strahlenden Intelligenz eines vierjährigen Kindes und der Stupidität der meisten Erwachsenen denkt, und daran, daß er die Religion für diese Transformation verantwortlich machte.

Eissler kümmert sich um diese Erörterung des wie auch immer beschaffenen Lebensproblems als biographischer Chance nicht. So zweideutig Freuds Beschreibung des frühkindlichen Idylls auch ist, in dem er Leonardo bis zur Trennung von der Mutter heranwachsen sah – »... von ihr zur sexuellen Frühreife emporgeküßt ...« –, so fehlt Eisslers Bild des Leonardo jede solche Ambivalenz. Freuds Bild eines »heiteren und genußfrohen Leonardo«, dem erst im Alter »der Glanz seiner Stimmung verblich ...« und der erst spät einige befremdliche Züge aufwies, ersetzt Eissler durch das des ichschwachen, stets mit dem Entsetzen Lebenden, der sich Entsetzlichem wieder und wieder aussetzte, indem er sich die stinkenden Leichen öffentlich zu Tode Gemarteter bringen ließ, sie zerschnitt und zeichnete, wieder und wieder, weil der Verwesungsprozeß die für die anatomische Studie notwendige klare Kontur immer wieder zerstörte. Die Fixierung an die Mundpartie, die Freud am Lächeln der Heiligen Anna beschrieb und als die Erinnerung an Säuglingswon-

4 Kurt R. Eissler, Leonardo da Vinci. Psychoanalytische Notizen zu einem Rätsel, Frankfurt/Basel 1992, S. 240.

nen und ein wenig mehr deutete, nimmt Eissler noch am Vegetarier und Anatomen Leonardo wahr, den das Sezieren oral stimuliert habe.

Eigentlich ist es falsch, von einem Leonardo-Bild Eisslers zu sprechen. Eissler gibt uns einen Skizzenblock, wir sehen einzelne Striche, Detailzeichnungen, Fragmente von Konturen, Bewegungsskizzen und anatomische Studien. Er gibt uns genug, um über die Anmutung des Bildes, wenn er es denn gefertigt hätte, Aussagen machen zu können, doch tatsächlich vor Augen haben wir das Bild nicht. Wir müßten die Teile, die der Autor sich beinahe müht, unverbunden zu belassen, als Indikatoren eines Ganzen sehen; die formale Schließung, der sich der Autor verweigert, selbst vollziehen.

Die Aufgabe, die sich hier stellt, ist keine spekulative, sondern eine philologische. Es geht nicht darum, Vermutungen darüber anzustellen, wie eine vollständige und befriedigende Analyse des Phänomens Leonardo nach psychoanalytischen Maßstäben und unter Berücksichtigung des historischen und kunstgeschichtlichen Materials auszusehen hätte, noch darum, etwa eine verborgene (verschwiegene, verleugnete, verdrängte) These Eisslers herauszufinden und Mutmaßungen über die diesem Verbergen zugrundeliegende Psychodynamik anzustellen. Es geht – jedenfalls zunächst – weder um Leonardo noch um Eissler. Es geht um Eisslers Text und die von ihm nahegelegte philologische Frage, ob sich der Text – jedenfalls in seinen Hauptzügen – so umarrangieren lasse, daß sich wenigstens seine innere Fragmentierung teilweise aufhebt und sich folgende Frage beantworten läßt: Worin besteht die argumentative Substanz der Polemik gegen Freud, die Eissler in seinem antiidyllischen Bild Leonardos zeigt, ohne sie auszusprechen?

Ich werde mich hier darauf beschränken zu zeigen, wie die zentrale These dieses in seinen Einzeldeutungen neu arrangierten und dann weit konziseren Textes aussehen würde, und möchte darstellen, wie man sie gewinnen kann, wenn man dem Schicksal nachgeht, das die für Freud titelgebende Kindheitserinnerung – der Vogel, der seinen Schwanz gegen die Lippen des Kindes stößt – bei Eissler hat.

Früh sei Leonardo von der Mutter getrennt worden, schreibt

Eissler, wie erwähnt, und dementiert damit die Grundannahme Freuds. Doch sei Leonardo dennoch oder eben gerade deshalb auf die Mutter fixiert geblieben. Eissler beschäftigt sich mit der unehelichen Geburt Leonardos und der damit zusammenhängenden Lebensproblematik, dann mit der Figur von Leonardos Vater. In diesem Abschnitt taucht die Vogelphantasie auf, Eissler gibt ihr eine vage Deutung als Ausdruck einer präödipalen Fixierung –, und man fragt sich, warum sie nicht abgehandelt worden ist, als von der Mutter geredet wurde. In einem Kapitel über »Homosexualität und Objektbeziehungen« deutet Eissler eine Allegorie Leonardos, das Bild eines Doppelkörpers, dessen einer Teil aus der Hüfte des anderen herauswächst, als Ausdruck eines phobischen Verhältnisses gegenüber dem weiblichen Körper – eine außerordentlich wenig begründete Deutung. Eissler begründet nicht wirklich, warum der bedrohende Teil des Doppelkörpers weiblich sein sollte. Andererseits ist die Deutung »Angst vor dem weiblichen Körper« so trivial und, wenigstens in neuerer psychoanalytischer Literatur, so ubiquitär, daß sie im Zweifelsfall immer irgendwie ein bißchen zutrifft. Die Allegorie selbst aber ist so sonderbar, daß eine Allerweltsdeutung, wie sie Eissler vornimmt, nicht genügen *kann*. Interessanter noch: Die Diskussion der Ähnlichkeit eines spezifischen Zuges dieses Bildes, nämlich die auf das Gesicht des einen der beiden dargestellten Körper gerichteten Schlangen und phallischen Körper mit der Raubvogelphantasie – ein Bezug, auf den der Leser nahezu wartet –, findet nur in einem Nebensatz statt.

Der Feindseligkeit gegenüber dem weiblichen Körper habe Leonardo in seinen Karikaturen (zu denen die Allegorie zählt) Raum gegeben, in seiner Malerei nicht. Und Eissler wendet sich Leonardos »Leda und der Schwan« zu. Das Bild ist nicht erhalten, wir kennen nur eine Leda-Zeichnung sowie Skizzen und Gemälde, die entweder »nach« Leonardos »Leda« entstanden oder möglicherweise Kopien von ihr sind. Eissler rekonstruiert – überzeugend, wie mir scheint – die »ähnlichste«, ein anonymes Gemälde aus der Galleria Borghese. In dieser nun, so Eissler, wirkte der Schwan besonders verführerisch: Leda steht aufrecht, der Schwan links von ihr hat seinen rechten Flügel an ihre Hüfte geschmiegt, den halbgeöffneten Schnabel, der lustvoll-aggressiv zu grinsen scheint, zu ihrem Gesicht emporgereckt. »Wohin ist die ganze Angst vor dem Weibe verschwunden?« fragt Eissler und antwortet: in Sublimation aufgehoben. Die »grausame Symbolik der Allegorie« sei in ihr »potentiell eingebettet«.[5]

Zu Füßen der Leda spielen zwei Knaben (die Zwillinge Kastor und Pollux, die sie gebären wird). Und Eissler schließt: Leonardo gebe hier den Vorgang verschlüsselt wieder, für den die Erinnerung mit dem Vogelschwanz eine Deckerinnerung gewesen sei: »... daß Leonardo, an der Schwelle zum Alter, mit diesem Bild zu seiner vielleicht frühesten Kindheitserinnerung zurückgekehrt ist, zum Vogel, der ihn an der Wiege besuchte. Dieser Vogel hatte ihm mit dem Schwanz mehrfach zwischen die Lippen geschlagen, und dies hat er – so die allgemeine Meinung – als eine feindselige Handlung erinnert, die wohlgemerkt von der Mutter ausging«.[6] Die Meinung mag so allgemein sein, wie sie will, sie ist der Freuds entgegengesetzt, ein Umstand, über den Eissler mit seinem »so die allgemeine Meinung« hinwegredet. »Ist es nicht so«, und plötzlich gibt Eissler seiner Rhetorik Tempo und stolpert vorbereitungslos in eine Deutung des Bildes als Urszene, »daß er die Frau zum Opfer genau derselben Tat werden läßt, deren Opfer er selbst durch sie geworden zu sein glaubte, als er ein hilfloser Säugling in der Wiege war? Das selber aktiv auszuführen, was man passiv erfahren mußte, ist ein weitverbreitetes Abwehrmanöver und bei der Heilung eines Traumas oft hilfreich. Tatsächlich können wir in Anbetracht der beiden Zwillinge noch einen Schritt weiter gehen. In der ursprünglichen Kindheitserinnerung war das Kind Opfer der Szene. In dem Gemälde erlebt ein Kind mit, was der Vogel der Frau antun wird. Wir wissen, daß im nächsten Moment das Trauma der Urszene in das Leben des Kindes einbrechen wird. Die Vermutung liegt nahe,

5 Ebd., S. 276.
6 Ebd., S. 280.

daß das Kind Leonardo selbst ist. Anders ausgedrückt, könnte das ›Leda‹-Bild auf ein Trauma anspielen, das Leonardo in seiner frühen Kindheit erlitten hatte, als er Zeuge einer Urszene wurde. Im Licht seiner Kindheitserinnerung möchte man vermuten, daß es eine Fellatio war, deren Zeuge er wurde.«[7]

Leonardo nun habe sich mit der Frau identifiziert, an ihrer Stelle sowohl sein wollen wie ihr gegen die »empörende Behandlung« zu Hilfe kommen. »Diese beiden Interpretationen sind verknüpft mit der Passivität des Kindes.« Die Knaben Kastor und Pollux, von denen der eine, der die Hauptgruppe betrachtet, ängstlich, der andere, der seinen Zwillingsbruder ansieht, zufrieden aussehe, symbolisierten Leonardos Ausweg: »Weil ich als Kind eine beängstigende Szene miterlebt habe, mußte ich mich von Frauen abwenden und für immer der Schönheit meines Spiegelbildes folgen.«

An dieser Deutung fällt nicht nur auf, daß sie *anders* ist als die Freuds, sie ist *gegen* die Freudsche Deutungs*intention* gerichtet, ohne das deutlich zu sagen, und es ist auch sonderbar, daß sie gar nicht einlöst, wozu sie ihren Ort in dem Kapitel haben sollte. Die angebliche Angst vor dem weiblichen Geschlecht als zerstörerisch wird bemerkenswert en passant ausgesprochen. Die interessante Frage, wie die erlebte Szene sich in die Phantasie mit dem Raubvogel, der ja seinerseits die Mutter symbolisieren soll, transformieren kann, vergißt Eissler einfach. Warum also das Kind sich als Frau, den Vater aber als Mutter, dann sich wieder als Kind und die Mutter als Raubvogel phantasiert haben sollte, kurz: wie sich die (gedeutete) Deckerinnerung und die fast nichts mehr verdeckende Sublimation im Bilde zueinander verhalten, ist Eissler keine Erläuterung wert. Eissler, der oft durchaus redselig ist, manches zwei- und dreifach sagt, verzichtet darauf, seine Interpretation formal zu schließen. Der Rest des Kapitels verredet sich auf eineinhalb Seiten.

---

7 Ebd., S. 280f.

Diese merkwürdige Verworrenheit, die an die Stelle der vollständigen Deutung tritt, findet ungefähr auf der Hälfte des Buches statt. Danach greift Eissler die nach psychoanalytischer Dramaturgie entscheidende Interpretation der Traumatisierung durch die Urszene nicht mehr auf. Mir geht es dabei nicht um den Nachweis einer *theoretischen Inkonsequenz*, sondern einer *stilistischen Inkonsistenz*. Die von Eissler selber zur Grundlage seines Schreibens gewählte Theorie hat *formale* Konsequenzen für die Abfassung seines Textes – Konsequenzen, die er vollständig ignoriert. Er hätte seinen Text bis hierher wie eine konventionelle Fallgeschichte aufbauen können. Er hätte sich auch artifiziellerer Mittel bedienen können. Aber jede der gewählten Formen hätte ihn genötigt, sein Material zu verbinden, die einzelnen Deutungen aufeinander zu beziehen. Das ist der Sinn dieser Formung. Ohne sie bleibt der Einzelfund blasse Spekulation, hochbeliebig. Erst die Endformung zur gelungenen Erzählung einer Psychodynamik ist es, an der sich das Deutungsdetail beweist. Denn der Teufel mag im *Detail* stecken, die Wahrheit der Deutung mißt sich allein am überzeugenden *Ergebnis*. Am Ende des Leda-Kapitels bleibt der Leser ratlos, hält Teile in seiner Hand, und das formale Band fehlt ihm.

Das Ende dieses Kapitels bildet eine Zäsur im Buch. Nach ihm beginnt Eissler die zuvor nur angedeuteten, beinahe möchte ich sagen: apokalyptischen Farbtöne, die das unausgeführte Gemälde bestimmen, kräftig aufzutragen. Leonardo wird, ich erwähnte es schon, als ein Mensch geschildert, der stets am Rande des psychischen Zusammenbruchs stand, stets gewärtig, von phobischen Anfällen ganz und gar absorbiert zu werden: »... neige ich zu der Annahme, daß Leonardo für Traumatisierungen außerordentlich anfällig war, was bedeutet, daß sein psychischer Apparat so empfindlich auf plötzliche Stimulierung, auch auf Reize niedriger Intensität, reagierte, daß er die meiste Zeit in Gefahr war, psychisch verletzt zu werden ... Das Gefühl, vor dem er sich schützen mußte, war nicht einfach Ängstlichkeit, sondern blankes Entsetzen. Ich vermute, daß er sich oft oder gar die meiste Zeit so gefühlt hat, als ob er von plötzlichem Schrecken oder Entsetzen überwältigt werden könnte«.[8]

In seinen Bemerkungen über Leonardos anatomisches Werk würdigt Eissler die Leistung des Forschers und Sezierers Leonardo, sich derartig kontraphobisch zu verhalten, wie er es tat. Nur eine Schranke habe es für ihn gegeben: Nie habe er es über sich bringen können, den Penis, über den er andererseits einiges Spekulative zu Papier gebracht habe, zu sezieren.

Das Lebensthema des Schreckens habe Leonardo in seinem »Abendmahl«, wo er den Moment zum Sujet gewählt habe, in dem das Wort »Einer unter euch wird mich verraten« fällt, gestaltet: »Ich frage mich, ob Leonardo sich zur Darstellung dieses Moments besonders hingezogen fühlte, weil die Situation, die an sich schon vielsagend genug ist, hier ein Höchstmaß an Schrecken und Entsetzen enthält; im Licht der Feierlichkeit des vorangegangenen Moments – voll von Zuneigung, Objektnähe, fast Objektidentität – eignete sich dieser Moment besonders für eine traumatische Wirkung. Man kann sich nur schwer eine Konstellation vorstellen, die die Integration eines größeren Kontrastes verlangt hätte.«[9]

Es wäre nun zu erwarten gewesen, daß Eissler solche Befunde in irgendeiner Weise auf die von ihm rekonstruierte Urszene, die doch immerhin für Leonardos psycho-sexuelle Entwicklung bestimmend gewesen sein soll, rückbezogen hätte, zumal dann, wenn er das Abendmahl-Szenario als Ausdruck der Aggression gegen den Vater deutet. Aber nichts davon. Und wenn Eissler im Anschluß daran über die Bedeutung des Fliegens für Leonardo spekuliert (und zu einigen sehr voraussehbaren Schlüssen kommt), erwarten wir natürlich die Verbindung des Gesagten mit der Raubvogelphantasie als Deckerinnerung der Urszene, doch finden wir nichts.

Das Schweigen dort korrespondiert und kontrastiert mit einem Ausbruch eindringlichster Rhetorik an einem anderen Ort. Anhand

8 Ebd., S. 288.

9 Ebd., S. 291f.

von Leonardos »Prophezeiungen«, einer Sequenz von Rätseltexten, geht Eissler auf Leonardos Vegetarismus ein, den Freud bereits als Ausdruck abgewehrter oraler Aggression gedeutet hatte. Eissler zitiert eine lange Passage Leonardos über mensch-menschlichen Kannibalismus: »Aber wir wollen die menschlichen Dinge nicht verlassen, ohne einen maßlosen Frevel zu erwähnen, wie er unter den Tieren auf Erden nicht vorkommt; denn unter ihnen gibt es keine Tiere, die ihre eigene Art fressen ... Aber du vertilgst nicht nur deine eigenen Kinder, sondern auch Vater, Mutter, Brüder und Freunde, und da dir auch das noch nicht genügt, so gehst du auf fremden Inseln auf die Jagd. Du nimmst die anderen Menschen dort gefangen, und nachdem du sie verstümmelt und entmannt hast, mästest du sie und schlingst sie dann hinunter!«

»Hier sind«, schreibt Eissler, »alle Elemente des Kannibalismus in seiner primitivsten und schrecklichsten Form vereint: das Verschlingen lebendigen Fleisches, der Eltern, des männlichen Genitals« (was nota bene gar nicht stimmt, da die Kastration als Bedingung für das spätere Mästen Erwähnung findet und vom Fressen die Rede nicht ist). Eissler weist darauf hin, daß sich diese Passage auf einem Blatt zusammen mit einer anatomischen Skizze des menschlichen Herzens findet. Wir dürften, so Eissler, folgern, »daß Leonardo manchmal während seiner anatomischen Forschungen kannibalische Impulse abwehren mußte. Man stelle sich die Situation realistisch vor: Er war stundenlang mit Leichen eingeschlossen, von denen viele verstümmelt waren; er mußte sie zergliedern und in kleine Stücke schneiden. Da die Prozedur noch nicht zur Routine geworden war, führte dies manchmal zu oraler Stimulierung, genauer zur Stimulierung der sadistischen Komponenten der Oralität, nämlich der Benutzung der Zähne und der Mundmuskulatur – und all das in einem Moment, in dem der Wissenschaftler mit einer Arbeit beschäftigt war, bei der er sich auf dem schwierigen Pfad der Exaktheit bewegte«.[10]

10 Ebd., S. 375 f.

Ob Eissler nun andeuten will, daß Leonardo die Zähne zu Hilfe genommen habe, oder nur, daß er beim Zerschneiden der Leichen unwillkürliche Beiß- und Kaubewegungen gemacht habe, spielt keine Rolle. Nicht nur, daß Eissler uns hier eine ziemlich unbehagliche Szenerie vor Augen führt, er selber erreicht in seinem Schreiben hier eine im ganzen Buch beispiellose Intensität. Am Ende der Kannibalismuspassage schreibt Eissler dies: »An dieser Stelle wollen wir uns auch Leonardos frühe Kindheitserinnerung ins Gedächtnis zurückrufen, in der die Oralität eine wesentliche Rolle spielt. Die Behauptung scheint berechtigt, daß sie auch eine Verleugnung oral-sadistischer Impulse enthält: ›Ich war es nicht, der verschlingen wollte, sondern eine Macht, stärker als ich, drängte sich auf grausame Weise in meinen Mund.‹ Hierin könnte auch der Keim der Rechtfertigung des kannibalischen Impulses liegen: ›Da ich oral verletzt und mißhandelt wurde, habe ich das Recht, mich zu rächen.‹«[11]

Ich lasse das erst einmal so stehen.

Die stilistische Intensität dieser Passagen steht in merkwürdigem Mißverhältnis zu Eisslers Deutungen, die sie begleiten. Sie sind nämlich erneut banalste Allerweltsdeutungen. Leonardo hatte Angst vor dem Tod. Na schön. Der Maler Leonardo hatte Angst davor zu erblinden. Wundersam, wenn es anders wäre. Der Knabe Leonardo hatte Angst, beim Onanieren ertappt zu werden. Nicht verwunderlich. In Leonardos Werk zeigen sich Spuren der Kastrationsangst. Das Gegenteil wäre verwunderlich. Leonardos Verhältnis zu seiner Mutter war ambivalent. Wessen Verhältnis zur Mutter wäre das nicht? Leonardo empfand aggressive Gefühle gegen seinen Vater. War er sein Sohn oder nicht?

Je mehr Eissler auf die *individuellen Besonderheiten* der Person Leonardo zu sprechen kommt, um so *allgemeiner* und nichtssagender werden seine Deutungen. Nicht, daß es falsch wäre zu vermuten, daß alle die genannten Momente in der Psychobiographie Leo-

---

11 Ebd., S. 379.

nardos eine Rolle gespielt hätten, nur haben sie eben in der Psychobiographie von nahezu hundert Prozent der Männer in unserer Kultur eine Rolle gespielt. Eisslers Art zu schreiben wirkt wie ein bewußtes Verwirren des Lesers: Scharfe Einzelbeobachtungen werden konturlos gemacht und verwischt zu Allerweltsdeutungen. Und vor allem: Wo Eissler einerseits eindringlich die hochindividualisierten Züge eines schwer Traumatisierten zeichnet, der, einmal aus der Lebensbalance geraten, diese nie mehr wiedergefunden habe, spricht er andererseits über nichts anderes als die neurotische Befindlichkeit eines beliebigen Jedermann. Als er aber auf Leonardos Brief an seinen Bruder anläßlich der Geburt von dessen Sohn zu sprechen kommt und zitiert: »Du hast Dich darüber gefreut, daß Du Dir einen rührigen Feind geschaffen hast, der mit allen seinen Kräften nach Freiheit streben wird, und die wird er erst finden bei Deinem Tod«, nimmt Eissler nicht schmunzelnd die psychoanalytische Einsicht Leonardos in die Beschaffenheit *jedweden* Vater-Sohn-Verhältnisses zur Kenntnis, sondern insistiert auf dem *Besonderen*: »Woher nahm Leonardo die Sicherheit, daß ein Sohn seinen Vater so sehr haßt, daß er sich auf dessen Tod freut, damit er selbst frei sein kann? Was er seinem Bruder schrieb, muß aus seiner eigenen Erfahrung stammen.«[12] Wie zu bemerken, steigert Eissler die Worte Leonardos in seiner Paraphrase beträchtlich. Wir nehmen das als ein Indiz dafür, daß er etwas aussprechen will, das Leonardo tatsächlich nicht sagt, nach Eisslers Meinung aber hätte sagen *sollen*.

Wir könnten es bei der Verwunderung und beim Ungenügen belassen. Täten wir das, widersprächen wir aber der Faszination, die von Eisslers Buch ausgeht und merkwürdig kontrastiert mit dem Befund, ein unentschlossenes, fahriges, ängstliches Buch vor uns zu haben. Es ist zu interessant dazu. Psychoanalytisch gesprochen, agiert der Text. Philologisch gesprochen, ist er falsch arrangiert. Psychoanalytisch gesprochen, verschweigt er etwas. Philolo-

12 Ebd., S. 343.

gisch gesprochen, zeigt er etwas. Aus psychoanalytischer Sicht muß man jetzt deuten, aus philologischer genau hingucken. Setzt man die Textteile, die sich durch besondere rhetorische Intensität auszeichnen, zusammen, und zwar an den Stellen, wo der argumentative Zusammenhang gestört, abgerissen oder einfach nicht vorhanden ist, stellt sich plötzlich eine Verbindung zwischen den isoliert gebliebenen Einzeldeutungen her, die es erlaubt, die ratlosen Allerweltsdeutungen Eisslers, die so merkwürdig wenig zu der immer wieder hervorgehobenen Besonderheit des Falles Leonardo passen, gewissermaßen einfach zu überspringen. Verbindet man die fragmentarischen Einzelskizzen miteinander, legt man sie gleichsam übereinander, als wären sie aus Transparentpapier, und blickt durch sie hindurch, ergibt sich ein zusammenhängendes Bild. Das Bild eines Kindes, das von einem Erwachsenen, wahrscheinlich dem Vater, gezwungen wird, ihn oral zu befriedigen.

Eine Kindheitserinnerung des Leonardo: ein Raubvogel habe ihm mit seinem Schwanz die Lippen geöffnet und den Schwanz in seinen Mund gesteckt. Eissler, anläßlich der »Leda«: »Im Licht seiner Kindheitserinnerung möchte man vermuten, daß es eine Fellatio war, deren Zeuge er wurde.«[13] Deren Zeuge oder deren Opfer das Kind wurde? Eissler, anläßlich der »Prophezeiungen«: »An dieser Stelle wollen wir uns auch Leonardos frühe Kindheitserinnerung ins Gedächtnis zurückrufen, in der die Oralität eine wesentliche Rolle spielt. Die Behauptung scheint berechtigt, daß sie auch eine Verleugnung oral-sadistischer Impulse enthält: ›Ich war es nicht, der verschlingen wollte, sondern eine Macht, stärker als ich, drängte sich auf grausame Weise in meinen Mund.‹«[14] Eissler, anläßlich des »Abendmahls«, über das das Kind überwältigende Trauma: »... ein Höchstmaß an Schrecken und Entsetzen. Denn dieses schreckliche Ereignis geschah nicht vor einem neutralen Hintergrund; im Licht

13 Ebd., S. 280f.

14 Ebd., S. 379.

der Feierlichkeit des vorangegangenen Moments – voll von Zuneigung, Objektnähe, fast Objektidentität – eignete sich dieser Moment besonders für eine traumatische Wirkung. Man kann sich nur schwer eine Konstellation vorstellen, die die Integration eines größeren Kontrastes verlangt hätte«[15], als die zärtliche Zuneigung des Vaters, die plötzlich in eine sexuelle Aggression umschlägt. »Der Verrat des Judas bedeutet die Aggression gegen eine Vaterfigur«[16], aber »Objektnähe, fast Objektidentität«, schreibt Eissler, ohne zu sagen, warum. Ist nicht Leonardo ebenso der Verratene und Gekreuzigte? »O Erde, warum tust du dich nicht auf? Warum stürzest du sie nicht in die tiefen Spalten deiner riesigen Abgründe und Höhlen und bietest dem Himmel nicht mehr den Anblick eines so grausigen und entsetzlichen Unwesens?«[17] schreibt Leonardo in den »Prophezeiungen«, und: »Forsche nicht nach, wenn die Freiheit dir lieb ist; denn mein Gesicht ist ein Kerker der Liebe«, zitiert Eissler ihn.[18]

Die Rekonstruktion der Eisslerschen Fragmente zu einem kohärenten *Text* und damit zu einer kohärenten *Deutung*, bietet das Bild, das der von Eissler präsentierte Text mit Macht vorenthält: das eines durch eine orale Vergewaltigung durch den Vater lebenslang schwer Traumatisierten. Ob diese Deutung, die Eissler nicht ausspricht, in seinem Text uns aber *zeigt*, tatsächlich eine akzeptable Deutung des wirklichen Leonardo ist, vermag ich nicht zu sagen – ich sage nur, daß Eissler, hätte er sich zu dieser Deutung bekannt, ein formal geschlossenes Buch hätte schreiben können – jedenfalls hätte sich sehr vieles, ich muß nicht behaupten: alles, gefügt. Vor allem hätte es der Fehlleistung nicht bedurft, die Leonardos Kannibalismustext den Wunsch zugeschrieben hatte, die väterlichen Genitalien zu verschlingen. Genau dort verlief die Tabugrenze: Ebensowenig wie Leonardo männliche Genitalien sezierte, dehnte

15 Ebd., S. 291 f.
16 Ebd., S. 296.
17 Ebd., S. 378.
18 Eissler, S. 260.

er seine kannibalischen Phantasien auf sie aus. Überallhin war der Wunsch zuzubeißen gerichtet: »Da ich oral verletzt und mißhandelt wurde, habe ich das Recht mich zu rächen«, paraphrasiert Eissler Leonardos Wünsche[19], nur dort mußte er haltmachen, auch in der Phantasie, wo sie einst entstanden waren.

Man sehe sich im Lichte dieser Deutung noch einmal die von Eissler als die authentische bezeichnete »Leda«-Kopie an: Tritt dort nicht die Frau zwischen den phallisch-bösartigen Schwan und die Kinder, denen sie zulächelt, und markiert der Schwanenflügel nicht auch eine Grenze: der gilt es, nicht dir, und dann ist es auch nicht mehr böse? Bedeutet das Lächeln der Heiligen Anna nicht vor allem das vaterlose Idyll, das Idyll nur darum war, weil es ohne *diesen* Vater gewesen ist?

Dann wäre es so, wie Freud angenommen hatte, aber eben doch ganz anders, denn das Idyll wäre keine Ersparung ödipaler Konflikte, sondern eine vortraumatische Situation, die schon aufgrund dieser Eigenschaft als paradiesisch erlebt worden sein mag. Und vergessen wir nicht, daß auf dem Bild der »Heiligen Anna Selbdritt« das Kind nicht nur mütterlich ergriffen wird, sondern auch entgleitet, weil da das Lamm ist, das ikonographisch den Kreuzigungstod symbolisiert.

Man kann nun den philologischen Befund psychoanalytisch als eine ebenso fundamentale wie unausgesprochen bleibende Kritik Eisslers an Freuds Idylle deuten und das Verbot, das Gewußte oder Geahnte auch auszusprechen, als selbstauferlegtes Verbot der Aggression gegen die Vaterimago. Man kann es auch als männliche Vasallentreue verstehen – eine Kumpanei doppelter Verleugnung: der in Freuds Idyllik liegenden Abwehr sowohl als auch die Weigerung, den Geschlechtsgenossen zu denunzieren. Man kann schließlich auch organisationssoziologisch argumentieren, daß es gerade Kurt Eissler nicht möglich gewesen ist, die Debatte um die Geschichte der Verführungstheorie neu zu beleben, obwohl anderer-

19 Ebd., S. 379.

seits Eissler es gewesen ist, der die Debatte um extreme Traumatisierungen – außerhalb des Bereiches der Sexualität allerdings – so entscheidend vorangetrieben hat.

Wahrscheinlich sind alle diese Deutungen richtig. Und doch kann man am Ende noch fragen, was denn Eissler *vor* allen vorgestellten Befunden eigentlich angetrieben hat, damit zu *beginnen*, sich so eingehend mit Leonardo zu beschäftigen. Ich denke, daß es eine Abwehr gewesen ist, die ihn zu solch weitreichenden Hypothesen über ein Künstlerleben geführt hat, die Abwehr nämlich gegen Freuds *Idylle einer absolut uneindeutigen geschlechtlichen Identität*, die in Freuds schwärmerischer Verehrung der hermaphroditischen Gestalten des Dionysos und Johannes gipfelt. Besonders diesem letzten Bild Leonardos gilt Eisslers ganze Abneigung. Es sei ein Bild »ohne jede erotische Qualität«, das »nicht schön genannt« werden könne, weil es uns nicht »als menschlich« berühre. »Wenn man diesen Hl. Johannes betrachtet, fällt in der Tat die Vorstellung schwer, daß irgendetwas ihn beunruhigen oder in Zorn oder Schmerz versetzen könne. Mit anderen Worten: Für ihn kann nichts zum Trauma werden. Solange Liebe und Haß im Menschen fortdauern, solange das Männliche und das Weibliche als zwei Aspekte des Menschlichen erlebt werden, so lange existiert offenbar Konflikt als Möglichkeit.«[20]

Ich möchte ihm nicht widersprechen. Aber weil *er Freud* nicht widersprechen wollte, verlor er sich in eine jahrelange Arbeit, an deren Ende die Verleugnung dessen stand, was doch eigentlich uns jedwede Idyllik verdächtig macht, uns aber andererseits ein Verständnis für die Schönheiten grenzunscharfer Uneindeutigkeiten einzugeben in der Lage ist – die Verleugnung der Gewalt.

---

20 Ebd., S. 388.

Die Blutkur oder Die Angst vor den Ansprüchen der Oberfläche und warum alles immer wieder auf den Mord hinausläuft

Gedanken über Hans Henny Jahnn

Zunächst die Worte einer bösen Königin:
»Ich sprach an einem trüben Regentage des vergangenen Winters mit einem Kavalier; vielmehr, es war ein Krieger ... Auf einer Fahrt war er nach Afrika verschlagen worden ... schwarze Menschen ... gaben ihm zu Ehren ein großes Fest, zu dem sie, seltsamlich genug, einen schönen Knaben schlachteten, den jener Offizier ... vorher geküßt ... Er war gezwungen, sich zu diesem Mahl zu setzen, er mußte essen, ob ihm auch vor Grauen der Mund geschlossen war. Doch wie er nun die ersten Bissen niederzwängte, gewahrte er, daß er niemals so Köstliches gegessen. Mit jedem Bissen zog es wie namenlose Liebe in ihm ein, er weinte, aß Fleisch und Blut des Knaben. – Er zitterte, als er so zu mir sprach, die wunderbaren Kräfte rühmend, die im Blute unberührter Kinder lägen. – Ward doch auch Kaiser Heinrich von Deutschland von seinem Aussatz geheilt, als man zu Palermo das Blut einer Jungfrau warm und dampfend ausgoß.«[1]

Und nun die eines verliebten Knaben:

»Ich möchte einmal matt an Dir werden. Alles Blut möchte ich verschütten, dieses Gefühles wegen ... Ich bin gesund, Du bist es auch ..., da wir uns unser rotes Blut in unsern Leibern mischten. Und stürbest Du, Dein Blut in mir würd kalt, ich stürbe zugleich mit Dir. Und umgekehrt wird's auch ein Schluß. Du weißt es ja. Deshalb wehr ich mich meiner Haut, birgt sie doch Blut von Dir.«[2]

---

1 Hans Henny Jahnn, Dramen 1917–1929, herausgegeben von Ulrich Bitz, Hamburg 1988, S. 302.

2 Ebd., S. 296 und 298.

»Des Menschen Leben lebt im Blut« – Arkanum scheint's und Panazee. Man kann die Jahnnschen Textobsessionen ebensowenig mit ironischer Abfertigung ästhetisch erledigen wie mit moralischem Protest – sowenig sie ästhetisch erhoben sind durch die Behauptung, sie seien für sich genommen schon kühn, wo sie doch zunächst einmal bloß sonderbar sind. Man muß ihnen aber nachgehen, ihren Gehalt zu verstehen suchen. Es nützt ja nichts, sie befremdlich zu finden, mich interessiert, was sie so fremd in der Welt sein läßt. Ich möchte mich dabei zunächst nicht auf die »klassischen« Stellen beziehen, die vielinterpretierten, sondern ich möchte mich den sehr frühen Briefen Hans Henny Jahnns aus den Jahren des Ersten Weltkriegs, den Briefen aus Norwegen zuwenden. Man kann sie nämlich beinahe als *einen* Text lesen; sie verdichten, was sich später wieder und wieder wiederholte, variierte, auseinanderlegte.

»Lieber Addi ... Ich will Dir vorerst von den ursprünglichen und elementaren Dingen an uns erzählen, die an jedem sind oder waren, die der Grundstein für unser Sein sind. Ich werde fast nur von Liebe reden und vom Leib ...

Liebe aber ist etwas Allgemeines, von Anfang gewesenes. Sie ist die einfachste, schlichteste Beziehung zwischen Menschen überhaupt. Sie hat keine Grenzen, gar keine. Sie kann kein Maß erreichen, über das sie nicht hinauswachsen könnte, sie ist auch nicht nur auf Menschen unter einander beschränkt, und vor allem kein Vorrecht zwischen Familienmitgliedern, sie ist allgemein und grenzenlos ...

Vielleicht kann man sagen, daß sie die Sehnsucht nach Berührung mit irgendeinem Wesen ist. Diese Berührung beginnt mit dem Befühlen einer Hand – und dann kommt das Küssen, die Umarmung – und später dann das Ineinanderfließen zweier Wesen, die Hochzeit ... die Vereinigung ...

Du mußt alles sehr ernst nehmen.

Ich will annehmen, da seien zwei Menschen, die liebten sich sehr, sie haben unbändige Freude an ihren Küssen. Glaubst Du nicht, daß sie es fertigbringen, für einander ihr Blut zu opfern? Es genügt ihnen nicht, daß sie es einander sagen, sie wollen es beweisen – und siehe, der eine, den wir Mann nennen wollen, beißt sich tief in den Arm, daß das warme Blut hervorströmt – und er gibt es dem andern, seiner Frau, zu trinken. Und wie sie es in sich einsog, da wurde in ihrem Leib ein Kindlein draus, das nach einer langen Zeit hervorbrach und Leben ward.«[3]

Wir sind geneigt, mit dem Wagner des Zweiten »Faust« auszurufen: »Behüte Gott! wie sonst das Zeugen Mode war, erklären wir für eitel Possen.« Aber sehen wir von der latenten Lächerlichkeit dieser Stelle ab, die natürlich durch den Zarathustra-Ton des 21jährigen gesteigert wird, so müssen wir eben festhalten, daß hier das Thema angeschlagen wird, das in unendlicher Repetition und Variation im Werke Jahnns immer wiederkehrt, die Maß- und Grenzenlosigkeit der Liebe, die bürgerlicher Ordnung, ja, im Grunde menschlicher Ordnung fremd, sich im Niederreißen der Grenzen zwischen den Körpern beweist, in der – immer wieder – Blutvermischung, bis hin zu der, die Tutein und Horn am Ende des ersten Teiles der *Niederschrift des Gustav Anias Horn* verbindet.

Der zitierte Brief ist, wie gesagt, in Norwegen geschrieben, in jenem Quasiexil, in das Jahnn mit Gottlieb Harms sich zurückzog, um der Einberufung zu entgehen. Noch in Hamburg begründete er seine Verweigerung des Kriegsdienstes so:

»Unsere Seele ist ein feines Instrument, und den tiefsten Ekel empfinden wir vorm Mord, vorm bloßen Töten von Menschenleibern. – Wir können Gott nicht in die Welt beweisen und nicht hinaus; aber für das größte seiner Werke halte ich es, daß er uns zwang, daß wir beten müssen, wenn wir reine Menschenleiber sehn.

Und Menschenleiber töten kann ich nicht!«[4]

Hier also eine Vorstellung, die zumindest in einer gewissen

---

3 Hans Henny Jahnn, Werke in Einzelbänden. Hamburger Ausgabe, herausgegeben von Ulrich Bitz und Uwe Schweikert, Briefe I, Hamburg 1994, S. 61 f.

4 Ebd., S. 32.

Spannung zu der ersteren vom Triumph der Liebe durch Biß und Bluttrunk steht: die Heiligkeit, die Unverletzlichkeit des menschlichen Körpers. Man muß Jahnns Liebe zur Unversehrtheit, seinen Abscheu vor Verletzungen sehr ernst nehmen, ebenso wie seine Abneigung gegen das kriegführende Wilhelminische Deutschland, das allerdings keine Achtung für irgendeine andere kriegführende Nation einschließt; er beschreibt, was er auf einem Stück Zeitung geschrieben fand, mit dem er sich gerade hatte den Hintern wischen wollen:

»Es stand, zusammengefaßt und übersetzt die außerordentliche Geschichte eines Belgiers darin, der sie selbst erzählte und sich zu Zeit dieses Geschichts- oder Geschichtenergusses in Paris befand: Sieben Brüder, sieben belgische Brüder, sieben Soldaten im gleichen Regiment, in der gleichen Kompagnie zu gleicher Zeit im gleichen Krieg in den gleichen Schlachten. – Sechs sah der eine (erzählende) sterben. Folgender maßen. Den einem wurde der Schädel zertrümmert, das brüderliche Gehirn spritzte auf ihn. – Gut – tot. Einem andern wurde die Brust weggerissen, einem dritten der Bauch geöffnet, der Magen aufgeschlitzt (ganz wie bei den Anatomie lehrenden Professoren). Noch einer verblutete, verdurstete, verhungerte außen vorm Schützengraben, verwundet, ihm konnte nicht geholfen werden. Nun – u. s. f.

Der siebente nun war in Paris und sagte zum Schluß: ›Es war schrecklich Monsieur –‹ Und übers Vaterland sagte er etwas über die Feinde, und das er wieder in den Krieg wollte. – Sieh, und dann begann ich so grauenhaft zu lachen. Und dieses Lachen schleudere ich jedem ins Gesicht, wer es nur haben will. – Es ist grauenvoll; aber man kann es ruhig selbst ausüben. Ich lache noch einmal ...«[5]

In jenen ersten Norweger Jahren ist Hans Henny Jahnn von Leonardo da Vincis anatomischen Zeichnungen – fasziniert ist ein zu geringes Wort – in den Bann geschlagen, müßte man sagen. Leo-

5 Ebd., S. 124f.

nardo ist für ihn der Bruder im Geiste schlechthin, ja, er verbürgt ihm recht eigentlich höchsten Geistesadel, Auserwähltsein vor allen andern:

»Es gehört Genie dazu, um diese letzte Schönheit von Innen genießen zu können – und deshalb, mit Verlaub, rechne ich mich zu diesen unmenschlichen Bestien, die überall opponieren aus Widerspruchsgeist und da selig werden, wo andern Ekel ankommt.«[6]

Und: »da Vinci fand die Menschen von Außen auch minder ansprechend als von Innen«.[7]

Leonardo tritt uns als Vereinigung jener Pole der spezifisch Jahnnschen Spannung entgegen, dem Abscheu vor Grausamkeit an Mensch und Tier und dem Gebanntsein durch das Zerschneiden und Zerreißen von Körpern:

»Leonardo da Vinci rast, schillt, mahnt, die Menschen möchten nicht so oberflächlich sein – und nicht so ›biesterhaft‹. Er schreibt wie die Leute in Toskana die Schweine schlachten, wie sie Tiere töten, die im Winter in die Nähe ihrer Häuser kommen; wie sie die Menschen, die in ihre Gewalt gegeben sind, mißhandeln morden und kastrieren. – ›Der Mensch ist nicht der König der Tiere, er ist König der Bestien – –‹ Und so geht es Seite rauf und runter. Und da lagen nun die faulenden, zerschnittenen Bestien in seiner Kammer und stanken – und er hatte Furcht vor ihnen.

Ich weiß im Grunde nicht, wie ich gesund werden soll, wenn schon Leonbardo 1400 daran krankte ... Ich werde nächstens öffentlich sagen, daß ich mich zu den Auserwählten rechne und daß die Welt im Großen und Ganzen voll Gesindel ist.«[8]

Letztere Feststellung ist fraglos richtig, aber nicht so sehr interessant. Interessant ist vielmehr, daß Jahnn das Gefühl seiner Auserwähltheit mit seiner Liebe zu geöffneten Bauchhöhlen begründet und ausspricht, daß er die Metapher, die Menschen sollten nicht so oberflächlich sein, wirklich wörtlich nimmt. Mir scheint manchmal,

6 Ebd.

7 Ebd.

8 Ebd., S. 119.

daß die Verehrer Jahnns seine Phantasien remetaphorisieren wollen. »Niemals«, schreibt Hans Wolffheim, »hat er sich an Masken gehalten, noch an Oberflächen; die Suche nach der Wahrheit begann für ihn erst unter der Haut.«[9]

Ich blicke aus dem Text der frühen Norweger Briefe auf die *Schriften zur Literatur, Kunst und Politik* hinüber, die zwei Arbeiten über Leonardo aufweisen, beide Fragment geblieben, das eine von 1917, also aus der Zeit der Briefe, das andere von 1926. Im Text *Leonardo da Vinci: Quaderni d'Anatomia* lesen wir:

»Ich habe Durst nach Menschen, möcht mich einmal an ein paar Leibern betrinken ... wär ich da Vinci, würd ich tuen, was er tat, mir Leichen ins Haus schaffen, weil die nackten lebenden Knaben sich meinen Augen nicht zeigen mögen ... In Aurland war's – Aurland ist ein erbärmliches Nest in Norwegen ... Ringsherum sind Berge, Riesen ungeheuerlich. Doch weh, die grauen Haare ihrer Haut, die Birken sind beschnitten und barbiert, sind Krüppel. Ihre Arme, himmelrufende Gebärden. – da war's, daß mir ein Zeitungsblatt zufällig in die Hände kam, in dem dies erbärmliche Menschenmachwerk Krieg mit den erbärmlichsten Worten abgehandelt wurde. Aber unter diesen böswilligen Nichtigkeiten fand sich der Kontur eines Beines, abgerissen vom Leib. Dies Bein nun hatte da Vinci unter den Gedärmen abgelöst. – Und ein Mensch schrieb ein paar Spalten darüber und lobte.

Bald darauf übersandte mir mein Buchhändler sechs dicke, pergament gebundene Bände und eine Rechnung über 500 kr. Ich habe nun wohl ein Jahr lang diese Bilderbogen besehen, die sich so gerne verleugnen möchten und es doch nicht können.«[10]

Verleugnen, indem Leonardo sie fälschlich als Wissenschaft ausgebe, aber sie seien »Gesichte von innen«. Man sieht an der Anlage zu dieser Besprechung der anatomischen Studien des Leonardo, daß

---

9 Hans Wolffheim, Hans Henny Jahnn. Der Tragiker der Schöpfung, Hamburg o. J., S. 58.

10 Hans Henny Jahnn, Schriften zur Kunst, Literatur und Politik, 1. Teil, Hamburg 1991, S. 21f.

das Entsetzen von den Verstümmelungen im Krieg und die Faszination durch anders legitimierte Metzgerei in Jahnns Vorstellung wirklich sehr zusammengehören und nicht nur zufällig in zeitlicher Nähe zueinanderstehen. Aber eben Faszination, nicht unmittelbares Gefallen:

»Er sah die Augen und Eingeweide der geschlachteten Tiere und konnte niemals wieder Fleisch essen. – So tönt es denn auch aus diesen Blättern in doppeltem Sinne zum herzzerreißen schrecklich. Manchmal wird das letzte Gefühl fortdisputiert und der Sinn bleibt ein stinkender, blutiger, zerfetzter Leichnam. In solchen Augenblicken entfesselte da Vinci die Hölle, vor der wir armen Menschlein noch zusammenbrechen. Wie aber erging es ihm, diesem Verwegenen, der sein Hirn bis an den Rand der Verzweiflung trieb? – er wollte nicht sagen, wie er sich entsetzt vor dem Gestank, wie sehr er gefürchtet, des Nachts allein mit diesen Leichen zu sein – steht irgendwo vermerkt. Sieht man dann die Zeichnungen an, so springt man auf, weiß sich nicht zu fassen.«[11]

Es klingt, als schriebe Jahnn über einen Märtyrer. Über einen, der das, was ihm am meisten zuwider gewesen sei, getan habe, um etwas zu zeigen, zu beweisen, eine Wahrheit zu sagen, die anders nicht hätte an den Tag kommen können. Doch welche Wahrheit? Im zweiten Leonardo-Text wendet sich Jahnn einem Einzelblatt zu, es ist die Anatomie einer Frau, über der der Text teilweise fast ins Delirium hinübergleitet:

»Eines der schönsten Blätter … Die Linien sind mühsam, wie einem Original nachgezeichnet mit Überwinden. Die jungen Brüste wie Knospen. Und doch bildete sie kein Verliebter. Als Sache thronen sie. Wann je wurde ein Weib, ein totes Weib so erniedert, so entblößt und gleichzeitig so erhoben? Denn das gezeichnete Innere erhebt sich wie eine versunkene Märchenlandschaft an die Oberfläche des plastischen Leibes, der bestehen bleibt, durchsichtig wie Glas, fest auch in den Formen. Er wölbt sich wie nur je unzerstückt.

11 Ebd., S. 25 f.

Die Schenkel schließen sich über ein unaussprechliches Geheimnis, daß nun plötzlich mit seinem inneren Gesicht hervorbricht und Organ wird, sich fortsetzt zum Uterus, der abstrakt, unwirklich, nicht nachgebildet, halb schwanger als ein sphärisches Gebilde erscheint, als Symbol ferner Welten, die in ihm erträumt werden. Weiche fallende Kurven, symmetrisch gebildete Adern entschleiern einen Schöpfungswillen, der stärker als alle Realität ist, und sich einem geheimnisvollen Ziel der Schönheit unterwirft. Der Aufstieg der Hauptblutgefäße zum Herzen ist wie das Singen einer festgefügten Musik; Leber, Milz und Nieren vereinigen sich mit dem großartigen System pulsierenden Blutes. Bis hinauf in die Zonen des Halses ragt das Bild.

Beglückt könnte man sich von dem Blatt abwenden ... Dann aber dringt die Stimme Leonardos herauf an unser Ohr. Die Klarheit der Zeichnung wird uns wieder entrissen. Es ist ja nichts Einziges, das uns enthüllt wurde: eine Zusammenfassung, Gesichte die durch das Hirn gegangen sind, haben den Griffel geführt. Aber und abermals sind Leichname zerrissen worden.«[12]

Es folgt ein langes Zitat von Leonardo, das dieses belegt – dann bricht der Text ab. Wir haben hier – und mögen darin das den Abbruch Erzwingende sehen wollen – erneut das Beieinander von Preis der Schönheit des »Innen« und Zurückschrecken vor der dazu notwendigen Zerstückelung des Leibes, die in dem Gedanken, der Frauenleib sei »durchsichtig wie Glas«, scheinbar abgewehrt wird. Lesen wir aber genauer, ist es gar nicht so sehr der Schrecken vor Tod und Verletzung, gehört doch hier wie in den anderen zitierten Texten das Verletzen zum Faszinosum hinzu, sondern es ist die Enttäuschung durch die Abstraktion. Der Betrachter sieht nicht einen konkreten geöffneten Leib, nicht die Leiche einer Frau, die wirklich einmal gelebt hat, sondern etwas wie einen Idealtyp, eine Synthese von Beobachtungen an vielen konkreten Individuen gemacht. Und dieser zu abstrakte anatomische Aufriß zerstört die

12 Ebd., S. 702.

Illusion, in einen wirklichen Menschen hineinzusehen – »Die Klarheit der Zeichnung wird uns wieder entrissen«. »Klarheit« also bestand in der phantasierten Konkretheit des Anblicks – nun ist alles wieder undeutlich.

»Der Lehrer, Herr Dobbins, ein Mann mittleren Alters, hegte eine tiefe ungestillte Sehnsucht. Sein Lieblingswunsch war nämlich einst gewesen, Arzt zu werden. Die Armut hatte es jedoch mit sich gebracht, daß er statt dessen nur ein armer Dorfschulmeister wurde. Jeden Tag nun nahm er ein geheimnisvolles Buch aus seinem Pult und vertiefte sich darin, wenn gerade keine Klasse ihre Aufgabe aufzusagen hatte.« – Nein, das war nicht Jahnn, das war Mark Twain, *Die Abenteuer Tom Sawyers*. Becky Thatcher öffnet in einer Pause heimlich das Buch, stößt auf eine farbige anatomische Tafel, Tom überrascht sie, das Buch zerreißt, und das spätere Strafgericht nimmt dann Tom aus Liebe zu Becky auf sich. Was war es bei Ihnen? Bei mir der Große Brockhaus in zwanzig Bänden aus dem Jahre 1932, ich hab ihn noch, zwölfter Band, Mai–Mud, die Tafel zwischen den Seiten 400 und 401. »Modell des Menschen: Brust- und Bauchorgane des Weibes«. Die Zeit der Mittagsruhe an Sonntagen machte die väterliche Bibliothek zu einem sicheren und ungestörten Ort, und da konnte ich dann das Buch aufschlagen und das Modell erst aus-, dann aufklappen. Einzelne Organe konnte man auch zur Seite klappen – sie hatten kleine Zahlen draufgedruckt, die auf die Bezeichnungen auf der Seite links daneben verwiesen –, und wenn man alles aufgeklappt hatte, war man an der anderen Seite angekommen und mußte alles wieder zuklappen, und zwar in der richtigen Reihenfolge, damit es keine Knicke gab. Das war immer ganz schön, ein wenig unheimlich, ein wenig verboten. Verlor aber irgendwann seinen Reiz, und als die eher diffuse Neugier zur gerichteten Sexualneugier wurde, standen mehr die Bände sieben, vierzehn und zwanzig, GAS–GZ, OSU–POR und WAN–ZZ im Vordergrund des Interesses.

Daß der Große Brockhaus einen weiblichen Körper zum »Modell des Menschen« erklärte, hat natürlich einmal den Grund, daß der weibliche Körper innen ein Organ mehr hat, zweitens den, daß man auf diese Weise das Abbilden von Genitalien vermeiden konnte – Sie erinnern sich an Jahnns Worte vom »unaussprechlichen Geheimnis«, über dem sich die Schenkel schließen. Die reine Sexualneugier wird mit dem Klappbild nicht befriedigt, nicht einmal die Phantasie wird beflügelt – wer diesbezüglich etwas wissen, ahnen will, wird das Blatt nicht »beglückt« beiseite legen, sondern enttäuscht. Das Interesse, das die anatomischen Klapptafeln auf sich ziehen, ist prägenital, durchaus archaisch, und hier erweist sich die Wahl des weiblichen Körpers durch den Großen Brockhaus auch als symbolisch weise: auf der Ebene dieser Phantasien ist es der mütterliche.

Der mütterliche Körper verbleibt ja nicht lange in der symbiotischen Beziehung mit dem Kleinstkind, sondern wird schon bald als unterschieden wahrgenommen: auf Grund von Schmerz und Versagung. Für das Kleinstkind ist er nicht nur Quelle aller Zuwendung und Lust, sondern auch Quelle aller Gefährdung und Unlust. Der Haß, hat Freud, einen Satz von Wilhelm Stekel aufgreifend, einmal geschrieben, sei älter als die Liebe. Denn nur durch haß- und wuterfüllte Abwendung vom mütterlichen Körper kann das Kind sich als von der Welt unterschiedenes Ich begreifen – und dieses Begreifen ist die Voraussetzung aller liebenden Wiederzuwendung. Dieser frühe Haß auf die Mutter ist nun mit durchaus kannibalischen Phantasien verbunden, der unbefriedigte Saugtrieb wird zum Beißwunsch, das Kind will sich des mütterlichen Körpers sowohl bemächtigen, um Verfügungsgewalt über dessen Ressourcen zu erlangen, als auch ihn zerbeißen und zerreißen. Leicht legiert sich dieser orale Sadismus mit Analität, und Phantasien über den Kot im Mutterleib verbinden sich mit Wünschen, den mütterlichen Leib aufzureißen und mit giftigen Exkrementen zu füllen.[13] Es gehen diese dramatischen Phantasien mit nicht minder dramatischen Ängsten einher, all das könne die Mutter dem Kinde antun, und aus dieser

---

13 Vgl. Melanie Klein, Das Seelenleben des Kleinkindes, Stuttgart 1994; dies., Die Psychoanalyse des Kindes, München/Basel 1979.

Angst vor der Vergeltung bilden, präödipal, sich erste Stufen des Überichs.

In der Regel legen sich diese turbulenten Wünsche und die mit ihnen verbundenen nicht minder stürmischen Ängste im Lauf der psychischen Entwicklung, in der andere Konflikte in den Vordergrund treten. Die anatomische Klapptafel erlaubt nun eine spielerische, eine ganz harmlose – ist doch das Schlimmste, was geschehen kann, ein wenig Papier zu knicken – Regression, die etwas Traumhaftes hat: aufblättern, zublättern, wiederholen, wegstellen, wiederholen, sich vergewissern: nein, es ist nichts geschehen, alles ist heil, war nur eine Phantasie, lange ist's her, ist nichts passiert: keine Strafe wird folgen. Das macht man – und frau – ein paarmal, vielleicht auch ein paar Jahre immer mal wieder, und dann ist es endgültig versunken.

In einigen Fällen nicht. Jahnns durch die Zeichnung Leonardos angeregte Phantasie wurde durch den Gedanken enttäuscht, das Abbild keiner wirklichen Frau vor sich zu haben: es war die Mutter nicht. Gleichzeitig wird sein Phantasieren überkonkret: er sieht vor dem inneren Auge Leonardo zwischen Zeichen- und Seziertisch schweifen, sieht geöffnete Leichen, meint Kot und Verwesung zu riechen. Es spricht alles dafür, daß Jahnn in die alte Phantasie vom Verschlingen und Aufreißen des mütterlichen Körpers gebannt war, gebannt war von der Vorstellung offener Bäuche, die die Eingeweide bloßlegen und stinken. Und daß diese alte Phantasie alt mit ihm wurde. Phantasien, die mit der Neurose, zu der sie gehören, alt werden, bleiben zwar in ihrem Gehalt infantil, altern aber durchaus in ihrem Habit und nehmen die Konkretisierungsgehalte wirklichen Erlebens auf oder gliedern sie sich an. Vor dem Hintergrund der psychischen Archaik dieser Phantasie nimmt sich der von Elsbeth Wolffheim wie von Thomas Freeman in seiner Bedeutung für die psychische Entwicklung Jahnns sehr hervorgehobene Sturz ins Kellerloch im dreizehnten Jahr nicht weniger wuchtig, aber doch weniger ursächlich als reaktionsbildend aus. Die Phantasiebildungen von tiefen Bauchverletzungen gehören einer zeitlich viel früheren Obsession an – *aber*: wenn einer, der von solchen Phantasmen geplagt ist, abstürzt und sich am Bauch verletzt, werden seine schlimmsten Ängste Realität. Der Wunsch richtet sich gegen ihn, wird Strafe, ja Strafvollzug. Die Angst wird überwältigend wahr, die Grundformel des Unheimlichen, die Freud in den Satz »Und es ist doch wahr!« faßte, geht auf. Daß nach einem solchen Erlebnis die Phantasie kaum noch verlassen werden konnte, ist nicht verwunderlich.

Wilhelm Reich hat in seinem 1932 in der *Internationalen Zeitschrift für Psychoanalyse* veröffentlichten Aufsatz »Der masochistische Charakter« darauf hingewiesen, daß es Masochisten gebe, deren Strebung verletzt zu werden nicht als Wunsch, Schmerz und Bestrafung zu erleiden, gedeutet werden sollte, sondern als übergroße Straf*angst*, die zu einer milderen Vorwegnahme der Strafe führe, um einer phantasierten größeren, katastrophaleren zu entgehen. Was der Masochist genieße, sei seine Vorstellung, durch rechtzeitigen Selbstvollzug sozusagen glimpflich davongekommen zu sein. Ganz gleich, wie verallgemeinerungsfähig dieses Interpretationskonzept ist – daß Jahnn zu Ritualen der Selbstbestrafung neigte, wissen wir von ihm selbst, der über Schnitte in den Oberschenkel als Selbstbestrafung für Onanie berichtete.[14] Wer will, dem kann hier die Kebad-Kenya-Enklave aus dem *Holzschiff* einfallen, in der vom Zerschleißen der Oberschenkel recht intensiv die Rede ist.

Jedenfalls könnte sich auf diese Weise die magische Homöopathie erklären, mit der die bedrohten Knaben aus Jahnns *Die Krönung Richards III.* den Blutaustausch gegen den Blutwunsch der Königin richten. Gleichwohl bleibt die Enge dieses Phantasieraumes bedrükkend – und irritierend, mit welcher Verve das Immergleiche wieder und wieder vorgetragen wird, wie die Figuren Jahnns sich stets in dasselbe Abenteuer stürzen, als sei es das neueste und nicht schon von ihren Kollegen aus den voraufgegangenen Werken etliche Male durchlebt. Nun, es liegt im psychischen Mechanismus, daß es so sei.

»›Ich will, ich will, ich will‹, schrie er, ›daß ich mit einem Menschen zusammenwachse, eins mit ihm werde. Ich will, daß mir mehr zuge-

14 Elsbeth Wolffheim, Hans Henny Jahnn, Reinbek 1990, S. 22.

teilt wird als mir zusteht. Eine Ausnahme. Eine Ausnahme unter keiner Ausnahme.‹ – – Er schrie sehr laut. Manchmal sprach er auch zu mir; dann war seine Stimme leiser und ergeben: ›Sollte es dahin kommen, daß ich mich aufschlitze und du in mich hineinspeist und ich über deinem Auswurf wieder zusammenwachse –‹.«[15]

In dieser Stelle kurz vor Ende des ersten Teiles der *Niederschrift des Gustav Anias Horn* verfällt der sprechende Alfred Tutein Horn gegenüber in einen milden Ton, einen mütterlichen, ist man versucht zu sagen, und gibt als eigenen verzweifelten Wunsch wieder, was im Zentrum der wütenden infantilen Aggression steht: den Leib aufzureißen und mit giftigen Exkrementen zu füllen.[16] Auch so kann man der Angst vor der Strafe für die bösen Wünsche entgehen. Dabei steht noch der ebenso leitmotivisch das Jahnnsche Werk durchziehende Wunsch, eins mit einer anderen Person zu werden, mit ihr zu verschmelzen, aber dieser Wunsch ist kein sexueller, genauer gesagt: kein genitaler, die Bilder, die Jahnn ihm gibt, sind keine Gleichnisse für den Koitus, und Hans Wolffheim hatte ganz recht, als er Jahnns so naive und weltfremde Sätze als charakteristisch für ihn zitierte: »Ich habe nun beobachtet und beobachte es immer wieder, daß der Geschlechtstrieb der einzige leicht zu befriedigende ist, dessen Freuden nur höchst selten in Kaos übergehen. Er ist bedeutend unschuldiger als der Freßtrieb …«[17] Es bleibt der Wunsch nach Verschmelzung in den prägenitalen infantil-archaischen Raum gebannt. In Tuteins Worten spricht sich die namenlose Enttäuschung des sich zurückgewiesen erlebenden, auf sich selbst verwiesenen Kindes, dessen Ich-Entwicklung noch ganz am Anfang steht, und das in sich nichts hat, wo es sich, zurückgewiesen, wiederfinden könnte, aus: Ich will, was mir zusteht! – nein, doch schon die erneute Zurückweisung antizipierend und so die Enttäuschung kleinhaltend bei gleichzeitiger Auf-

15 Hans Henny Jahnn, Fluß ohne Ufer I, Hamburg 1992, S. 968.

16 Hier mag man auch an den Mord an Ellena und das Teeren ihres Leibes denken.

17 Hans Wolffheim, a. a. O., S. 69.

rechterhaltung des maßlosen Begehrens: Ich will, daß mir mehr zugeteilt wird, als mir zusteht. Und flehentlich: Eine Ausnahme! Eine Ausnahme!

Es gehört zu dieser infantilen Archaik, daß die Trennung von der Mutter eben noch nicht vollständig vollzogen ist. Das Kind ist noch kein stabiles eigenes Selbst, es wird dies erst in der Gewöhnung an Trennungen, Versagungen, wird dies erst durch das schmerzliche Erleben, daß es allein ist. Daß es ein eigenes Ich ist. Wenn das gelernt ist, kann es ein Du geben, kann auch die Zuneigung zu einer anderen Person aus jenem Bereich des Wunsches zu fressen und der Angst, gefressen zu werden, heraustreten. Die Jahnnschen Phantasien tun das nie. 1919 schreibt er in einem Brief aus Klecken an seine Freunde Buse, Eggers, Harms und Jürgensen:

»Ihr treibt mich zu einer nervösen Sinnlichkeit, ihre Erlösungen kräftigen nicht, sie beschmutzen, erniedern, machen unfrei, lähmen mein Werk. Ihr seid schön; aber Ihr seid von einem weiblichen Geiz, und was schlimmer ist, ich bilde mir ein, daß ich es verstände oder begriffe, daß es so sein müsse.

Darum kann mich maßlose Furcht anfallen; sieh, ich bange mich so oft und weiß nicht warum, Krankheit ist mir ein Gespenst des schlimmsten Verlassenseins. Es ist keine Ruhe in mir.

Ich soll Orgel bauen
Ich soll Kirchen bauen
ich soll dichten und denken

Ich aber habe mich hier besudelt, ich bettle um die Gnade Euren Leib fühlen zu dürfen, ich bettle um den Schutz vor mir selber, um Recht für Lust, um Frieden für mein Werk.

Den einzigen Frieden aber lagerte Gott in Eure Eingeweide und wölbte darüber den Bauch, daß man weinen könne.
vergebt.

Henny«[18]

In diesem erschütternden Brief spricht sich alle Qual aus, die eine

18 Briefe I, S. 178.

Verbannung in einen infantilen Phantasiekerker bei lebendigem, erwachsenem Leibe mit sich bringt. »Die Erlösungen kräftigen« nicht; die Freunde sind von »weiblichem Geiz«; »maßlose Furcht« vor »Krankheit« und »Verlassensein«; »Betteln« um »Recht für Lust« (sic! nicht »auf« sondern »für«, als müsse das Recht für die Lust gegeben werden), »Schutz vor mir selber«. Trotz aller Bitte, die Leiber der anderen fühlen zu dürfen, ist keine Lust an der Oberfläche, und Frieden finde er nur in den Eingeweiden der anderen. Und hier redet Jahnn wie die böse Königin Elisabeth aus seinem *Richard III.*: »Dein weißer Leib ist Beten zu Gott. – Wie herrliche dumpf und dunkel muß es in Dir sein, wo Blut den Umkreis hält mit warmen Schlägen.«[19]

Der Versuch, die infantile Phantasie in die Welt der Erwachsenen einzuführen, sie phantasierend unter Königinnen, Königen und Pagen oder sonstwo zu gestalten, läuft immer wieder auf den Mord hinaus. Man kann Menschen nicht aufklappen wie anatomische Tafelwerke. Darum hat der Anatom Georg Büchner Jahnn in solche Verwirrung gestürzt, da er so fern von den Jahnnschen Phantasien schrieb, weshalb der seinen frühen Tod als Verleugnung »gewisser Leibes (Seelen-)Bedürfnisse« deutete.[20] Aber auch der Dichter Büchner, vor allem dessen *Dantons Tod*, verstörte Jahnn zutiefst: »Es kann so sein, aber es kann auch anders sein. Es ist am Ende der wildeste Schrei, der uns Tod und Leben fürchten macht: Wir wissen nichts, wir wissen garnichts!«[21]

Es ist die Erfahrung der Kontingenz, der Zufälligkeit der eigenen Existenz, des Alleinseins, die erst einsetzt, wenn die Symbiose mit dem mütterlichen Leib aufhört, die erst seelenkompatibel gemacht werden kann, wenn der Umstand, daß man ein einzelner, daß man allein ist, verstanden und akzeptiert ist. Dann mag sich auch alle metaphysische Verwirrung legen, die dauernd dort etwas sucht, wo nichts zu finden ist. Wenn man »Ich bin ich« sagen kann, ohne daß

19 Dramen I, S. 307.

20 Briefe I, S. 167.

21 Ebd., S. 29f.

dies kleine Wort die »große Angst« erzeugt, wie es bei Jahnn heißt, der das Wort ein »großes« nennt.[22] Dort erst liegt die Einsicht, daß es ist, wie es ist, aber nicht *darum* furchtbar. Jahnn hat dort ein drängendes Fragen herausgehört, wo keines mehr ist, er hat – wieder einmal – tiefer gehen wollen. Im Büchner-Brief ist er von der Haltung Büchner-Dantons noch so beeindruckt, daß er von Statuen schreibt, die er, wäre er reich genug, aus »schneeweißem Marmor gehauen« sich aufstellen ließe, um sie »anzubeten«. Was aus Marmor ist, kann man nicht aufreißen. Aber Menschen kann man, und so dichtet er schließlich *Dantons Tod* um und macht seine *Krönung Richards* daraus. Danton sagt zu Julie:

»Danton: Wir wissen wenig voneinander. Wir sind Dickhäuter, wir strecken die Hände nacheinander aus, aber es ist vergebliche Mühe, wir reiben nur das grobe Leder aneinander ab, – wir sind sehr einsam.

Julie: Du kennst mich, Danton.

Danton: Ja, was man so kennen heißt. Du hast dunkle Augen und lockiges Haar und einen feinen Teint und sagst immer zu mir: lieber Georg! Aber da – *er deutet ihr auf Stirn und Augen* – da, da, was liegt hinter dem? Geh, wir haben grobe Sinne. Einander kennen? Wir müßten uns die Schädeldecken aufbrechen und die Gedanken einander aus den Hirnfasern zerren.«[23]

Dieses Bild, mit dem Büchner sagt, daß wir allein sind und daß menschliche Zuwendung dort beginnt, wo dies nicht verleugnet wird, die Verleugnung aber in die Inhumanität führt, erregt in Jahnn eine Mord- und Folterphantasie:

»Richard: Ich werde den Kanaillen die Köpfe herunterschlagen lassen, auch wenn ich ihre Gedanken nicht zerfasern kann. Ich werde sie auf die Folter spannen, sie werden mir gestehen, was ich wissen will.«[24]

Und später:

22 Fluß ohne Ufer II, S. 55.

23 Georg Büchner, Werke und Briefe, München 1967, S. 6.

24 Dramen I, S. 322.

»Oh, oh, es ist entsetzlich, daß man töten kann. Wenn nicht das in unsere Hand gegeben wäre!«[25]

Nein, *das* ist nicht entsetzlich, man muß es ja nicht tun, wohl aber war für den Verfasser dieser Zeilen entsetzlich, sich nicht aus dem Kreiseinerlei dieser Phantasien befreien und als Erwachsener die Einsicht nicht verleugnen zu können, daß die Phantasien, in die Wirklichkeit gesetzt, immer wieder auf Mord hinausliefen. Man versteht jetzt vielleicht auch das besondere Entsetzen, das die Nachrichten vom Geschehen auf den Schlachtfeldern bei Jahnn hatten auslösen müssen, die Faszination und das Grauen: daß hier vor aller Welt Augen das sehnlichst Gewünschte und das gleichzeitig Ängstigendste geschah, das Zerfetzen menschlicher Leiber, ihr Einswerden in den Schützengräben und Massengräbern – »das brüderliche Gehirn spritzte auf ihn«, einem andern »wurde der Bauch geöffnet«. Und unheimlich schließlich muß es anmuten, daß Tuteins Versuch, mit Horn eins zu werden im Blutaustausch, der so seltsam unekstatisch, so entfremdet medizinisch verläuft, den Leib intakt lassen soll und doch letal endet, bildlich die bekannte Metapher nachstellt, die der Oberkommandierende des deutschen Generalstabes, General Falkenhayn, für Verdun fand: die Blutpumpe.

Aber sehen wir zum Schluß noch auf den einen Satz im eben zitierten Brief, der heißt: »ich bilde mir ein, daß ich verstände oder begriffe, daß es so sein müsse«, und davor steht: »was das schlimmste ist«, ein Vorgriff auf das »Es ist wie es ist und es ist fürchterlich« im *Fluß ohne Ufer*. Dieser Schmerz ist der über die Kluft zwischen der eigenen Phantasiewelt und der Lebensrealität als Erwachsener, die so gletschertief ist, daß sie nicht überbrückt werden kann, wie dies, immer leidvoll zwar auch, doch im Leidensbekunden bekannter, normaler, sozialverträglicher sozusagen, bei Neurosen späterer Entwicklungsphasen möglich ist – eine Kluft, deren Ausdruck Tausende von Seiten sind, die wir jetzt als »Werke in Einzelbänden« im Regal stehen haben.

25 Ebd., S. 345.

Dieser Schmerz hat Blicke auf die Welt ermöglicht, wie sie wenigen anderen zuteil geworden sind, und Jahnns große Klagen über das Leid aller Geschöpfe ist gerade darum oft so großartig und so verbindlich geraten, weil es von eigenstem, soll auch heißen Sozial-, vielleicht Menschenfremdem, getragen wurde. Dort, wo nicht mehr nur Wünsche und Ängste ihre phantastische und phantastisch-mörderische Bildlichkeit bekommen, sondern wo der Schmerz, daß alles dies nicht zusammenzubringen ist, daß dort keine, nicht einmal mehr eine phantasierte Befriedigung oder nur Befriedung stattfinden kann, da geht das Werk Jahnns in jene Dimension über, die seine Größe ausmacht. Sie ist dort, wo im Werk die Menschen fehlen. In der Klage spricht sich die aus dem *Danton* in den *Richard* transponierte, dort aber in den erträumten Blutkuren immer wieder verleugnete Erkenntnis, allein zu sein, aus und wendet sich der Welt zu. Sie hört auf, infantiler Schrei zu sein, wandelt ihre Stimme, wird Mitleid mit anderem. Es kommt der Andere erst in den Blick, wenn die Symbiosewünsche nicht mehr beherrschend sind. Nur wer zuerst gelernt hat, Ich zu sagen, kann anschließend Du sagen. Das ist eine Reihenfolge, keine Hierarchie. In den Naturschilderungen hat Jahnn seinen Kerker verlassen; er ist allein aber nicht darum verloren; da gibt es nichts, was in der Tiefe zu ergründen wäre; da vor allem ist er, was man als Mensch, als Ich, eben ist: eine Haut, die mich trennt von der übrigen Welt, eine Haut, die ich schützen muß, die ich bei anderen nicht verletzen soll, eine Oberfläche, die das Wesen ist:

»Es war kein gelinder Sturm. Er brüllte. Die Luft, schwarz, rein und dicht, fiel flockig in die Lungen ein. Und die Flocken schmeckten salzig; ich sog ein gewaschenes Gas. Am Ende der Straße, abwärts, lag der kleine Hafen. Die weißen Mauern aus Meerstaub mußten vor den Molen wachsen und wieder vergehen. Immer wieder hochgeschleudert der flüssig flüchtige Gischt, immer wieder das Zusammensinken, das Ausweichen in den schwarzen Urgrund des bewegten Wassers. Das Spinnweb der nackten frierenden Masten, aufgepflanzt auf den kleinen Segelschiffen, wiegte sich schaukelnd im Strom der Winde. Die Flötentöne der Takelage kippten sich in die rasende Bewegung hinein, vergingen, fanden sich wieder unter den

Ziegeln der Dächer. Die Dunkelheit verbarg meinen Augen die klatschenden Salzwasser und die sich windenden Fahrzeuge, die nicht wissen konnten, wie stark die granitene Festung der Molenmauer war. Ich ging die gekrümmte Straße nicht hinab, um im Regen der Brandung zu stehen. Mich fror. Wie lauter feine Nadeln sickerte der Sturm durch das Gewebe meines Mantels und kam leckend bis an meine Haut.«[26]

26 Fluß ohne Ufer I, S. 230.

II

Freiheit, Macht, Gewalt

1. Freiheit

Freiheit ist die Möglichkeit, Entscheidungen zu treffen und ihnen gemäß zu handeln. Sie sehen, ich spreche nicht über Freiheit als irgend etwas, das der Mensch »hat«, ein irgendwie substantielles Vermögen, das das Treffen von Entscheidungen ermöglicht. Der Mensch kann nicht Entscheidungen treffen, *weil* er »frei ist«, sondern wir nennen den frei, der bestimmte Entscheidungen treffen *kann* (wer in Ketten liegt, kann sich nicht entscheiden wegzugehen). Der (an Voltaire orientierte) Sprachgebrauch erspart mir die bekannten philosophischen Probleme, so reizvoll es auch ist, sich mit ihnen herumzuschlagen. Allerdings kann man sich die skeptischen Einreden nicht mit dem bloßen Hinweis auf solchen Nichtbezug vom Halse schaffen. Zwar ist nach dem von mir vorgeschlagenen Sprachgebrauch die Frage, ob denn der Mensch wirklich frei »sei«, sinnlos. Freiheit ist nach diesem Gebrauch kein Zustand, sondern nur die Möglichkeit, so oder so zu handeln, daß heißt, diese oder jene Bindung einzugehen. Dennoch scheint mein Sprachgebrauch ein bestimmtes Menschenbild vorauszusetzen, eines, in dem so was wie »das Unbewußte«, »Triebe«, »Prägungen« etc. keine besonders große Rolle spielen. Das ist nicht so. Mein Sprachgebrauch ist nicht der Ausdruck irgendwelcher Annahmen über »den Menschen«. Allerdings setzt mein Sprachgebrauch die Annahme voraus, daß es richtig ist, Gerichte zu haben, und wenn man Gerichte haben will, braucht man Verfahren und ein entsprechendes Vokabular, in denen und mit dem gefragt werden kann: »Haben Sie das getan?«, »Warum haben Sie so gehandelt und nicht anders?«, kurz: Ich muß nach Zurechenbarkeit, Schuld und Verantwortung fragen können und es zulassen, daß von Zurechnungsunfähigkeit, verminderter Schuldfähigkeit, mildernden Umständen und so weiter gesprochen wird. Wer Gerichte will, muß gewährleisten, daß eine Sprache gesprochen wird, in der darüber gestritten werden kann, ob Menschen sich anders hätten entscheiden können, als sie es getan haben. Gerichte unterstellen nicht die Freiheit des Menschen (und wenn sich irgendwo herausstellt, daß sie nicht vorhanden ist, gibt es keine Gerichte mehr), sondern der für die Existenz von Gerichten notwendige Sprachgebrauch ist vollständig ausreichend, um von Freiheit zu sprechen.

2. Macht

Macht ist gewissermaßen die soziale Seite der Freiheit. Von einem Bewohner einer einsamen Insel kann ich sagen, daß er frei sei (dies und das zu tun oder zu lassen), aber ich werde kaum sagen, er sei mächtig. Umgekehrt nützt einem gänzlich Einsamen in der Gesellschaft seine scheinbare Freiheit wenig – er mag sich zu vielem entschließen, ausführen kann er es meistens nur, wenn er (und sei es stillschweigende) Unterstützung erhält. Macht ist die Unterstützung, die ich von anderen für die Verfolgung meiner Ziele erhalte. Zwar ist Macht im Alltag meistens eine ziemlich fadenscheinige Angelegenheit, und wir sind fast nicht geneigt, die Unterstützung, die ich beim U-Bahn-Fahren erhalte, als »meine Macht« zu bezeichnen, aber man denke sich nur die Negation dazu: die gesellschaftliche Ohnmacht. Gesellschaftlich ohnmächtig ist der, dem die Unterstützungen versagt werden, der nicht in die Bahn kommt, weil er kein Geld hat, der auf der Polizeistation herumgestoßen wird, weil er sich nicht verständlich machen kann. Gesellschaftlich ohnmächtig ist der, der aus dem Machtnetz der Gesellschaft herausfällt – vergleicht man ihn mit dem Normalbürger, sieht man die Bedeutung der scheinbar so fadenscheinigen Macht aus der Teilnahme und -habe an den wechselseitigen Unterstützungen.

Sie sehen, daß ich Macht und Gewalt, wiewohl sie natürlich oft verbunden sind, nicht gleichsetze. Es gibt eine Tradition, sie gleichzusetzen oder jene auf diese zurückzuführen. Macht ist dann entweder direkte Gewaltanwendung (oder Folge davon), oder ist symbolisierte potentielle Gewalt, also im Grunde Drohung. Diese Tradition ist in, wie ich meine, sehr überzeugender Weise von Hannah Arendt kritisiert worden. Ein Gedankenspiel zeigt, daß Macht auf Gewalt nicht allein gegründet sein kann. Man denke sich einen Alleinherrscher, der genügend Gewaltmittel in seiner Hand vereinigt, um die von ihm Beherrschten in Schach zu halten. Wie lange kann dessen Herrschaft dauern? Nicht viel mehr als achtundvierzig Stunden. Dann braucht er jemanden, der seinen Schlaf bewacht, und der kann nicht durch Gewalt gezwungen sein. Noch die gewalttätigste Machtausübung braucht das Moment der Unterstützung ohne Zwang, die Freiwilligkeit.

Macht ohne freiwillige Unterstützung ist nicht denkbar. Ist Macht ohne Gewalt denkbar? Ohne Zweifel. Der Agitator in der Menge, der sie für seine Ziele begeistert, ohne daß im Hintergrund eine bewaffnete Bande steht, oder der Zwischenrufer, der ein Auditorium dazu bringt, einen Redner von der Tribüne zu buhen – sie alle üben Macht aus und keine Gewalt. Zwar sagt derjenige, dem diese erfolgreiche Machtausübung nicht gefällt, gerne protestierend: »Das ist die reine Gewalt!«, aber er redet metaphorisch und will eigentlich sagen: »Das ist ja ebenso wirksam, als übte er Gewalt aus, und ich mißbillige sein Verhalten ebenso, wie wenn er wirklich Gewalt ausübte.« Der ausgebuhte Redner wird vielleicht wirklich etwas wie eine Gewaltdrohung spüren, hat er erst mal das ganze Auditorium gegen sich, aber das ändert nichts daran, daß der Störer das Auditorium ohne Gewalt hinter sich gebracht und damit eine Machtstellung erreicht hat. Daß er diese zu einer Gewalthandlung gebrauchen kann, steht auf einem anderen Blatt. Und ausgemacht ist ja nicht, daß die Menge ihm folgt – nur möglich.

Natürlich kann sich Macht oft mit Gewalt verbinden. Wenn sie das systematisch tut, schlage ich vor, das Wort »Herrschaft« zu verwenden. Herrschaft ist immer Macht, Macht nicht immer Herrschaft. Macht kann dauerhaft sein, Macht kann sich auf Gewalt gründen, Macht kann aber auch nur punktuell sein und Macht kann auch ohne Gewalt stabil sein; Herrschaft ist auf Dauer angelegt (wenn auch nicht immer faktisch von sehr langer Dauer), Herrschaft bildet darum etwas wie ein System von Beziehungen, das Stabilität garantieren soll, und in diesem System spielt Gewalt, ausgeübte und Drohung mit ihr, eine wichtige Rolle.

3. Gewalt

Ich spreche von physischer Gewalt – und höre Sie gleich protestieren: Gebe es nicht psychische Gewalt, die ebenso schlimm sei wie körperliche? Könne man einen Menschen nicht seelisch ebenso zugrunde richten wie körperlich? Sei nicht eine Drohung erst mal nur psychische Gewalt? All das ist richtig. Und all das zeigt, daß die körperliche Gewalt, das heißt die Gewalt gegen den Körper, das, was ohne meinen Willen auf meiner Körperoberfläche oder unter ihr stattfindet, die Bezugsgröße ist, nach der wir seelische Gewalt beurteilen. Natürlich ist eine Drohung keine körperliche Gewalt, aber sie ist eben Drohung mit körperlicher Gewalt, und immer wenn wir über »ebenso schlimm wie« oder »noch schlimmer als« sprechen, vergleichen wir mit körperlicher Gewalt, *um uns verständlich zu machen*. Das bedeutet nicht, daß nicht tatsächlich eine seelische Tortur schlimmer sein kann als eine körperliche – natürlich kann sie das. Aber unser sprachlicher Bezug auf die physische Gewalt wird dadurch nicht außer Kraft gesetzt.

Das Gefühl, ein von der Welt unterschiedenes Ich zu sein, lernen wir, indem wir lernen, daß unser Körper Grenzen hat. Umgekehrt geht ein psychotischer Persönlichkeitszerfall oft einher mit einer Unklarheit über diese Körpergrenzen, und es gibt nicht wenige Psychotiker, die sich deshalb immer wieder selbst verletzen, weil sie auf diese Weise sich ihrer Person versichern wollen. Man lernt, daß man Grenzen hat durch Unlust, durch Schmerz. Das Kind verläßt den Mutterleib, es erlebt Kälte, es wird in warmes Wasser gelegt, es wird wieder an die kältere Luft gehoben, es wird berührt und nicht immer sanft, und es sind die weniger sanften Berührungen, die die Grenzen lehren, die sanften sind eher die, die etwas von dem wohligen Gefühl der undeutlichen oder nichtvorhandenen Grenzen bewahren. Hinzu kommen Hunger und Durst. Die Welt ist nichts, was mich automatisch versorgt, noch bevor ich Schmerzen leide, sondern zuerst leide ich, schreie, und dann habe ich vielleicht Glück und werde wieder satt. Glück *muß* man auch haben, denn das langsam zum Ich werdende Menschenwesen kann für sich nichts tun. Es ist ausgeliefert, und dieses Gefühl begleitet die Ich-Werdung.

Ein Ich zu werden bedeutet mit alledem schlecht und recht fertig, zu werden. Zeitgefühl stellt sich irgendwann her: Wenn ich schreie, bekomme ich was – bald. Ist dieses Gefühl vorhanden, verändert sich der Klang des Geschreis. War es vorher fassungsloses Gebrüll über das Hereinbrechen eines schrecklichen, lebensbedrohenden Gefühls, so wird es jetzt Äußerung, Signal. Aber: Zeit wird gelernt durch die Gewöhnung an eine Spanne körperlicher Unlust. Alle diese Unlust- und Schmerzgefühle werden vom Gefühl der Hilflosigkeit, des Verlassenseins begleitet, und dieses Gefühl der Hilflosigkeit, des Ausgeliefertseins ist die größte psychische Tortur – es begleitet stets die physische: In der Folter findet sich der Delinquent ausgeliefert, er erlebt, daß mit ihm buchstäblich alles angestellt werden kann. Ich sage nun nicht, die damit verbundene Angst sei die Aktualisierung der frühkindlichen – eine solche Formulierung würde verkleinern, was dem erwachsenen Gefolterten aktuell geschieht, aber trotzdem: Zitiert wird die frühe Angst gleichsam, und vor allem ist sie der Grund, warum wir uns, auch wenn uns Folter und Ausgeliefertsein nie widerfuhr, doch ein wenig meinen einfühlen zu können, oder sagen wir besser: warum uns die Berichte über solche Erlebnisse so unmittelbaren Schrecken einjagen können.

Ist die Ich-Bildung abgeschlossen, hat der Mensch eine ganze Menge gelernt. Er kann – in Grenzen – Schmerzen aushalten und Unlust eine Zeitlang ertragen. Er hat gelernt, sich nicht mehr sofort von Wünschen überwältigen zu lassen. Vor allem hat er gelernt, innen und außen zu unterscheiden, und hat gelernt mit den Organen, die auf seiner Grenze nach außen angebracht sind, Auge, Ohr, Nase, Zunge, Haut, einigermaßen verläßlich die Umwelt wahrzunehmen, nach Möglichkeiten der Befriedigung von Bedürfnissen abzusuchen und vor allem sich rechtzeitig in acht zu nehmen. Der große Ertrag dieses Lernens liegt vor allem darin, daß der Mensch nicht mehr von Eindrücken überwältigt wird – von innen oder von außen. Das Ich lebt in einer – wie immer auch prekären – gewissen Stabilität. Die Zufügung großer Schmerzen kann diese Stabilität aktuell und auch nachhaltig gefährden: Die schmerzabwehrende Leistung der Ich-Konstituierung wird dann sozusagen widerlegt.

Der Angst vor physischer Gewalt und Überwältigung und auch der Angst vor dem Ausgeliefertsein ist wahrscheinlich immer auch die Angst vor einer drohenden psychischen Desintegrierung beigemischt. Das macht die oft phobischen Reaktionen bei Gewaltschilderungen in Wort und Bild erklärlich. (Zu fragen wäre, was ein ja auch anzutreffendes Abgebrühtsein in dieser Hinsicht bedeutet.)

Auch ein anderes Phänomen hat hier seinen psychologischen Grund: die Kompensation von Gewalterleiden durch Gewaltzufügen, die Vorstellung, in der Gewalttat erschaffe sich jemand selbst neu. Ein Gedanke, der etwa der politischen Philosophie Frantz Fanons zugrunde liegt. Sartre hat es so formuliert: »Die Gewalt kann, wie die Lanze des Achill, die Wunden vernarben lassen, die sie geschlagen hat.« Wenn das für den gilt, der sich befreit, so gilt es wohl auch für den, der unterdrückt. So unterschiedlich wir moralisch und politisch es auch bewerten mögen: die psychische Substanz dieser »befreienden Gewalttat« ist wohl dieselbe wie das dumpfe Nach-unten-Treten in Hierarchien der Gewalt. Es ist der Versuch, einen Platz in der Welt wieder einzunehmen, der einem zuvor genommen wurde oder dessen Verlust die Angst suggeriert. Gewalt ist nicht, wie es im Lied der »Ärzte« so schön und das sozialpädagogische Gerede parodierend heißt, »ein stummer Schrei nach Liebe«, sondern Gewalt, die dem Gewalttäter guttut, weil es Gewalt ist und nichts anderes. In der Gewalttat nehme ich Raum ein in der Welt – auf Kosten eines anderen.

4. »Warum sind Menschen gewalttätig?«

Trotz der voraufgegangenen Überlegungen möchte ich mich der Frage nicht psychologisch nähern. Ich will zunächst darauf hinweisen, daß so zu fragen alles andere als selbstverständlich ist. Man tut mit der Frage so, als wäre der Naturzustand des Menschen die Gewaltabstinenz, und nun fragen wir die Experten, wie es zu der Normabweichung kommen könne. Ich möchte zunächst festhalten, daß Menschen gewalttätig sind, weil sie frei sind. Sie können sich dazu entscheiden, Gewalt anzuwenden. Sie können sich auch entscheiden, es nicht zu tun. Soll heißen: Gewalttätigkeit gehört wie das Musizieren und das Mitleidhaben zu den Fähigkeiten des Menschen. Mal macht er Gebrauch davon, mal nicht.

Ich behandle das *Problem* der Gewalt also nicht durch die Unterstellung, der Mensch sei von Natur aus *so* oder *so* disponiert – nur dann entsteht ein besonderer Erklärungsbedarf. Wenn aber schon etwas erklärt werden soll, dann beides: warum, genauer: *wann* Menschen dazu neigen, Gewalt anzuwenden, und wann nicht. Ich werde auch Gewalt nicht mit einer instrumentellen Unterstellung zu beschreiben versuchen, etwa: Wer Macht ausüben will, neigt dazu Gewalt auszuüben. Macht ist nicht nur nicht identisch mit Gewalt, nicht nur nicht auf Gewalt reduzierbar. Auch der Wunsch nach Macht wird nicht durch eine Gewalttat befriedigt, die ganz ohne Machtzuwachs vonstatten gehen kann.

5. Der einzelne

Wer Macht *über* Personen haben will, dem reicht es nicht, Macht zu haben. Macht, noch einmal, ist die Unterstützung, die ich erhalte. Macht ist also kein Nullsummenspiel. Meine Macht ist nicht der Machtverlust eines andern, oder doch nur in sehr seltenen Fällen, etwa bei antagonistischen Vorhaben, bei einer Wahl, bei der nur einer gewinnen kann. Und auch da nur in Bezug auf dieses eine Vorhaben, Ziel, Interesse, nicht generell. Wenn einer Macht hat, hat nicht ein anderer darum um so weniger Macht. Anders ist es im Falle der Herrschaft. Wessen Macht darauf beruht, daß er andere zur Unterstützung *zwingt*, dessen Herrschaft ist auf Kosten der Macht anderer errungen und bewahrt. Wer Macht hat, die nicht auf Gewalt beruht, nimmt anderen keine Freiheit, schränkt sie also nicht in ihrer Fähigkeit, selbst Macht zu gewinnen, ein. Wer Macht, und nicht nur punktuell, aufgrund von Gewalt ausübt, herrscht und schränkt systematisch den Entscheidungsspielraum und damit die Freiheit anderer ein, und mit der Freiheit die Möglichkeit, Macht zu gewinnen. Herrschaft ist ein Nullsummenspiel. Wo die einen herrschen, herrschen die anderen darum nicht. Wer Macht »über« andere will, will herrschen, und – man kann hier auf das alte Sprichwort »Wer Honig will, will Bienen« zurückgreifen – will wenigstens in diesem Sinne Gewalt. Es ist auch ein Gewalttäter denkbar, der die bloße Gewalt will – ohne Macht. Er will den Augenblick der unumschränkten Herrschaft in der Gewalttat. Diese und die Herrschaft fallen zusammen. Die erzwungene Passivität des Opfers, das Triumphieren über es und seine Zerstörung werden eins.

Man muß – ich spreche notabene immer noch vom Individualfall – den, der herrschen will, unterscheiden von dem, der rücksichtslos Macht will. Letzterem ist es egal, ob einer unter seinem Machtstreben leidet oder auf der Strecke bleibt. Ersterem nicht; der will einen unter sich, unterworfen sehen – ob es ihm darüber hinaus nützt, kann (muß nicht) zweitrangig sein. Dies zu verwechseln kann ein folgenschwerer Irrtum sein. Wer meint, daß ein Vergewaltiger stets ein Mann sei, der keine Frau finde, die bereit sei, mit ihm ein sexuelles Verhältnis einzugehen, weshalb er irgendwann eines erzwinge, wird – obwohl es wahrscheinlich auch solche Fälle gibt – den vermutlich überaus weiter verbreiteten Typ verkennen, dessen Lust in der Unterwerfung besteht, eine Lust, die ihm keine Sexualität, die ein gegenseitiger Lust- und Machtgewinn wäre, geben kann. – Psychologisch gesehen sind die Übergänge natürlich fließend. Rücksichtslosigkeit kann auch ein verkapselter Mordwunsch sein (wie man sich bei manchen Autofahrern genötigt sieht anzunehmen).

Sind Menschen nicht mehr allein, können Befehle vorkommen. Befehlen gehorcht man oder mißachtet sie – so sagt man. Aber das Reden von Befehlen macht oft unklar, worum es geht. Gehorsam sei eine Kategorie aus der Kinderstube, nicht aus der Politik, hat Hannah Arendt in *Eichmann in Jerusalem* geschrieben, und sie fährt fort: »Im politischen Bereich der Erwachsenen (ist) das Wort Gehorsam nur ein anderes Wort für Zustimmung und Unterstützung.« So besehen, sub specie der Freiheit Entscheidungen zu treffen nämlich, sind Befehle und Bitten um Unterstützung nicht gut auseinanderzuhalten.

Dies ist der Ort, auf ein weitverbreitetes Mißverständnis einzugehen. Viele von Ihnen werden meinen, das Bild des deutschen Soldaten zu kennen, der sich weigert, an einer Erschießung von, ich glaube, serbischen Zivilisten teilzunehmen und sich zu ihnen an die Wand stellt. Es handelt sich um eine nie verifizierte Legende. Tatsächlich steht auf Befehlsverweigerung dieser Art sehr selten die Todesstrafe. Im Falle des Militärs mag so etwas hier und da vorkommen, aber: Wer nach Auschwitz kommandiert wurde, konnte sich wieder abberufen lassen, und es war auch nicht so, daß er automatisch an die Ostfront versetzt wurde. Krankenschwestern, die sich weigerten, Euthanasiemorde zu begehen, wurden in andere Stationen versetzt. Daß jemand mordet, um nicht, wenn er sich weigert, selbst ermordet zu werden, ist die absolute Ausnahme. Wenn sich jemand vor Gericht damit herausredet, ist der Verdacht, daß er lügt, zunächst immer gerechtfertigt. Für die Zeit der Nationalsozialismus konnte kein einziger Fall von Mord aus Befehlsnotstand heraus nachgewiesen werden.

Selbst wenn wir das wissen, und wenn wir Hannah Arendts Argument grundsätzlich akzeptieren, scheuen wir uns doch davor, Befehl und bloße Bitte um Unterstützung so bruchlos in eins zu setzen – jedenfalls wenn wir die subjektive Seite des Gehorchenden betrachten. Wer einem Befehl gehorcht, hat das Gefühl, keine andere Option zu haben. Wer nicht gehorcht, hat das Gefühl, daß es ihn

Anstrengung kostet, seine anderen Optionen wahrzunehmen und zu realisieren. Woran liegt das?

Wer gehorcht hat gewissermaßen seine Handlungsoptionen zur Disposition gestellt. Er kennt sie gleichsam nicht mehr – und wahrscheinlich muß man das oft ganz wörtlich nehmen: Er weiß buchstäblich nicht mehr, daß er anders handeln kann. Das gilt, ob einer einem persönlichen Befehl Folge leistet oder ob er sich einem Apparat überläßt, das heißt, von sich aus handelt, wie er handeln würde, wäre ein Befehlshaber anwesend. Ein Befehlssystem funktioniert übrigens nur, wenn ein solcher antizipatorischer Gehorsam vorhanden ist, denn kein Befehlshaber kann mit dem Wortlaut seines Befehls alles abdecken, was getan werden muß, um ihn zu befolgen. Wer »Dienst nach Vorschrift« macht, legt den Apparat lahm, darum ist »Dienst nach Vorschrift« im Sprachgebrauch der Beamten ein Synonym für Streik. Man kann noch weiter gehen: Im Grunde versteht nur der den Befehl, der den Apparat versteht, in dem er gegeben wird – insofern kann man eine Befehlsstruktur ähnlich betrachten wie ein kulturelles Umfeld. Man denke an den Satz Wittgensteins, daß man, um einen Witz zu verstehen, die Kultur verstehen muß, in der er erzählt wird.

Nehmen wir ein Beispiel, das berühmte Milgram-Experiment, in dem Versuchspersonen gesagt wurde, sie nähmen als Versuchsleiter an einem wissenschaftlichen Experiment zur Erforschung von menschlichem Lernverhalten teil. Sie mußten in diesem Experiment anderen Personen, Schauspielern, die sie für die eigentlichen Versuchspersonen hielten, bestimmte Fragen stellen und bei falscher Antwort Elektroschocks mit vorgeblich steigender Voltzahl bis zur Überschreitung eines zuvor markierten Gefahrenpunkts versetzen. Sinn des Experiments war, die Bereitschaft des Normalbürgers, seine Mitmenschen zu foltern, wenn es angeordnet wird, zu testen. Das Ergebnis war, wie wohl nicht anders zu erwarten, erschreckend, aber es zeigte eben auch: Nicht alle waren bereit, auf Kosten anderer irgendwelchen Autoritäten gefällig zu sein.

Wurde hier befohlen? Jedenfalls gab es keine denkbare Sanktion, die die Versuchsperson hätte nötigen können, sich zu beteiligen oder weiterzumachen. Diejenigen, die bis zum Ende, das heißt, bis zum möglichen Tod der vermeintlichen Versuchsperson gingen, hatten das kulturelle Umfeld »Wissenschaft« so akzeptiert, daß sie ihm ihre bedingungslose Unterstützung gaben. Sie verliehen damit ihren Befehlsgebern weitreichende Macht und verhielten sich so, als wären sie Beherrschte, die aufgrund von Gewaltdrohungen keine Handlungsoptionen mehr hätten. Dabei wäre das, auch wenn die Gesamtanordnung nicht die fiktive gewesen wäre, die sie war, nicht der Fall gewesen.

Was tut der, der aussteigt? Was tut der, der den Befehl, diesen oder einen realen, verweigert? Hannah Arendt hat das in die Worte gefaßt: Wer nicht mittut, habe sich entschlossen, nicht bis an sein Lebensende mit einem Mörder zusammenleben zu wollen – sich selbst. Aber der befehlskonforme Mörder empfindet sich nicht als Mörder, sondern als nützliches Mitglied einer Gemeinschaft – in der Regel. Um sich als Mörder zu fühlen, muß man schon in Distanz zu dem Wertesystem der umgebenden Kultur geraten sein. Und man muß sich bewußtgemacht haben, daß man andere Handlungsoptionen hat, frei ist.

Man kann das auch anders beschreiben. Wenn ich nicht »mit einem Mörder zusammenleben will«, dann folge ich Werten, die ich nicht erfunden habe, die sich auch nicht aus meiner Freiheit ergeben. Wenn ich mir meiner Freiheit bewußt werde, werde ich mir der Tatsache bewußt, daß ich entweder dieser oder jener kulturellen Vorgabe gemäß handeln kann. Und eine, wie sagt man?: »tiefe moralische Überzeugung«, eine, deren Ausweis das »Hier stehe ich, ich kann nicht anders!« ist? Ist sie nicht das Eingeständnis, daß ich gar keine Wahl habe? Folge ich nicht genauso einer Vorgabe wie der Mörder, der ich nicht sein will? – Nun, das ist ein wenig spitzfindig. Dort, wo die einen Vorgaben mit den anderen in Konflikt geraten, bleibt mir gar nichts anderes übrig, als wahrzunehmen, daß ich wenigstens zwei Optionen habe. Vielleicht wird mir dabei auch bewußt, daß es sich um die Freiheit handelt, eine Kultur zu verlassen und zu einer anderen überzugehen.

7. Kontingenz

Wenn ich nur den Aspekt der Freiheit bei der Konkurrenz der Kulturen und ihrer Werte hervorhebe, verwende ich keinen Gedanken auf eine universelle Perspektive, die uns eine Entscheidung über etwas wie eine »objektive Richtigkeit« der einen oder anderen Wahl ermöglichte. Die Entscheidung für die eine oder andere Kultur ist kontingent. Eine weitere Kontingenz besteht darin, daß wir durch unsere Geburt in eine bestimmte Kultur hineingeboren sind und dazu neigen, in ihr oder ihr nahe zu bleiben, weil uns das von Kindesbeinen Bekannte selten so fremd wird, daß wir wirklich merken, *wie* frei wir sind, das heißt welche Optionen uns wirklich offenstehen.

Ich will damit sagen, daß es keinen außerkulturellen Standpunkt gibt, von dem aus eine Entscheidung, zu wechseln oder zu bleiben, plausibel gemacht werden könnte. Es gibt Menschen, die dieses so beunruhigt, daß sie diesen Umstand leugnen und, konfrontiert mit einer Ansicht wie der meinen, von »Relativismus« sprechen. Ich sehe aber nicht, wie wir leugnen könnten, daß es uns *nicht* freisteht, wo unser Leben beginnt, und *daß* es uns freisteht, ob wir den uns umgebenden kulturellen Werten folgen wollen oder nicht.

8. Du sollst / du darfst

Ich hatte oben davon gesprochen, daß unter Umständen eine erlittene Gewalttat durch Gewalttätigkeit kompensiert werden kann. In Herrschaftsverhältnissen, wo auch dort, wo, wie gesagt, nicht hinter jedem Befehl gleich die Drohung mit der Füsilierung im Falle der Nichterfüllung steht, doch wegen der Funktionsweise des gesamten Systems ein Befehl mit Gewaltdrohung grundiert sein kann, ist ein Befehl eine Einengung des Ortes in der Welt, den derjenige einnimmt, dem befohlen wird. Das Symbol dafür ist die Einordnung »ins Glied«. Die Erteilung eines eigenen Befehls oder die Weitergabe des erhaltenen dehnt den Raum wieder aus (auf Kosten des

Nächsten – Herrschaft ist, wie gesagt, anders als Macht ein Nullsummenspiel). Der letzte in der Hierarchie ist derjenige, der die Kränkung durch den Befehl nicht weitergeben kann. Elias Canetti hat den Befehl mit einem Pfeil verglichen, der steckenbleibt, wenn man ihn nicht weitergibt, und hat die Überlegung angestellt, daß der Henker, wiewohl der letzte Exekutor des Befehls, ein zufriedener Mensch sein müsse, weil er im Akt der Hinrichtung sich vom Befehl befreit. Canetti hatte unrecht. Wir kennen Fälle von Henkern, sie sind nicht selten, die den Verstand verloren haben. Das ist seltsam, denn so viele Mörder und Schinder werden alt und grau; weder schlägt ihnen das Gewissen noch holt sie das Soma ein, krampft das Herz oder weckt den Krebs. Sie sind oft empörend gesund an Leib und Seele.

Es könnte sein, daß dem Henker fehlt, was zum Beispiel dem Folterknecht, dem KZ-Schergen, nicht fehlt: Freiheit. Der Henker gehört zu den wenigen, die beim Vollzug des ihnen ergangenen Befehls keinen Spielraum haben. Der Henker muß stets Dienst nach Vorschrift tun. Es scheint nichts zu nützen, reale oder symbolische Gewalttat weiterzugeben, wenn die Weitergabe nicht einen gewissen Gestaltungsraum hat. Nur dann, so ist zu vermuten, kann das Gefühl der Wiederausdehnung in die Welt wirklich erlebt werden. Das ist die andere Seite der Deutung, die zu einem Befehl hinzukommen muß: In der Regel kommt auch ein Stück Willkür hinzu, die Option, es *so* oder *so* zu machen.

Im Falle des Befehls zur Gewalttat muß noch bedacht werden, daß auch die zugefügte Gewalttat an die Angstpotentiale der Phase der Ich-Bildung rührt. Das macht es kompensatorisch um so nötiger, Raum und Freiheit zu gewinnen. Wir kommen zu der Vermutung, daß, wenn ein Befehl, Gewalt zu tun, befriedigend sein soll, er einen Gewaltüberschuß produzieren muß. Die Deutung eines Befehls – und eines Befehls zur Gewalttat um so mehr – nimmt also im »Du sollst!« stets auch das »Du darfst!« wahr, und wer sich nicht ständig unwohl fühlen will, handelt entsprechend. Er ist, was man »sinnlos grausam« nennt, er gestaltet nach unten seine Freiheit auf Kosten des ihm Unterworfenen und nach oben, indem er mehr tut als verlangt. Die Befehlshierarchie – zumal die Gewalt exekutierende – verschafft den in sie Eingebundenen eine Kette von Freiheitserlebnissen. Schließlich verleiht der Befehl, der Freiheit gewährt, in dieser Geste der Lizenz Macht. Nicht nur das, was man »Teilhabe an der Macht« nennt, sondern sehr individuelle Macht. Herrschaft ist ein Nullsummenspiel. Macht nicht. Darum kann Herrschaft viele Beherrschte mächtig machen und frei.

9. Zivilisation

Wenn ich von Zivilisation spreche, tue ich das in sozusagen abgekühltem Sinne. Ich meine nicht irgend etwas, auf das man besonders stolz sein könnte. Es sind von zivilisierten Nationen im Namen ihrer Zivilisation zu viele Massenmorde verübt worden, als daß das noch anginge. Wenn ich von Zivilisation spreche, meine ich nur den Umstand, daß sich menschliche Kollektive irgendwie organisieren und Institutionen bilden. Wozu die Institutionen auch immer dasein mögen – gesellschaftliche Produktion oder Verteilung zu organisieren, das Territorium des Kollektivs zu verteidigen oder zu vergrößern –, sie alle haben als primäre Aufgabe (sonst könnte sie ihre andere nicht erfüllen), die potentielle Gewalttätigkeit unter den Mitgliedern des Kollektivs einzuschränken. Sei es, daß sie sie gänzlich untersagen, sei es, daß sie erlaubte von unerlaubten Fällen unterscheiden. Um mit dem Begründer der modernen Philosophie der Politik, Thomas Hobbes, zu sprechen: Der (potentielle) »Krieg aller gegen alle«, der »Naturzustand« wird beendet. Bei Hobbes sind es die Staatsbürger, die sich aus Einsicht freiwillig selbst entwaffnen und die Herrschaft nebst Gewaltmonopol dem Staat (bei Hobbes dem Monarchen) übertragen. Wir werden Hobbes' Liebe zum allmächtigen Staat, zum »Leviathan«, wie er ihn in Anlehnung an das Ungeheuer der Bibel nannte, nicht teilen, gleichwohl geht in unsere Theorien der Zivilisation, ob wir nun Sigmund Freud oder Norbert Elias folgen, dieselbe Vorstellung ein: Teilnahme an zivilisatorischen Institutionen ist Selbstbeschränkung Gewaltausübung betreffend, und entsprechender Zwang zur Friedfertigkeit, den die Institutionen, denen ein Gewaltpotential übertragen ist, ausüben.

Wir sprechen bei regelloser Gewalttätigkeit auch gerne von »Rückfall in Barbarei« und deuten so das nämliche an, eine Regression in einen vorzivilisatorischen Zustand. Gerade unser Jahrhundert hat uns aber Exzesse einer anderen Art der Barbarei gezeigt, Exzesse der Barbarei von Staats wegen. Der Mord an den europäischen Juden war keine vorzivilisatorische Barbarei, sondern eine unter Ausnutzung zivilisatorischer Institutionen wie Polizei, Behörden aller Arten, arbeitsteilig arbeitender Transportsysteme, Beteiligung von Industrie und Militär und insgesamt hohem organisatorischem Aufwand. Man muß, so scheußlich es klingt, sagen, daß diese Barbarei auch unter Ausnutzung aller zivilisatorischen *Tugenden*, wie Umsicht, Gewissenhaftigkeit, Triebaufschub, verübt worden ist. Wir haben also theoretisch (und kennen praktisch aus der Geschichte) Exzesse der Barbarei sozusagen an beiden Enden der Zivilisation: »vor« dem Inkrafttreten ihrer Institutionen und im Stande ihrer vollkommenen Ausbildung. Der Leviathan schützt nicht nur seine Untertanen voreinander, sondern er kann auch ihre größte Bedrohung werden.

Auf der individuellen Ebene entsprechen der vorzivilisatorischen und der Zivilisationsbarbarei zwei unterscheidbare und wohl zu unterscheidende Arten der Grausamkeit, die, wie sie Alexander Mitscherlich genannt hat, »heiße« und »kalte«. Die heiße Grausamkeit ist die des Losgelassenen, des Plünderers, des Mittäters in einem Pogrom, desjenigen, der unmittelbar Lust und Befriedigung im Gewaltexzeß erfährt. Die kalte ist die des, noch einmal Mitscherlich, »Grausamkeitsarbeiters«, des Folterers, der in Dienststunden foltert und, wenn möglich, pünktlich nach Hause gehen will. Letzterer ist – trivialerweise, weil es die Institutionen nicht gibt, die ihn in Dienst nehmen – im vorzivilisatorischen Massaker nicht vorhanden. Dort ist der Ort der heißen Gewalt, die allenfalls zur Gleichgültigkeit, zum Ennui im Exzeß abkühlt.

Hier findet aber keine Symmetrie statt. Die zivilisatorische Gewalt bedient sich der heißen wie der kalten Grausamkeit. Die letztere ist ihr direkter Ausdruck, die erstere versteht sie zu integrieren. Der General erlaubt seiner Truppe das Vergewaltigen, die Plünderung. Die Zivilisation wird auf Zeit außer Kraft gesetzt – buchstäblich: Eine Stadt wird drei Tage zur Plünderung freigegeben, alles ist erlaubt, wenn aber einer die Dreitagefrist um eine Stunde überschreitet, wird er gehenkt.

Sie sehen, daß im Umgang mit kalter und heißer Gewalttätigkeit das Thema »Du sollst / du darfst« wiederkehrt. Sie sehen aber auch, daß hier etwas wie ein Dilemma bezeichnet wird. Ich sagte, daß *alle* zivilisatorischen Institutionen auch und eben nicht *nur* »auch«, sondern als Basis ihres Funktionierens die Aufgabe haben, Gewalt zu begrenzen. Der Folterer soll den ihm zum Opfer Gegebenen foltern, nicht den Kollegen. Auch der losgelassene Plünderer darf sich nicht an seinem Kameraden vergreifen und nicht die Konkubine des Generals vergewaltigen. Nun stellt aber der Überschuß an Gewalttätigkeit eben das Befriedigende dar, das Moment an Freiheit und Macht, das Stück heiße Grausamkeit im Vollzuge der zivilisationsgeleiteten kalten. Institutionen, die der Gewalttat dienen, laufen so immer Gefahr, sich selber zu unterminieren.

Wir kennen Beispiele, wo Menschen aus den Exzessen der Gewalt nicht mehr in die Regelhaftigkeit der Institutionen zurückfinden konnten, wir kennen nicht nur Soldaten, die sich weigerten einzusehen, daß zwischen der Schlacht bei Khe Sanh und dem Massaker von My Lai ein Unterschied sei, wir kennen auch den Soldaten, der, aus Vietnam zurückgekehrt, auf einmal auf einen Turm steigt und Leute erschießt. Wir kennen Eichmanns in Jerusalem dokumentierte Sorge um die jungen SS-Leute, die er bei Massenexekutionen beobachtete: Ob man da nicht hemmungslose Sadisten erzöge? – Die deutschen Konzentrations- und Vernichtungslager waren gekennzeichnet durch dieses Dilemma der Gewaltexzessen gewidmeten Institutionen. Man hatte die technische, »kalte« Mordmethode durch Gas angeordnet.Neben der Vergasung aber gab es nicht nur den Tod – den Mord – durch Hunger und Krankheit, es gab Folter, Menschenversuch, sadistische Exzesse aller und kaum vorstellbarer Arten. Und über allem schwebte der Befehl Himmlers, daß Todesurteile, ja Prügelstrafen genehmigungspflichtig seien, Prügelstrafen für Frauen sogar durch ihn persönlich. Und es gab Verurteilungen von SS-Leuten wegen Korruption, sogar wegen Grausamkeit. Die Institution wehrt sich gegen den von ihr selbst angeordneten Exzeß. Nicht aus Menschenfreundlichkeit, sondern aus Gründen des Herrschaftserhalts. Die Konzentrations- und Vernichtungslager funktionierten gleichermaßen nach dem »Du sollst!« und »Du darfst!«, wobei das »Du sollst!« die Aufrechterhaltung des Lagerbetriebs unter bestimmten Voraussetzungen und im Falle der Vernichtungslager der Massenmord war, das »Du darfst!« den mörderischen Alltag bestimmte. Die Grenze der Lager, die Stacheldrahtumzäunung diente dabei nicht nur der Verhinderung der Flucht, nicht nur, den Einblick Unbefugter zu verhindern, sondern markierte auch die Grenze, die dem Übergreifen des »Du darfst!« gesetzt war.

Die Lager hatten diese Grenzen, und sie überschritten sie durch die Vermietung von Arbeitssklaven auch. Dort, wo sich die Lagerbehandlung der Häftlinge auch am Arbeitsplatz außerhalb des Lagers durchsetzte, entgrenzte sich der Gewaltexzeß tendenziell. Wir müssen bedenken, daß die Utopie des nationalsozialistischen Deutschland die Versklavung Osteuropas bis zum Ural gewesen ist. Wir müssen auch bedenken, daß der Krieg in der Sowjetunion Krieg und Gewaltexzeß oft untrennbar vermischte. Die Schlacht ging in den zivilen Massenmord über. All dies sind niemals wirklich thematisierte Erfahrungen gewesen, die eine Generation geprägt haben.

10. Dynamiken und Änderungen

Es ist erstaunlich, daß die Bundesrepublik diese Mengen an Menschen, die an Gewaltentgrenzung durch das »Du sollst! – Du darfst!« gewalterzeugender Institutionen gewöhnt worden waren, einigermaßen problemlos, wie es scheint, hat integrieren können. Sosehr mich immer wieder eine Beunruhigung beschleicht, weil ich nicht glauben kann, daß all das einfach so verschwindet, so sehr bin ich doch im selben Gedanken genötigt, der Bundesrepublik meinen erstaunten Respekt zu bezeugen. Daß es so weit gelang, wie es gelungen ist, bleibt immer eine bedeutende historische Leistung, und vielleicht hängt sie sogar paradoxerweise mit der heuchlerischen Einstellung der Bundesrepublik zu ihrer Vergangenheit zusammen. Daß die Verbrechen gerade der Wehrmacht so hartnäckig verschwiegen und geleugnet worden sind, hat auch niemandem ermöglicht, sich, und sei es aus Trotz, ihrer zu rühmen – so mag der Befriedigung in der Tat der emotionale Nachhall genommen worden sein.

Aber lassen Sie mich jetzt zusammenfassen, bevor ich auf das Schlußproblem zu sprechen komme: Macht ist nicht auf Gewalt reduzierbar, Macht braucht immer freiwillige Unterstützung. Auch wo Macht durch Gewalt errungen wird und, als Herrschaft dann, sich auf eine gewisse Dauer mit Gewalt erhält, braucht sie freiwillige Unterstützung. Auch die Macht der Institutionen der Gewalt wird nicht nur durch Gewalt erhalten. Auch in ihnen bedarf es der Freiwilligen bzw. des Momentes der Freiwilligkeit. Sie können wir in jenem Moment der erlaubten heißen Gewalttätigkeit erkennen, die wohl in allen Institutionen der Gewalt zu finden ist. Von der psychologischen Seite ist das der Moment, in dem sich der bedrohte, geängstete, um seinen Raum in der Welt fürchtende einzelne wieder in die Welt auszudehnen vermag. Die Institutionen nützen dieses im Grunde unzivilisierte Verhalten, aber gefährden sich damit tendenziell selbst. Die Gewalt widerspricht nicht der Natur des Menschen, keineswegs, sie widerspricht auch nicht der menschlichen Zivilisation, keineswegs, aber Institutionen der Gewalttätigkeit haben ein Moment der Selbstgefährdung, können in ihrer Doppelung von »Du sollst!« und »Du darfst!« eine Dynamik der Selbstzerstörung in Gang setzen, die zum Zusammenbruch aller Institutionen und damit dessen, was wir Zivilisation nennen, führen kann.

Gibt es auch eine andere »Dynamik«? Eine zur Minderung der Gewalt hin? Ja, es gibt sie, doch werden wir sie wahrscheinlich nicht gerne »Dynamik« nennen (weil wir ein größeres Maß an Bewußtheit unterstellen, nehmen wir doch immer gerne für das Gute Bewußtheit, für das Böse Unbewußtheit an). Sprechen wir also von »Verhaltensänderungen«. Solche Verhaltensänderungen gibt es, nicht nur individuell, sondern ganze Kulturen wandeln sich. Ich erwähne hier aus Gründen der Vollständigkeit zwei Arten des Wandels nur kurz, ohne im einzelnen auf sie einzugehen: die Ermüdung und die Okkupation durch eine andere Art der Kultur. Ermüdung finden wir zuweilen in lange verheerten Bürgerkriegsgebieten: Man hat es satt, es lohnt sich auch nicht mehr, zu holen ist nichts mehr, zu verteidigen wenig mehr als das eigene Leben, der Rausch will sich nicht einstellen – was soll das Ganze noch? Die Okkupation – etwa die von 1945 – ersetzt alte Institutionen durch neue (nicht immer werden die Institutionen durch neue Leute besetzt), und die unterlegene Kultur paßt sich – zu ihrem Besten – opportunistisch der neuen an.

Mir kommt es aber auf eine andere Art der Verhaltensänderung an, die nicht erst dann einsetzt, wenn alles zu spät, und die auch nicht oktroyiert ist. Für uns Mitteleuropäer ist noch immer das große Beispiel die Veränderung unserer Kultur zwischen der Mitte des 17. und dem Ende des 18. Jahrhunderts, soll heißen von einer Zeit der Grausamkeitsexzesse – des Krieges aller gegen alle gegen Ende des Dreißigjährigen Krieges *und* der Zivilisationsgemetzel gegen Hexen und andere zu Asozialen Deklarierten mit Folter, Feuer und Rad – hin zu einer Zeit des Verbotes der Folter, zwar nicht der Todesstrafe, aber doch vieler Hinrichtungsarten, die zuvor gang und gäbe gewesen waren, zu einer Zeit ferner der Vorstellung von einem Krieg, der nur auf dem Schlachtfeld stattfindet und die Zivilbevölkerung weitgehend unberührt läßt.

Eine bündige »Erklärung« für diesen Wandel seitens irgendeines Historikers oder Soziologen kenne ich nicht, und auch ich kann Ihnen so was nicht liefern – schwebt doch in dem Wunsch nach solchen Erklärungen immer der eigentliche nach einem Rezept, wie man es denn nachmachen könne, mit. Man war – irgendwie – der Grausamkeiten überdrüssig. Man war – irgendwie – anders geworden. Schriften gegen die Folter hat es immer gegeben, Aristoteles bereits zitiert sie. Alle Argumente – prozeßtechnischer und moralischer Art – gab es, so weit wir in den Schriften zurückblättern können, und neue sind nicht dazugekommen. Aber auf einmal werden diese Schriften tonangebend. Und andere, die wie seit Jahrhunderten die Folter verteidigen, werden Ausnahmen, klingen anachronistisch, »wie aus dem finsteren Mittelalter« (obwohl sie wenige Jahrzehnte zuvor noch majoritätsfähig gewesen sein mögen). Am Vorabend der Französischen Revolution stürmte der Pöbel von Paris, der sonst das langsame Zu-Tode-Quälen der Verurteilten als Volksschauspiel genossen hatte, das Schafott, befreite einen Delinquenten, jagte den Henker davon und zerbrach das Rad. (Später wurde dann die Guillotine wieder ein beliebter Ausflugsort – aber das ist ein anderes Thema.) Es war ein kollektives Gefühl des »Das-sind-wir-nicht!«, vielleicht des »Das-sind-wir-nicht-mehr!«.

Ich glaube nicht, daß solche Änderungen etwas damit zu tun haben, daß die Menschen nun irgend etwas eingesehen hätten, was sie vorher nicht wußten. Daß man Menschen nicht quält und nicht totschlägt, folgt weder aus Vernunftgründen noch aus dem Glauben an einen so oder so beschaffenen Gott (oder Teufel), noch aus dem kategorischen Imperativ. Es folgt nur aus dem Willen von Menschen, in einer Welt zu leben, die weniger grausam ist als die, in der sie aufgewachsen sind. Ich glaube nicht, daß die Einsicht in die Kontingenz dieses Wunsches – wären sie anderswo, zu anderer Zeit aufgewachsen, hätte sich dieser Wunsch möglicherweise nicht geregt – das Engagement, die Welt weniger grausam zu machen, beeinträchtigt. Die Kehrseite der Einsicht in die Kontingenz unserer Vorlieben ist nämlich die Einsicht in unsere Verantwortung für unsere Kultur – und die in unsere Freiheit, sie unseren Vorlieben gemäß zu verändern.

Des Schreckens innewerden

Im Jahre 1966 schreibt Jean Améry vorausblickend-resignierend: »Was 1933 bis 1945 in Deutschland geschah, so wird man lehren und sagen, hätte sich unter ähnlichen Voraussetzungen überall ereignen können – und wird nicht weiter insistieren auf der Bagatelle, daß es sich eben gerade in Deutschland ereignet hat und nicht anderswo. In einem Buch des Titels *Rückblick zum Mauerwald* schreibt der ehemalige deutsche Generalstabsoffizier Prinz Ferdinand von der Leyen: ›... von einer unserer Außenstellen kam eine noch grauenhaftere Nachricht. Dort waren SS-Kommandos in die Häuser eingedrungen und hatten aus den oberen Stockwerken Kinder, die noch nicht gehen konnten, durch die Fenster auf das Pflaster hinuntergeworfen.‹ Aber die solcherart von einem hochzivilisierten Volk mit organisatorischer Verläßlichkeit und nahezu wissenschaftlicher Präzision vollzogene Ermordung von Millionen wird als bedauerlich, doch keineswegs einzigartig zu stehen kommen neben die mörderische Austreibung der Armenier durch die Türken oder die schändlichen Gewaltakte der Kolonialfranzosen. Alles wird untergehen in einem summarischen ›Jahrhundert der Barbarei‹ ... Ich fahre durch das blühende Land, und es wird mir immer weniger wohl dabei.«[1]

Am 15. April des Jahres 1946 sagt Rudolf Höß vor dem Internationalen Gerichtshof in Nürnberg aus. Er spricht von über zwei Millionen in Auschwitz Ermordeten, berichtet in der für ihn typischen sachlichen Art von Selektionen an der Rampe, sofortiger Vernichtung der Arbeitsunfähigen, der Verwertung von Zahngold und Haaren. »Die Angeklagten«, berichtet der Gerichtspsychologe Gustave M. Gilbert, »hörten in bedrücktem Schweigen zu. Es wurde

1 Jean Améry, Jenseits von Schuld und Sühne, Stuttgart 1980, S. 126f.

mitangehört, wie sich Frank« – Hans Frank, von 1939 bis 1945 Generalgouverneur des besetzten und nicht dem Deutschen Reich angegliederten Polen – »trotz des Wiederauflebens seiner Reue, die er mir gestern gestanden hatte, in seiner Unterhaltung mit Rosenberg der typischen Verteidigungsbeweisführung der Nazis bediente; die Unterhaltung fand während der Vormittagspause in Hörweite von Kaltenbrunner statt: ›Sie versuchen, den Mord von 2000 Juden pro Tag in Auschwitz dem Kaltenbrunner anzuhängen – aber was ist mit den 30000 Menschen, die innerhalb von ein paar Stunden bei den Bombenangriffen auf Hamburg getötet wurden? Das waren auch hauptsächlich Frauen und Kinder. Und was ist mit den 80000 Toten durch die Atombombe auf Japan? Ist das auch Gerechtigkeit?‹ Rosenberg lachte. ›Ja, natürlich – weil wir den Krieg verloren haben.‹«[2]

In den Jahren 1950/51 führte das Frankfurter Institut für Sozialforschung als erste Studie nach seiner Remigration nach Deutschland das sogenannte Gruppenexperiment durch. Unterschiedlich zusammengesetzten Personengruppen wurde ein fiktiver, aber von den Teilnehmern für echt gehaltener Brief eines US-amerikanischen Soldaten, in dem dieser über seine Erfahrungen im Nachkriegsdeutschland berichtete, gegeben, und die durch diesen »Grundreiz« ausgelösten Diskussionen wurden aufgezeichnet und ausgewertet. Auch in diesen Gruppen findet sich immer wieder das Argument, von anderen Verübtes relativiere die eigene Schuld, etwa so: »...davon abgesehen, daß die Nazis die größten Gangster waren, die es gab ... nur daß der Amerikaner so human wäre, ist auch nicht der Fall«.[3] Nazis hier, nicht Deutsche – dort »der Amerikaner«. Und die wie selbstverständlich eingeräumte Prämisse, daß »die Nazis die größten Gangster waren«, wird in der Formulierung sogleich als irrelevant abgetan: »davon abgesehen«.

2 Gustave M. Gilbert, Nürnberger Tagebuch. Gespräche der Angeklagten mit dem Gerichtspsychologen, Frankfurt/M. 1982, S. 257f.

3 Theodor W. Adorno, Gesammelte Schriften, hrsg. von Rolf Tiedemann, Bd. 9, 2, Frankfurt/M. 1975, S. 242f.

In einem anderen Diskussionsbeitrag wird die Schuld auf den verschoben, der sie benennt. So berichtet ein ehemaliger deutscher Kriegsgefangener über Mißhandlungen in einem US-amerikanischen Internierungslager: »... vor allem, als der Krieg zu Ende ging 1945, hat man uns, also ich muß es offen aussprechen, den Juden übergeben in den Staaten ... Das waren Juden, zum größten Teil deutsche Emigranten, und das waren natürlich die ekelhaftesten Menschen, die es gegeben hat. Die haben uns gleich mal auf eine Hungerration gesetzt, haben uns Photographien von Buchenwald hereingebracht, die mußten wir unter Knüppel-Garde-Bedeckung, mußten wir die Bilder betrachten. Wir mußten uns die schauerlichen Filme ansehen, als sie die Toten wieder ausgegraben haben, die angeblich aus KZs stammten, und wie sie die Leichen da rumgetragen haben. Und wenn da einer mal die Augen zu – die meisten hatten die Augen zu, nicht wahr, und wollten sich das gar nicht ansehn –, der kriegte eins mit dem Knüppel ins Kreuz, damit er wieder wach wurde und so weiter. Das war auf jeden Fall nicht demokratisch.« Wo das Gespräch auf die Wiedergutmachung kommt, finden sich neben einfacher Ablehnung Äußerungen folgender Art: »Dann ist meine Meinung die, daß man von Schuld eigentlich überhaupt nicht sprechen sollte, von keiner Seite, sondern daß man eigentlich hier nur an Wiedergutmachung denken sollte, von allen Seiten, denn schuldig sind wir alle.«[4]

Theodor W. Adorno, der einen Teil der Diskussionsprotokolle unter dem Titel *Schuld und Abwehr* ausgewertet hatte, kam zu dem Fazit: »Angesichts der Schrecken, welche die Bevölkerung in den späten Kriegsjahren durchmachte, Schrecken, die mit dem von den Nationalsozialisten Verübten zu einem Bild unartikulierten Grauens zusammengeronnen sind, ist es offenbar für viele unserer Teilnehmer, und keineswegs bloß für nationalistisch und faschistisch Gesonnene, außerordentlich schwierig, den Gedanken zu vollziehen, daß sie nun auch noch etwas wiedergutzumachen hätten. Es ist,

4 Ebd., S. 261.

als würde heute durch die Rede von der Schuld im Geist des Kollektivs die tief eingewurzelte Vorstellung der Äquivalenz von Verbrechen und Strafe verletzt.«[5]

Zur selben Zeit, als das Material zu dieser Untersuchung erhoben wurde, bereiste Hannah Arendt das Nachkriegsdeutschland und konstatierte einen »allgemeinen Gefühlsmangel«, eine »offensichtliche Herzlosigkeit, die manchmal mit billiger Rührseligkeit kaschiert« werde, und interpretierte diese als Symptome einer »tief verwurzelten, hartnäckigen und gelegentlich brutalen Weigerung, sich dem tatsächlich Geschehenen zu stellen und sich damit abzufinden«. Man könne diesen Befund, schreibt sie, bei »Personen mit unterschiedlicher Bildung« überprüfen. »Das einfachste Experiment besteht darin, *expressiv verbis* festzustellen, was der Gesprächspartner schon von Beginn der Unterhaltung an bemerkt hat, nämlich daß man Jude sei. Hierauf folgt in der Regel eine kurze Verlegenheitspause; und danach kommt – keine persönliche Frage, wie etwa: ›Wohin gingen Sie, als Sie Deutschland verließen?‹, kein Anzeichen für Mitleid, etwa dergestalt: ›Was geschah mit Ihrer Familie?‹ –, sondern es folgt eine Flut von Geschichten, wie die Deutschen gelitten hätten (was sicher stimmt, aber nicht hierhergehört); und wenn die Versuchsperson dieses kleinen Experiments zufällig gebildet und intelligent ist, dann geht sie dazu über, die Leiden der Deutschen gegen die Leiden der anderen aufzurechnen, womit sie stillschweigend zu verstehen gibt, daß die Leidensbilanz ausgeglichen sei und daß man nun zu einem ergiebigeren Thema überwechseln könne.«[6]

Hannah Arendt berichtet auch über die nach fünf Jahren immer noch vernehmbaren empörten Reaktionen auf Plakate der US-amerikanischen Besatzungstruppen, die Bilder aus Buchenwald zeigten nebst einem auf den Betrachter gerichteten Zeigefinger und der Unterzeile: »Du bist schuldig.« Die Deutschen, so bekomme man oft

5 Ebd., S. 263.

6 Hannah Arendt, Zur Zeit. Politische Essays, Berlin 1986, S. 44.

zu hören, hätten mehrheitlich von diesen Verbrechen gar nichts gewußt, so habe man sich mehrheitlich zu Unrecht angeklagt gefühlt und darum die behaupteten Verbrechen gleich ganz für Propagandalügen gehalten. Doch, so fährt Arendt fort, erkläre das nicht »die verletzende Art, mit der man den Inhalt der Fotografien« ignoriere, deren Wahrheitsgehalt man inzwischen habe einsehen müssen. »Sowohl die heftige Reaktion als auch der Umstand, daß die fotografierten Tatsachen keine Beachtung erfahren, wird viel eher durch die verborgene Wahrheit des Plakats provoziert als durch den offenkundigen Irrtum hervorgerufen. Denn während das deutsche Volk nicht über alle Verbrechen der Nazis informiert und sogar vorsätzlich über deren genaue Art in Unwissenheit gehalten wurde, hatten die Nazis doch dafür gesorgt, daß jeder Deutsche von irgendeiner schrecklichen Geschichte wußte. Er brauchte also gar nicht alle in seinem Namen verübten Untaten genau zu kennen, um zu begreifen, daß er zum Komplizen eines unsäglichen Verbrechens gemacht worden war.«[7]

Das unsägliche Verbrechen nicht erkennen zu wollen ist aber auch Ursache einer anderen, einer scheinbar komplementären Haltung. »Die tiefe moralische Verwirrung im heutigen Deutschland«, schreibt Hannah Arendt weiter, »... läßt sich nicht mehr mit dem Begriff Unmoral fassen, und ihre Ursachen liegen tiefer als in bloßer Bösartigkeit. Die sogenannten ›guten Deutschen‹ gehen, wenn sie über sich oder andere moralisch urteilen, oft genauso fehl wie jene, die einfach nicht zur Kenntnis nehmen wollen, daß von den Deutschen etwas Schlimmes oder etwas Außergewöhnliches angerichtet wurde. Eine ganze Reihe Deutscher, die sogar besonders nachdrücklich auf der deutschen Schuld im allgemeinen und ihrer eigenen Schuld im besonderen besteht, gerät in eigenartige Verwirrung, wenn sie ihre eigene Meinung artikulieren muß; diese Personen machen aus irgendeiner Mücke gleich einen Elefanten, während etwas wirklich Ungeheuerliches gleichzeitig ihrer Aufmerksamkeit völlig

7 Ebd., S. 59.

entgeht. Eine Variante dieser Verwirrung besteht darin, daß Deutsche, die ihre eigene Schuld eingestehen, in vielen Fällen, nüchtern betrachtet, ganz unschuldig sind, wohingegen diejenigen, die sich wirklich etwas haben zuschulden kommen lassen, das ruhigste Gewissen der Welt haben.«[8]

Die Beschwörung einer über allen lastenden Schuld, unter der alle irgendwie schuldig seien, kaum einer aber konkret dieses oder jenes Verbrechens schuldig und aburteilbar gewesen sein wollte, schließlich das Fehlen einer sich an den Nürnberger Prinzipien orientierenden deutschen Justiz half mit, daß der Begriff der Schuld diffus und die entsprechenden Bekenntnisse leer blieben. Falsch wäre aber, wie Adorno und Arendt betonen, der schnelle Rückschluß auf die Intention. Bedeutsam ist vielmehr die kollektive Arbeit an einer gemeinsamen Rhetorik. Nicht, daß sich im Einzelfall einer herausreden will, ist bedeutsam, sondern vielmehr die kollektive Weigerung, ein Ereignis in all seinen Dimensionen zur Kenntnis zu nehmen – und das heißt eben auch: des Schreckens innezuwerden.

Man kann dem deutschen Reden über Auschwitz anhören, daß es dem Bemühen diente, den Schrecken nicht über die Überlebenden der Massenmorde, die Davongekommenen, hinausgreifen zu lassen. Die wissenschaftliche wie die Alltags- und Medienrhetorik ist davon geprägt, jeweils *einen* Aspekt des Geschehens herauszustellen, worauf sich stets wer anders zu Wort meldet, der die Antithese formuliert, aber ebenso eindimensional argumentiert. Es ist eine Stillstellung im Dilemma. Die jeweilige isolierte Behauptung verharmlost nicht das Geschehen, weil sie falsch wäre, sondern sie hält es unserem Denken und unseren Emotionen fern, weist ihm im ritualisierten Sprechen einen Platz zu und hält es dort fest. In Hitler den Hauptschuldigen zu sehen, verfiel bald dem Verdikt der Verharmlosung. Aber auch die Gegenthese eines Prozesses ohne

8 Ebd., S. 58.

eigentlichen Urheber, einer zunehmend mörderischer werdenden Selbstradikalisierung der Nazi-Apparate, wurde als Verharmlosung bezeichnet. Der Konflikt etablierte sich als Streit historischer Schulen: Intentionalisten versus Funktionalisten. Ein anderer Streit: Wie rational waren die Morde? Verharmlost der, der die Irrationalität des Antisemitismus hervorhebt, oder der, der behauptet, der Antisemitismus sei gleichsam nur eine Camouflage für höchst rationale Unternehmungen wie Wirtschafts-, Sozial- und Bevölkerungspolitik gewesen?

Wer diese Debatten verfolgt, beginnt sich irgendwann zu fragen, welche Rolle eigentlich das Argument, der jeweilige Kontrahent »verharmlose«, spielt, und er wird feststellen, daß es dazu dient, den Wahrheitsgehalt dessen, was man selbst behauptet, zu belegen und den der Behauptung zu widerlegen, zu der man die Gegenthese formuliert. So haben wir denn Diskussionen vor uns, in denen es den Beteiligten darum geht, jeweils die schrecklichere Wahrheit zu wissen, und die so den Wahrheitsnachweis durch die Beschwörung des Schreckens ersetzen, den, da er bloße Rhetorik bleibt, niemand empfindet.

Die Kraft dieser Rhetorik zeigte sich – bis in absurde Details – in den Diskussionen um Steven Spielbergs *Schindlers Liste*, der 1994 in Deutschland angelaufen ist. Führte der Historiker Hans Mommsen auf einer Soziologentagung 1994 den Film als Beleg dafür an, der Massenmord an den europäischen Juden hätte des Antisemitismus als treibender Kraft nicht bedurft, so fühlte er sich doch genötigt hinzuzufügen, der Film verharmlose natürlich das tatsächlich Geschehene. Als verharmlose in diesem Sinne nicht jeder Kriegsfilm den Krieg. Als verharmlose in diesem Sinne nicht jeder Film und jedes Buch ebendeshalb schon, weil sie Buch und Film und nicht das Geschehen selbst sind. Weder an ein Kunstwerk noch an eine wissenschaftliche Behauptung läßt sich sinnvoll die Aufforderung richten, sie sollten so (schrecklich) sein wie die Wirklichkeit.

Es konnte natürlich nicht ausbleiben, daß landauf, landab darüber diskutiert wurde, ob *Schindlers Liste* nicht deshalb verharmlose, weil in ihm ein Deutscher gezeigt werde, der mit einem gewissen persönlichen Risiko und unter Aufwendung des zuvor mit Sklavenarbeit verdienten Vermögens ein paar hundert Juden vor der Vernichtung rettete. Man war sich weithin einig, daß dies – politische Sensibilität und Verweigerung der Verharmlosung – der Grund gewesen sei, warum kein Deutscher den Schindler-Stoff verfilmt habe. Kurioserweise wirkte sich der Besuch des Films auf Schulklassen, die im Gemeinschaftskundeunterricht rhetorisch anästhesiert worden waren, ganz anders aus: Er machte die Dimension persönlicher Verantwortung sinnfällig, die in der Du-sollst-nicht-verharmlosen-Rhetorik untergegangen war. Denn eben die Beschwörung »Es war alles noch viel schlimmer« erlaubte es nicht, das alltägliche Verbrechen und das alltägliche Versagen zu thematisieren.

Darum konnte diese Beschwörung sogar in einem antisemitischen Verriß des Films verwendet werden. Der Vorwurf, Spielberg habe in einem KZ-Kommandanten wahrheitswidrig einen nach eigener Willkür Mordenden gezeigt, diente dazu, die mordenden Deutschen von jedem niederen Haß freizusprechen und von jener »Schmutzarbeit«, für die die »vielen, vielen polnischen und ukrainischen Helfershelfer« dagewesen seien. Nachdem so die höhere Gesittung der SS hervorgehoben war, beeilte sich der Verfasser zu schreiben: »Die grausame, grausame Wirklichkeit war viel entsetzlicher«, als Spielbergs Film zeige. So ist das Ergebnis der Überbietungsrhetorik: »viel schlimmer« heißt: halb so schlimm.

Nicht, daß sich hier nicht über viele und vielerlei Fragen ernsthaft streiten ließe; es läßt sich. Aber wenn man es ernsthaft tut, sieht man bald, wie künstlich ihre antithetischen Formulierungen sind. Mit bloßen Sadisten läßt sich kein ganz Europa umgreifendes Deportations- und Mordvorhaben durchführen, und dennoch braucht man den Unberechenbaren, den zum eigenen Vergnügen Mordenden ebenso wie den planenden Bürokraten. Und manchmal unterscheiden die beiden Typen sich gar nicht so sehr. Es brauchte den Antisemitismus, und zwar nicht nur einen nachgeredeten, sondern einen engagierten, tiefempfundenen, um die Unterscheidung zwischen Ober- und Untermensch konsequent und radikal zu exekutieren, aber wenn es nicht etwas zu verdienen und zu plündern gegeben hätte, wäre das mörderische Engagement vielleicht bald erlahmt. Auf diese Weise kann man die Einzelaspekte des katastrophalen Ganzen durchaus nebeneinanderstellen, und man kann den Mechanismus des Ganzen aus seinen scheinbar widersprüchlichen Elementen zu verstehen versuchen. Aber für den oberflächlich Hinsehenden verliert das Geschehen dadurch leicht jene Markierung, aus der er sich das spezifisch Schreckliche plausibel zu machen gewohnt war. Es verliert sozusagen sein Kennwort, unter dem sein Schrekken gebannt werden konnte.

Die antithetische Rhetorik, der immer wieder neu ausgetragene Streit um das richtige Bannwort, läßt in ihrer Wiederholung der immer gleichen Dichotomien, der ständigen Beschwörung, nur diese Kennzeichnung sei die dem Schrecken adäquate, erkennen, daß sie nichts weiter ist als das durch ständiges Gerede kaum übertönte Bekenntnis, nicht aus noch ein zu wissen. Stellte man aber der antithetischen Rhetorik wiederum nur eine Antithese gegenüber, indem man etwa die vielfältigen intellektuellen, politischen, emotionalen Verbindungen des Verbrechens, für das der Name »Auschwitz« steht, mit anderen Verbrechen nicht nur dieses Jahrhunderts betonte, so bliebe man nicht weniger hilflos. Die Dichotomien, in die sich das Denken immer wieder flüchtet, liegen in einem Aspekt der Sache selbst, der unser Darstellungsvermögen überfordert – und in anderer Weise überfordert, als das Furchtbare dies ohnehin tut. Ihm kann man sich nur annähern, im immer wieder erneuerten Versuch, der durch sein bewußt in Kauf genommenes Scheitern mehr deutlich machen kann, als wenn er sich herausnähme zu gelingen.

Leopold von Wiese erklärte 1946 auf dem 8. Deutschen Soziologentag die Thematisierung der Verbrechen des Nationalsozialismus zu einem Tabu für die Soziologie und sagte, sie seien »von außen« über die Menschen gekommen, »unvorbereitet, als ein heimtückischer Überfall. Das ist ein metaphysisches Ereignis, an das die Soziologie nicht zu rühren vermag«.[9] Heute taugt so etwas zu kaum mehr als zum ironischen Zitat. Es mag aber auf dem Grunde dieser Bereitschaft, die eigene Zunft dort für unzuständig zu erklären, wo sie größte moralische wie intellektuelle Nötigung hätte empfinden sollen, die Sorge gelegen haben, daß sich moralische Rekonvaleszenz nur um den Preis der Verleugnung jeder Verbindung, Kontinuität, Ähnlichkeit mit Voraufgegangenem und Gegenwärtigem erlangen lasse. Mit einem Kometeneinschlag läßt sich leben, wenn man ihn überlebt; wie lebt es sich mit dem Selbstmord der Zivilisation in Auschwitz?

Aber die Frage nach dem »Selbstmord der Zivilisation« ist prekär. Schließlich wurde in Auschwitz, in Chelmno, Treblinka, Sobibor kein Abstraktum ermordet. Schon die Fähigkeit zur Abstraktion setzt Distanz voraus. Sie ist notwendig, aber sie bedeutet für die Nachkommen der Ermordeten etwas anderes als für die der Mörder. Der Blick, den man sub specie eines Jahrhunderts auf Auschwitz tut, scheint notwendigerweise das Verbrechen zu verkleinern, weil es neben anderen erblickt wird, weil es – wie die Wörter alle heißen – subsumiert, historisiert wird. In gewissem Sinne ist das notwendig. Auch derjenige, der die Singularität eines Ereignisses, welcher Art auch immer es sei, behauptet, muß vergleichen, um sie behaupten zu können. Daß man Auschwitz nicht »vergleichen« dürfe, ist schon immer eine verräterische sprachliche Fehlleistung gewesen, gab man doch vor, »gleichsetzen« zu meinen, sprach aber ein Tabuwort über die vergleichende Analyse selbst. Durchaus gab man zu, Verantwortung für das größte Verbrechen der Menschheitsgeschichte zu tragen, aber um seine Einzelheiten wissen wollte man nicht.

Vermutlich gilt die Abwehr einem Umstand, der nicht sogleich ins Auge fällt, wenn man in den Debatten der antithetischen Rhetorik befangen ist. Der Blick auf das Jahrhundert nivelliert nicht not-

9 Zitiert nach Thomas Neumann, Asymmetrien. Eine Tagung der Theoriesektion der Deutschen Gesellschaft für Soziologie, in: Mittelweg 36, H. 4, 1994, S. 5.

wendigerweise die Verbrechen, die in ihm begangen worden sind. Ob sich, was 1933 bis 1945 in Deutschland geschah, unter ähnlichen Voraussetzungen überall hätte ereignen können, ist eine Frage, die, auch wenn man sie bejahte, nicht zur Bagatelle macht, daß es sich eben gerade in Deutschland ereignet hat und nicht anderswo. Auch der Blick auf ein »Jahrhundert der Barbarei« muß nicht summarisch sein und keine Barbarei bagatellisieren.

Man muß nicht ad hominem argumentieren, wenn man auf den Unterschied zwischen den zitierten Sätzen Rosenbergs und folgendem von Theodor W. Adorno aus seinem Aufsatz »Erziehung nach Auschwitz« aufmerksam machen will: »Man wird die Erwägung nicht von sich abweisen können, daß die Erfindung der Atombombe, die buchstäblich mit einem Schlag Hunderttausende auslöschen kann, in denselben geschichtlichen Zusammenhang hineingehört wie der Völkermord.« Sätze dieser Art, wie auch die Texte Hannah Arendts, die eine Beziehung zwischen dem Lagersystem des Gulag und dem System der deutschen Konzentrationslager herstellten, waren allerdings, zumal unter den Bedingungen des Kalten Krieges, politisch instrumentalisierbar. Sie waren es auch deshalb, weil sie die Bedeutung der genannten Ereignisse auf den Aspekt ihrer Genese zu verkürzen schienen. Betrachtet man den Kontext der Zitate genauer, wird man feststellen, daß es immer wieder darum ging, Worte zur Beschreibung einer Welt zu finden, die sich mit dem Gulag, mit Auschwitz, mit Hiroshima radikal geändert hatte. Die leerlaufende Debatte, was denn gleichgesetzt werden dürfe oder nicht, was überhaupt miteinander verglichen werden dürfe, hält auch die beunruhigende Frage auf Distanz, inwieweit diese Ereignisse unsere Vorstellung davon, was möglich ist, radikal verändert und damit unserem Jahrhundert ihre Signatur aufgeprägt haben.

»Ich lebe zu einer Zeit«, schrieb Michel de Montaigne in den siebziger Jahren des 16. Jahrhunderts, »wo wir an unglaublichen Beyspielen« der Grausamkeit »gar großen Überfluß haben, welches von der Zügellosigkeit unsers bürgerlichen Krieges herrührt: und findet man in der alten Geschichte nichts, das abscheulicher wäre, als was wir täglich vor unsern Augen sehen. Aber das hat mich keineswegs dagegen gleichgültig gemacht. Ich hätte es kaum geglaubt, ehe ich es gesehen hatte, daß es so verwilderte Seelen geben könne, die aus bloßem Vergnügen am Morde morden möchten; die andre Menschen in Stücken und die Glieder abhauen und ihren Witz anstrengen könnten, bis dahin, unerhörte Qualen und eine Todesart zu erfinden, ohne feindseligen Haß, ohne Vortheil, und aus keiner andern Absicht, als sich an dem lustigen Schauspiele der ängstlichen Zuckungen, dem Ächzen und kläglichen Gewinsel eines mit dem Tode ringenden Menschen zu ergötzen. Denn das ist der höchste Grad, den die Grausamkeit erreichen kann.«[10] Es ist eine doppelte Zeitcharakteristik: grausamer sei sie als alles, wovon die Bücher berichten, aber Montaignes Text markiert mit dieser Beschreibung einen Wechsel der Einstellung zu diesen Grausamkeiten – ihre Gewöhnlichkeit habe nicht vermocht, ihn daran zu gewöhnen. Er verabscheue Grausamkeit mehr als alles andere.

»Die Zügellosigkeit unseres bürgerlichen Krieges« – gemeint sind die religiösen Bürgerkriege in Frankreich. Sechzehn Jahre nach Montaignes Tod beginnt der Teutsche Krieg, wie man zeitgenössisch den Dreißigjährigen genannt hat, der ganz Mitteleuropa in Mitleidenschaft ziehen und ganze Landstriche entvölkern wird. Auf seiner Reise nach Rom schrieb Montaigne über die Schönheit und den Wohlstand Augsburgs – und über seine religiöse Toleranz. Der Katholik besucht einen protestantischen Gottesdienst und notiert mit Billigung die Zahl der Konversionen hin und her. Nach dem Ende des Krieges ist Augsburg eine Stätte religiöser Intoleranz. »Ein dreißigjähriger verheerender Krieg«, schreibt Friedrich Schiller in seiner *Geschichte des dreißigjährigen Krieges*, »der von dem Innern des Böhmerlandes bis an die Mündung der Schelde, von den Ufern des Po bis an die Küsten der Ostsee, Länder entvölkerte,

10 Michel de Montaignes Gedanken und Meinungen über allerley Gegenstände, Dritter Band, Berlin 1793, Zweytes Buch, Eilftes Kapitel, S. 245.

Ernten zertrat, Städte und Dörfer in die Asche legte, ein Krieg, ... der den aufglimmenden Funken der Kultur in Deutschland auf ein halbes Jahrhundert verlöschte, und die kaum auflebenden bessern Sitten der alten barbarischen Wildheit zurückgab.«[11] Der Westfälische Frieden von 1648 fällt in dasselbe Jahr wie der Sieg Oliver Cromwells bei Preston und das vorläufige Ende des englischen Bürgerkrieges. Nach der Restauration des englischen Königshauses blickt Europa auf hundert Jahre Bürgerkrieg zurück.

Folge dieses europäischen Bürgerkrieges war aber nicht nur der von Schiller für die deutschen Lande konstatierte kulturelle Rückschlag, sondern ein verändertes Verhältnis zu Gewalt und Grausamkeit. In der deutschen Literatur beginnen die Vergänglichkeits- und Todesmeditationen des Barock, 1689 schafft England die Folter ab, die in anderen Ländern zunehmend eingeschränkt wird, die Zahl und Grausamkeit der Hinrichtungen nimmt signifikant ab, und Europa tritt in die Zeit der sogenannten Kabinettskriege ein, deren Selbstverständnis Friedrich II. von Preußen in die Worte kleidet, das Volk solle vom Kriege nichts merken. Das letztere ist angesichts des ruinösen Verlaufs etwa des Siebenjährigen Krieges fast ein Spott auf die Tatsachen – aber, vergleicht man den Versuch, die Kriegshandlungen auf das Schlachtfeld zu beschränken, die Versorgung der Heere staatlich zu organisieren, mit den aus dem Lande sich durch Plünderei versorgenden Söldnerhaufen der vorangegangenen Zeit, kann nur ein Zyniker sich weigern, das einen Fortschritt zu nennen.

Es gibt keine wirklich schlüssige Antwort auf die Frage, was nach der Eruption von Gewalt in der zweiten Hälfte des 16. und ersten des 17. Jahrhunderts zur anschließenden Abnahme von Grausamkeit und Destruktivität geführt hat – die Aufklärung jedenfalls werden wir eher als ein Ergebnis denn als Ursache dieser Veränderungen ansehen müssen. Vielleicht war es nur Ermüdung; vielleicht war man eines Schreckens innegeworden, der von der Fortsetzung

11 Schillers sämtliche Werke, 9. Bd., Stuttgart 1836, S. 7.

des Blutbades abhielt? Tatsache ist, daß die europäische Zivilisation nunmehr ein Bild von sich entwarf, das sich von allen vorigen Selbstzuschreibungen in einem grundlegend unterschied: Gewalt war in diesem neuen Selbstbild etwas, das es zu überwinden galt. Auch dort, wo sie in der Politik, im Strafvollzug für unentbehrlich gehalten wurde, wurde sie für »noch« nicht entbehrlich oder wenigstens für »leider« unentbehrlich gehalten. Das Bild gewisser Zonen, in denen allein Gewalt noch möglich sein sollte, und die Hoffnung, diese Zonen einengen zu können, dürften am besten dieses europäische Selbstverständnis (oder, wenn man so will, diese europäische Lieblingsphantasie) wiedergeben: Der Krieg gehört auf das Schlachtfeld (und überzieht nicht mehr das ganze Land); auch das Schlachtfeld kennt Regeln, und vor allem muß man die Möglichkeit haben, sich der Gewalt zu entziehen, zu kapitulieren; solche Regeln sind kodifizierbar. Auf den Bürger bezogen: Es gibt Schutzzonen, in die nur in klar definierten Ausnahmefällen eingegriffen werden kann – der Leib, die Wohnung, das Eigentum, bestimmte Exklusivverhältnisse (Ehe, Nachkommenschaft). Die Vorstellung der Zonen prägte die Wahrnehmung der Gegenwart und der Vergangenheit. Die Vergangenheit war das finstere Mittelalter, und wo zum Beispiel koloniale Greuel nicht zu leugnen waren, so war das »weit draußen« und außerdem ein Relikt oder ein Rückfall in die Barbarei. Gewalt ist diesem Selbstbild zufolge etwas, das droht, aber vermieden werden kann, vermieden worden ist, oder, wenn es eintritt, leider nicht vermieden werden konnte.

Es geht nicht darum, wie nahe dieses Selbstbild den Tatsachen gewesen ist. Ein Selbstbild »stimmt« in einem trivialen Sinne sowieso nie, es handelt sich immer um den Ausdruck eines Bedürfnisses, wie man die Tatsachen gerne sehen *möchte*. Andererseits ist es von nicht geringer Bedeutung, wie beschaffen das Bild ist, das einer – oder eine Generation, ein Land, eine Kultur – von sich entwirft. Ohne ein gewisses Maß an Anstrengung, den normativen Implikationen eines Selbstbildes gerecht zu werden, kann keines aufrechterhalten werden.

Die erneute Entgrenzung des Krieges kam als Folge der Französischen Revolution, die den europäischen Invasionstruppen die *levée en masse* entgegenstellte und die in der Vendée das erste große Massaker an einer Zivilbevölkerung verübte. Nicht nur die Schriften von Clausewitz zeigen, wie sehr mit den Napoleonischen Heeren und den gegen sie nach der Niederlage in Rußland aufgebotenen bewaffneten Banden der sogenannten Befreiungskriege der Gedanke in Europa sich verbreitet, daß nicht mehr Armeen, sondern Nationen oder Völker in Kriegen gegeneinanderstehen. Der amerikanische Bürgerkrieg war dann der erste Krieg, in dem moderne Technik und Logistik eine entscheidende Rolle spielten.

Aber erst der Erste Weltkrieg bedeutet die wirklich tiefgehende Erschütterung des modernen Selbstbildes einer gewaltbegrenzenden Zivilisation. Im Ersten Weltkrieg wird zum ersten Mal der Gedanke, die menschlichen Reserven eines ganzen Volkes auszurotten, strategische Maxime. Der deutsche Generalstab unter Falkenhayn plant die Schlacht von Verdun 1916 nicht als Versuch, den Stellungskrieg, in dem der deutsche Angriff seit 1914 steckengeblieben ist, durch einen Durchbruch zu beenden. Die Schlacht von Verdun sollte nicht gewonnen werden, sondern, wie die anschauliche Metapher Falkenhayns sagt, eine »Saugpumpe« sein, um Frankreich auszubluten. Falkenhayn plante Verluste im Verhältnis 5 : 2 und hoffte, die Schlacht so lange fortsetzen zu können, bis Frankreich die Soldaten ausgingen. »Eines«, schreibt Jehuda Wallach in seiner Studie *Das Dogma der Vernichtungsschlacht*, »ist absolut klar: Die beiden feindlichen Armeen waren, nachdem sie einmal durch die ›Maasmühle‹« – so die andere Metapher für Verdun – »gegangen waren, nie wieder dieselben.«[12]

In seiner Schrift *Zeitgemäßes über Krieg und Tod* schrieb Sigmund Freud 1915 über das, was er »Die Enttäuschung des Krieges« nannte: »Von dem Wirbel dieser Kriegszeit gepackt, einseitig unterrichtet, ohne Distanz von den großen Veränderungen, die sich

12 Jehuda Wallach, Das Dogma der Vernichtungsschlacht. Die Lehren von Clausewitz und Schlieffen und ihre Wirkungen in zwei Weltkriegen, Frankfurt/M. 1967, S. 269.

bereits vollzogen haben oder zu vollziehen beginnen, und ohne Witterung der sich gestaltenden Zukunft, werden wir selbst irre an der Bedeutung der Eindrücke, die sich uns aufdrängen, und an dem Werte der Urteile, die wir bilden. Es will uns scheinen, als hätte noch niemals ein Ereignis so viel kostbares Gemeingut der Menschheit zerstört, so viele der klarsten Intelligenzen verwirrt, so gründlich das Hohe erniedrigt ... Wenn ich von Enttäuschung rede, weiß jedermann sofort, was damit gemeint ist ... Man sagte sich zwar, die Kriege könnten nicht aufhören, solange die Völker unter so verschiedenen Existenzbedingungen leben ... Aber man getraute sich etwas anderes zu hoffen ... Der Krieg, an den wir nicht glauben wollten, brach nun aus und er brachte die Enttäuschung. Er ist nicht nur blutiger und verlustreicher als einer der Kriege vorher, infolge der mächtig vervollkommneten Waffen des Angriffes und der Verteidigung, sondern mindestens ebenso grausam, erbittert, schonungslos wie irgendein früherer. Er setzt sich über alle Einschränkungen hinaus, zu denen man sich in friedlichen Zeiten verpflichtet, die man das Völkerrecht genannt hatte ... Er zerreißt alle Bande der Gemeinschaft unter den miteinander ringenden Völkern und droht eine Erbitterung zu hinterlassen, welche eine Wiederanknüpfung derselben für lange Zeit unmöglich machen wird.«

Einen zweiten Dreißigjährigen Krieg hat Stephan Toulmin die Jahre 1914 bis 1945 genannt, aber im Jahre 1945 stand man nicht nur wie 1918 vor Millionen Kriegstoter, sondern vor einem welthistorisch neuen Phänomen, das geeignet war, das im Ersten Weltkrieg erschütterte Selbstbild endgültig zu zerstören: Eine europäische Nation, die Deutschen, hatte, im Schutz des Krieges zwar, aber ohne Zusammenhang mit den traditionell-militärischen Zielsetzungen, einen Teil der Bevölkerung Europas willkürlich zum Tode verurteilt und, so weit ihre Macht reichte, den ganzen Kontinent nach seinen Mitgliedern abgesucht, sie in Todeslager zusammengetrieben und mit Giftgas umgebracht.

»Jede Wissenschaft«, schrieb Hannah Arendt in ihrem Aufsatz »Die vollendete Sinnlosigkeit«, »gründet notwendigerweise auf einigen unausgesprochenen Grundannahmen. Diese Axiome fallen nur dann in sich zusammen, wenn gänzlich unerwartete Phänomene auftreten, die sich mit dem vorhandenen Begriffssystem nicht mehr verstehen lassen. Diese Regel gilt auch für die Sozialwissenschaften mit ihren während der letzten hundert Jahre entwickelten Methoden ... Die Einrichtung der Konzentrations- und Vernichtungslager, die inneren Verhältnisse dieser Lager wie ihre Funktion im Terrorapparat totalitärer Regime [sind] höchstwahrscheinlich jenes unvorhergesehene Phänomen ..., welches eine der gegenwärtigen Gesellschaft und Politik angemessene Sicht der Dinge blokkiert. Es zwingt Sozialwissenschaftler und Historiker, ihre bislang nicht in Frage gestellten Grundannahmen über den Lauf der Welt und über das menschliche Verhalten zu überdenken. Die Schwierigkeiten bei der Beschäftigung mit dem Gegenstand sind offenkundig: Schon die bloße Aufzählung von Fakten klingt in den Ohren von anderen ›überspannt und unglaubwürdig‹ (Robert H. Jackson, Hauptankläger der USA bei den Nürnberger Prozessen), und aus den Berichten von ehemaligen Häftlingen geht hervor, daß sie es während ihrer Haftzeit ›nie ganz geschafft haben‹, sich selbst zu überzeugen, ›daß all dies Wirklichkeit war, was da tatsächlich geschah, und nicht irgendein Alptraum‹ (Bruno Bettelheim). Vor allem irritiert, daß der gesunde Menschenverstand vor dem Gegenstand der Lager versagt, denn weder die Einrichtung der Lager selbst und was innerhalb ihrer streng bewachten Grenzen vor sich ging, noch deren politische Rolle ergeben irgendeinen Sinn.«[13]

Der gesunde Menschenverstand – das sind die impliziten Voraussetzungen unseres Selbstbildes, in das die Morde des nationalsozialistischen Deutschland nicht integrierbar sind. In einem Selbst- und damit Weltbild, in dem Gewalt, Zwang, Folter, Mord zwar vorkommen, aber Mittel zu unterscheidbaren Zwecken sind, in dem es eine einigermaßen berechenbare Abfolge im Einsatz von Gewalt-

13 Hannah Arendt, Die vollendete Sinnlosigkeit, in: dies., Nach Auschwitz, Berlin 1989, S. 7f.

mitteln (Eskalation) gibt, machte die Vernichtungspolitik der Nazis keinen Sinn, und auch jene Realität nicht, die die Nationalsozialisten mit dem flächendeckenden Netz von Konzentrations- und Vernichtungslagern geschaffen hatten.[14]

1917 nannte Freud die »Enttäuschung des Krieges« das Ende einer Illusion: »So mag der Kulturweltbürger ... ratlos dastehen in der ihm fremd gewordenen Welt ... Zur Kritik seiner Enttäuschung wäre einiges zu bemerken. Sie ist, strenge genommen, nicht berechtigt, denn sie besteht in der Zerstörung einer Illusion. Illusionen empfehlen sich uns dadurch, daß sie Unlustgefühle ersparen und uns an ihrer Statt Befriedigungen genießen lassen. Wir müssen es dann ohne Klage hinnehmen, daß sie einmal mit einem Stücke der Wirklichkeit zusammenstoßen, an dem sie zerschellen.«[15]

Ob auch der Zustand der Welt nach 1945 mit der Gedankenfigur der Desillusionierung erfaßt werden kann, ist mehr als fraglich. Es hat sich ja nicht herausgestellt, daß der Mensch zu etwas fähig ist, zu dem fähig zu sein wir ihn zuvor nicht erachtet hatten, so daß wir nun klüger sind als vorher, sondern mit Auschwitz ist etwas in die Welt gekommen, mit dem man nicht hatte rechnen können und also auch nicht müssen, an das künftig nicht zu denken aber nicht mehr zulässig ist. Es geht nicht darum, wozu »der Mensch« als solcher fähig ist oder nicht (da hat die Gattungsgeschichte nie viel Anlaß gegeben, sich etwas vorzumachen), sondern welches Maß und welche Art von Gewalttätigkeit einer Kultur immanent sind. Wir wissen zum Beispiel, daß der Vernichtungskrieg etwas ist, das gelernt werden muß – wir wissen das aus den Schwierigkeiten, die bestimmte Kulturen hatten, nicht nur ihn zu lernen, sondern ihn überhaupt zu verstehen. Wir wissen, daß es auch darum zu nur sehr

---

14 Etwa Götz Aly, Susanne Heim (Hg.), Die Vordenker der Vernichtung, Hamburg 1990; zur Diskussion dieses Ansatzes: Wolfgang Schneider (Hg.), »Vernichtungspolitik«. Eine Debatte über den Zusammenhang von Sozialpolitik und Genozid im nationalsozialistischen Deutschland, Hamburg 1991.

15 Freud, a.a.O., S. 331.

wenigen Widerstandshandlungen gegen die Vernichtungspolitik der Nazis gekommen ist, weil sie auch und gerade ihren Opfern unglaublich erschien. Weder hat es Sinn, diese Form der Gewalt zu verleugnen und als unwiederholbar anzusehen, noch ist es möglich, unter dem Vorwand der Illusionslosigkeit zur historischen Tagesordnung überzugehen. Auf seiten der Sozialforschung und der Historiographie heißt das: weder das Bemühen um Verständnis der Vorgänge, die zu diesen Verbrechen führten, aufzugeben, noch in diesem Bemühen den Schock, den das Verbrechen auslöste, weil es »wie von außen hereingebrochen wirkte«, vergessen zu machen.

Der Gulag-Sozialismus hat insgesamt wesentlich mehr Opfer gefordert als die deutsche Vernichtungspolitik, war aber weit näher an den historisch gewohnten Formen des politischen Terrorismus als der Versuch, die europäischen Juden, Sinti und Roma um der Vernichtung willen zu vernichten. Dennoch stellt auch das System des Gulag unsere im 17., 18. und 19. Jahrhundert ausgebildete Gewohnheit, über Gewalt nachzudenken, in Frage. Auch das Gulag-System stellt einen spezifischen Schock für unser Selbstbild dar. Die Herrschaft der KPdSU war die Paranoia an der Macht. Daß eine Tyrannis (die Geschichte hat viele Beispiele), daß eine totalitäre Ideologie, die das Gedankenverbrechen kennt (die Kirche nebst Inquisition), solche paranoiden Züge ausbilden kann, ist nichts Neues. Neu ist, daß in der Sowjetunion tatsächlich jeder ein Opfer dieser Paranoia werden konnte, nicht allein der bereits zuvor Stigmatisierte (der Klassenfeind, der Kulak). Die meisten marxistischen Parteien waren besessen von der Figur des Verräters; in der Sowjetunion wurde diese Obsession bestimmende Politik. Der Nationalsozialismus war darauf aus, seinen Feind vorab mit juristischen und seinem Verständnis von Wissenschaftlichkeit entsprechenden Definitionen zu kennzeichnen: Sein Feind war der *Schädling*. Der Gulag-Sozialismus produzierte den *Verräter* aus der Ubiquität des *Verdachts*.

Hier liegt der Einwand auf der Hand, daß es dem Ermordeten gleich sein kann, ob er ermordet wird, weil jemand ihn zum Schädling oder zum Verräter ernennt. Das ist wohl wahr. Doch ist es nicht gleichgültig für die Analyse eines Herrschaftssystems, zum Beispiel nicht gleichgültig für die Frage, welche Loyalitäten es sich auf welche Weise sichert. Der Nationalsozialismus bestach nicht durch besonders avancierte Ideologien, sondern durch Macht, Phantasien der Machbarkeit alles Möglichen, durch die Lizenz, die eigenen Wünsche rücksichtslos verwirklichen zu können (wobei für viele die Rücksichtslosigkeit ebenso attraktiv gewesen sein mag wie das Moment wirtschaftlicher, wissenschaftlicher, militärischer, bürokratischer Selbstverwirklichung), durch die Zerstörung der in Institutionen geronnenen Tathemmungen bei gleichzeitiger instrumenteller Nutzung dieser Systeme, schließlich durch eine ziemlich sichere Grenzziehung zwischen möglichen Opfern und möglichen Exekutoren von Terror und Macht.

Der Gulag-Sozialismus – und das wurde in den späten zwanziger Jahren deutlich – gab keinem Teilhaber der Macht – und wie es zur Paranoia gehört, nicht einmal dem Tyrannen selbst – wirkliche Garantien, an der Macht zu bleiben. Zwar war bestimmten politischen Parteien oder Bevölkerungsgruppen die Verfolgung sicher – keiner aber war sicher vor ihr. Dem von Hannah Arendt beschworenen Common sense widerstrebt dies in eigener Weise: Was bindet jenseits der Angst einen Menschen affirmativ an ein System, das im Extremfall täglich droht, ihn zu beseitigen? Liegt der Schock der nationalsozialistischen Massenmorde in der Tat und nicht so sehr in den Tätern, so der des Gulag-Sozialismus in den Tätern, die überzeugt bei der Sache blieben, auch wenn ihnen klar war, daß sie wie viele andere, um die sie wußten, unschuldiges Opfer des von ihnen durch Denunziation und Mord geschützten und gestützten Systems werden könnten, ja wahrscheinlich werden würden.

So unterschiedlich die Entstehungsbedingungen der beiden Systeme sind, so unterschiedlich ihre mörderische Dynamik gewesen ist – zu unterschiedlich vielleicht, als daß der Begriff des Totalitarismus sich eignet, anderes zu bezeichnen als den bloßen Abstand zu irgendeinem ihnen entgegenzusetzenden demokratischen

Ideal, erkennbar ist doch beider Herkunft aus einem antipolitischen Affekt, dessen Ursprung weit vor dem 20. Jahrhundert liegt.

Der in den europäischen Bürgerkriegen des 17. Jahrhunderts gewachsene Abscheu vor den Exzessen der Gewalt hat sein Korrelat in der Angst vor ihnen und in Phantasien der Prävention. Angst sei sein Zwillingsbruder gewesen, schreibt Thomas Hobbes, der Begründer der modernen politischen Philosophie, und fast so etwas wie Stolz schwingt in seinen Worten mit, wenn er berichtet, er sei, als der englische König die Unversehrtheit seiner Untertanen nicht mehr habe garantieren können, der erste gewesen, der geflohen sei. Hobbes hat die Ursachen des königlichen Machtverfalls, der nach seiner Meinung notwendigerweise in den Bürgerkrieg führte, in seiner Schrift *Behemoth* analysiert – *Behemoth* war auch der Titel, unter dem Franz Neumann das Machtgefüge des nationalsozialistischen Staats beschrieb. Im *Leviathan* beschrieb Hobbes das Modell des Staates, der nach seiner Überzeugung allein die Sicherheit seiner Bürger gewährleisten könne: Entwaffnung der Bürger, Zentralisierung aller Gewalt in einer Hand. »Man kann«, schrieb er, »die Lebensweise, die dort, wo keine allgemeine Gewalt zu fürchten ist, herrschen würde, aus der Lebensweise ersehen, in die solche Menschen, die früher unter einer friedlichen Regierung gelebt haben, in einem Bürgerkriege abzusinken pflegen.«[16] Für Hobbes wäre jene zentrale Gewalt – und damit die zivile Sicherheit – bereits dann gefährdet, wenn sie geteilt würde. Aber nicht nur Gewaltenteilung, sondern jede Form des Schutzes vor staatlicher Gewalt, wie etwa Prinzipien der Rechtsstaatlichkeit, gehörten für Hobbes zu den »Dingen, die einen Staat schwächen oder zu seiner Auflösung beitragen«. Und natürlich gehörte der Gedanke, daß um die Macht in einem Staate gestritten werden könne, zu den gefährlichsten. Der Staat des Thomas Hobbes ist ein Staat ohne Politik.

Man kann sowohl den nationalsozialistischen wie den Staat Lenins und Stalins als Versuche verstehen, Staaten ohne Politik zu er-

16 Thomas Hobbes, Leviathan, Frankfurt/M. 1984, S. 97.

schaffen. Politik bedeutet das Eingehen von Koalitionen auf Zeit zur Erringung von Macht und zur Durchsetzung selbstgesetzter Ziele. Weil es in der Politik nur um Koalitionen auf Zeit geht und weil das Wesen der Politik der Macht*wechsel* ist, bedeutet Politik stets Unsicherheit. Der Konsens ist in der Politik nicht das Ziel, sondern ein Mittel. Konsens kann jederzeit aufgekündigt werden. Der Nationalsozialismus war der Versuch, das Phantasma einer Volksgemeinschaft Wirklichkeit werden zu lassen, in der Dissens auf Grund ihrer biologischen oder ethnischen Homogenität ausgeschlossen sein sollte. Das Bild vom Volks-»Körper«, der handeln kann (und muß) wie ein einzelner, drückt diesen Wunsch nach Homogenität aus. Es kommt nur darauf an, diesen Körper gesund und rein von Schädlingen zu erhalten oder zu machen.

Der Gulag-Sozialismus verstand sich als Politik zur Herstellung einer Gesellschaft, in der es der Politik nicht mehr bedürfe, weil es in ihr keine Widersprüche mehr gebe. Er produzierte den Verräter, der stets den bereits gesellschaftlich oder in der eigenen Partei erreichten Konsens in Frage stellte. Der Schädling, den der Nationalsozialismus phantasiert, ist Mitglied einer vorab definierten Gruppe und muß vernichtet werden, damit Homogenität und Konsens sich sozusagen natürlich einstellen. Der Verräter des Gulag-Sozialismus ist der Parteigänger, der Koalitionspartner von gestern, der den bereits erreichten Konsens zerstört und das große Ziel gefährdet.

Die Phantasie einer Gesellschaft absoluter Sicherheit und Stabilität mit garantiertem Konsens und ohne Politik hat ein Pendant in der Phantasie vom Krieg, der alle Kriege beendet. Schon am Beginn des Ersten Weltkrieges lief die Parole vom »war to end all wars« (H. G. Wells) um. Mit der Erfindung der Atombombe lebte diese Phantasie wieder auf – diesmal nicht als Idee eines Krieges, der endlich stabile Verhältnisse zwischen den Nationen schaffen sollte, sondern als Drohung eines Krieges, der so schreckliche Folgen haben würde, daß niemand ihn riskieren könnte. Der Umstand, daß nach dem Abwurf der Bomben auf Hiroshima und Nagasaki bisher keine weiteren zum Einsatz gekommen sind, daß ferner zwei nuklear hochgerüstete Weltmächte fünfzig Jahre lang keinen Krieg miteinander geführt haben (wenn auch, jede für sich, blutige und verlustreiche Kriege geführt hat), scheint dieser Idee eine gewisse Plausibilität zu geben. Dagegen spricht, daß die Möglichkeit, über eine Waffe von so großer Zerstörungskraft zu verfügen, bei den Verfügenden von Anfang an Vernichtungsphantasien ausgelöst hat und immer wieder der Versuch gemacht worden ist, den Einsatz von Atomwaffen unterhalb der Schwelle eines menschheitsbedrohenden Schlagabtauschs der Supermächte planbar zu machen. Zudem ist der Versuch, die Zahl der Mächte, die über Atomwaffen verfügen, auf zunächst zwei, dann vier, dann fünf zu begrenzen, nicht erfolgreich gewesen.

Ob man sich der von Gar Alperovitz vertretenen Meinung, daß der Abwurf der beiden Bomben auf Hiroshima und Nagasaki nichts weiter als ein Kriegsverbrechen gewesen sei, anschließt oder nicht, spielt für die Beurteilung der Veränderung, die Erfindung und Einsatz der Bombe für das Wesen des Krieges mit sich gebracht haben, keine Rolle. Auch wer der noch offiziellen Lesart treu bleibt und behauptet, erst Hiroshima und Nagasaki hätten Japan kapitulationswillig gemacht und der Einsatz der Kernwaffen habe weniger Leben gekostet, als eine Fortsetzung des Krieges mit konventionellen Mitteln gekostet hätte, wird nicht leugnen können, daß es seit dem 6. August 1945 möglich ist, mit der präventiven Vernichtung einer Bevölkerung zu drohen. Paradoxerweise liegt das Sicherheitsversprechen der Bombe gerade in dieser Möglichkeit, maximale Unsicherheit zu erzeugen. Jede Eskalationslogik ist auf den Kopf gestellt. Das schlimmstmögliche Ereignis kann bereits der erste Schritt eines atomaren Krieges sein. Die Vorstellung eines Krieges, der auf die Zone des Schlachtfeldes begrenzt werden kann, ist hiermit hinfällig.

So war denn in der Mitte des 20. Jahrhunderts jene aus den Gewaltexzessen des 16. und 17. Jahrhunderts entstandene Vorstellung von der auf Zonen begrenzbaren Gewalt und der fortschreitenden Verengung dieser Zonen hinfällig geworden. Für die Hinfälligkeit dieser Vorstellung stehen die so unterschiedliche Eruptionen menschlicher Destruktivität bezeichnenden Namen Auschwitz, Gulag und Hiroshima. Seit Mitte dieses Jahrhunderts sind jene mit dem Modell der begrenzten Gewalt verbundenen Sicherheiten, die für das moderne Lebensgefühl von so großer Bedeutung gewesen sind, zerstört. Wo es technisch möglich ist, ohne Zwischenschritte aus dem Frieden in die Vernichtung zu springen, fällt ein mit der Eskalation verbundenes Sicherheitsgefühl weg, aus Konflikten aussteigen, zum Beispiel rechtzeitig kapitulieren zu können. Wo die Paranoia eine gesamte Gesellschaft durchdringt, entfällt die Möglichkeit, sich zu unterwerfen. Wo, wie in den deutschen Lagern und für die, die zur Vernichtung bestimmt waren, buchstäblich *alles* möglich wurde, entfiel die Möglichkeit, irgendeine Gegenstrategie im Dienste des Überlebens – Widerstand, Konversion, Kollaboration, Kapitulation – zu entwerfen. Auschwitz, der Gulag, Hiroshima haben auf je eigene Weise gemeinsam die Vorstellung von gesellschaftlicher Gewalt und ihrer Begrenzbarkeit zerstört, die für die Moderne charakteristisch gewesen ist. Wir spüren, heißt es bei Zygmunt Bauman, »daß diese zentralen Geschehnisse unseres Jahrhunderts tatsächlich neuartig sind, und neigen mit Recht dazu, sie einem neuen, modernen Typ menschlicher Gesellschaft zuzuschreiben, der sich in seinen spezifischen Merkmalen von den Gesellschaften früherer Epochen unterscheidet«.

Die Gewalt dieses Jahrhunderts nötigt uns, auch einen anderen Blick auf das zu tun, was wir Menschenrechte zu nennen die Gewohnheit haben. Man spricht gerne von Menschenrechten in einem Sinne, der geeignet ist, die eigentlichen Probleme zu verkennen. Nichts spricht dagegen zu fordern, daß jeder Mensch nicht nur vor bestimmten Übergriffen der Obrigkeit geschützt werden, sondern auch die Möglichkeit zu Arbeit und ausreichender Freizeit haben solle. Nur darf man solche Forderungen nicht mit der Frage nach bestimmten Rechten durcheinanderbringen. Was denn die unabdingbaren Menschenrechte sein sollen und was ihr Rechtsgrund sei, solche Fragen könnten »sich nur weiter verwirren«, schreibt Hannah Arendt, »wenn man (wie es in Nachkriegsversuchen, eine neue

Charta der Menschenrechte zu definieren, immer wieder geschehen ist) alle nur erdenklichen Ansprüche, die in manchen Ländern zu Rechten geworden sind, wie Arbeitslosenversicherung oder Altersunterstützung, zu den Menschenrechten zählt. Eine ordentliche Sozialgesetzgebung ist eine schöne Sache; daraus folgt aber noch nicht, daß Pensionsberechtigung ein unveräußerliches Menschenrecht ist. Diese anscheinend humanitären Anstrengungen, wenigstens auf dem Papier jedem Menschen so viele Rechte wie nur möglich zuzusprechen, diskreditieren ... die Idee der Menschenrechte als Utopie.«

Zur Idee der Menschenrechte gehört seit alters her sowohl die Vorstellung, daß es sich dabei um so etwas wie Basisrechte handele, zu denen die anderen Rechte, die ein Mensch haben oder reklamieren könne, hinzukommen, als auch die komplementäre Vorstellung eines Minimums, das sozusagen als letzter Rest übrigzubleiben habe. Angesichts der Zerstörung von Sicherheit in diesem Jahrhundert drängt sich eine Vorstellung von Menschenrechten als Garantie eines *zivilisatorischen Minimums* auf, als Chance, zwischen Unterwerfung, Anpassung, Tod und Flucht *wählen* zu können. Vielleicht ist unser Jahrhundert am besten dadurch charakterisiert, daß wir uns genötigt sehen, an seinem Ende das zivilisatorische Minimum *so* zu bestimmen.

Ein Blick auf die politische Landkarte belehrt uns darüber, an wie vielen Orten der Welt *nach* 1945 dieses Minimum nicht garantiert gewesen ist. Wir sprechen dabei über Verbrechen, zivile und Kriegsverbrechen, die unter der Schwelle jener genannten geblieben sind und bleiben und dennoch Millionen Opfer gefordert haben. Der Krieg ist auch nicht auf das Schlachtfeld begrenzt geblieben, sondern hat sich die Zivilbevölkerung als bevorzugtes Objekt gesucht, sei es im Rahmen tatsächlicher Kriegshandlungen wie Flächenbombardements und dem Unbewohnbarmachen ganzer Landstriche, sei es in kriegsbegleitenden Handlungen wie Zwangsumsiedlungen, sei es als innenpolitischer staatlicher Terrorismus, der zuweilen den Charakter eines Krieges gegen die eigene Bevölkerung annimmt und im Falle der Herrschaft der Khmers-Rouges zu Massakern geführt hat, die in ihrer planvollen Ausrottungslogik Ähnlichkeiten mit der Vernichtungspolitik der Nationalsozialisten aufweisen.

Ob in der zweiten Hälfte dieses Jahrhunderts weltweit mehr gefoltert und gemordet worden ist als im 19. Jahrhundert, läßt sich nicht entscheiden – wir verfügen über keine Möglichkeiten, den Schrecken und das Elend zu quantifizieren. Es ist so, daß uns die Massenmedien über Massaker in Weltgegenden auf dem laufenden halten, von denen ein durchschnittlicher Mitteleuropäer des vorigen Jahrhunderts nicht hätte sagen können, ob dort überhaupt Menschen lebten, und es kann sein, daß es unsere gewachsene Sensibilität ist, die uns von einem »neuen Jahrhundert der Folter« und von einer Welle des Staatsterrorismus sprechen läßt – an der Ubiquität des staatlichen und parastaatlichen Terrorismus und den Abertausenden von Opfern ändert das nichts. Es würde zeigen, daß wir uns bemühen, an Standards festzuhalten, die für selbstverständlich zu halten der Gang des Jahrhunderts und die durchzusetzen der Gang der Politik nur äußerst selten erlaubten. Doch bleibt zu konstatieren, daß der Krieg der USA in Vietnam nicht nur allen rhetorisch hochgehaltenen Idealen, nicht nur Prinzipien, die in den Urteilen von Nürnberg Rechtsgeschichte geworden sind, widersprach und noch einmal ein neues Maß an technischem Sadismus aufzuweisen hatte, sondern auch eine innenpolitische Opposition hervorrief, die vielleicht ebensosehr von der Empörung über die Verletzung der genannten Ideale und der Scham über das verursachte Leid wie von der Unwilligkeit, in den Krieg zu ziehen, getragen worden war.

Am Ende des Ersten wie des Zweiten Weltkrieges standen Versuche, eine überstaatliche Politik zu betreiben, eine Organisation zu schaffen, die etwas wie eine Weltinnenpolitik möglich machen sollte – die Gründung des Völkerbundes 1919 und der Vereinten Nationen 1945. Der Völkerbund wurde 1946, als die Weltöffentlichkeit kaum wußte, daß es ihn noch gab, aufgelöst. Seine Bilanz ist, bedenkt man, daß in seine Zeit der Zweite Weltkrieg fiel, recht klar. Die Geschichte der UNO ist bis auf den heutigen Tag wechselvoll – daß sie die 1945 in sie gesetzten Erwartungen nicht erfüllt hat, bedarf der Erwähnung nicht. Die Weltgeschichte der Jahre 1945 bis 1990 ist eine durch die UNO beeinflußte, aber durch den Kalten Krieg geprägte. Schon als die UNO gegründet wurde, hatte der Kalte Krieg durch den auch als Machtdemonstration gegenüber der Sowjetunion gedachten Einsatz von Atomwaffen gegen Japan begonnen. Die Idee, das, was man mit dem Nürnberger Gerichtshof zur Aburteilung der deutschen Kriegsverbrechen und Verbrechen gegen die Humanität begonnen hatte, zu einer permanenten Institution zu machen, wurde nicht verwirklicht.

Daß es jenseits der Erwägungen politischer Opportunität – in der Tat, warum hätte die Sowjetunion nach Katyn, warum hätte Frankreich nach Sétif die Etablierung eines Gerichtshofs zur Wahrung der Menschenrechte wünschen sollen? – auch ein begründetes Mißtrauen gegen einen Gerichtshof, dem doch, damit er einer sei, exekutive Vollmachten zur Seite gestellt werden müssen, geben kann, liegt auf der Hand. Die Utopie des Weltstaates ist keine mehr. 250 Jahre vor der Gründung der UNO hatte Immanuel Kant in der Schrift *Zum ewigen Frieden* bereits Abschied von dieser Idee genommen, allerdings bedauernd. Hobbes' Leviathan in actu erlebt habend, mag man allerdings am Ende des Jahrhunderts den Abschied von der Idee eines Leviathan über den Leviathanen nicht bedauern. Um so dringender scheint die Erinnerung an das, was Kant das »negative Surrogat« zur »Idee einer Weltrepublik« genannt hat, die *multilaterale Garantie eines Weltbürgerrechts*, das nichts anderes ist als das oben erwähnte zivilisatorische Minimum: »Das Weltbürgerrecht soll auf Bedingungen der allgemeinen Hospitalität eingeschränkt sein.«

Es liegt der Redegewohnheit nahe, Menschenrechte naturrechtlich zu begründen als etwas, das dem Menschen zukomme, weil er Mensch sei, nicht weil eine Gesellschaft, ein Staat es garantiere. Da sich aber das Reden über natürliche Rechte des Menschen mit allen faktischen Rechtszuständen bestens verträgt, hat eine Definition von Menschenrechten, die keine Fundierung im positiven Recht hat, allenfalls appellativen Charakter. Es gibt kein Menschenrecht, das nicht Bürgerrecht wäre, das heißt bezogen auf irgendeine staatliche Gewalt. Da es keine überstaatliche Staatsgewalt gibt, es sei denn auf Grund zwischenstaatlicher Vereinbarungen, müssen die Menschenrechte bürgerrechtlich verankert sein. Wo die Bürgerrechte aufgekündigt werden – durch Gesetze, durch Maßnahmen –, verschwinden auch die Menschenrechte; die erwähnten zivilisatorischen Minimalstandards bestehen ohne Rechtssicherheit nicht.

Hier tritt die von Kant so genannte Hospitalität in Kraft. Sie bedeutet nicht die Einbürgerung des Emigranten, aber die Garantie, ihn nirgendwohin abzuschieben, wo diese Garantie nicht gilt. Dabei handelt es sich nicht um den Appell an Barmherzigkeit, sondern um Einräumung eines Rechtes: »Es ist hier ... nicht von Philanthropie, sondern vom Recht die Rede, und da bedeutet Hospitalität ... das Recht eines Fremdlings, seiner Ankunft auf dem Boden eines andern wegen von diesem nicht feindselig behandelt zu werden. Dieser kann ihn abweisen, wenn es ohne seinen Untergang geschehen kann, so lange er auf seinem Platz sich friedlich verhält, ihm nicht feindlich begegnet. Es ist kein Gastrecht, worauf dieser Anspruch machen kann ..., sondern ein Besuchsrecht, welches allen Menschen zusteht ... vermöge des Rechts des gemeinschaftlichen Besitzes der Oberfläche der Erde.« Das ist eine schöne Formulierung des 18. Jahrhunderts – wir würden sagen: Die Kugelgestalt der Erde verhindert, daß wir ins Unendliche fliehen können.

Ein Recht, anders als ein bloßer Brauch, ist erst dann ein Recht, wenn seine Verletzung geahndet wird. Ernsthaft reden wir von Menschenrechten, wenn wir uns über die Sanktionen einig sind, die zu ergreifen sind, um sie durchzusetzen, also wenn diejenigen, die sie verletzen, bestraft werden. Der Gedanke, Menschenrechtsverletzungen zu bestrafen, setzt voraus, daß man die staatliche Souveränität *nicht* für einen Wert hält, der *stets* allen anderen vorangestellt zu werden habe. Dieser Umstand hat den Gedanken einer nicht nur naturrechtlichen, sondern positiven Begründung der Menschenrechte oft behindert, und er stellt auch ein nicht zu leugnendes Problem dar. Die Türkei prangerte den Versuch, die armenischen Massaker vor nichttürkischen Gerichten abzuurteilen, als imperialistische Einmischung in innere Angelegenheiten an und wurde durch die junge Sowjetunion darin unterstützt. Für die Nürnberger Prozesse kam bald das Wort von der Siegerjustiz auf, und eines der Argumente, mit denen den Alliierten das Recht, Recht zu sprechen, abgesprochen wurde, haben wir oben zitiert. So etwas ist von der kollektiven wie individuellen Interessenlage her verständlich.

Verständlich ist andererseits auch, daß jemand angesichts der deutschen Verbrechen meinte, »gerecht« könnten ihnen die Nürnberger Prozesse nicht werden. Die Frage, wann denn überhaupt ein Urteil einem Verbrechen gerecht werden könne, ist jedoch in dieser Abstraktheit müßig. Gegen die Nürnberger Prozesse ist viel gesagt und geschrieben worden, vieles zu Recht, vor allem, daß man nur wenige der Großen gehenkt, die meisten von ihnen laufen- und das große Heer der Kleinen unbehelligt gelassen habe. Wie dem auch sei – sie haben stattgefunden, und darin liegt ihre Bedeutung. Sowenig die Nürnberger Prozesse und die ihnen zugrundeliegenden Prinzipien in der deutschen Politik eine Rolle spielen (anders etwa als in der US-amerikanischen Opposition gegen den Vietnamkrieg), so sehr sind ihre Ergebnisse doch akzeptierter Teil der Geschichte der Bundesrepublik. Churchill hatte unrecht, als er fürchtete, die Prozesse könnten, wie die Versailler Verträge, Ursprung neuen deutschen Ressentiments werden. Göring hatte unrecht, als er prophezeite, spätestens 1995 als Volksheld gefeiert zu werden. Daß akzeptiert ist, daß nicht *jedes* Verbrechen mit dem Hinweis, es sei Politik, exkulpiert werden kann, ist das Verdienst der Nürnberger Prozesse, die man aus diesem Grunde eine zivilisatorische Intervention wird nennen müssen.

Sollen die Nürnberger Prozesse mehr sein als eine historische Episode, mehr als eine Laune von vier Siegermächten, soll die Einsetzung des Internationalen Gerichtshofs 1945 ein recht*setzender* Akt gewesen sein, bedarf es einer Folgepraxis. Es muß sich diese gar nicht am Muster des Gerichtshofes orientieren. Denkbar ist – analog zum Recht auf Hospitalität – die multilaterale Verpflichtung zur Verfolgung von Verstößen gegen Menschenrechte, gleichgültig, auf welchem Territorium sie stattfinden und gleichgültig, ob sie zum

Zeitpunkt der Tat dort, wo sie begangen worden sind, unter Strafe standen, was auch dem – im Falle der zur Debatte stehenden Verbrechen ohnehin fragwürdigen – Grundsatz »nulla poena sine lege« Rechnung trüge.

Auch wenn wir am Ende dieses Jahrhunderts, angesichts seiner Destruktivität, seiner Schrecken innewerdend und mit nichts in der Hand dastehend als mit einer Buchführung über Verbrechen, Fehler, Versagen und mit skeptischen Vorschlägen zur Ergänzung internationaler Abmachungen, ist es doch nicht statthaft, alles untergehen zu lassen in einem summarischen »Jahrhundert der Barbarei«. Ein Verbrechen hat Ort, Zeit, Täter, Opfer – und man sollte sich nicht einem Sprachgebrauch, der die forensische Präzision der Wörter »Täter« und »Opfer« zu rhetorischen Passepartouts verkommen läßt, überlassen. Der Hinweis auf Rechtsnormen ist so wenig schal wie das Ethos der Sozialwissenschaften: die Welt zur Kenntnis zu nehmen.

Nationalsozialismus und Moderne

Wenn wir über »Nationalsozialismus und Moderne« sprechen, sprechen wir nicht über den Nationalsozialismus als antimoderne Veranstaltung – die er auch war –, in der eine Handvoll Spießer in der Kulturpolitik das Sagen erhielt, nicht über einen vereinsmäßig organisierten Runenzauber mit Gedenkveranstaltungen für die im Auftrage Karls des Großen massakrierten Sachsen in Verden an der Aller. Das könnten wir mit einem Achselzucken abtun und einem Blick auf den Stimmzettel: Da haben eben die falschen Leute die Mehrheit bekommen und zwölf Jahre später wieder eingebüßt. Nichts davon stellt unser Bild »der Moderne« wirklich in Frage.

Ich verwende den Terminus »Moderne« hier in einer eher unspektakulären Weise für den Kulturzusammenhang, der in den Krisen des 16. und 17. Jahrhunderts in Europa entstanden ist, und der für uns die intellektuellen Bezugsgrößen bereithält, die in Diskussionen eine Rolle zu spielen pflegen.

Wenn wir vom Nationalsozialismus als einem Problem für unser Bild von der Moderne sprechen, dann sprechen wir von Auschwitz, von einem Ereignis, das in krassem Widerspruch zu diesem Kulturzusammenhang steht – wie wir hoffen –, das vor allem aber aus ihm nicht erklärbar scheint, das heißt mit den intellektuellen Mitteln, die er uns zur Verfügung stellt, nicht begriffen werden kann. So empfinden wir es jedenfalls ab einem bestimmten Punkt intellektueller und emotionaler Anstrengung immer wieder.

Wir sprechen von einer Gesellschaft, die einen bürokratisch organisierten Massenmord verübt hat und deren Zustand wir nicht als regressiven Schub in eine Vormoderne abtun können, weil sie in zu vielen Zügen und Kontinuitäten mit unserer Gesellschaft verbunden ist – so stark die Versuchung auch ist, den Antisemitismus, die nackte Brutalität seiner Exekution und die öffentlichen Inszenierungen der Volksgemeinschaft als archaische Fremdkörper, die im Grunde nicht in dieses Jahrhundert gehören, zu empfinden.

Darum geht es, wenn wir über »Nationalsozialismus und Moderne« sprechen – wir sprechen dabei immer wieder über die Frage, die Tom Segev in seinem Buch über die Geschichte der KZ-Kommandanten »die Kardinalfrage der Geschichtsschreibung« genannt hat: »Wie konnte das alles geschehen?«[1]

Ich denke, daß man diese Frage inzwischen recht gut beantworten kann, aber man kann gleichzeitig zeigen, wie wenig, in Abwandlung eines bekannten Zitates, damit gewonnen ist, daß man es kann. Abgewehrt werden kann mit den möglichen Antworten auf die Frage, wie es geschehen konnte, nicht das Entsetzen darüber, daß es geschehen konnte – mit den Worten Adornos: »... daß es geschehen konnte inmitten aller Tradition der Philosophie, der Kunst und der aufklärenden Wissenschaften«.[2]

Ein historiographisches oder sozialwissenschaftliches Erkenntnisbemühen, das nicht von diesem Entsetzen ausginge und zu ihm zurückkehrte, machte sich selber zu einem Teil der Barbarei, die es zu beschreiben trachtete. Gleichwohl bleibt ihm gar nichts anderes übrig, als dieses zwar nicht zu suspendieren, aber gleichsam abzuspalten für einen Teil des intellektuellen Weges, den es zurückzulegen hat. Ohne diese Abspaltung wäre es zum Scheitern verurteilt, aber der Preis dieser Abspaltung auf Zeit ist nicht gering. Wir zahlen ihn um der Erhaltung unserer geistigen Gesundheit, oder sagen wir weniger pathetisch: unserer emotionellen Balance willen: »Was die Deutschen begangen haben, entzieht sich dem Verständnis, zumal dem psychologischen ... Dennoch sieht das Bewußtsein, das dem Unsagbaren standhalten möchte, immer wieder auf den Versuch zu begreifen sich zurückgeworfen, wenn es nicht subjektiv dem Wahnsinn verfallen will, der objektiv herrscht.«[3]

Die Erhaltung unserer emotionellen Balance, unserer – wie sagt

1 Tom Segev, Die Soldaten des Bösen. Zur Geschichte der KZ-Kommandanten, Reinbek 1992, S. 18.

2 Theodor W. Adorno, Gesammelte Schriften. Hrsg. von Rolf Tiedemann, Bd. 6, Frankfurt/M. 1984, S. 359.

3 Ebd., Bd. 4, Frankfurt/M. 1980, S. 114f.

man? – Normalität, führt uns aber in eine gewisse Nähe zu den Exekutoren und Handlangern der Massaker, die gleichfalls ihre geistige Gesundheit und Normalität zu bewahren wußten, und denen es mehrheitlich gelang, sich ins normale bürgerliche Leben spurenlos wieder einzupassen.

Die Geschichtsschreibung hat viel Material zusammengetragen, und jeder Fingerzeig auf scheinbar noch so periphere Ereignisse und Faktoren ist von hoher Wichtigkeit, weil nur durch die Erforschung des Details der Gesamtprozeß annähernd verstanden werden kann. Nur durch die unzähligen Einzelheiten, die zusammenkommen mußten, ergibt sich das Gesamtbild, nur durch die vielen sogenannten Randbedingungen konnte wirklich werden, was zuvor unmöglich schien. Doch dafür, daß es möglich wurde, kann man, denke ich, das Zusammenwirken von drei Faktoren verantwortlich machen, wobei »verantwortlich« eine Metapher ist – verantwortlich sind immer nur Menschen.

Diese drei Faktoren sind der nachreligiöse Antisemitismus als selbstreferentielles Gedanken-(oder, wenn Sie lieber wollen: Wahn-)System, die Volksgemeinschaft als Phantasma und Realität, die (um den Weberschen Terminus zu gebrauchen) charismatische Herrschaft als Charakteristikum der nationalsozialistischen Herrschaftsweise.

Daß der Antisemitismus ein politischer Faktor in der Moderne war, wurde oder geblieben war, haben nicht erst die Wahlsiege der Nazis gezeigt. Die russischen Pogrome der Jahre 1881/82 hatten es gezeigt – aber waren das nicht die letzten Konvulsionen eines vormodernen Aberglaubens? Die Dreyfus-Affäre hatte es gezeigt. Aber andererseits war ein Disraeli englischer Premierminister geworden. Die Zionisten hatten den Glauben aufgegeben, daß Nichtjuden mit Juden in Europa zusammenzuleben gewillt seien – aber bewiesen sie etwas?

Nicht einmal die Wahlsiege der Nazis schienen etwas zu beweisen, denn daß die Wähler der NSDAP mehrheitlich keine fanatischen Antisemiten waren, war klar. Sie waren, was man »normale

Antisemiten« nennen könnte, also solche, für die der Antisemitismus kein Lebensthema ist; solche, denen die fanatischen Antisemiten eher peinlich sind; solche, die im Gegensatz zu jenen selbstverständlich bestreiten, Antisemiten zu sein, die nur sagen, daß es eben eine Tatsache sei, daß die Juden im öffentlichen Leben eine proportional zu große Rolle spielten; kurz: solche, die die NSDAP nicht wegen ihres programmatischen Antisemitismus wählten, in diesem aber auch keinen Grund sahen, sie nicht zu wählen; und dazu gehören all jene, die die NSDAP aus sehr vielen Gründen nicht wählten, ja bekämpften, aber nicht auf die Idee kamen, ausgerechnet ihr Antisemitismus könnte ein besonders guter Grund sein, sie nicht zu wählen oder sie zu bekämpfen.

Diese normalen Antisemiten, von denen es auch in der NS-Führungselite genug gab, würden von sich aus nie ein weitgehendes Diskriminierungsprogramm und sicherlich kein Mordprogramm initiiert haben oder initiieren. Aber wie sich gezeigt hat waren sie bereit, solche Programme mehr oder weniger aktiv zu unterstützen – aus was für Gründen auch immer. Das gilt für die Führungselite wie für die Gesamtbevölkerung.

Was in den Vernichtungslagern geschah, wußte nur eine Minderheit, wenn diese auch nicht ganz so klein war, wie man es nach 1945 gerne gehabt hätte. Was diejenigen Massenmorde an den Juden auf dem Balkan und in der Sowjetunion anging, die von der Wehrmacht durchgeführt wurden, waren es schon mehr. Aber alle wußten von den Rassegesetzen, alle wußten von Deportationen, alle wußten, daß es wenigstens in Deutschland keine Juden mehr gab. Die NS-Führung verkündete es immer wieder in Rundfunk und Presse. Und als Goebbels im *Reich* schrieb, Hitler habe sein Versprechen aus dem Jahre 1939, ein neuer Krieg werde das Ende der jüdischen Rasse in Europa zur Folge haben, eingelöst – wann hätte sich je eine Regierung öffentlich in der Presse eines Massenmordes gerühmt? –, hielten wirklich alle Leser dieser Zeilen das für eine Metapher oder eine *façon de parler* die nichts weiter besagen sollte, als daß nun die Arisierung des Einzelhandels auch im Osten abgeschlossen worden sei?

Um diese mörderische Energie und mörderische Toleranz auch bei jenen zu verstehen, die keine fanatischen Antisemiten waren, hat man versucht, das Problem wegzudefinieren: Es sei im Grunde um die Juden selbst nicht gegangen, sie seien Sündenböcke, Stellvertreter für andere gewesen; oder es sei nur um ihr Eigentum gegangen, oder um Wirtschafts- oder Bevölkerungspolitik, die man auf ihre Kosten verwirklicht habe, und so weiter. Forschungen, die auf solchen Hypothesen aufgebaut wurden, haben zu wichtigen Erkenntnissen geführt. Sie haben vor allem deutlich gemacht, wie breit die praktische und intellektuelle Zu- und Zusammenarbeit bei diesem beispiellosen Ausrottungsprogramm gewesen ist.

Eine Frage können diese Forschungen nicht beantworten (dazu sind sie ja auch nicht da, sondern dazu, dieser Frage auszuweichen): Warum die Juden? Warum konnten sich diese verschiedenen Interessen, Bereicherungswünsche, wirtschaftspolitischen Kalküle, bevölkerungspolitischen Visionen etc. auf einen antisemitischen Nenner einigen? War es Zufall? Hätte es auch ein anderer sein können, aber die Gruppe der Juden hat sich eben durch ihr Vorhandensein einfach angeboten? Keiner wird diese Frage mit Ja beantworten wollen noch können, denn die Juden waren ja nicht einfach »da«, man mußte einen ziemlichen Definitions- und Gesetzesaufwand treiben, um klarzustellen, wer Jude war und wer nicht. Und die Vorstellung, alle Interessen, die später von der Judenvernichtung profitierten, seien schon zuvor dagewesen und hätten sich dann auf ein gemeinsames Objekt geeinigt, auf dessen Kosten alle auf die ihren kommen konnten, ist absurd.

Andererseits war der Antisemitismus durchaus einfach »da«, er war vorhanden bei den fanatischen Antisemiten, die von ihrer Idee besessen waren, und bei den normalen, denen es normal vorkam, wenn etwas auf Kosten der Juden ging – und wenn die Fanatiker es den weniger fanatischen leichter machten, das diffuse Objekt ihres Ressentiments deutlicher zu sehen, um so besser.

Man muß die Prioritäten umkehren: Ein deutschland-, dann europaweites antisemitisches Programm erlaubte es allen möglichen Individuen oder Gruppen, praktische und intellektuelle Zusatzgewinne zu machen. Es wurde ihnen ein Feld eröffnet, auf dem sie rüksichtsloser Gewinne machen, Bevölkerungspolitik betreiben, ökonomische Formeln Politik werden lassen, Theorien den letzten Schliff geben und mit praktischen Tips versehen konnten. Dazu brauchte es nur den Minimalkonsens, daß es in Ordnung war, wenn es auf Kosten der Juden ging. Dieser Minimalkonsens setzt aber zweitausend Jahre Antisemitismus voraus – ohne diese Geschichte wäre es zu solcher mörderischen Selbstverständlichkeit nicht gekommen.

Wer das sagt, wird oft zu Recht darauf hingewiesen, wie sehr der moderne Antisemitismus sich vom traditionellen unterscheide. Der alte, religiöse Antisemitismus habe seine historische Rolle ausgespielt, an seine Stelle sei der moderne Rassismus getreten – und mit ihm das bürokratische Vernichtungsprogramm an die Stelle des Pogroms. Das ist einerseits richtig. Einen Beleg für diese These kann man nicht zuletzt in den Schriften der modernen Antisemiten finden, etwa in Hitlers *Mein Kampf*.

Nur ergibt sich für den antisemitischen Theoretiker wie für den Theoretiker des Antisemitismus dasselbe Problem; er muß die Frage: »Warum die Juden?« beantworten. Der antisemitische Theoretiker hat es leicht, er sagt, er habe die Antwort auf diese Frage, an der seine religiösen Vorläufer nur herumgerätselt hätten, bei der Hand. Der Theoretiker des Antisemitismus wird nicht umhinkommen, je mehr Unterschiede er zwischen vormodernem und modernem Antisemitismus feststellt, desto mehr die Frage nach der Gemeinsamkeit aufzuwerfen, denn die Konstanz des Objektes wird um so rätselhafter, je variabler die Affekte sind, die auf es gerichtet sind. Der Theoretiker des Antisemitismus hat also die Wahl, entweder selber antisemitisch zu optieren, also den Grund der Sache im Objekt zu suchen – sprich: den Antisemitismus auf eine Eigenschaft der Juden zurückzuführen[4] –, oder den scheinbaren Wechsel

4 Ihre Selbstbeschreibung als auserwähltes Volk, ihr Bilderverbot, ihre Weigerung, sich religiös zu assimilieren usw.

der Affektlage (von der Religion zum Rassismus) als eine Transformation zu verstehen, die aus der langen Geschichte des Antisemitismus selbst resultiert.

Unser Abendland ist ein christliches. Das Christentum und der Antijudaismus sind siamesische Zwillinge, und ob es je gelingen wird, sie vollständig zu trennen, ist, wenigstens solange das Matthäus- und das Johannes-Evangelium unter die kanonischen Schriften zählen, eine offene Frage. Unter religiösen Voraussetzungen ist die Frage, ob einer Jude sei oder nicht, eine religiöse, also eine, die sich mit der Konversion erledigt. Mithin eine, die christlicherseits oft die Form »Taufe oder Tod« annahm. Für den rassistisch denkenden Antisemiten ist das Judentum nichts, was einer mit der Konversion hinter sich lassen könnte, für ihn lebt es im Blute. Hier liegt für das potentielle Opfer des Antisemiten der große Unterschied zwischen religiösem und nachreligiösem Antisemitismus.

Fahrlässig wäre es, den Unterschied zwischen der Möglichkeit, sein Leben zu retten, indem man eine andere Konfession annimmt (oder, indem man es opfert, Märtyrer der eigenen zu werden), und der Tatsache, von Standesamts wegen zum Tode verurteilt zu sein, geringzuschätzen. Doch ist es, um die Dynamik des nachreligiösen Antisemitismus zu verstehen, von entscheidender Bedeutung, zu sehen, daß es diesen Unterschied so rein nie gegeben hat, dagegen aber Praktiken, für die wir heute kein anderes Wort wüßten als »rassistisch«, als es noch keinerlei Begriff von Rasse oder Biologie im modernen Sinne gab.

Ein Laboratorium des Antisemitismus ist das Spanien Ende des 15. Jahrhunderts. Es ist ein Zufall, daß das Jahr 1492 die Entdekkung Amerikas und die Eroberung des letzten maurischen Fürstentums auf der Iberischen Halbinsel sieht, weniger aber ein Zufall, daß die erste europäische Großmacht – hervorgegangen aus der freiwilligen Vereinigung von Aragón und Kastilien zu Spanien – den ersten Versuch sieht, die »Judenfrage« zu »lösen«.

Die spanischen Juden wurden vor die Alternative gestellt, auszuwandern oder zu konvertieren. Mit denen, die die Konversion vorzogen, begann das Problem für die christliche Mehrheit. Man hatte nun Christen im Lande, die freiwillig keine geworden wären und die darum verdächtig waren. Verdächtig, heimlich jüdische Riten zu praktizieren (was manche taten); verdächtig, die Christen zu hassen (was gewiß einige taten).

An die Stelle einer Kultur der Verfolgung trat eine des Verdachts. Und also erfand man Mittel, dieser Kultur zum Ausdruck zu verhelfen, und wir finden das ganze Arsenal des modernen Antisemitismus in der Retorte »Spanien nach 1492«: die Weltverschwörung (denn die Ausgewanderten hätten die Reformation angezettelt), den Juden als Unterwanderer (denn offiziell durfte es ihn nicht mehr geben, man sah ihn nicht mehr, also konnte er überall sein), das Jüdische als vererbbare Eigenschaft: Die Nürnberger Gesetze sind, bewußt oder unbewußt, nach dem Vorbild der spanischen Gesetze zur Reinerhaltung des Blutes – *limpieza de sangre* – verfaßt worden; Raul Hilberg hat die Parallelen in der Einleitung zu seinem Hauptwerk *Die Vernichtung der europäischen Juden* deutlich gemacht.

Es gab diese fixe Idee schon lange vor dem spanischen Exempel. Zu Zeiten der Pest ermordeten Christen die Nachkommen zwangskonvertierter Juden wegen des Verdachts der Brunnenvergiftung. Und es gab sie lange nachher. In Deutschland begann der moderne Antisemitismus als Reaktion auf die sogenannte Emanzipation der Juden, und Heinrich von Treitschke, der Urheber der Parole »Die Juden sind unser Unglück«, empfand es am Ende des 19. Jahrhunderts als eine Gefahr für Deutschland, wenn die Nachkommen der zu Pest- und Kreuzzugszeiten, das heißt vor Jahrhunderten, nach Osten Vertriebenen zurückkämen, denn sie müßten doch voller Ressentiments sein.

Es gibt ein Bewußtsein der Untat[5]; dieses Bewußtsein führt zur Erwartung einer Vergeltung, und diese zu projektivem Haß – so kann man in der Moderne die Ursachen des Antisemitismus vergessen oder verurteilen und doch fanatisch antisemitisch sein und

5 Nicht nur in der antijüdischen Verfolgungsgeschichte. Es gibt historische Parallelen auch in der nordamerikanischen Indianerpolitik.

zusätzlich ein Argument daraus gewinnen: Die Juden müssen schon sonderbare Leute sein, wenn wir sie dauernd verfolgen. Dieser Satz ist das nun in der Tat banale Geheimnis des nachreligiösen, modernen Antisemitismus, der kein Rätsel ist, wenn man die Tatsache einer irgendwann selbstreferentiell werdenden Verfolgungsgeschichte, die nicht von sich lassen kann, akzeptiert.

Aber wenn man diese Tatsache, die sich auch darin zeigt, daß die antijüdischen Gesetze der Nationalsozialisten auf nichts weiter als auf die jüdische Religionszugehörigkeit der Vorfahren rekurrierten, einzusehen bereit ist, so bereitet es doch große Schwierigkeiten einzusehen, wie eine solche Obsession die Macht über die Politik eines modernen mitteleuropäischen Landes erhalten konnte. Daß eine Majorität Chancen wittert, wenn ein zuvor diffuser Wahn so klare Konturen erhält, daß man die eigenen Interessen darauf setzen kann, leuchtet vielleicht ein, aber wie kann es dazu kommen, daß sogar Interessen hintangesetzt werden? – Das klassische Beispiel sind die an der Front gebrauchten Züge, die für die Deportationen nach Auschwitz eingesetzt wurden.

Um das zu verstehen, muß man die andere Seite der Vernichtungspolitik des Nationalsozialismus betrachten, die Idee von der Volksgemeinschaft. Ziel des Nationalsozialismus war die Schaffung einer rassisch (heute würden wir sagen: ethnisch) homogenen Gemeinschaft, einer Gemeinschaft, in der es auf Grund ihrer Homogenität keinen Dissens mehr geben kann, weil alle möglichen Träger des Dissenses von vornherein ausgeschaltet worden sind. Diese Gemeinschaft war als europäische Herrenrasse phantasiert, herrschend über die übrige, von ihr abgesonderte und zu Teilen dezimierte und versklavte Bevölkerung Europas.[6]

---

6 In der SS wurde versucht, diese Herrenrasse aus ihrem Elitekern heraus zu züchten. Gefordert war ein Ariernachweis bis 1648, Ehen mußten genehmigt werden usw. Die Homogenität und der Dissens waren von vornherein ausgeschlossen: so konnte es in der SS keinen Kameradendiebstahl geben, weshalb es untersagt war, die Spinde abzuschließen. Die Folge waren ständige Ermittlungen wegen Kameradendiebstahls.

Ich möchte den Blick aber weniger auf den phantasierten Herrschaftsstatus dieser Gemeinschaft lenken als vielmehr auf die dieser Phantasie zugrundeliegende Idee der homogenen Gemeinschaft. Diese Idee oder dieses Phantasma ist, wiewohl wir von einem politischen Ziel sprechen würden, identisch mit dem Versuch, Politik abzuschaffen.

Am 12. März 1944 sagte Karl Dönitz in einer Rundfunkrede zum »Heldengedenktag« folgendes: »Was wäre unsere Heimat heute, wenn der Führer uns nicht im Nationalsozialismus geeint hätte? Zerrissen in Parteien, durchsetzt von dem auflösenden Gift des Judentums und diesem zugänglich, da die Abwehr unserer jetzigen kompromißlosen Weltanschauung fehlte, wären wir längst der Belastung dieses Krieges erlegen und der erbarmungslosen Vernichtung unserer Gegner ausgeliefert worden.«[7] Dies ist die knappste Formel, auf die die Idee der Volksgemeinschaft gebracht werden kann: Einigung durch Abschaffung der Politik und ethnische Homogenisierung.

Politik und Dissens gehören zusammen. Man könnte pointiert sagen, daß Politik die Methode ist, Handlungsfähigkeit ohne Konsens herzustellen, denn das Ziel politischer Koalitionen ist die Herstellung von Mehrheiten – mehr nicht. Ferner ist keine Koalition Garant irgendeines Konsenses, denn sie besteht nur auf Zeit. Ein starkes Bedürfnis nach Stabilität und Konsens steht also immer in Spannung zur Politik.

Die Angst vor der Politik aus Angst vor dem Dissens ist alt, sie begleitet wahrscheinlich die Politik und taucht immer wieder auf, wenn sich die Vorstellung breitmacht, es stehe irgendein »Ganzes« auf dem Spiel, das durch den Parteienhader gefährdet werde.[8] Den

7 Zitiert aus Telford Taylor, Die Nürnberger Prozesse. Hintergründe, Analysen und Erkenntnisse aus heutiger Sicht, München 1994, S. 472.

8 Selbst dort, wo die Politik erfunden wurde – in Athen –, bekam man Angst vor ihr, als sie in den Krieg geführt hatte. Es ist interessant, daß es im kriegführenden Athen Bestrebungen gab, mit Abstammungsnachweisen klarzulegen, was ein rechter Athener sei.

berühmtesten Ausdruck hat diese Angst im Werk von Thomas Hobbes gefunden, für den jede Idee von Gewaltenteilung, Bürgerrechten, Checks and Balances die zentrale Macht schwächt und also eine potentielle Quelle des Bürgerkriegs darstellt. Hobbes reagierte auf den englischen Bürgerkrieg, die letzte der großen Krisen des 16. und 17. Jahrhunderts, die »unsere Moderne« hervorgebracht haben.

Aber diese Angst durchzieht auch weniger offensichtlich das moderne Denken, etwa in der Idee, daß einzig das Streben nach Konsens einen Streit rechtfertigen könne, wie bei Kant in der *Kritik der Urteilskraft* nachzulesen. Diese Angst liegt auch der sozialistischen Idee zugrunde, daß politischer Dissens nur als Ausdruck von Herrschaftsverhältnissen verstanden werden könne und mit der Verwirklichung ökonomischer Gleichheit von selbst verschwinde, und vorher schon im Proletariat ein Mangelzustand sei, der von unzureichend entwickeltem Klassenbewußtsein zeuge.[9] Die Angst vor der Politik prägt auch zu Teilen unsere Gegenwartspolitik. Es gibt einen parteienübergreifenden Konsens, daß man sich in den wirklich wichtigen Fragen einig sein sollte. Das ist alles andere als evident. Nichts macht Streit so wahrscheinlich – und oft nötig – wie die wirklich wichtigen Fragen (und die Frage, welches diese eigentlich seien).

Damit diese Furcht vor der Politik in der Politik virulent werden kann, ja so virulent, daß sie zur Abschaffung der Politik führt, braucht es Voraussetzungen, und die kann man – die Geschichte ist

9 Von den drei Idealen Freiheit, Gleichheit und Brüderlichkeit hat, so sagt man, der Liberalismus das der Freiheit, der Sozialismus das der Gleichheit verabsolutiert – jeweils auf Kosten des rivalisierenden. Das ist insofern richtig, als die sozialistische Tradition aus der Idee resultiert, daß das Projekt der politischen Gleichheit der Französischen Revolution ohne das der ökonomischen Gleichheit nicht zu verwirklichen sei, und daß das Ziel der ökonomischen Gleichheit mit dem der ökonomischen Freiheit kollidiert. Zerstört hat aber den libertären Impuls des Sozialismus nicht die Idee der ökonomischen Gleichheit, sondern das Ideal der Solidarität vom demokratischen Sozialismus bis zum sozialdemokratischen Stallgeruch. Es produzierte die Figur des Verräters.

kein Mechanismus – nicht systematisieren. Rückblickend wissen wir, daß der Erste Weltkrieg zwei antipolitische Bewegungen begünstigt hat, den Bolschewismus und den Nationalsozialismus. Wo Totalitarismustheorie sich auf diesen gemeinsamen Zug der Abschaffung von Politik bezieht, hat sie recht im Betonen der Gemeinsamkeiten. Unrecht hat sie, wo sie die jeweils ganz unterschiedlichen Gewaltdynamiken verkennt, die beide Bewegungen hervorgebracht haben.

Der Bolschewismus hat eine fixe Idee, die die sozialistischen Parteien in unterschiedlichem Grade immer begleitet hat – die Angst vor dem Verrat –, zum Herrschaftsprinzip erhoben. Der Verräter, der Dissident, ist die Figur, von der der Bolschewismus besessen ist, und der Gulag-Sozialismus ist der Ausdruck dieser Obsession geworden. Entscheidend für die Figur des Verräters ist aber, daß er nicht von Anfang an einer ist. Der Verräter ist der Genosse von gestern. Jeder kann der Verräter von morgen sein. Mögliches Opfer staatlicher Verfolgung, staatlichen Terrors und Mordes war im Gulag-Sozialismus potentiell jeder bis hinauf zur obersten Spitze des Staates. In der Figur des Verräters objektivierte sich die stets fortbestehende Möglichkeit des Einwands gegen das gesellschaftlich Erreichte, mit ihm mußte der mögliche Dissens immer wieder vernichtet werden, und die Ubiquität des Verdachtes produzierte ihn immer wieder neu.

Der Feind, den sich der Nationalsozialismus imaginierte, indem sich seine Angst vor der Politik objektivierte, war der Schädling, der vorab definierte. Im Nationalsozialismus gab es, sieht man von dem einmaligen Schlag gegen die SA-Führung ab, keine Säuberungen. Wer nicht zu einer der klar bezeichneten Gruppen politischer Feinde oder auszurottender Schädlinge gehörte (und wer das sein würde, wußte man aus den Wahlkämpfen vor 1933 und den nach 1933 sofort einsetzenden Maßnahmen) und nicht von sich aus die Loyalität zum Regime offensiv in Frage stellte, war sicher.

Das ist der Grund für die viele Emigranten so erstaunende Unterstützung, die das NS-Regime in der deutschen Bevölkerung bis zuletzt erfuhr. Auch die Verschwörer des 20. Juli rechneten nicht damit, in der Bevölkerung irgendwelche Unterstützung zu erfahren. Man wird zugeben müssen, daß Dönitz buchstäblich recht hatte: Es war den Nationalsozialisten tatsächlich gelungen, eine Volksgemeinschaft herzustellen, ihr Phantasma Wirklichkeit werden zu lassen, indem sie klar zwischen dem »Wir« und »den anderen« unterschieden, und die Mehrheit des »Wir« zu mehr oder weniger passiven Komplizen von Verfolgung, Vertreibung und Ermordung »der anderen« machten.

Noch in Nürnberg verteidigte Dönitz, auf die oben zitierte Passage angesprochen, die Ansicht, daß die Ausschaltung der Juden aus dem Leben der Deutschen die deutsche Kampfkraft gestärkt habe, als evident. Hier sprach der 1891 geborene Berufssoldat etwas aus, was vielen Deutschen ein selbstverständlicher Gedanke gewesen war: daß nämlich nur eine homogene Volksgemeinschaft einen Krieg gewinnen könne. Diese Idee stammt aus dem ersten Versuch, eine solche herzustellen, als die Oberste Heeresleitung unter Ludendorff und Hindenburg im Deutschen Reich faktisch eine Militärdiktatur errichtete. Von Ludendorff stammt die Vorstellung vom Totalwerden des Krieges, von der Ausrichtung nicht nur der klassisch militärischen, nicht nur der ökonomischen, sondern sämtlicher Energien auf den Krieg. Jeder Bürger und jede Bürgerin sei an irgendeiner Front, proklamierte er, und es sei an der Obersten Heeresleitung, zu entscheiden, wo sie oder er eingesetzt werde. Hand in Hand damit (und mit dem Umstand, daß auch so der Krieg nicht gewonnen wurde) ging die Phantasie von den unzuverlässigen Kräften im Volke, den Schädlingen, und es waren auch dort schon nicht zuletzt die Juden, auf die sich diese Phantasien richteten.

Das Gegenstück zur homogenen Volksgemeinschaft als Voraussetzung der Totalen Mobilmachung war die Vernichtungspolitik der Nationalsozialisten, ihre zivilen Massenmorde wie die Amalgamierung von Krieg und Massenvernichtung, der Vernichtungskrieg, wie er von der deutschen Wehrmacht im Osten geführt wurde. Es war ein Krieg, der sich von vornherein gegen die gesamte Bevölkerung richtete und nicht gegen eine gegnerische Armee. Dort war die Ausrottung der Juden nicht die Aufgabe eines Besatzungs-

oder Kollaborationsregimes, das die Deportationen in die Vernichtungslager organisierte, sondern Teil des kriegerischen Vormarsches selbst, genauso wie die Dezimierung der nichtjüdischen, aber als asiatisch ebenfalls zur Untermenschenkategorie gehörenden Bevölkerung von Rußland, Weißrußland und der Ukraine.

Dieser Krieg war ein Rassenkrieg und ein Vernichtungskrieg – die deutsche Generalität selbst hat das deutlich genug ausgesprochen. Die Möglichkeit, den Krieg auf, wenn man so will, normale Weise und vielleicht erfolgreicher zu führen, indem man loyale Quislingregime installierte, schlug man damit faktisch aus. Dabei wäre das in einigen Teilen der Sowjetunion durchaus möglich gewesen: dort, wo die Bevölkerung unter der stalinistischen Kollektivierungs- und Hungerpolitik sowie unter den Säuberungen derart gelitten hatte, daß weite Teile – zumal ihrerseits antisemitisch gesonnene – das Regime Hitlers dem Stalins so lange meinten vorziehen zu sollen, bis sie merkten, daß die Deutschen sich noch fürchterlicher aufführten, als es die Propaganda Stalins, der man Grund hatte, kein Wort mehr zu glauben, behauptete.

Hier bekommt die destruktive Energie des nationalsozialistischen Deutschland einen selbstdestruktiven Zug; hier zeigt sich, daß die Frage, was geschehen wäre, wenn die Nazis den Krieg gewonnen hätten, müßig ist; und hier liegt die Wahrheit des Emigrantenwitzes vom Wunderrabbi im KZ Theresienstadt, den Hitler heimlich befragen läßt, wer den Krieg gewinnen werde, und der ausrichtet, man brauche nur eine Münze zu werfen: bei »Kopf« siege Amerika, bei »Zahl« die Sowjetunion, und wenn die Münze auf der Kante stehenbleibe, Frankreich. »Vielleicht aber tut Gott ein Wunder, und die Münze bleibt in der Luft hängen: dann siegt die Tschechoslowakei.« Mit den Worten Adornos: »Während sie alles gewannen, wüteten sie schon als die, welche nichts zu verlieren haben.«[10]

Ich will das nicht mystifizieren und verzichte darum auf Voka-

10 Adorno, a. a. O., S. 116.

beln wie »innerer Zug zur Selbstdestruktion«. Ich weise nur auf mehr oder weniger absehbare Folgen einer Praxis hin, die es uns erschweren, bestimmte Züge des Nationalsozialismus mit den Kriterien politischer Rationalität zu fassen, die wir für selbstverständlich halten. Dem widerspricht nicht, daß diverse, uns durchaus geläufige Teilrationalitäten, allen voran ökonomische, sich bestens in den nationalsozialistischen Bezugsrahmen integrieren konnten. Das aber verweist uns auf den eminent pragmatischen Zug, der diesen Bezugsrahmen auszeichnete, und führt uns ab von der Vorstellung, hier etwas wie einen Idealismus des Bösen am Werke zu sehen.

Überhaupt hat man viel zu sehr dazu geneigt, das Moment der Ideologie im Nationalsozialismus zu überschätzen, und dabei oft den ungeheuer beliebigen Zug übersehen, den das eklektizistische Patchwork der sogenannten Weltanschauung auszeichnete. Auch hier haben wir einen signifikanten Unterschied zum System Stalins, das in frappierender Weise nach einem kirchlichen Schema eingerichtet war: mit Gottheiten (Marx und Engels), einem vergötterten Religionsstifter (Lenin) und einem unfehlbaren Ausleger der Schrift (Stalin). Politische Maßnahmen, jedenfalls solche größeren Stils, bedurften immer des Rückbezugs auf das ideologische Gesamtsystem. Nichts auch nur annähernd Vergleichbares gab es im Nationalsozialismus, der sich keinen einzigen repräsentativen Intellektuellen leistete, obwohl es an Angeboten ja nicht fehlte – von Carl Schmitt über Gottfried Benn bis zu Martin Heidegger. Sie alle wurden ein Stück weit mitgenommen, aber mißtrauisch betrachtet. Der Parteiphilosoph Rosenberg galt nichts bei seinen Leuten.

Und schließlich lehnte Hitler Bestrebungen, die Weltanschauung des Nationalsozialismus zu systematisieren, entschieden ab, ebenso wie den Versuch seines Innenministers Frick, das 1937 ablaufende Ermächtigungsgesetz durch ein »Gesetz über die Reichsgesetzgebung« zu ersetzen. Auch sollte sich Hitlers Führerrolle nicht aus seiner Rolle als Parteiführer ableiten. Der sogenannte Führerstaat Hitlers – jedenfalls seine intendierte Realität – läßt sich am besten erfassen mit dem, was Max Weber charismatische Herrschaft nennt. Dieser Vorschlag ist schon öfter gemacht worden, etwa von Martin

Broszat oder Ian Kershaw, aber keiner von ihnen hat meines Erachtens deutlich gemacht, wie wichtig diese Art antipolitischer Selbstorganisation für die nach außen mörderische, nach innen zunächst zusammenhaltende, dann im Endeffekt selbstdestruktive Dynamik der nationalsozialistischen Volksgemeinschaft gewesen ist.

Wenn man die politische Dynamik dieser Herrschaftsform versteht, gewinnt man auch einen Blick für den erwähnten selbstdestruktiven Zug, oder, wenn man es anders ausdrücken will, für jene sich so signifikant von dem, was uns als politische Rationalität geläufig ist, unterscheidende Prioritätensetzung des Nationalsozialismus.

Weber unterscheidet charismatische Herrschaft von legaler einerseits und traditionaler andererseits. Bedeutsam an dieser Unterscheidung ist, daß charismatische Herrschaft im wesentlichen in der permanenten Demonstration dieser Unterscheidung besteht – sie ist nicht nur nichttraditional und nichtinstitutionell, sondern antitraditional und antiinstitutionell. Legale Herrschaft begründet ihre Legitimität durch Institutionen und gesetzlich vorgeschriebene Verfahren, traditionale durch Traditionen des Hergebrachten. Hitlers Abneigung gegen festgeschriebene Ideologien oder die Partei als den Führerwillen legitimierende Instanz zeigt den antitraditionalen und antiinstitutionellen Zug bereits in nuce.

Charismatische Herrschaft ist eine direkte Führer-Gefolgschafts-Beziehung, die, im idealtypischen Falle, nichts außer dieser kennt. Der Führer ist der Führer, weil er der Führer ist, nicht weil er irgend etwas repräsentierte (außer, natürlich, das gesamte Volk oder eine beliebige abstrakte Größe, etwa die Vorsehung).

Max Weber weist nun auf einen interessanten Umstand hin – die Verwobenheit von charismatischer Diktatur mit basisdemokratischen Elementen: »Das seinem primären Sinn nach autoritär gedeutete charismatische Legitimitätsprinzip kann antiautoritär umgedeutet werden. Die tatsächliche Geltung der charismatischen Herrschaft ruht auf (der) Anerkennung der konkreten Person als der charismatisch qualifizierten und bewährten durch die Beherrschten. Nach der genuinen Auffassung des Charisma wird diese

Anschauung dem legitimen, weil qualifizierten Prätendenten geschuldet. Dieses Verhältnis kann indessen leicht dahin umgedeutet werden: daß die freie Anerkennung durch die Beherrschten ihrerseits die Voraussetzung der Legitimität und ihre Grundlage sei ... Dann wird die Anerkennung zur ›Wahl‹ und der kraft eigenem Charisma legitimierte Herr zu einem Gewalthaber von Gnaden der Beherrschten und kraft Mandats... Der Unterschied zwischen einem gewählten Führer und einem gewählten Beamten bleibt dann lediglich ein solcher des Sinnes, den der Gewählte selbst seinem Verhalten gibt und ... gegenüber dem Stab und den Beherrschten zu geben vermag ...«[11]

Nun gibt es eine reine charismatische Herrschaft wahrscheinlich nur an Bord eines Piratenschiffes[12], aber das ändert nichts an der Tatsache, daß die antiinstitutionellen und antitraditionalen Elemente des Ideals charismatischer Herrschaft auch in einem komplexen Staatswesen virulent werden können.

Sie konnten im Nationalsozialismus zum Beispiel selber institutionalisiert sein durch das Element der »Führererlasse«, also den Zugriff auf dem Verordnungswege an den fortbestehenden Instanzen vorbei oder durch sie hindurch. Diese Führererlasse konnten einerseits rechtsändernde Kraft haben, durften aber andererseits nicht veröffentlicht werden, weshalb Richter gezwungen waren, dem geschriebenen Recht zuwiderlaufende Urteile zu fällen, ohne dies legitimieren zu können. Das bedeutet natürlich nicht, daß das ganze Rechtssystem instrumentalisiert wurde, in vielen Bereichen existierte die bürgerlich-institutionelle Ordnung unverändert weiter; das hieß auch nicht, daß die Bedeutung detaillierter Gesetzgebung und eines gewissenhaften Verordnungswesens unterschätzt wurde – im Gegenteil: Die Nürnberger Rassegesetze schafften ja jene Willkürsicherheit, die dem Regime die Loyalität eintrug, die es

11 Max Weber, Die drei reinen Typen der legitimen Herrschaft, in: ders., Methodologische Schriften, Frankfurt/M. 1968, S. 227f.

12 R. L. Stevenson gibt in seiner Gestalt des Long John Silver eine gute Studie der Probleme charismatischer Herrschaft.

brauchte. Aber alle diese Institutionen standen zur Disposition, und dadurch transformierte sich auch Rechtssicherheit von einer Garantie zu einem gewährten Privileg.[13]

Besonders grotesk zeigte sich das Neben- und Durcheinander von Gesetzen, Verordnungen und Willkür in den Konzentrationslagern. Es gab immer peinlich genaue Vorschriften über zulässige und unzulässige Strafen und Strafanlässe, die nie außer Kraft gesetzt wurden, sie koexistierten aber stets mit einer vollständigen Willkür der Gewaltpraxis in den Lagern. Die Realität eines Schlachthauses vertrug sich mit einer Vorschriftenlage, die besagte, daß Prügelstrafen an weiblichen Häftlingen von Himmler persönlich und schriftlich zu genehmigen seien. Diese Verfassung der Lager erlaubte es der SS-Führung, hier ihren Leuten freie Hand zu lassen und dort Disziplinarverfahren durchzuführen, je nachdem, wie sie es für richtig hielt. Hier konnte ein Lagerkommandant foltern, morden und sich bereichern, dort konnte ein anderer wegen derselben Taten getadelt, versetzt, bestraft, sogar hingerichtet werden.

Auch die SS hielt nicht eine definierte Rolle im nationalsozialistischen Staat und noch weniger eine gemeinsame Ideologie zusammen, als vielmehr eine gemeinsame Praxis und das Gemeinschaftsgefühl, eine Elite zu sein. Das aber ist charakteristisch nicht für eine Institution, sondern für eine Bande. Die von Max Weber angesprochene Rolle des charismatischen Führers ist die des Bandenchefs. Viele der Entscheidungen Himmlers sind dadurch motiviert, seine Leute bei Laune zu halten. Es werden manchmal SS-Männer zu KZ-Kommandanten gemacht, bloß weil man keinen anderen Job für sie findet, weil sie bei einer Frühpensionierung zuwenig Rente bekä-

---

13 Einen interessanten Fall teilt Raul Hilberg mit. Die Anordnung, daß Führerscheine von Juden ungültig seien, ließ Himmler in der Tagespresse mitteilen. Auf eine Beschwerde hin, daß die Verordnung nur in der Presse, nicht aber im Reichsgesetzblatt veröffentlicht worden sei, ferner für eine solche Verordnung das Verkehrsministerium zuständig sei, entschied das Reichsgericht, daß, wenn der Reichsführer-SS eine solche Verordnung bekanntgebe, ohne daß das Verkehrsministerium protestiere, sie Gesetzeskraft habe.

men, weil sie für jede andere Arbeit unqualifiziert, aber schon seit den zwanziger Jahren dabei sind.[14]

Aber es gibt auch einige direkt plebiszitäre Elemente im Nationalsozialismus. So ist die Bücherverbrennung des Jahres 1933 keine von oben verordnete Angelegenheit, sondern eine studentische Initiative revolutionär-demokratischer Tradition, mit Anspielung auf die Bücherverbrennung auf der Wartburg 1817.[15] Hans Mommsen spricht von einem immer wieder zu beobachtenden »Vorpreschen der Basis«, dem die politische Führung folgt und Form gibt. Charismatische Herrschaft entwirft von sich das Bild eines Handelns aus gemeinsamem Geiste. »Wir suchen eine Bindung«, schrieb Carl Schmitt, »die zuverlässiger, lebendiger und tiefer ist als die trügerische Bindung an die verdrehbaren Buchstaben von tausend Gesetzesparagraphen. Wo anders könnte sie liegen als in uns selbst und unserer eigenen Art? Auch hier ... münden alle Fragen und Antworten in dem Erfordernis einer Artgleichheit, ohne die ein totaler Führerstaat nicht einen Tag bestehen kann.«[16] Wir hören hier das Leitmotiv der ethnisch homogenisierten und politikfreien Volksgemeinschaft, mit der die Idee des Führerstaats in eins gesetzt wird.

In der Rede von den beliebig verdrehbaren Buchstaben wird aber noch eine Eigenschaft der charismatischen Herrschaft deutlich: Sie kann sich nur beweisen, indem sie gegen die Merkmale anderer Herrschaftsweisen verstößt. Daß einer wirklich im Geiste des Führers handelt, zeigt er am sichersten, indem er gegen Tradition und Satzung verstößt. Hier zeigt sich der Hang der nationalsozialistischen Rhetorik und Praxis zur »radikalen Lösung«, zum »Fanatis-

---

14 Segev, a. a. O., S. 153ff.

15 Vgl. Jan Philipp Reemtsma, Wo man Menschen verbrennt, verbrennt man auch Bücher, in: Hamburger Ziegel, Jahrbuch für Literatur II (1993/94). Hamburg 1993, S. 518ff.

16 Carl Schmitt, Staat: Bewegung, Volk. Die Dreigliederung der politischen Einheit, 2. Aufl., Hamburg 1933, S. 45.

mus«, zum »Eiskaltsein«, zur »Rücksichtslosigkeit«, zur Abrechnung mit dem, »was bloß auf dem Papier steht«.

Der Nationalsozialismus war so autoritär wie antiautoritär, er liebte seine Archaismen, wenn sie gegen Traditionen ins Feld geführt werden konnten. Und vor allem liebte er die Gewalt, denn die gewaltsame Lösung eines Problems, der rücksichtslose Zugriff ohne langes Fackeln, verbürgte die Unkonventionalität, die sich um Gesetz und Herkommen nicht schert und den getreuen Vollzug des Führerwillens und den gemeinsamen Geist beweist, indem er keine anderen, also eigentlich keine Rücksichten nimmt. »Der Nazi« war kein folgsamer Untertan, sondern ein kreativer Barbar, der seine Barbarei als Ausweis seiner Kreativität und umgekehrt ansah – ob er nun ein Wehrwirtschaftsführer war, der Skizzen von territorialen Neuordnungen entwarf, oder ein SS-Mann, der sich in der Kantine rühmte, herausgefunden zu haben, daß es effektiver sei, Häftlinge mit dem Kopf in einen Wassereimer zu stecken, als nur auf sie einzuschlagen.[17]

Die Frage, ob der Massenmord an den europäischen Juden angeordnet war oder ein Ergebnis einer sich selbst radikalisierenden Maßnahmenpolitik, ist wie viele andere dichotomischen Probleme, in denen die Geschichtsschreibung des Nationalsozialismus sich immer wieder verstrickt, ein Scheinproblem. Er war beides. Im Modell charismatischer Herrschaft tendieren Befehl und Freie-Bahn-Geben dazu, eins zu werden; jedes Problem, das eine »radikale Maßnahme« zur Folge hatte, wurde durch die nächste beantwortet. Befehl und Ausführung, Intention und stufenweise Realisierung wuchsen zusammen.

Charismatische Herrschaft mit ihren autoritären wie antiautoritären, antitraditionalen und antiinstitutionellen Komponenten sowie ihrer Tendenz zur Rücksichtslosigkeit und Gewalt, zusammen mit der fixen Idee einer ethnisch homogenisierten, vor der Gefahr von Politik und Dissens bewahrten und auf wechselseitige Loyalität

17 Segev, a. a. O., S. 41.

eingeschworenen Gemeinschaft: das wäre das nationalsozialistische Deutschland gewesen?

Sagen wir so: so gut es in turbulenten zwölf Jahren denn geht, und daran gemessen ging es erschreckend reibungslos. Es handelt sich um die tendenzielle Verwandlung eines institutionell gegliederten und differenzierten Nationalstaates in eine Bande, der es gelang, divergierende Interessengruppen – Unternehmerverbände, Gewerkschaften, Wehrmacht, Beamtenschaft, Universitäten, Kirchen und so weiter – einzubinden, sehr oft durch Korruption und eine Pfründe versprechende, aggressive Außenpolitik. Aber Korruption ist eigentlich das falsche Wort. Im Grunde ging es um die Eröffnung einer Chance, das, was man schon immer getan hatte oder tun wollte, effizienter, profitabler, abenteuerlicher, rücksichtsloser, brutaler zu tun.

Daß die Volksgemeinschaft ihren Mitgliedern diese Chance bot und dabei über den Leichen ihrer Opfer selber zugrunde ging, kann man als zwei Seiten derselben Medaille verstehen. Die Interessen der Komponenten der Volksgemeinschaft wurden so gut bedient (und die Minderheit der Nichtzugehörigen so effektiv ausgeschaltet), daß sich keine Gruppe im eigenen Interesse zum Sprachrohr des gefährdeten Ganzen machte. Erst als es zu spät war, befahl Himmler, die Vergasungen einzustellen und zu sondieren, ob die westlichen Alliierten Interesse an einem Pakt mit der SS gegen die Sowjetunion hätten. Etwas erfolgreicher waren die Kontakte von Teilen der deutschen Wirtschaft, die zu Recht hoffen konnten, eine militärische Niederlage besser überstehen zu können als der Reichsführer-SS.

Insgesamt aber beruht die zum Ende so irritierende scheinbare Irrationalität und die Selbstdestruktivität des nationalsozialistischen Deutschland auf seiner völkischen Erfolgsgemeinschaft, aus der nur um den Preis des eigenen Nachteils auszubrechen war. Die einen, die aus ihr wenig mehr als das phantasmatische Einheitsgefühl zogen, meinten, mit ihr untergehen zu müssen, weil sie ohne sie untergehen würden, die anderen, für die mehr herausgesprungen war, daß sie ihren Untergang mitsamt wenigstens einem Teil dessen, was sie durch sie hatten einheimsen können, überleben würden. Schließlich aber schloß alle zusammen, was einer jeden Bande das Gefühl gibt, auf Gedeih und Verderb zusammenzugehören, die Komplizenschaft, denn, wie Hilberg schreibt, der Vernichtungsprozeß habe nur zum Erfolg führen können, »weil alle möglichen Fachleute ihre Ideen und Kenntnisse dazu beigetragen hatten«, weil sie »denkende Menschen gewesen waren; und vor allem, (weil) sie verfügbar blieben, also weder ihren Dienst quittiert, noch Maßnahmen der Verwaltung behindert hatten« – es war eine »allumfassende Bereitschaft«[18] zum Mittun und bei allen anderen zum Zu- oder Wegsehen.

Es ist eben *kein* Widerspruch vorhanden zwischen dem Willen, bis zur letzten Patrone und um jeden Meter Boden zu kämpfen, der Tatsache, daß die deutschen Rüstungsanstrengungen ihren Höhepunkt erreichen, als der Krieg für alle sichtbar schon verloren ist, und der behaupteten Selbstdestruktivität des Kollektivs, das durch diesen Willen und diese Anstrengung geeint ist. Das eine folgt aus dem anderen und daraus, daß das Phantasma der völkischen Einheit durch eine Massenvernichtung von Menschen begründet wurde, bei der nur einige die Exekutoren, fast alle aber Mitwisser und Komplizen waren.

Wenige, so sagte Hannah Arendt einmal, haben alles gewußt, aber jeder hat irgend etwas gewußt – und solche Transformation von Staatlichkeit ins Bandenförmige führt dazu, daß die nationalsozialistische Volksgemeinschaft als Fremdkörper in der Moderne wirkt, die nicht zuletzt mit Formung und Aufstieg des modernen Staates assoziiert wird. Man vergißt darüber aber leicht, daß der Nationalsozialismus – in etwas wie einer negativen Auslese – viele Momente der Moderne zusammenfassen und so für vieles Akzeptanz schaffen und das »Wir sind die neue Zeit« mit Plausibilität versehen konnte: die Fundierung dessen, was man zuvor Vorurteil ge-

18 Raul Hilberg, Unerbetene Erinnerung. Der Weg eines Holocaust-Forschers, Frankfurt/M. 1994, S. 108.

nannt hätte, durch etwas, das man Wissenschaft nannte, die Utopie einer Gesellschaft im Konsens, die rücksichtslose Ablehnung alles Hergebrachten, die Ermutigung, unkonventionell und kreativ zu sein.

»Wie konnte das alles geschehen?« So. So, wie es eben geschehen ist. Das und nichts anderes hieße wohlverstanden Historisierung. Und wäre sonst noch etwas zu fragen, außer in dieses Schema, das zeigt, wie der Zivilisationsbruch möglich wurde, im Detail einzutragen, wie er Wirklichkeit wurde? Im Grunde nur für den Religiösen, der hinter den Tatsachen eine Instanz vermutet, die er befragen kann, wie sie es zulassen konnte. Auch die Frage nach der Moderne kann einen solchen religiösen Zug bekommen, wenn ihr Unterton ist: wie es die Moderne erlauben konnte, daß sie ein solches Gesicht annahm. Ohne Religion bleibt man mit der Frage, warum die Welt nicht eingestürzt sei, allein – allenfalls sollte man sich klarmachen, daß sie, zu Teilen wenigstens, eingestürzt ist.

Raul Hilberg berichtet in seinem Buch *Täter, Opfer, Zuschauer* dieses: Im Herbst des Jahres 1942 standen eine Mutter und ihre Tochter vor einer mit Leichen gefüllten Grube. Ein deutscher Soldat kam auf sie zu und fragte die Mutter: Wen soll ich zuerst erschießen? Sie schwieg, er riß ihr das Kind aus den Armen. Es schrie und wurde erschossen. Dann schoß er auf die Mutter. – Daß sie überlebte und die Geschichte erzählen konnte, war Zufall.

Der deutsche Soldat hatte gefragt. Die Mutter hatte geschwiegen. Sie hätte sagen können: Das Kind. Das Kind hätte es gehört und wäre erschossen worden. Dann die Mutter. Sie hätte sagen können: Mich. Sie wäre erschossen worden. Das Kind hätte es gesehen und wäre dann erschossen worden. Die Mutter schwieg, der deutsche Soldat riß ihr das Kind aus den Armen. Es schrie und wurde erschossen. Dann die Mutter.

Es sind solche, wie Hannah Arendt sagte, »Anekdoten«, in denen wir »Momente der Wahrheit finden« können und in äußerster

Kürze erkennen, »worum es eigentlich ging«.[19] Es sind diese Szenen, in denen wir fühlen, daß die Welt, zu Teilen wenigstens, eingestürzt ist, und die uns in Erinnerung halten sollten, daß die unbeschreibliche Gleichförmigkeit des Grauens von Auschwitz, Treblinka, Sobibor, Babi Jar, Belaja Zerkow durch den perspektivischen Abstand so gleichförmig ist, der uns zwingt, das Morden durch die Augen der Täter zu betrachten, vor denen die Opfer, wie Franz Stangl, der Kommandant von Treblinka, es ausdrückte, nur eine »Masse« waren: »Ich sah sie kaum als einzelne. Sie waren immer eine riesige Masse. Manchmal stand ich auf dem Erdwall und beobachtete sie auf ihrem Weg durch den ›Schlauch‹. Aber – wie soll ich es Ihnen erklären – sie waren nackt, zusammengepfercht; sie rannten, von Peitschen angetrieben, wie ...«[20]

Aber es ist eben nicht nur die Distanz, sondern auch die Notwendigkeit, daß wir, wenn wir begreifen wollen, wie das Extrem des Grauens zur Normalität werden konnte, durch die Augen jener sehen, für die es Normalität wurde, und zudem erschließt sich die Besonderheit des Verbrechens gerade dem Blick, der von den Besonderheiten absieht.

So wird die historische Wahrheit der menschlichen, die allein in der Besonderheit bewahrt bleibt, entgegengesetzt. Das ist die geschichtsphilosophische Lektion des Nationalsozialismus. Man liest mit Entsetzen, wie der 1947 in Polen freigesprochene, von Januar 1944 an in Auschwitz im Hygiene-Institut arbeitende SS-Arzt Dr. Münch, heute Landarzt im Allgäu, in einem von Bernhard Frankfurter arrangierten und dokumentierten Gespräch mit Dagmar Ostermann, einem ehemaligen Häftling von Auschwitz, in furchtbar belehrender Weise recht behält: »Sie waren doch kein Mensch, nicht wahr, das waren Sie doch nicht in dem Sinn. Sie waren eine

19 Hannah Arendt, Der Auschwitz-Prozeß, in: dies., Nach Auschwitz, Berlin 1989, S. 135.

20 Gitta Sereny, Am Abgrund. Gespräche mit dem Henker. Franz Stangl und die Morde von Treblinka, München/Zürich 1995, S. 237.

Nummer«[21], und auf der Höhe der intellektuellen Einsicht Ostermanns Bestehen auf den Wörtern »unmenschlich« oder »Greuel« mit dem Hinweis bescheidet, mit solchen konventionellen Wörtern sei das Entsetzliche nicht zu fassen.

Die Perspektive mit den Tätern zu teilen – aus dieser Situation kann sich die historische, die sozialwissenschaftliche Analyse nie ganz befreien. Ebensowenig wie das Deutschland nach 1945 das kann.

Ich meine damit nicht in erster Linie die krassen Fälle, die schleswig-holsteinischen Beamten, die den Arzt Dr. Fritz Sawade deckten, obwohl sie wußten, daß er der Massenmörder Werner Heyde war; diejenigen, die wußten oder ahnten, daß der Förster Karl Neumann früher Richard Baer geheißen hatte und der letzte Kommandant von Auschwitz gewesen war; diejenigen an der Universität Aachen, die wußten, daß Schwerte Schneider war; nicht den Vorsitzenden der »Gesellschaft für bedrohte Völker«, meinen Vetter Tilman Zülch, der die Identität seines Beiratsmitgliedes Peter Grubbe alias Klaus Volkmann für nicht erwähnenswert hielt, allenfalls vielleicht für etwas peinlich; nicht alle jene Staatsanwälte, denen Jean Amérys Mitteilung des Namens seines Folterers im Polizeihaftlager Breendonk in Belgien (»Warum soll ich eigentlich seinen Namen verschweigen, der mir später so geläufig wurde? Es geht ihm vielleicht gut zur Stunde, und er fühlt sich wohl in seiner gesund geröteten Haut, wenn er vom Sonntagsausflug im Auto heimkehrt ... Der Herr Leutnant, der hier die Rolle eines Spezialisten für Folterungen spielte, hieß Praust – P-R-A-U-S-T«[22]) keine Ermittlung wert war – alle die meine ich nicht in erster Linie, weil sie im Grunde nur den Grundkonsens unserer Gesellschaft in für seine Bewahrung etwas zu krasser Weise demonstrieren.

Ich meine den Umstand, daß unsere Gesellschaft einen Aspekt

---

21 Bernhard Frankfurter (Hg.), Die Begegnung. Auschwitz – Ein Opfer und ein Täter im Gespräch, Wien 1995, S. 58.

22 Jean Améry, Jenseits von Schuld und Sühne, Stuttgart 1980, S. 62.

der NS-Gesellschaft reproduzieren muß, um sich zu demonstrieren, daß sie von ihr getrennt ist. Sosehr die nationalsozialistische Volksgemeinschaft zur Bande sich transformierte, so sehr mußte sie doch neben ihrer Realität das Bild ihrer historischen Normalität bewahren. Sei es in der Kriegs- wie Nachkriegsphrase, daß die andern auch nicht besser seien, sei es in der Prätention der in Nürnberg Angeklagten, Staatsmänner zu sein, die Robert Ley vor seinem Selbstmord in diese Worte faßte: »Stellt uns an die Wand und erschießt uns! – Alles schön und gut – Ihr seid die Sieger. Aber warum soll ich vor einen Gerichtshof geschleppt werden wie ein V..., V..., wie ein V..., V... Ja, ich kann das Wort nicht einmal aussprechen.«[23]

Oder wie diejenigen, die auf Walter Kempowskis Umfrage, ob sie von den Lagern gewußt hätten, mit einem klaren »Nein« antworteten, und dann erzählten, sie hätten sich darüber unterhalten, daß die Juden nun alle in Dachau seien. »Der Gedanke«, schrieb Adorno 1944, »daß nach diesem Krieg das Leben ›normal‹ weitergehen ... könnte ... ist idiotisch. Millionen Juden sind ermordet worden, und das soll ein Zwischenspiel sein und nicht die Katastrophe selbst. Worauf wartet diese Kultur eigentlich noch?«[24] Es ist normal weitergegangen, durch bloßes Insistieren darauf, die Katastrophe sei eben bloß eine Ausnahme gewesen, und durch die gleichzeitige Integration der Katastrophe in den Alltag.

Das Extrem kann in die Normalität integriert werden, indem man darauf besteht, die Normalität sei nicht außer Kraft gesetzt. Die Volksgemeinschaft betrachtet sich mit den Augen des Sozialwissenschaftlers und fragt, wie es dazu kommt. Sie muß Probleme lösen. A führt zu B; und weil X, so Y.

Dr. Münch, der bekennt und den ehemaligen Häftling Dagmar Ostermann belehrt, daß keine Wörter an das Grauen von Auschwitz heranreichen, schon gar nicht »unmenschlich«, mit dem man

23 G. M. Gilbert, Nürnberger Tagebuch, Frankfurt/M. 1982, S. 13.

24 Theodor W. Adorno, Gesammelte Schriften, hrsg. von Rolf Tiedemann, Bd. 4, Frankfurt/M. 1980, S. 61.

schließlich alles mögliche bezeichnen könne, wird redselig, wenn er in einem anderen Gespräch befragt wird, und die Wörter »Management« und »Sachzwang« fallen: »Die Vernichtungslager im Osten, die vorher die Hauptarbeit gemacht haben, wurden ja geschlossen. Auschwitz mußte ja erst installiert werden. Das war ja nur für den Hausgebrauch. Die Krematorien mußten alles übernehmen, was im Osten ausgefallen war. Diese ganzen Kapazitäten mußten übernommen werden. Das Warschauer Ghetto und so weiter, das wurde alles noch im Osten verarbeitet. Was dann kam, mußte natürlich ... Kein Mensch hat doch in Auschwitz gewußt, wie man so einen Scheiterhaufen macht ... Da war die Frage, wie groß man das macht, was man für ein Brennmaterial hineintut. Und wenn's erst mal brennt, dann ist es gut. Aber da muß erst der richtige Wind von unten kommen, der Graben muß richtig konstruiert sein. Das war eine Technik, und das war das Problem.« Und auf die Frage, ob er da nicht Parallelen zur heutigen Gesellschaft sehe, denn hier gebe es doch auch Sachzwänge, fügt er hinzu: »Das ist nicht anders als wie in Auschwitz. Das klingt sehr komisch, aber ich sehe da gar keinen Unterschied. Mir fällt nur im Moment kein Beispiel ein ...«[25] Es fällt ihm zwar kein Beispiel ein, aber er hat über seinem Gerede vergessen, daß der Unterschied zwischen einem angeblichen Sachzwang in einem Menschenschlachthaus und einem Sachzwang anderswo möglicherweise einer ums Ganze der Zivilisation ist, und daß er diesen Unterschied so leicht übersieht, nennt er »komisch«.

Das offenbare Geheimnis der Existenz dieses ehemaligen SS-Arztes ist, daß er in Auschwitz wie in seinen Berichten über seine Zeit dort das Entsetzliche vom Mitteilbaren abspaltet. Wenn Münch hier versucht, plausibel zu machen, wie das Extrem normal sein kann, tut er das, was der Sozialwissenschaftler auf Zeit auch tun muß und was die Gesellschaft der Bundesrepublik Deutschland tat, um zu jener Normalität zu gelangen, die wir täglich vor Augen ha-

25 Frankfurter, a. a. O., S. 120.

ben. Diese Spaltung ist ein Erfolgsrezept gewesen, gleichwohl hat es sich mit ihr so ganz glatt nicht leben können, jedenfalls nicht von jedem und allerorten.

Die Frage »Wie konnte es dazu kommen?« ist dafür ein Indikator. Einerseits fordert sie im Wortlaut jene Erklärung ein, die das Entsetzen neutralisiert, weil ich mit ihr vor Augen sehe, daß es mit schrecklichen, aber doch irgendwie mit rechten Dingen zuging, daß das Entsetzliche von dieser Welt war. Andererseits besteht das Entsetzliche genau darin. Einerseits soll das Unerklärliche erklärt werden, andererseits sieht sich jeder Erklärungsversuch dem Vorwurf der Verharmlosung ausgesetzt.

Die Geschichtsschreibung und die Sozialwissenschaften sind einem widersprüchlichen Auftrag ausgesetzt: sie sollen erklären und für unerklärlich erklären, sie sollen das Entsetzen mildern und doch nicht verharmlosen, sie sollen wissenschaftlich sein und einem Gefühl den adäquaten Resonanzraum geben, was eine ästhetische Anforderung ist. Es läßt sich nicht umgehen: Etwas verstehen heißt durchaus nicht, es zu verzeihen, aber doch eine gedankliche Brücke zu konstruieren, die von hier nach dort und zurück begangen werden kann. Die Frage: »Wie konnte es dazu kommen?« beharrt in dem in ihr zur Floskel gewordenen Schrecken aber darauf, daß diese Brücke nicht einfach rekonstruierbar sei – gerade darum fragt sie so insistent. Wenn man auf diese Frage antwortet, verfehlt man den in ihr aufbewahrten Wunsch, unbeantwortbar zu sein.

»Wie konnte es dazu kommen?« heißt: Wie kann etwas in der Welt sein, das nicht von dieser Welt sein darf?, und die Antwort, die die Geschichtsschreibung und die Sozialwissenschaften geben können, ist, nur zu zeigen, daß es in der Welt ist. Weil es der Fall gewesen ist, ist es möglich gewesen, und auf die Frage, wie es dazu gekommen ist, kann man nichts weiter antworten als zu zeigen, wie es dazu gekommen ist.

Christoph Martin Wieland hat, ähnlich wie David Hume oder Pierre Bayle vor ihm, die Geschichte der menschlichen Bosheit, Niedertracht und Grausamkeit den Stoff zu einem »ungeheuern Geschichtsbuche« genannt, »welches zu lesen nur die größten Verbrecher verdammt zu werden verdienen können«.[26] Ich glaube nicht, daß die uns so quälende Frage, wie es zu einer historischen Katastrophe kommen konnte, so neu ist. Ich glaube, daß es neu ist, daß sie uns so quält. Ich glaube, daß das daran liegt, daß wir uns von dieser Katastrophe nicht distanzieren können, sosehr wir – soll heißen: der alltägliche Gang der Dinge und die Gesten der Politik – stets Distanz zu halten suchen.

Das hat einmal seinen Grund in einer Eigenschaft der Moderne, die wir, weil wir an sie gewöhnt sind, gerne übersehen. Die Neuzeit hat zwei Versuche zur partiellen Demilitarisierung der Gesellschaft gesehen: die Epoche der Kabinettskriege nach dem Dreißigjährigen Krieg und die multilateralen Abrüstungen nach dem Wiener Kongreß. Folgenreicher aber war ihr Zug zur Militarisierung der Gesellschaft – zunächst in den Massenheeren infolge der Französischen Revolution, dann in der allseitigen europäischen Aufrüstung bis zum Ausbruch des Ersten Weltkrieges.[27] Ab 1914 führten nicht nur Heere, sondern Gesellschaften Krieg, und seit der Ausblutungsschlacht von Verdun ging diese Tatsache in die strategische Kriegsplanung ein. Massenheere und politische Massenorganisationen machen den Jedermann mindestens zum potentiellen Komplizen der Staatsverbrechen – er ist nicht mehr vor allem Opfer, sondern in ungleich größerem Maße als je Mittäter.

Und darum glaube ich, daß die Frage im Grunde anders lautet. Wir fragen nicht danach, wie die Welt einstürzen konnte, sondern wir fragen, warum wir das einerseits wissen, andererseits aber nichts davon zu sehen ist, obwohl doch eine große kollektive Anstrengung dahin geführt hat. Wir fragen nach dem harmlosen Förster Neumann, nach dem linksliberalen Rektor Schwerte, nach dem Versicherungsarzt Sawade, dem für die Belange der Dritten Welt so engagierten Journalisten Peter Grubbe, nach unseren Nachbarn,

26 Christoph Martin Wieland, Der Goldne Spiegel oder Die Geschichte der Könige von Scheschian, in: ders., Sämmtliche Werke, Bd. 6, Leipzig 1794, S. 296.

27 Vgl. John Keegan, Die Kultur des Krieges, Berlin 1995.

Bekannten, Freunden, Onkeln, Vätern, Großvätern wie die vielen, die nur deshalb die Ausstellung des Hamburger Instituts für Sozialforschung »Vernichtungskrieg. Verbrechen der Wehrmacht 1941 bis 1944« besuchen, weil sie wissen wollen, ob eines der dort gezeigten Fotos vielleicht ihren Vater, Onkel, Großvater zeigt. Einige haben ihn gefunden.

Die Wiedergewinnung der Normalität nach 1945 hat uns die Notwendigkeit eingetragen, die Nähe des Entsetzlichen nicht nur zu dulden, sondern herzustellen, um sie zu wissen und sie nicht zu bemerken. Die politische Dynamik der Judenvernichtung setzt sich fort: Was die Volksgemeinschaft gemeinschaftlich beging, war nicht allein der Menge der Opfer, sondern der Menge der Täter und Komplizen wegen so ungeheuer, daß eine Ahndung wiederum nur mit Methoden wie Massenhinrichtungen und -internierungen möglich gewesen wäre. Wie sehr die Deutschen an eine solche Form der strafenden Gerechtigkeit geglaubt haben respektive glauben, zeigte sich zum Beispiel an Redereien in der Friedensbewegung von einem Atomkrieg als der jüdischen Rache für Auschwitz und in den – man lese nur die Rezensionen von Christoph Ransmayrs *Morbus Kitahara* nach – an den Namen Morgenthau geknüpften Phantasien.[28]

Die Frage nach »Nationalsozialismus und Moderne«, die Frage nach diesem so unendlich nahen Fremdkörper, ist die Frage, wie es geschehen konnte und wie es sein kann, daß uns die Mörder so nahe sind. *Die Mörder sind unter uns*, das geht als Filmtitel durch. Daß das Nachkriegsdeutschland auf einem Schindanger errichtet worden ist und daß die Mehrheit der Schinder auf ihm in Pension gegangen ist, ist eine Tatsache, die niemals ganz emotionell begriffen werden kann. »Ich kann mir nicht vorstellen«, schreibt eine Emmi Lange in einem Leserbrief auf den Vorabdruck von Robert Liftons *Ärzte im Dritten Reich* im *Spiegel*, daß »die von Ihnen erwähnten

28 Vgl. Thomas Neumann, Der Morgenthauplan und die deutsche Literaturkritik, in: Mittelweg 36, H. 6/95, S. 52ff.

Ärzte weder in der DDR noch in der BRD nicht bestraft worden wären, wenn sie tatsächlich solche Verbrechen begangen hätten. Mehr als schleierhaft finde ich den Bericht des Juden Lifton, der sogar mit vielen Tätern und Helfern, unter ihnen 28 Ärzte, darunter SS-Angehörige, die in Auschwitz tätig waren, gesprochen haben will. Noch dazu auf Tonband.« Sie kann es sich nicht vorstellen, also lügt der Jude Lifton. Nur können wir es uns auch dann nicht wirklich vorstellen, wenn wir wissen, daß Lifton nur Tatsachen berichtet, und längst nicht alle, die berichtet werden könnten. Wir führen aus der Haut, verlören den Verstand. Das wollen wir nicht, und also schließen wir den Kompromiß mit den Tatsachen und delegieren unsere Gefühle an das große Erklären mit der Frage, wie es dazu kommen konnte. So kommen wir mit der Frage zurecht, wie wir damit leben können, und gleichzeitig mit der Antwort: ganz gut. Wir sind nicht aus der Haut gefahren und haben den Verstand nicht verloren. Wir haben mit Fragen wie der nach dem Zusammenhang von Nationalsozialismus und Moderne unseren Verstand zu bewahren verstanden.

Aber so etwas gelingt nie ganz. Ganz wohl ist einem nicht auf dem Schindanger und in Gesellschaft von Mördern. Die immer wieder neu psychologische Arbeiten motivierende Frage, wie denn ein Massenmörder ein ganz normaler Familienvater sein könne – eine Frage, die für sich genommen albern genug ist (als würde ein Mörder zwanghaft und unterschiedslos morden) –, bedeutet doch nur den nicht zu beruhigenden Verdacht des Fragers, ob der ganz normale Familienvater vielleicht ein Mörder gewesen ist. Ob man als Kind einen Mörder geliebt habe. Ob man die Examensnote von einem Mörder bekommen habe. Ob ein Mörder einem die lebensrettende Arznei verschrieben habe. Ob man von einem Mörder die Wahrheit über die postkolonialen Greuel in Afrika erfahren habe.

Oder der Arzt im Allgäu, Dr. Münch, der seinen Gesprächspartnern trotz aller Bemühung nie klarmachen kann, wieso er nach Auschwitz beordert worden und dort ohne Not geblieben sei, aber demonstriert, wie leicht es ist, sich in jene Zeiten, für die, wie er immer wieder beteuert, kein Vokabular zur Verfügung steht, zurückzuversetzen. Es geht um ein Problem im Hygiene-Institut von Auschwitz, das er – im Jahre 1994 – mit diesen Worten schildert: »Man braucht Fleisch, um Nährböden zu machen, das ist klar. Der jeweilige Unterscharführer, der das Fleisch aus dem Schlachthaus beschaffen mußte – minderwertiges Fleisch, das wurde verkocht –, der war immer unter Schwierigkeiten, genügend davon herzubringen. Warum? Weil er wahrscheinlich auch gemauschelt hat. Herrgott, da liegen so viele Kadaver herum, menschliche Kadaver, da schneidest du aus dem Hintern was heraus und tust es in die Bouillon rein. Fleisch ist Fleisch. Schweinefleisch ist schlechter als Menschenfleisch, weil es fetter ist, da muß das Fett erst herausgebracht werden, beim Menschenfleisch ist das nicht notwendig ... Der Mensch war sowieso tot. Ob der jetzt noch sein Fleisch für die Bouillon hergegeben hat oder nicht, das war unter dem Gesichtspunkt, wie damals gedacht wurde, nichts Besonderes. Ich sagte mir aber: Wenn das so weitergeht, dann wird bei uns nur noch Häftlingsfleisch verwendet, und ihr verscheuert das andere Fleisch und sauft euch dafür an. Das war meine Überlegung. Ich habe also mit (dem Standortarzt, J.P.R.) Wirths telephoniert und gesagt: ›Auf die Dauer geht das nicht.‹«[29]

So leicht geht das: Herrgott, da liegen so viele Kadaver herum, das liegt doch nahe. Aber daß ihr das andere Fleisch verscheuert und euch dafür ansauft, das geht nicht, jedenfalls nicht auf die Dauer. Obwohl Häftlingsfleisch nicht so fett ist wie Schweinefleisch und darum praktischer. Und der Jargon ist auch wieder auf der Zunge: Bouillon. »Eine ganz normale deutsche Geschichte« nannte der ehemalige Kreishauptmann in Kolomea (Galizien), Volkmann/Grubbe, mitverantwortlich für den Mord an dreißigtausend Menschen, sein Leben bis 1945, und was soll man sagen.

Daß die Antworten der Historiographie und Sozialwissenschaften nicht zu befriedigen vermögen, ist ganz gut. Das bedeutet, daß sie noch nicht in der Lage sind, unsere Gefühle mit den Tatsachen so

29 Frankfurter, a.a.O., S. 135f.

zu amalgamieren wie unser sonstiges Leben. Daß mein Vater und meine beiden Onkel für ihr Zigarettengeschäft neben allen politischen Arrangements ein persönliches getroffen hatten – der Älteste, Hermann, ist zuständig für Technik und Personal, der Zweitälteste, Philipp, für Marketing und Finanzen, der dritte, Alwin, demonstriert den politischen Konsens und geht zur SS –, wußte ich. Und doch liest es sich übers Wissen hinaus, wenn man, wie ich kürzlich, die Kopie eines Berichtes erhält, den der Befehlshaber der Sicherheitspolizei Riga im Oktober 1941 verfaßt – auch eine der Trouvaillen des Jahres 1995: »Ich bitte, dem Plan der Errichtung eines Konzentrationslagers in dem obenbeschriebenen Raum grundsätzlich zuzustimmen. An der wirtschaftlichen Seite, insbesondere an der Inbetriebnahme von Torf-Stechereien und Ziegeleien ist der Wirtschaftsreferent des Höheren SS.- und Polizeiführers, SS.-Sturmbannführer Reemtsma, stark interessiert. Ich habe das Gelände gemeinsam mit ihm abgefahren. Wir waren übereinstimmend der Meinung, daß sowohl vom polizeilichen als auch vom wirtschaftlichen Gesichtspunkt aus, der genannte Raum allen Erfordernissen entspricht. Ich beabsichtige ... mit SS.-Sturmbf. Reemtsma den Raum zu überfliegen, um einen Gesamtüberblick zu bekommen ...«[30] Was man weiß über das hinaus, was man zuvor zu wissen glaubte, läßt einen erst der Alptraum zwei Tage nach der Information ahnen.

30 Auf das Dokument hat mich freundlicherweise Andrej Angrick aufmerksam gemacht. Fundort des Originals ist: Zentrum für die Aufbewahrung historisch-dokumentarischer Sammlungen / Moskau, 504-2-8, Bl. 148–150: Befehlshaber der Sicherheitspolizei und des SD / Einsatzgruppe A: Riga, d. 1. 10. 1941, Vermerk: Betr.: Errichtung eines Konzentrationslagers in Lettland.

Über einen ästhetischen Einwand

In den Debatten über die angemessene Erklärung der Verbrechen des Nationalsozialismus spielt ein Argument eine wichtige Rolle, das, wenn man es genauer betrachtet, eher befremdet als plausibel erscheint. Es wird nämlich häufig eine Erklärung darum für unangemessen gehalten, weil sie die Verbrechen »verharmlose«. Dieses Argument bzw. die Prominenz dieses Arguments ist darum befremdlich, weil die Historiographie des Nationalsozialismus auf einem moralischen Konsens ruht. Es gibt keine pronationalsozialistische Geschichtsschreibung, genauer gesagt, wo es sie gibt, wird sie nicht als wissenschaftlich akzeptiert und findet keinen Einlaß in die *scientific community*. Die Historiographie des Nationalsozialismus ist sich über den verbrecherischen Charakter des Regimes sowie über die Verbrechen, die es begangen hat, einig. Uneinigkeit besteht selbstverständlich in vielen Details, etwa in der Diskussion der Frage, in welchem Grade welche Bevölkerungsgruppen aktiven Anteil an diesen Verbrechen genommen haben. Uneinigkeit besteht auch in der Frage, welchen Ort das nationalsozialistische Regime und seine Verbrechen in der Geschichte des 20. Jahrhunderts einnehmen. In der Zuschreibung des Attributs »verbrecherisch« besteht kein Dissens. Es werden sich also in der Regel die Mitglieder der *community* nicht wechselseitig die *Intention*, die Verbrechen des Nationalsozialismus zu verharmlosen, unterstellen – und wo dies doch geschieht, etwa in der Auseinandersetzung um die Thesen Ernst Noltes, ist diese Unterstellung gleichzeitig ein Ausschlußgrund.

Das macht wiederum den Vorwurf um so virulenter, weil er gleichsam als objektive Eigenschaft der angebotenen, als verharmlosend empfundenen verworfenen Erklärung angesehen wird. Andererseits ist für sich genommen der Vorwurf der Verharmlosung nicht besonders sensationell. Er kann eine Reihe historischer Darstellungen ganz unterschiedlicher Epochen treffen. Aber interessant ist wiederum, daß er selten im Vordergrund stehen, sondern sich in eine Debatte einordnen wird, die sich um die Bewertung des kontroversen Gegenstandes dreht.

Man kann sich das am Beispiel der Historiographie der Sowjetunion klarmachen. Man wird sagen können, daß alle Geschichten der Zeit zwischen 1917 und 1970, die vor der Veröffentlichung von Solschenizyns *Archipel Gulag* erschienen, Verharmlosungen des Gulag-Sozialismus gewesen sind, ganz gleich, welcher politischen Richtung sie angehörten. Dennoch hing die Bereitschaft, die Darstellungen Solschenizyns für der Wirklichkeit angemessen zu halten, davon ab, wie man die politischen Motive des Verfassers einerund die – sei es ehemaligen (d. h. durch den Stalinismus zerstörten), sei es noch vorhandenen – emanzipatorischen Potentiale der Sowjetunion andererseits einschätzte. Wer entweder die Revolution von 1917 für eine verratene hielt oder das antikapitalistische Potential der Sowjetunion für eine fortbestehende weltpolitische Chance, mochte vielleicht Solschenizyn durch das ganze Buch folgen, mußte aber am Ende betonen, daß es nicht die ganze Wahrheit enthalte. Die trotzkistischen Kritiker der Sowjetunion mußten Kronstadt nicht leugnen, um die Glaubwürdigkeit der Kritik Trotzkis am Stalinismus nicht zu untergraben, aber sie mußten doch anders damit umgehen als der, der es einfach als Teil der mörderischen Diktatur der KPdSU ansah.

Diese Art der Bewertungskontroverse, sei sie politisch, ideologisch oder geschichtsphilosophisch motiviert, gibt es in den Debatten der Historiker des Nationalsozialismus nicht. Und doch spielt in ihnen der Vorwurf der Verharmlosung eine große Rolle. Allerdings handelt es sich hier, wenn er erhoben wird, ohne daß dem, gegen den er erhoben wird, eine apologetische Intention unterstellt werden kann, um einen ästhetischen Einwand.

Wirft man einem Intentionalisten wie Eberhard Jäckel vor, er verkürze die Frage nach dem Grund für den Massenmord an den europäischen Juden unzulässigerweise auf den fanatischen Antisemitismus Hitlers und verharmlose in dieser Individualisierung das Geschehen, so haben wir es hier mit einem Einwand zu tun, der die

Unvollständigkeit einer Darstellung einklagt. Und genauso im umgekehrten Fall, wenn einem Strukturalisten wie Hans Mommsen vorgehalten wird, in seiner Darstellung kämen die mörderischen Intentionen der Akteure zu kurz. Nicht, daß nicht die Angemessenheit einer jeden historischen Darstellung angezweifelt werden könnte – nur liegt hier das *Kriterium* der Angemessenheit in einem Bereich, der nach unseren Auffassungen nicht der der Historiographie ist. Wir messen mit dem Verharmlosungsvorhalt die Angemessenheit der historischen Darstellung an ihrem Vermögen, uns in Schrecken zu versetzen, und dies ist eine Eigenschaft, die traditionellerweise nicht der Geschichtsschreibung, sondern der Schauergeschichte zukommt.

Nun wird gegenüber ästhetischen Darstellungen der Verbrechen des Nationalsozialismus oft ebenfalls der Vorbehalt gemacht, sie verharmlosten das Geschehen – nicht zuletzt von Historikern. Gegen die Figur des »Doktors« in Rolf Hochhuths Theaterstück *Der Stellvertreter* ist der Verharmlosungsvorwurf ebenso erhoben worden wie gegen Hannah Arendts Darstellung Eichmanns in ihrem Buch *Eichmann in Jerusalem* – im einen Falle wegen unzulässiger Dämonisierung, im anderen wegen ebenso unzulässiger Banalisierung. Interessant ist – noch einmal –, daß es hier nicht um den Vorwurf der Falschdarstellung geht. Hochhuths »Doktor« ist selbstverständlich keine adäquate Darstellung Mengeles (und soll es auch nicht sein). Und gleichfalls ist es selbstverständlich zulässig, die Adäquatheit von Hannah Arendts Eichmann-Porträt in Zweifel zu ziehen. Aber der Vorwurf der Verharmlosung zielt nicht darauf, ob die jeweiligen Darstellungen den Tatsachen angemessen seien, sondern darauf, ob es den Verfassern in ihren Darstellungen gelungen sei, einen den Tatsachen angemessenen Schrecken zu verbreiten.

Macht man dies zu einem harten Kriterium historischer Darstellung – ganz gleich, ob im Werk des Historikers oder des Schriftstellers –, können wir Schillers Wallenstein-Trilogie wie seine *Geschichte des dreißigjährigen Krieges*, die Stücke Shakespeares wie Theodor Mommsens *Römische Geschichte*, den *Simplicissimus* wie John Keegans *The Face of the Battle* resignierend beiseite legen.

Kein Buch kann die Schrecken der Wirklichkeit abbilden, und es ist kein Charakteristikum der Verbrechen des Nationalsozialismus, daß ihre Wirklichkeit der Beschreibung spottet, wovon Spielberg ebenso Zeugnis ablegt wie Seghers oder Katzenelson, Levi oder Antelme.

Hinzu kommt, daß der Wunsch, die Erklärung eines Ereignisses möge seinen Schrecken im Medium seiner Darstellung steigern, auf ein *emotionelles Paradox* hinausläuft, denn wie immer eine Erklärung beschaffen sein mag, sie hat mit einem Problem, mit etwas Rätselhaftem, etwas Unbekanntem zu tun, das sie in Bekanntes auflöst. Der Wunsch nach einer Erklärung ist immer mit einer Beunruhigung verbunden, eine Erklärung führt stets zu einer Beruhigung. Erwartbar wäre also, daß Erklärungen der nationalsozialistischen Massenverbrechen mit dem Argument kritisiert würden, sie verschafften nicht die gewünschte Beruhigung und nähmen den Ereignissen *nicht* ihren Schrecken. Doch wäre es wohl voreilig, in jener Beruhigung den sozusagen geheimen Wunsch, in der Kritik der Verharmlosungen durch Erklärungen die camouflierte Enttäuschung über dessen Nichterfüllung zu sehen. Nehmen wir besser die Forderung, in Schrecken versetzt zu werden, durchaus ernst, und wenden wir uns der Gedankenfigur zu, an die sie sich selbst richtet – die historische Erklärung.

Gerne nennt man Herodot den Vater der Geschichtsschreibung, aber genaugenommen beginnt sie – als dem Anspruche nach unterschieden von den Gattungen der Saga und des Märchens, der Landeskunde und der Genealogie – mit Thukydides. Und sie beginnt mit einem spezifischen Anspruch. So beschreibt Thukydides den Ausbruch des Peloponnesischen Krieges: »Es fing damit an, daß Athener und Peloponnesier den dreißigjährigen Vertrag aufhoben, den sie nach der Einnahme Euboias geschlossen hatten. Die Ursachen, warum sie ihn aufhoben, und die Streitpunkte schreibe ich vorweg, damit nicht später einer fragt, woher denn ein solcher Krieg in Hellas ausbrach. Den wahrsten Grund freilich, zugleich den meistbeschwiegenen, sehe ich im Wachstum Athens, das die erschreckten Spartaner zum Kriege zwang.«[1] Was hier mit »Ursache« und »wahrster Grund« wiedergegeben ist, heißt im Griechischen einerseits »di ho ti«, also nur auf die Ereignisse selber weisend, andererseits »alethestate prophasis«, also der Kern und die eigentliche Wahrheit des Geschehens. Wir pflegen heute von »Anlässen« und »Ursachen« zu sprechen.

Diese Art, den Krieg zu erklären, steht in direkter Opposition zu jener, die Aristophanes in seiner Komödie *Die Archarner* gibt: »Durchschnüffelt haben sie den Megarern / Die Jacken; wo sie eine Gurke sah'n, / Ein Häschen, Ferkel, Knoblauch oder Salz, / Gleich war's ›aus Megara‹ und konfisziert. / Nun stahlen junge Burschen, die zu viel / Getröpfelt, die Simaitha weg, die Metze, / Aus Megara; in brünst'gem Knoblauchschmerz / Entführten drauf die Megarer zwei Huren / Aspasiens. So brach das Kriegsgewitter / Denn los in Hellas dreier Metzen wegen; / Perikles, der Olympier, warf im Zorn / Mit Blitz und Donner Hellas durcheinander ... / Und schloß die Megarer von Land und Meer, / Von allen Märkten, allen Häfen aus. / Die Megarer verspürten endlich Hunger / Und suchten Hilf' in Sparta wider dies / Verbot, erlassen dreier Metzen wegen. / Man bat uns oft, allein wir hörten nicht. / Kein Wunder, gab's am Ende Schildgerassel.«[2] Lassen wir den Anteil beiseite, den die Komödie fordert (hinter den geraubten Huren steckt das Faktum, daß Megara entlaufene athenische Sklaven aufgenommen hatte), so bedeutet die kaum kaschierte Anklage des Aristophanes, Perikles habe einen Handelskonflikt zum Krieg eskalieren lassen. Es ist gerade die Nichtigkeit der Anlässe, das bloße »di ho ti«, die Aristophanes für seine politische Kritik verwendet, während Thukydides sie dazu benutzt, die Unausweichlichkeit des Verderbens zu behaupten.[3]

---

1 Thukydides, Geschichte des Peloponnesischen Krieges, übersetzt von Georg Peter Lachmann, München 1993, I, 23.

2 Aristophanes, Die Acharner, in: ders., Sämtliche Komödien, übersetzt von Ludwig Seeler, Zürich 1968, S. 518–539.

3 Christian Meier hat in seiner großen Studie über Athen auf den direkt apologetischen Charakter der theoretischen Konstruktion des Perikles-Bewunde-

Thukydides' Erfindung der Geschichtsschreibung war eine direkte Reaktion auf den Schock, den der Peloponnesische Krieg für Athen, vermutlich für ganz Griechenland bedeutete. Er eröffnet sein Buch: »Thukydides von Athen hat den Krieg der Peloponnesier und Athener, den sie gegeneinander führten, aufgezeichnet. Er begann damit gleich beim Ausbruch, in der Erwartung, der Krieg werde bedeutend werden und denkwürdiger als alle früheren ... Es war bei weitem die gewaltigste Erschütterung für die Hellenen und einen Teil der Barbaren, ja sozusagen unter den Menschen überhaupt.«[4]

Als Reaktion auf den Peloponnesischen Krieg ist eine zweite Denkweise erfunden worden, die Philosophie. Sie beginnt als Disziplin mit eigenem Anspruch bei Platon. Alle Philosophie vor Platon war ein gegenstandsbezogenes Theoretisieren, sei es auf die Natur(wissenschaften) oder die Mathematik bezogen, als Teil der religiösen Mystik (Vorsokratiker, Pythagoräer), oder bezogen auf politische Rhetorik respektive Argumentationstheorie (Sophisten, Sokrates). Erst Platon konstituiert die Philosophie mit Unabhängigkeitsanspruch als ein eigenes Fach und behauptet eine spezifisch philosophische Erkenntnisweise, die anderen Denkweisen überlegen sei.

Auch Platons Philosophie ist ein Versuch, die Katastrophe Athens zu verarbeiten, auch bei ihm finden wir die Spuren der Erschütterung durch den Krieg, nicht nur in seinen Gedanken über den Anteil des falschen Regierungssystems an der Niederlage Athens in der *Politeia*, sondern auch in seinem Entwurf einer Landkriegsordnung für einen innerhellenischen Konflikt, die den Verkauf von Gefangenen in die Sklaverei, Leichenfledderei, Niederbrennen von Häusern und Verwüstung der Äcker verbietet.[5] Platons Erfindung der Philosophie ist, wiewohl das die Rezeption

rers Thukydides hingewiesen; Christian Meier, Athen. Ein Neubeginn der Weltgeschichte, Berlin 1993, S. 522f.

4 Thukydides I, 1.

5 Platon, Politeia, übersetzt von A. Hornefer, Stuttgart 1973, V, 15f.

durch die Usurpierung der Figur »Sokrates« immer wieder verborgen hat, eine direkte Antwort auf den besonderen Diskurs der Unsicherheit, der das Sokratische Denken kennzeichnete. Sokrates' Fragen waren gegen konventionelle Sicherheiten und Selbstverständlichkeiten gerichtet: Woher weißt du, welches die Tugenden eines Staatsmannes sind? Warum hältst du dieses für schön, jenes für häßlich? Sokrates wie die übrigen Sophisten weisen auf den Umstand hin, daß wir unsere Maßstäbe und Normen selber machen – und daß wir sie darum zu rechtfertigen haben und weder der Rückbezug auf die Natur oder die Tradition uns dieser Anstrengung enthebt. Platon besteht darauf, nicht zu fragen, was jeweils (zu tun) das Richtige sei, sondern darauf, was »das Recht« sei, nicht über Gut und Böse einer Handlung zu räsonieren, sondern zu erkennen, was »das Gute« schlechthin sei. Mit dieser Art zu fragen hebt die Philosophie an und mit ihr ein Sicherheitsversprechen: Es gibt hinter dem Bereich menschlicher Willkür einen Bereich der Sicherheiten, und dieser Bereich ist wahrer als das sich nur unseren Sinnen erschließende Gaukelspiel der immer sich wandelnden Erscheinungen.

Die Unterscheidung zwischen Anlaß und Ursache bei Thukydides läuft auf etwas Ähnliches hinaus: Es gibt eine Wirklichkeit hinter dem, was dem bloßen Auge sichtbar ist, die bestimmender, wirklicher, wahrer ist als alle menschlichen Entscheidungen. Die Politik reicht nicht dorthin, wohl aber die Einsicht, die Erkenntnis.

Sowohl die das Werk des Thukydides konstituierende Unterscheidung von Anlaß und Ursache als auch die Erfindung der Philosophie durch Platon sind Reaktionsbildungen auf eine reale Katastrophe, die das bestehende Selbstbild und Selbstbewußtsein zerstörte. Der Peloponnesische Krieg war ein Ergebnis des kollektiven Triumphes der instrumentellen Vernunft. Alles, auch die gesellschaftlichen Verhältnisse und eben auch der Krieg, sei geeignetes Objekt technisch-rationalen Zugriffs. Der Krieg gegen Sparta, läßt Thukydides Perikles ausführen, könne nicht verloren werden, da alles bedacht, selbst der Zufall im Gesamtplan eingeordnet und somit berechenbar geworden sei.

Die Erfindung des Unterschiedes von »di ho ti« und »alethestate prophasis« einer- und »Erscheinung« und »Idee« andererseits scheint – langfristig – eine Nachfrage befriedigt zu haben, die andere Angebote – die politischen des Aristophanes und Sokrates – nicht befriedigen konnten. Sicherheit durch Ohnmacht, kompensiert durch Erkenntnis. Das Versprechen der theistischen Religionen ist das nämliche, und so sehen wir denn einen neuen Aufschwung der Philosophie erst zu dem Zeitpunkt, als das Christentum in die große Krise der Spätrenaissance gerät. Aber die erste Antwort auf diese Krise war nicht die Philosophie, sondern die Wiedergewinnung des politischen Denkens, für das Machiavelli im *Principe* Zeugnis ablegt, sowie in ihren humanistisch-skeptischen Entwürfen Erasmus und Montaigne. Erst die katastrophalen Kriege des 17. Jahrhunderts bringen das neugewonnene Selbstbewußtsein wiederum in eine Krise und bewirken die Neuerfindung der Philosophie mit Descartes. Die Aufklärung sieht eine Wiederbelebung der skeptisch-pragmatischen Traditionen, aber schon mit dem Ende des 18. Jahrhunderts beginnt die Karriere der Philosophie aufs neue. Auch am Ende des 18. Jahrhunderts – mit der Wendung der Französischen Revolution zu Krieg und Terror – haben wir eine tiefgreifende Krise des politischen Selbstbewußtseins vor uns. Und sie bringt außerdem einen Aufschwung der Geschichtsschreibung mit sich.

Nicht, daß es keine Geschichtsschreibung vor dem Ende des 18. Jahrhunderts gegeben hätte, aber sie unterscheidet sich doch signifikant. Die Geschichtsschreibung vor der Aufklärung war im wesentlichen Kirchengeschichte, Ethnographie, Annalistik, anekdotische Unterhaltungsliteratur oder, wie bei Machiavelli, politische Rezeptur. Auch die Geschichtsschreibung der Aufklärung kennt keinen emphatischen Begriff der Geschichte wie das 19. Jahrhundert. Die Aufklärer schrieben »Geschichte gegen die Geschichte selbst«, wie es Hayden White formuliert hat.[6] Es ging um den Emanzipations-

6 Hayden White, Metahistory. Die historische Einbildungskraft im 19. Jahrhundert in Europa, Frankfurt/M. 1991, S. 90.

prozeß der Gegenwart von der Vergangenheit, nicht um ihr Eingebundensein in den Prozeß der Geschichte. Auch hier kann man das Spannungsfeld von politischer und historischer Neigung erkennen, das bereits die Kontrahenten Aristophanes und Thukydides gekennzeichnet hat. Dazu kommt der pessimistisch-ironische Blick der Geschichtsschreibung der Aufklärung auf ihren Gegenstand (der schlecht zu dem Gerücht über die Aufklärung, sie sei durch »Fortschrittsoptimismus« bestimmt, paßt), für den der Satz von Bayle exemplarisch ist, daß der Historiker, je mehr er »sich um gewissenhafte und wahre Schilderungen bemüht, desto mehr Gefahr läuft, nur verleumderische Schmähschriften zu verfassen«.[7]

Das neuere Geschichtsdenken ist ein Symptom der Krise der Aufklärung, nicht zufällig vom Mentor des deutschen »Sturm und Drang«, Herder, zuerst entworfen. Mit ihm kommt wieder die Vorstellung der zwei Welten in die Historiographie und konstituiert sie erneut als Disziplin einer vor anderen ausgezeichneten Form menschlicher Selbsterkenntnis. Herder grenzt sich gegen die ironische Auffassung der Geschichte ab, indem er unterscheidet zwischen der Erscheinung, die sich aus der historischen Faktizität ergibt – »überall Unvollkommenheit und Stückwerk; das Edelste ist auf der Erde nie ausgeführt worden, das Reinste hat selten Bestand und Dauer gewonnen ... Die Geschichte unseres Geschlechts mit ihren Versuchen, Schicksalen, Unternehmungen und Revolutionen beweiset dieses sattsam« –, und einem verborgenen Wesen, das erst aus der erkennenden Würdigung des Widerspruches zwischen der historischen Realität und unseren moralischen Ansprüchen erhellt: »Die Ursache ist offenbar die, dass sein Zustand, der letzte für diese Erde, zugleich der erste für ein anderes Daseyn ist, gegen den er wie ein Kind in den ersten Uebungen hier erscheinet. Er stellet also zwo Welten auf einmal dar; und das macht die anscheinende Duplicität seines Wesens.«[8] Die »anscheinende« Duplizität – recht eigentlich

7 Zitiert nach White, a.a.O., S. 71.

8 Zitiert nach White, a.a.O., S. 98.

ist nämlich nur die »zweite Welt« wirklich, die erste aber Schaum und Erscheinung.

So verschwistert sich die Geschichtsschreibung mit der Philosophie durch den beide konstituierenden Grunddualismus von Erscheinung und Wesen, Phainomenon und Noumenon, bloßem Anlaß und wirklicher Ursache, Kern und Schale, Oberfläche und Tiefe. Aber beide haben noch eine Drillingsschwester, und auch sie erblickt Ende des 18. Jahrhunderts das Licht der Welt: die Schauergeschichte. Sie ist die ästhetische Figur der zwei Welten par excellence, ob es nun das Gespenst, der Fluch oder der Vampir ist, immer ist das, was man zunächst für die Wirklichkeit hält, ein bloßer Paravent, hinter dem sich das Eigentliche, Wahrere, Wirkliche, weil wirklich Wirksame aufhält.

Die Schauergeschichte – anders als die Philosophie oder Historiographie – erzeugt Angst beim Lesen, und vielleicht traut man sich auch Stunden später nicht mehr aus dem Haus. Aber es gehört nicht unbedingt zu ihrem Genre, daß am Ende van Helsing den Pflock einschlägt. Der Marquese zündet vielleicht sein Schloß an; vielleicht bleibt ein Untoter schmatzend übrig. Auch das ziselierteste Entsetzen führt das scheinbar namenlose Grauen vor, und es heißt im Grunde immer Rumpelstilzchen. Oder Weltgeist. Und der Weltgeist zu Pferde ist auch weniger bedrohlich, weil er die Macht nicht ausmessen muß zwischen Mensch und Mensch. Die Schauergeschichte beruhigt.

Man kann daran nicht nur sehen, wie beunruhigend die Welt ist, sondern vor allem, welche Beunruhigung von dem Gedanken ausgeht, daß wir für sie verantwortlich sind und daß das Böse nicht nur von uns ausgeht, sondern wir selbst festlegen, was gut und was böse ist. Der gegenwärtig erfolgreichste Autor von Schauergeschichten, Stephen King, hat in einer theoretischen Abhandlung über die moderne Horrorstory den beruhigenden Effekt des literarischen Schreckens recht salopp, aber durchaus treffend so beschrieben: »Ich habe … erwähnt, daß die Vorstellung perfekter Paranoia die des perfekten Bewußtseins ist. Dazu könnten wir noch hinzufügen, daß Paranoia der letzte Verteidigungsmechanismus eines überlasteten Verstandes sein könnte. Ein Großteil der Literatur des 20. Jahrhunderts, von so unterschiedlichen Autoren wie Bertolt Brecht, Jean-Paul Sartre, Edward Albee, Thomas Hardy, sogar F. Scott Fitzgerald, hat angedeutet, daß wir in einer existentialistischen Welt leben, einem planlosen Irrenhaus, in dem Dinge eben einfach passieren. ›Ist Gott tot?‹ fragt das Titelblatt der Zeitschrift *Time* im Wartezimmer von Rosemarie Woodhouses satanischem Frauenarzt. In einer solchen Welt ist es vollkommen glaubwürdig …, daß nette amerikanische Jungs aus Iowa und Kalifornien und Delaware während ihrer Zeit in Vietnam Ohren gesammelt haben, viele davon bemerkenswert klein … Diese Dinge sind auf geistiger Ebene allesamt akzeptabel, wenn wir die Vorstellung akzeptieren, daß Gott lange in Urlaub gefahren oder tatsächlich verschieden ist. Sie sind auf geistiger Ebene akzeptabel, aber unsere Emotionen, unsere Seelen und am meisten unsere Leidenschaft für die Ordnung … rebellieren alle miteinander. Wenn wir sagen, daß es im Zweiten Weltkrieg keinen Grund für den Tod von sechs Millionen Juden in den Konzentrationslagern gegeben hat, dafür, daß Dichter zusammengeschlagen, alte Frauen vergewaltigt und Kinder zu Seife gemacht wurden, daß das alles einfach eben geschehen ist und niemand wirklich dafür verantwortlich war – hier geriet einfach alles ein wenig außer Kontrolle, ha-ha, tut uns so schrecklich leid –, dann fängt der Verstand an zu wanken … Ich habe … zu erklären versucht, daß die Horror-Geschichte tatsächlich in vieler Hinsicht eine optimistische, aufmunternde Erfahrung ist; daß es oft die Methode des zähen Verstandes ist, mit Problemen fertig zu werden, die ganz und gar nicht übernatürlich, sondern vollkommen real sind. Paranoia mag die letzte und stärkste Bastion dieses optimistischen Weltbildes sein – der Verstand schreit auf: ›Etwas Rationales und Begreifliches geht hier vor! Diese Dinge *passieren nicht einfach*!‹«[9]

---

9 Stephen King, Danse Macabre. Die Welt des Horrors, in: Literatur und Film, München 1991, S. 401 ff.

Wenn sich nun Erklärungen der Massenverbrechen des Nationalsozialismus immer wieder haben vorhalten lassen müssen, sie verharmlosten die Verbrechen, so läßt sich folgern, daß es einen emotionellen Widerstand gegen den beruhigenden Effekt der Anwendung der Zwei-Welten-Denkfigur auf diese Verbrechen gibt. Dieser Effekt liegt nicht, wie oben als scheinbar evident unterstellt, in der Rückführung von etwas Unbekanntem auf etwas Bekanntes, sondern im Gegenteil: von etwas Offensichtlichem auf eine verborgene Wirkungskraft, einzig dem Eingeweihten – oder dem Experten – erkennbar. An den Stellen nun, an denen die Historiographie des Nationalsozialismus diesen Erklärungsgestus annimmt – schuldig waren »die Bevölkerungspolitiker«, ausschlaggebend waren Hitlers Wahnideen, es war ein Prozeß »kumulativer Radikalisierung« –, wird sie zurückgewiesen. Das sagt wenig über die Geschichtsschreibung, aber viel über die Krise einer Denkform, die, ihrerseits zur emotionellen Verarbeitung einer Katastrophe erfunden, durch eine neue Katastrophe bisher ungekannter Qualität zur Beruhigung nicht mehr zu taugen scheint.

Das Geheimnis ist die Nische des Einverständnisses mit der Welt. Bei Herder spricht sich dies noch ganz unverstellt aus: »Was irgend geschehen kann, geschieht, was wirken kann, wirkt«, und solche Feststellung ist nicht etwa der Ausdruck höchsten Entsetzens, sondern harmonischen Empfindens. »Alles, was sein kann, ist, alles, was kommen kann, wird sein, wenn nicht heut, dann morgen ... alles oder nichts Zufall,– alles oder nichts Willkür ... Die einzige philosophische Art, eine Geschichte anzuschauen, ist diese« – und Hayden White fügt hinzu: »Unnötig zu sagen, daß für Herder natürlich nichts zufällig, nichts willkürlich ist; und nichts – auch der irrationalste Akt – ohne Gründe ist, warum es das, was es genau zu diesem Zeitpunkt und an diesem Ort, an dem es sich ereignete, war.«[10]

10 Hayden White, Das Irrationale und das Problem historischer Erkenntnis in der Aufklärung, in: ders., Auch Klio dichtet. Studien zur Topologie des historischen Diskurses, Stuttgart 1991, S. 165.

Man sieht, wie sehr Herders Sicht der Geschichte das ist, was King eine »Paranoia« nennt – das emotionelle Unvermögen, zuzugeben, das irgend etwas »einfach passiert«, statt hinter allem einen Sinn zu sehen, einen Sinn, soll heißen: einen hinreichend eng geknüpften Zusammenhang mit einer Wirkungskraft hinter den Erscheinungen. Diese mag in irgendeiner Weltverschwörung vermutet werden (hier ist der Zusammenhang mit dem klinischen Erscheinungsbild durchaus gegeben), sie mag in einer überpersönlichen Substanz bestehen (das »Wachstum der Macht«), oder in substantiell gewendeten Metaphern (»Eigendynamik«), immer geht es letztlich um ein Einverständnis mit den Tatsachen durch die Konstruktion einer versöhnenden zweiten Welt. Nur die Schauergeschichte bewahrt die Ahnung, womit man sich eigentlich versöhnt hat. Sie ist das ins Literarische abgewanderte böse Gewissen der Historiographie.

Nun ist das Historikern gern entgegengehaltene »tout comprendre est tout pardonner« auf jeden Fall zu grobschlächtig, doch ist das Unbehagen, das es bewahrt, nicht vollends unberechtigt, wenn man bedenkt, daß bestimmte Zuschreibungen sich traditionellerweise mit historischem Erklären nicht vertragen, wie etwa »Irrationalität«, gar »Verrücktheit«. Auch »Dummheit« hat eigentlich in der Geschichtsschreibung nichts zu suchen. Barbara Tuchmans Versuch, ein Buch über die »Torheit der Regierenden« zu schreiben, zeigt das deutlich. Ihre Kategorie der »Torheit«[11] markiert den Punkt des Verständnisabbruchs. Dort, wo ein nicht mehr *erklärlicher* Fehler vorliegt, wo wir uns beim besten Willen nicht mehr zusammenreimen können, wie das nun wieder möglich war, schütteln wir gleichsam den Kopf und sagen: »Unverständlich.« An dieser Stelle setzt Tuchman das Erklärungssubstitut »Torheit« ein – oder ist es doch eine Erklärung? Tuchmans Buch ist darum so interessant, weil es den Versuch macht, den Moment unserer Verständnisverweigerung zu substantiieren und in den Gegenstand zu verle-

11 Im Original »folly«.

gen. Unser Kopfschütteln wird auf die Sache projiziert, genauer: hinter sie, und bildet so ein Etwas, das unsere Verstörung beruhigt. In dieser Beruhigung wird aber eine Menge des Potentials an kritischen Einwänden, die wir *gegen das Geschehen*, das heißt gegen die Handlungen der Protagonisten, haben, stillgestellt. Was soll man gegen Torheit sagen, wenn sie das Geschehen bestimmt? Jedenfalls weniger als gegen Dummköpfe, die töricht handeln.

Man kann das an einem wesentlich prekäreren Beispiel verdeutlichen. Das erste sozialpsychologische Experiment des aus der Emigration zurückgekehrten Frankfurter Instituts für Sozialforschung war das dann so genannte »Gruppenexperiment«, in dem unterschiedlich zusammengesetzte Gruppen aus der westdeutschen Nachkriegsbevölkerung in Gegenwart eines Moderators über einen Text sprechen sollten, der ihnen als Brief eines US-amerikanischen Besatzungsoffiziers ausgegeben wurde, in Wirklichkeit aber ein zu Versuchszwecken hergestellter Text war, ein »Grundreiz« eben, um den Fachterminus zu gebrauchen. Dieser Text lebte nun davon, seine Leser mit einem von außen auf sie gerichteten, nicht von grundsätzlicher Ablehnung gekennzeichneten, aber doch sehr kritischen Blick zu konfrontieren. Der Brief sparte nicht mit moralischen Urteilen und mahnte »die Deutschen«, sprich: seine Leser, dazu, diese Urteile zu übernehmen und ihr Verhalten und einige ihrer Einstellungen zu sich selbst und zur unmittelbaren Vergangenheit zu ändern. Der Text erzeugte massive Abwehrreaktionen, die Theodor W. Adorno in seiner Auswertung unter dem Titel *Schuld und Abwehr* analysierte. Seine Analyse selbst ist dabei durchaus nicht abstinent, ja das wertende Urteil sowie der Bezug auf bestimmte Standards von Rationalität und moralischem Anstand sind geradezu analytisch notwendig, um eine Typologie der Abwehrreaktionen zu gewinnen. Und doch heißt es zum Schluß: »Angesichts der Schrecken, die mit dem von den Nationalsozialisten Verübten zu einem Bild unartikulierten Grauens zusammengeronnen sind, ist es offenbar für viele unserer Teilnehmer, und keineswegs bloß für nationalistisch und faschistisch Gesonnene, außerordentlich schwierig, den Gedanken zu vollziehen, daß sie nun auch noch etwas wiedergutzumachen hätten. Es ist, als würde heute durch die Rede von der Schuld im Geist des Kollektivs die tief eingewurzelte Vorstellung der Äquivalenz von Verbrechen und Strafe verletzt. Gegenüber diesem elementaren Tatbestand nimmt der Hinweis auf die deutsche Schuld oder die Entwirrung der Verantwortlichkeiten nur allzu leicht etwas Nichtiges und Ideologisches an.«[12]

Die Bewertungsmaßstäbe werden, je mehr sich das Verständnis zur Erklärung vertieft und je mehr diese zur Konstruktion einer zweiten Welt wird, äußerlich, ja vor ihr beliebig. Die tatsächliche Ohnmacht einer kleinen Gruppe von Emigranten vor einer übermächtigen deutschen Nachkriegswirklichkeit gerinnt so zu einer Figur objektiver Notwendigkeit, vor der sich noch die Resignation als bloß subjektive Enttäuschung und also nicht nur als unwissenschaftlich, sondern als Offenbarung unzureichenden sozialen Wissens desavouiert.

Die Idee des Bösen ist nicht böse, die Torheit nicht dumm, der Vampir folgt seiner Natur. Moralische Kritik setzt aber an Dummheiten an, an bösen Taten, schlechtem Benehmen, kurzsichtigem oder feigem Handeln, also überall dort, wo etwas anders hätte sein können. Moral hält es mit der in der Historiographie verpönten Frage, was wäre, wenn. Überall dort aber, wo moralische Kritik retrospektiv die Chance benennen möchte, daß es hätte anders kommen können, kann der traditionelle Historiograph nur die Lücke erkennen, die sein Erklärungsversuch noch nicht geschlossen hat. Die Beunruhigung, daß alles Mögliche einfach passieren kann, die aber immer auch auf die Chance deutet, daß man alles Mögliche dagegen unternehmen kann, schafft er ab und läßt als Konsequenz die moralische Empörung schal und albern aussehen, bestenfalls ehrenwert, aber doch irgendwie töricht.

Wo nun aber, wie in der Historiographie des Nationalsozialis-

12 Theodor W. Adorno, Gesammelte Schriften, Bd. 9.2, Frankfurt/M. 1975, S. 263.

mus, die Geschichtsschreibung selber durch einen moralischen Konsens getragen wird, und zwar durch einen der Ablehnung, dort kollidiert der Wunsch nach Erklärung, »wie es dazu kommen konnte«, mit dem Resultat, wie immer es auch ausfällt. Der Wunsch nach Beruhigung bleibt, aber man verweigert seine Befriedigung um des Stücks Konsens mit dem Verbrechen wegen, das die »Historisierung« eben mit sich bringt.

Vor dem Hintergrund dieser Überlegungen ist es vielleicht interessant, sich die Debatte um Daniel Goldhagens *Hitlers willige Vollstrecker* noch einmal anzusehen. Nicht der geringste Einwand seiner Kritiker ist ja gewesen, seine Schilderungen widmeten sich zu eingehend dem Entsetzlichen, er betreibe, so die radikalsten unter ihnen, eine als Wissenschaft verkleidete Gewaltpornographie. Goldhagen hielt dem entgegen, daß, wer nicht das Schreckliche gerade im Detail wahrzunehmen bereit sei, auch das Ganze nicht zu erkennen vermöge. Im Detail nämlich zeige sich die Dimension der Freiheit, der persönlichen Entscheidung – in diesem Falle die Bereitschaft zur Grausamkeit, die Lust am Mord. Wer diese nicht wahrzunehmen willig sei, komme zu dem im Grunde paradoxen Ergebnis, die Bedeutung des Antisemitismus bei der Ermordung der europäischen Juden zu verkennen.

Wo Goldhagen auf der Basis seiner Fallstudien – Polizeibataillone, Arbeitslager, Todesmärsche – argumentiert, ist er interessanterweise überzeugender als dort, wo er in die Geschichte des deutschen Antisemitismus ausgreift. Die Qualitäten des Buches fallen so weit auseinander, daß nicht zu Unrecht in der Kritik gelegentlich von »zwei Büchern« gesprochen wurde. Goldhagen ist dort schwach, wo er zu konventioneller, zunftgemäßer Erklärung ansetzt. Seine Kritiker aus der Zunft haben ihm das vorgehalten. Seine nicht zur Zunft gehörenden Zuhörer und Leser haben sich für diesen Aspekt wenig interessiert. Vielleicht hat Goldhagens Buch darum solchen Erfolg gehabt, weil es gar keine Erklärungen liefert.

III

Die Memoiren Überlebender

Eine Literaturgattung des 20. Jahrhunderts

»Es darf nicht in Vergessenheit geraten, deswegen muß ich die folgende Begebenheit niederschreiben, deren Augen-, ja wortwörtlich Augenzeuge ich war. Es geschah während eines Zählappells. Bei diesen Appellen mußte jeder, sogar Halbtote, manchmal auch Leichname, aus der Baracke heraus. Während so eines Appells lag vor meiner Reihe auf dem Boden ein todgeweihtes älteres Menschenwrack, röchelnd. Da kam der berüchtigte holländische Kapo und schrie ihm zu, daß er aufstehen solle, wobei er ihm Fußtritte versetzte. Da der Unglückliche vielleicht gar nicht mehr hörte, nahm der Kapo eine lange Gerte und begann, dem unten Liegenden die Augen aus der Höhle zu drücken. Der unselige Gequälte schrie vor Schmerz auf. Darauf der Kapo: ›Wozu brauchst du noch deine Augen; in ein paar Stunden bist du tot und erkennst deinen Jehova schon am Knoblauchgeruch.‹ Ich schaute weg und kämpfte gegen Brechreiz und schämte mich ob meinem Menschsein ... Wenn ich schon über das wahre Gesicht (des Menschen) in solchen extremen Umständen wie im KZ berichte, will ich auch von der Familie Török erzählen, bevor die dicke Staubschicht der Gleichgültigkeit und des Vergessens ihr Andenken für immer verdeckt. Die Familie Török, bestehend aus Vater und zwei Söhnen – über den weiblichen Teil der Familie wußte ich nichts –, ungefähr sechzehn- und achtzehnjährig, waren Christen und kamen wegen einer in ihre Familie verirrten jüdischen Großmutter in die Verbannung ins Meler KZ. Sie stammten aus einer Kleinstadt am Fluß Marosch in der Nähe Neumarkts.

Und in diesem Zusammenhang erzähle ich auch über den Viertellaib Brot unserer Tagesration, der für uns die Hauptnahrung, Verlängerung des Lebens bedeutete. Die Gewohnheitsraucher, die ihre Brotration gegen Zigaretten tauschten, verhungerten meist zuallererst. Die Brotrationen waren schon beim Verteilen durch die Hände der Kapos, des Transporteurs und des Zerteilers meist ›abgewetzt‹. Am Anfang hatte ich noch die Selbstbeherrschung, ein Stück aufzuheben, um die morgendliche wässerige Suppe zu verdicken, bis man es mir wiederholt stahl, wie ich es auch in meiner Bettstelle im Stroh zu verstecken versuchte. Ich träumte oft von meinem Brot, wie ich es gierig aufesse, wie ich es dabei in meinem Mund zerkaue, manchmal zwei-, dreimal dieselbe Portion, und es immer noch das Ganze blieb.

So komme ich jetzt wieder auf die Töröks zurück. Nach der Befreiung dachte ich an sie, wo immer ich nur ein angenagtes Stück Brot sah. – Mein Brot hat man geklaut, Vater! höre ich eines Morgens von der Bettstelle her, wo die Familie schlief. Aufregung, Herumsuchen. Und siehe da, das Brot wurde wiedergefunden. Ein schon von Hunger gezeichneter Greis mit weiten tiefsitzenden Augen, er konnte so um die Vierzig sein, sah aber wie ein Siebzigjähriger aus, mit kahlem Kopf, mit ein paar dünnen Haarsträhnen, stand da und reichte mit zitternder Hand das Diebesgut Brot dem jungen Török. Der größte Teil des Brotes war noch vorhanden, denn der Alte konnte es in seinem zahnlosen Mund nur mit Mühe zerkauen. Wie soll ich es nur beschreiben – diese Rodins Meißel würdige Menschengruppe, wie sie ein paar Sekunden vor meinen Augen standen, als ein mildernder Umstand für die Menschheit. Aus der Familie Török langte keiner nach dem hingehaltenen Brotstück. Sie drehten sich wortlos um und ließen das Brot – das Leben – für diesen Tag in den Händen des Diebes. Mit dieser Episode möchte ich verständlich machen, wie diese kleine Familie zugrunde ging, zuletzt der Vater, der die Söhne überlebte. Wie hat er nur seine letzten Tage erlebt, allein, bevor er starb? Sie waren für eine anständigere Welt geschaffen und mußten in dieser rücksichtslosen Welt mit ihrer humanen Weltanschauung untergehen.«[1]

1 Ladislaus Szücs, Zählappell, Frankfurt/M. 1995, S. 42ff.

Wenn wir hinsichtlich von Büchern wie Ladislaus Szücs' *Zählappell*, Klemperers Tagebüchern, Ruth Klügers *weiter leben* von »neuerer deutscher Literatur« sprechen, so sollten wir uns zunächst klarmachen, daß es in dieser Literatur um Deutschland geht, es aber nicht angeht, die deutschsprachige von der italienischen, polnischen, französischen oder hebräischen trennen zu wollen – es ist ein Ergebnis deutscher Geschichte, daß diese Literatur in allen Sprachen geschrieben worden ist, die auch in den Lagern gesprochen worden sind. Zweitens sollten wir uns klarmachen, daß wir über Exemplare einer Literaturgattung sprechen, die ihrerseits neu ist, und zwar weltweit. Ich möchte sie, mangels eines besseren Ausdrucks, »Überlebensmemoiren« nennen: es sind autobiographische Aufzeichnungen, und in ihrem Zentrum steht die Tatsache, daß ihre Verfasserinnen oder Verfasser Opfer von extremer Gewalt geworden sind. Sie sind auch dort, wo dies nicht thematisiert wird, dennoch insgesamt Ausdruck einer Leidens-, Schmerz- und Überwältigungserfahrung, und – das ist nun das Besondere – sie werden darum gelesen, mehr noch: es wird ihnen *aus diesem Grunde* eine Deutungsautorität zugesprochen.

Literatur ist immer auch und immer wieder der Ausdruck von Leid gewesen. Primo Levi versucht in Auschwitz-Monowitz sich der Klage des Odysseus aus Dantes *Divina Commedia* zu erinnern, weil sie für ihn der verbindliche Ausdruck von Leid in der Literatur ist. Aber wir lesen Shakespeares *King Lear* und nicht Lears Tagebücher, wir lesen den Gefängnismonolog aus Shakespeares *Richard II*, nicht seine Aufzeichnungen aus dem Tower, wir lesen die *Troerinnen* des Euripides und nicht die Memoiren der Hekabe. Es mag Vorläufer gegeben haben, einzelne, Bedeutung erlangt hat aber wohl nur Dostojewski mit seinen *Aufzeichnungen aus einem Totenhaus*. Aber der prominente Einzelfall bestätigt die Regel: Leid findet nur über den Umweg durch den Autor, der nicht mit der leidenden Hauptfigur identisch ist, seine literarische Salonfähigkeit.

Warum ist das anders geworden? Es ist doch nicht nur ganz plausibel, wenn man sich mit fremdem Leid nur dann beschäftigt, wenn der ästhetische Mehrwert dieser Beschäftigung garantiert ist, vor allem, wenn eine personale Distanz zum Leidenden darin gegeben ist, daß der als reale Person gar nicht existiert. Das ist überhaupt kein Zynismus, sondern es gibt gar keine emotionale oder moralische Nötigung, warum es anders sein sollte. Wir reden ja über Literatur und nicht übers Leben. Barmherzig, moralisch, den anderen, insonderheit den Leidenden zugewandt kann und sollte ich in meinen *Handlungen* wohl sein. Die Zuwendung über die Abstraktion des Buches ist aber wohl selten mehr als bloße Sentimentalität, ein irgendwie angenehmer Genuß meiner speziellen menschlichen Hilflosigkeit?

Aber das wirklich Sonderbare ist die Deutungsautorität, die wir den Texten *und* ihren Verfasserinnen und Verfassern einräumen. Wir sind der Überzeugung, daß sie etwas Verbindliches und Wichtiges zu sagen haben, und wir meinen, daß sie, weil sie über diesen entsetzlichen Ort – er heiße Judenhaus, Buchenwald oder Auschwitz – etwas zu sagen haben, uns etwas über die Welt mitteilen können, das für uns von Wichtigkeit ist, *und zwar über die ganze Welt*. Das ist etwas anderes, als eine Klage anzuhören (abgesehen davon, daß die Memoiren, an die wir hier denken, selten Klagen sind).

Traditionellerweise ist extremes Leid nicht als gute Voraussetzung angesehen worden, uns etwas über die Welt mitzuteilen. Mit vollem Recht. Man hüte sich davor, das Leid irgend zu adeln – moralisch oder kognitiv. Es ist gut, wenn es Menschen gutgeht, und es ist schlecht, wenn es ihnen schlechtgeht. Leid macht nicht klüger, sondern in der Regel dümmer. Leid macht Menschen in der Regel nicht moralisch stärker, sondern schwächer. Es ist schlecht für Menschen, wenn sie leiden müssen, und darum kommen sie aus Leiderfahrungen auch nicht als bessere Menschen wieder – nicht unbedingt als schlechtere, aber auch das ist nicht ausgeschlossen. Jedenfalls ist, wenn das nicht der Fall ist, das den Betreffenden als persönliche Leistung zuzurechnen und nicht als erwartbare Ereignisfolge abzubuchen. Und schließlich ist die Mitteilung von Erfahrungen extremen Leids wenig oder jedenfalls nur wenigen nützlich.

Den Alltag zu bestreiten, taugt sie nicht, zur mentalen Vorbereitung auf eigene künftige Leiderfahrungen trägt sie sicher nur in Grenzen bei. Schließlich sagt sie über die Welt nur aus, daß das Leid darin ist. Sie gibt nur Auskunft über einen extremen und also wenig verbindlichen Ort. – Früher wußten das die, die Leid erfahren mußten, und sie hielten den Mund. Nicht nur, weil sie meinten, daß die Gesellschaft das von ihnen erwarte, sondern weil ihnen vermutlich nicht der Gedanke gekommen wäre, sie hätten etwas von Bedeutung zu sagen.

Bei sehr vielen, die die deutschen Lager überlebt haben, ist das anders gewesen. Sie haben zwar erwartet, daß es schwierig werden würde, Gehör zu finden, sie waren aber davon überzeugt, daß sie etwas zu sagen hätten, was gesagt und gehört werden müßte (auch wenn einige von ihnen Jahrzehnte brauchten, ehe sie es zu Papier brachten und das Papier in Umlauf). Ähnlich ging es übrigens Überlebenden des Gulag-Systems, obwohl ihre objektiven Schwierigkeiten, Gehör zu finden, weit größer waren. Der Vorsatz, zu schreiben, mit dem Bericht an die Öffentlichkeit zu treten, war bei vielen bereits im Lager vorhanden. Tzvetan Todorov zitiert einen dieser Autoren: »Der eigentliche Grund, warum ich das schreibe, ist der, daß mein verfluchtes Leben wieder einen Sinn bekommen soll, daß meine höllischen und immer hoffnungslosen Tage ihren Nutzen in der Zukunft haben werden.«[2] So bewegend diese Worte sind, so authentisch sie die Befindlichkeit des Autors wiedergeben mögen, sowenig geben sie doch Aufschluß über das eigentliche Problem (dem sich zu stellen der Autor selbst am allerwenigsten verpflichtet ist). Er setzt voraus, daß sein Bericht in der Zukunft einen Nutzen haben werde, zumindest könne, und er gewinnt daraus Lebens- oder doch Schreibensenergie. Diese Voraussetzung aber ist neu, und sie ist neu auf beiden Seiten: auf seiten derjenigen, die schreiben, und auf seiten derjenigen, die nicht nur zu lesen bereit sind, sondern darüber hinaus dieser Art von Lektüre einen beson-

2 Vgl. Tzvetan Todorov, Angesichts des Äußersten, München 1993, S. 108.

deren außerästhetischen, sowohl moralischen wie kognitiven, Rang einzuräumen bereit sind.

Zunächst: Es hat Überlebende gegeben. Das ist nicht bei allen Katastrophen, nicht bei allen Massakern der Fall. Zweitens hat es unter diesen Überlebenden eine große Zahl von Menschen gegeben, die Intellektuelle gewesen sind, Schriftsteller, oder solche, die auf dem Wege des Abfassens ihrer Memoiren gemerkt haben, daß sie es geworden waren. Das liegt an der Intention des Verbrechens selbst: einen bestimmten Teil der europäischen Bevölkerung auszurotten, unabhängig von seiner schicht- und klassenspezifischen Zusammensetzung. Ähnliches gilt für die politischen Häftlinge des KZ- und die des Gulag-Systems: auch hier fand sich eine große Zahl von Menschen zusammen, zu deren Leben es gehört hatte und weiter gehören würde, die Welt zu interpretieren. Und sie kehren in Milieus zurück, in denen das Interpretieren sowohl hoch im Kurs steht, als auch der Abstand zum Lager groß ist. In der Regel werden die Texte aus der Erfahrung eines zweifachen Bruchs heraus geschrieben: mit der Welt vor dem Lager und mit der Welt der Lager. Aber das ist nur die notwendige Voraussetzung.

Sucht man danach, was dazukommen mußte, so wird man sich nicht ohne weiteres auf Eigenschaften der Katastrophe selbst beziehen können, die ihrerseits erst Resultate einer gemeinsamen Deutung sind. Den Massenmord an den europäischen Juden einen »Zivilisationsbruch« zu nennen und nicht nur eine Katastrophe mehr im so katastrophenreichen Europa, *wird* erst zu einer Evidenz, ist nicht eine solche von Anfang an, wird dies erst auf Grund einer ausgesprochenen – und akzeptierten – Deutung. Die Shoa wurde nicht von Anfang an so gesehen, weder von jüdischer noch von nichtjüdischer Seite. In den Nürnberger Prozessen stand sie zwar im Hintergrund, wurde aber nicht wirklich thematisiert – das war keine spezifisch deutsche Verleugnung. »Damals, gleich nach dem Krieg, war die Sache mit dem Judenmord zwar außerordentlich, das war sie sofort und immer, aber sie wurde nicht als einzigartig angesehen. Es war eben etwas, was neben vielen anderen Untaten und vielem anderen Unglück in diesem Krieg geschehen war.«[3] Daß wir das heute anders sehen, ist nicht die Voraussetzung für unsere Lektüre der Autobiographien der Überlebenden, sondern mit deren Ergebnis. Wir haben sie nicht gelesen, weil wir mit ihren Voraussetzungen einverstanden waren, sondern wir haben ihre Sicht der Dinge auf Grund einer ihnen eingeräumten Autorität akzeptiert.

Dies wäre ohne die bedingungslose Kapitulation Deutschlands und die Nürnberger Prozesse nicht der Fall gewesen. Durch sie verschwand Deutschland als historischer Akteur und wurde zum Angeklagten in einem Kriminalprozeß. Die Opfer der deutschen Verbrechen waren nicht nur Opfer, sondern erhielten den Status von Zeugen der Anklage. Sie standen – nicht tatsächlich natürlich, aber ideell – auf seiten der Sieger sowohl als der moralisch Überlegenen. Dies ist nicht falsch zu verstehen. Die Alliierten haben nicht wegen Auschwitz Krieg geführt. Sie waren auch nicht besonders erbaut von denen, die aus den Lagern kamen. »Und eines Tages waren sie da. Die Amis ... Wir hatten nie weitergeplant als bis zu diesem Moment ... Meine Mutter nahm ihr bestes Schulenglisch zusammen ... ging getrost auf den ersten amerikanischen Soldaten zu ... und erzählte ihm kurz und bündig, wir seien aus einem KZ entlaufen. Was er antwortete, weiß ich nicht, weil ich noch kein Englisch konnte, aber seine Gebärde war unmißverständlich: Er legte die Hände an beide Ohren und wandte sich ab. Meine Mutter übersetzte. Er hätte nachgerade genug von den Leuten, die behaupteten, sie seien in den Lagern gewesen. Man treffe sie überall an. Wir waren schon wieder welche. Die Aprilsonne wärmte mir die Haut. Ich konnte von jetzt an kurze Ärmel tragen, und es war egal, ob jemand die KZ-Nummer bemerkte; auch bei meinem richtigen Namen durfte ich mich wieder nennen. Ein unvergeßlicher Tag würde es bleiben, doch ich war froh, daß wir uns schon selbst befreit hatten und von den Siegern nicht mehr viel brauchten, denn für die lang herbeigesehnte und in meiner Phantasie zu einem großen Fest hochstilisierte Stunde der

3 Ruth Klüger, Von hoher und niedriger Literatur, Göttingen 1996, S. 31.

Befreiung war sie etwas spärlich ausgefallen. Hier war mein erster Amerikaner, und er hielt sich die Ohren zu. Also eines stand fest: nicht unseretwegen war in diesem Kriege gekämpft worden.«[4]

Unter sehr vielen Deutschen wäre ihnen und ist anderen Ekel und Haß entgegengeschlagen, das sollte man über einer solchen Anekdote nicht vergessen. Worum es mir geht, ist, daß die Reaktion des Amerikaners die erwartbare gewesen ist, sie aber für die berichtende Ruth Klüger die, ich glaube nicht nur retrospektiv, unerwartete war. Die aus den Lagern Befreiten hatten, ganz simpel gesprochen, die Moral auf ihrer Seite und waren bereit, sie mit den neuen Inhabern der Macht zu teilen, und zwar in dem Gefühl, daß auch diese sie nötig hätten. Aber all das kam so schnell nicht zusammen. Wie ist die Bereitschaft entstanden, zuzuhören? Raul Hilberg berichtet, daß die »Holocaust Studies« in den USA während des Vietnamkriegs populär wurden, als man nach Traditionen moralisch gerechtfertigter Kriege suchte. In der Folge dieser Stimmung entstand die TV-Serie *Holocaust* und wirkte nach Deutschland zurück.

Aber das ist es nicht, was ich meine. Es ist das, was in Victor Klemperers für die postume Veröffentlichung titelgebendem Wort vom »Zeugnis ablegen« ausgedrückt wird. Levi schreibt ein paarmal über den Sinn dieses Ablegens eines Zeugnisses – skeptisch: Man könne »sich vielleicht die Frage stellen, ob es denn angebracht, ob es recht sei, daß von diesem ungewöhnlichen Menschendasein überhaupt ein Andenken verbleibe. Auf diese Frage möchte ich doch mit Ja antworten. Denn ich bin überzeugt, daß kein menschliches Erleben ohne Sinn ist und eine Analyse nicht verdient, ja, daß man sogar dieser besonderen Welt, von der ich berichte, Grundlegendes abgewinnen kann, mag es auch nicht immer positiv sein. Man erwäge einmal, daß das Lager, und zwar in beträchtlichem Maße, auch eine riesige biologische und soziale Erfahrung gewesen ist.«[5] Aber er will nicht falsch verstanden werden: Im Lager habe sich nicht der

4 Ruth Klüger, weiter leben, München 1997, S. 190f.

5 Primo Levi, Ist das ein Mensch? Ein autobiographischer Bericht, München–Wien, 1988, S. 104.

Mensch gezeigt, wie er wirklich sei, nackt, ohne die Tünche der Zivilisation. Die Extremerfahrung des Lagers zeige zwar, daß »Entbehrung und größtes körperliches Leid viele Gewohnheiten und viele soziale Regungen zum Verstummen« bringe – aber mehr auch nicht. Was macht also den Bericht aus der Hölle lesenswert – lesenswerter als den aus irgendeiner anderen Extremsituation, einer Himalayaexpedition etwa?

Wie sehr kontrastiert das eben Zitierte mit dem Gedicht, das Levi seine Erinnerungen einleiten läßt, der Adresse an die, »die ihr gesichert lebt«?

»Es sollen sein diese Worte in eurem Herzen. / Ihr sollt über sie sinnen, wenn ihr sitzet / In einem Hause, wenn ihr geht auf euren Wegen, / Wenn ihr euch niederlegt und wenn ihr aufsteht; / Ihr sollt sie einschärfen euren Kindern. // Oder eure Wohnung soll zerbrechen, / Krankheit soll euch niederringen, / Eure Kinder sollen das Antlitz von euch wenden.«[6]

An anderer Stelle dementiert Levi geradezu provokativ, daß über das Lager darum geschrieben werde, weil sich aus den Berichten etwas Verallgemeinerbares, über das Lager hinaus Gültiges ableiten lasse. Er hatte über einen Überlebenskünstler namens David geschrieben, eine physisch äußerst robusten, schwachsinnigen, aber gewitzten Menschen – Levi nennt ihn den »Geeignetste(n) für diese Lebensweise, das tauglichste Menschenexemplar« –: »Nach all dem Gesagten könnte vielleicht der eine oder andere versucht sein, Schlußfolgerungen für unser tägliches Leben zu ziehen oder gar Normen aufzustellen. Gibt es denn nicht auch um uns solche Typen, die mehr oder weniger ein Abbild dieses David sind? Sehen wir denn nicht, wie sie leben, ohne ein Ziel zu kennen, wie ihnen jedwedes Maß von Selbstkontrolle und Bewußtsein versagt ist? Wie sie, nicht anders als David, nicht etwa trotz, sondern gerade wegen dieser Mängel leben? Das Problem ist ernst, aber es soll nicht weiterverfolgt werden, denn dies hier sind Berichte aus dem Lager, und

6 Ebd., S. 9.

über den Menschen außerhalb des Lagers wurde schon viel geschrieben.«[7] Levi argwöhnt hinter dieser Intention aufs Verallgemeinerbare einmal den Eskapismus, hinter der Frage nach dem »Was lehrt uns das für die Welt?« die Weigerung, sich auf den Bericht über die Welt des Lagers zu konzentrieren, und er tut dies mit abwertender Geste: über euch, die ihr stets nur gesichert gelebt habt, ist »schon viel«, fürs erste genug geschrieben worden. Aber er fügt noch einen Satz an, nicht über die Welt, sondern über David: »Soweit man es von außen zu beurteilen vermag und soweit dieses Wort hier überhaupt Gültigkeit haben kann, war David ein glückliches Wesen.«[8] Damit hat er David charakterisiert, damit hat er die Welt des Lagers charakterisiert. Und in welcher Weise sie die andere Welt außer Kraft und Funktion gesetzt hat.

Ich glaube, daß Levi hiermit sagt, daß es tatsächlich nichts zu lernen gibt aus diesen Berichten – weil Leid nichts lehrt, außer daß es nicht sein soll. Was zeigt Levi an David? »Die Zerstörung von außen hat David überlebt, weil er physisch unzerstörbar ist; die Zerstörung von innen hat ihn nicht berührt, weil er schwachsinnig ist.«[9] Parallel dazu steht die Stelle der Atempause im K(ranken) B(au): »KB ist Lager ohne physische Drangsal. Darum erlangt derjenige, der noch eine Spur von Bewußtsein hat, dort sein Bewußtsein wieder; und darum redet man dort während der langen, leeren Tage von anderem als von Hunger und Arbeit, und es begibt sich, daß wir uns vergegenwärtigen, was man aus uns gemacht hat, was man uns alles genommen hat, was dieses Leben hier ist. In diesem KB, in dieser Parenthese relativen Friedens haben wir gelernt, daß unsere Persönlichkeit zerbrechlich ist, daß sie weit mehr in Gefahr ist als unser Leben. Statt zu mahnen ›Bedenke, daß du sterben mußt‹, hätten die alten Weisen besser daran getan, uns an diese größere Gefahr zu erinnern, die uns bedroht. Und könnte aus unserem Lager eine Botschaft hinausdringen zu den freien Menschen, so lau-

7 Ebd., S. 117
8 Ebd., S. 118
9 Ebd., S. 117.

tete sie: Sorget, daß euch in euerm Heim nicht geschehe, was uns hier geschieht!«[10]

Dieses »tua res agitur« wird allerdings immer und immer wieder abgewehrt – abgewehrt nicht nur durch das post-45er »Laß mich in Ruhe!« oder »Was geht's mich an, was aus den Verbrechern geworden ist!«, sondern gleichfalls im Akt der Schaffung einer spezifischen sakralen Aura. »Fünfzig Jahre später«, schreibt Klüger, »heißt es, der Holocaust sei einzigartig und unvergleichbar. Die erstere Ansicht hatte zumindest den Vorteil, daß man sich nicht hinter Wörtern wie ›unvorstellbar‹ und ›unaussprechlich‹ verschanzte. Es sind Kitschwörter, sentimentale Flucht vor der Realität.«[11] Diese Wörter sind ebensolcher Kitsch – oder meinethalben Populartheologie – wie die Rede von der Singularität des Holocaust, sofern diese nicht sehr genau begründet ist. Ich habe schon anderenorts darauf hingewiesen, daß die deutsche Floskel von der Unvergleichbarkeit nichts weiter ausdrückt als den in Handlung umgesetzten Wunsch, sich vor der Mühsal der zum Vergleich notwendigen Kenntnisnahme des Details zu drücken. Das nämliche gilt für die Rederei, die Zeugnisse der Überlebenden seien vor allem Zeugnisse der Sprachlosigkeit vor dem Entsetzlichsten. Sie sind das auch. Gewiß. Aber die Ubiquität dieses Topos ist eine ziemlich ärgerliche Angelegenheit und nichts als das Zeugnis emotioneller Faulheit und intellektueller Roheit.

Die Zeugnisse der Überlebenden *sprechen*, und sie erzählen ziemlich viel. Wie jedes Erzählen kommen auch sie an Grenzen. Es sind die Grenzen, die überall dort fühlbar sind, wo es um starke Emotionen geht. Das Schönste und das Schrecklichste müssen immer ungeschildert bleiben. Es bleibt der Sprache fremd – der Sprachferne der mit ihnen verbundenen Emotionen wegen.

Die Memoiren der Überlebenden sind zunächst alles andere als

10 Ebd., S. 63.

11 Klüger, Von hoher und niedriger Literatur, a.a.O., S. 32.

ein Zeugnis des Verstummens, sie teilen uns eine Menge mit. Zwar aus einer Welt, die wie von einer anderen ist, aber eben aus Material gemacht, das wir sehr wohl erkennen. Unsere Imagination reicht nicht bis mitten in die Hölle hinein, aber per analogiam doch ein Stück weit. »Neulich sprachen wir in Göttingen beim Nachtisch von Engpässen, die wir erlebt haben, etwa beim Aufzug, der steckenbleibt, Tunnel, die zu lang sind, wie der geplante unterm Ärmelkanal, wir sprachen über alles, was klaustrophobisch wirken kann, und auch schon näher an meiner Erfahrung, von den Luftschutzkellern in der Kindheit einiger der Anwesenden. Ich hatte meine Fahrt im Viehwaggon anzubieten und habe natürlich unentwegt daran gedacht, aber wie soll ich das beisteuern? Diese Geschichte hätte das Gespräch derart gedämpft, den Rahmen dermaßen gesprengt, daß nur ich noch gesprochen, die anderen mehr oder minder betroffen, bedrückt, geschwiegen hätten, mundtot gemacht von meinem Erlebnis ... Was willst du, sagt ihr dann wohl, daß wir einen Transport nach Auschwitz wie einen steckengebliebenen Aufzug oder auch nur wie einen Aufenthalt im Luftschutzkeller behandeln? Und da bin ich wieder bei meiner Gisela aus Princeton« – der deutschen Frau eines Kollegen von Ruth Klüger – »wie sie mir blitzsauber und kellnerinartig die Gnade ihrer späten Geburt serviert und mir das Pech meiner frühen Geburt ungnädig übelnimmt. *Die* scheute sich nicht zu vergleichen, nur wurden aus ihren Vergleichen gleich Gleichungen, und schlechte Rechnerin, die sie war, stimmten die Lösungen nicht. Wenn man andererseits gar nicht vergleicht, kommt man auf gar keine Gedanken, und es bleibt beim Leerlauf der kreisrunden Phrasen, wie in den meisten Gedenkreden. Und ich schweige und darf nur zuhören und nicht mitreden. Menschen derselben Generation waren wir, gutwillig und der Sprache mächtig, doch der alte Krieg hat die Brücken zwischen uns gesprengt, und wir hocken auf den Pfeilern, die in unsere neuen Häuser ragen. Doch wenn es gar keine Brücke gibt von meinen Erinnerungen zu euren, warum schreib ich das hier überhaupt? Menschen, die in engen Räumen Todesangst erlebt haben, besitzen von daher eine Brücke zum Verständnis für so einen Transport, wie ich ihn beschreibe. So wie ich von meinem Transport her eine Art Verständnis für den Tod in den Gaskammern habe. Oder doch meine, ein solches Verständnis zu haben. Ist denn das Nachdenken über menschliche Zustände jemals etwas anderes als ein Ableiten von dem, was man kennt, zu dem, was man erkennen, als verwandt erkennen kann? Ohne Vergleiche kommt man nicht aus. Sonst kann man die Sache nur ad acta legen, ein Trauma, das sich der Einfühlung entzieht.«[12]

Und doch entzieht das Trauma sich in nicht nur Peripherem der Mitteilung – das ist so, zieht aber eben keinen generellen Kommunikationsabbruch nach sich, macht vor allem Texte, in denen es präsent gehalten wird, und sei es in der bloßen Geste des dann doch immer wieder unausweichlichen Verstummens, nicht untauglich als Kommunikationsmittel des Menschengeschlechts und vor allem nicht zu bloßen Objekten theoretischen oder theologischen Staunens. Das Verstehen von Texten bedarf des zweifachen Taktes ebenso wie das Verstehen von Menschen. Es bedarf der eigenen Erfahrung, um über den Weg des Vergleichens zu verstehen, aber das bedeutet nicht die narzißtische Okkupation des fremden Erlebens. Respekt – Respekt, nicht Ehrfurcht, »denn die Objekte der Ehrfurcht, wie die des Ekels, hält man sich vom Leib«[13] – ist auch vor dem zu wahren, was nicht mehr im Bereich des Verständnisses per analogiam liegt. Das gilt stets, auch in nicht so extremen Fällen: was immer Menschen geschah, ist uns nah, weil es Menschen geschah, die eben doch mehr oder weniger so sind wie wir, und fern, weil es unbestreitbar anderen geschah, die wir, weil sie eben andere sind, nie ganz verstehen werden.

Die Mitteilung des Traumas macht diese Anforderung an jedes Verstehen eben nur in extremer Weise deutlich. »Nur in extremer Weise« – was heißt das? Es beansprucht uns in extremer Weise. Erstens widerspricht es dem kreatürlichen Abscheu vor dem Un-

12 Klüger, weiter leben, a.a.O., S. 110f.

13 Ebd., S. 112.

glück, das der Aberglaube als infektiös annimmt – ein Aberglaube, hinter dem eine Menge psychologischer Intuition steckt. Denn nicht nur der geprügelte Hund wird bissig. Ich habe es bereits gesagt: durch Schaden wird man nicht klug, und das Trauma ist geeignet, den Charakter zu verderben. Unglück macht die Menschen nicht besser, ein KZ ist kein Purgatorium und noch weniger eine »Schule der Menschlichkeit«, um einen auf Auschwitz gemünzten Ausdruck aus einem Brief Elisabeth Langgässers über ihre Tochter Cordelia Edvardson zu zitieren.

»In den Jahren, die seit dem Ausbruch des Krieges vergangen waren, hatte sich mein Herz mit einer dicken Schicht Gefühllosigkeit umgeben. Das Leiden anderer Menschen war eine so allgemeine Erscheinung, daß jeder, der sich nicht von ihr distanzierte, Gefahr lief, von seinen Gefühlen tödlich getroffen zu werden«, schreibt Roman Frister in seiner Autobiographie *Self Portrait with a Scar*, die im deutschen den verkaufsfördernden Titel *Die Mütze oder der Preis des Lebens* trägt.[14] Das Mitleid, die andere kreatürliche Regung, langt nur dort hin, wo Identifizierung stattfinden kann. Wo das Unglück extrem wird, regieren Schrecken und Abwehr, weil die für das Mitleid notwendige Identifikation zu furchtbar wäre, ein zu großes Quantum an Angst mit sich brächte.

In dieser Angst, in der Tatsache, daß sie überhaupt auftreten kann und die Kommunikationsstörung nicht zu achselzuckender Gleichgültigkeit gerät, ist ein Indiz dafür zu sehen, daß unsere Ängste weiter reichen als unsere Fähigkeiten zu bewußter Analogiebildung als Erfahrungsersatz. An Gott glaube sie nicht, schreibt Ruth Klüger, an Gespenster zuweilen, und ich möchte hinzufügen, daß wir alle glauben, daß es die Hölle gibt – wie wäre es sonst zu der sonderbaren Vorstellung eines Himmels gekommen. Ich glaube, daß die Lektüre der Memoiren der Überlebenden jenes Gefühl begleitet, das Freud als kennzeichnend für das Unheimliche ansah: »Und es ist doch wahr!« Hierbei aber sind weniger individuelle Ängste ge-

---

14 Roman Frister, Die Mütze oder der Preis des Lebens, Berlin 1997, S. 12.

meint, als kollektive Projektionen der wie immer auch individuell erlebten Ängste ins große Bild des Furchtbaren schlechthin. Es dürfte kein Zufall sein, daß die Eingänge der KZs mit Sinnsprüchen versehen waren wie Dantes »Inferno«, wobei weniger gebildete Zyniker am Werke gewesen sein dürften, als intuitives Wissen darum, wie es sich gehört.

Primo Levi hat ins Zentrum seines Berichts die Erinnerung an den Versuch gestellt, einem Mithäftling mit dem Spitznamen »Pikkolo« Verse aus der *Divina Commedia* zu rezitieren und zu erläutern – »Möge mir Pikkolo verzeihen, ich habe mindestens vier Terzinen vergessen«[15]. Es ist auf dem Weg zur Essenausgabe »... wir sind schon vor der Küche, ich muß zum Schluß kommen: ›Dreimal im Kreis mit allen Wasser rollte: / Beim vierten riß er hoch das Heck, den Bug er / Tauchte, wie eine andre Macht es wollte‹ ... ›Tre volte il fe' girar con tutte l'acque: / Alla quarta levar la poppa in suso / E la prora ire in giù, come altrui piacque ...‹ – Ich halte Pikkolo zurück, es ist so wichtig und dringend, daß er jetzt zuhört, daß er dieses ›come altrui piacque‹ versteht, ehe es zu spät ist, denn morgen schon kann er oder ich tot sein; vielleicht sehen wir uns auch nie wieder, ich muß ihm vom Mittelalter Bericht und Erklärung geben, von dem so menschlichen, so notwendigen und doch unerwarteten Anachronismus dieses Verses, und da ist noch etwas anderes, Gigantisches, was ich in der Intuition eines Augenblickes eben erst erkannt habe, vielleicht das Warum unseres Schicksals, unseres heutigen Hierseins ... Nun stehen wir an der Suppenausgabe, in dem stumpfen, zerlumpten Haufen von Suppenträgern der anderen Kommandos. Die neu Hinzugekommenen stauen sich hinter uns. Kohl und Rüben? Es wird offiziell bekanntgegeben, daß die Suppe heute aus ›Kohl und Rüben‹ besteht: ›choux et navets‹, ›kapszta és répak‹. – ›Bis über uns geschlossen ward das Meer. Infin che 'l mar fu sopra noi rinchiuso.‹«[16]

15 Levi, a. a. O., S. 137.

16 Ebd., S. 139.

Das »Warum« des Hierseins wird aber weiter nicht ausgesprochen. Es bleibt die Markierung einer Leerstelle zwischen dem so unheimlich Passenden des Infernalischen und dem andererseits Unpassenden schlechthin: Poesie und Hochkultur in Dreck, Hunger und Mord, über Jahrhunderte hin kulturverbürgende Sprache und das, was ein Autor des *Przegląd Lekarski Oświęcim* einmal »Krematoriumsesperanto« genannt hat.

So unvorstellbar, so sehr der Empathie Grenzen setzend das Schicksal des einzelnen dem lesenden oder zuhörenden einzelnen auch ist, kulturell ist ein Verständnis der Hölle tradiert, bevor Menschen darangingen, sie in einem der Kernländer der modernen Zivilisation als soziale Institution auch zu errichten. Seitens der Leser, nehme ich an, gibt es ein zunächst diffuses Gefühl dafür, daß dieser soziale Akt, die Hölle als reale menschliche Institution zu schaffen, nur dann in seiner Bedeutung verstanden werden kann, wenn er in seiner individuellen wenigstens lesend zur Kenntnis genommen wird.

Die Tagebücher Victor Klemperers erlauben uns einen Blick in die ganz normale deutsche Stadt Dresden, die in wenigen Jahren Züge einer Vorhölle annimmt. Grotesk, daß man Klemperers Erfahrungen mit ganz normalen Deutschen als Widerlegung der Annahmen Daniel Goldhagens zu lesen versucht hat. Gewiß ist das Bild differenzierter als das, was jener von mordenden Polizeibataillonen und SS-Mannschaften zeichnet, aber der beschriebene Sozialraum ist auch differenzierter. Zwar beschreibt Klemperer immer wieder das Verhalten von Deutschen, die Juden gegenüber nicht gänzlich dehumanisiert sind, die freundliche Worte wissen, die grüßen, auch wenn es gesehen werden kann, die mal etwas zustecken, aber es ist nicht nur beklemmend zu lesen, wie wenige das gewesen sind. Nicht nur widerwärtig das freiwillige Übersoll antisemitischen Engagements des Jedermann, der pöbelt und rempelt und seinen Kindern zeigt, wie ein Jude aussieht – nein, es ist vor allem in jeder Hinsicht atemberaubend, wie all dies – die zu wenigen, die zu vielen – zusammenwirkt und den Lebensraum der noch nicht Deportierten immer enger werden läßt, das Leben immer mehr zum bloßen Überleben reduziert, und in manchen den Gedanken aufkommen läßt, ob es sich in Theresienstadt nicht doch besser leben lasse als in Dresden. Dies kann nur aus den Tagebüchern und Erinnerungen eines Juden, der 1933 bis 1945 in Deutschland gelebt und Deutschland überlebt hat – und im Falle Klemperers nur überlebt hat, weil ihm die Zerstörung Dresdens zufällig das Leben rettete –, gelesen werden.

Klemperers Aufzeichnungen bilden die notwendige Ergänzung zu den Rekonstruktionen der Vernichtungsapparate, die die Historiker unternehmen. Was für die Apparate kennzeichnend war – die Ersetzung von Gesetzen durch Verordnungen, das Miteinander von präzisen Anweisungen und Verboten und Eröffnen von durchaus nicht fest umrissenen Handlungsspielräumen, begleitet von einer gleichzeitig vage-metaphorischen und radikal-emotionalisierten Sprache –, wurde ein Merkmal der sie tragenden Gesellschaft. Ein immer enger werdendes Netz von Verordnungen von geisteskrankem Detailreichtum, ersonnen nur, um Menschen zum Verzweifeln zu schikanieren, besteht neben einer Gestapo, die willkürlich Razzien unternehmen darf und dabei tun, was sie will – außer Juden in ihren Wohnungen totschlagen.

Es nützt nichts, daß sich in dieser Vorhölle auch die Albernheit Raum verschafft. Die Verordnung, daß Spargel ein »arisches Gemüse« sei, ist zum Lachen, aber nicht als die vielleicht vierzigste Verordnung dieses Sinns. Daß Gestapo-Offiziere auf ihren Razzien gerne Gestank verbreiten, Kunsthonig auf Bettvorleger schmieren, Butter stückchenweise stehlen und schon mal einer Jüdin auf der Straße einfach das Portemonnaie klauen, ist ein Zeichen infantiler Regression, die wohl mit einer gewissen Unvermeidlichkeit mit zu weit bemessenen Machtspielräumen einhergeht, aber es ist eine bösartige, destruktive Infantilität, die andeutet, wohin es gehen kann. Bis zu den Experimenten deutscher Ärzte nämlich, die oft gar nicht mehr die fehlgeleitete, die skrupellose Wissenschaft jenseits des hippokratischen Eides war, sondern, etwa wenn Mengele Kindern Farbe in die Augäpfel spritzte, einfach nur noch der Wunsch, zu sehen, was wohl dann passiert. – Wenn die soundso vielte Verordnung über das Verhalten von Juden im Straßenverkehr dekretiert, Juden dürften die Straßenbahn nur über den hinteren Perron verlassen, so kollidiert das mit den anderen, die weiterhin in Kraft sind, daß Juden nur vorne einsteigen und sich nur auf dem Vorderperron aufhalten dürfen. Auch hier nimmt die Gesellschaft selbst Züge jener Gegenrationalität an, wie es Dan Diner einmal genannt hat, die jede Kalkulation auf ein gefahrloses oder wenigstens Gefahr minimierendes Durchkommen zunichte macht. Im Lager hat dann die Kleidung, bei Strafandrohung, sauber geflickt zu sein, aber der Besitz von Nadel und Faden steht ebenfalls unter Strafe.

»Unterliegen«, schreibt Primo Levi, »ist am leichtesten: Dazu braucht man nur alles auszuführen, was befohlen wird, nichts zu essen als die Ration und die Arbeits- und Lagerdisziplin zu befolgen. Die Erfahrung hat gezeigt, daß man solcherart nur in Ausnahmefällen länger als drei Monate durchhalten kann.«[17] Ich sagte es schon: Es gelingt den Deutschen, die Lebensverhältnisse für die unter ihnen, die sie gemäß den in Nürnberg erlassenen Gesetzen als Juden bezeichnen, so zu gestalten, daß einige von denen überlegen, ob man sich die Deportation nach Theresienstadt nicht wünschen solle, denn wie könne es dort schlimmer sein. Und wer von Theresienstadt nach Polen deportiert wird, wird in Verhältnisse gestoßen, die Lebensverhältnisse zu nennen schon deshalb ein Hohn ist, weil man in ihnen nur überleben kann, wenn man sich um dieses bloße Überleben Tag um Tag neu bemüht. »Es gilt, gegen den Strom zu schwimmen; es gilt, Tag um Tag und Stunde um Stunde gegen die Mühe anzugehen, gegen den Hunger und gegen die Kälte und gegen das Sichgehenlassen, die Folge von all dem; es gilt, den Feinden standzuhalten und kein Erbarmen für seine Rivalen zu kennen; es gilt, seinen Geist zu schärfen, sich mit Geduld zu wappnen und seinen Willen zu stählen: Oder man muß jede Würde in sich zerstö-

17 Levi, a. a. O., S. 107.

ren, muß als Rohling gegen die Rohlinge zu Felde ziehen und sich von den ungeahnten unterirdischen Kräften leiten lassen, die den Geschlechtern und den einzelnen in grausamer Zeit Beistand gewährten.«[18]

Der Franzose Robert Antelme beschwört in seinem Buch *Das Menschengeschlecht* immer wieder die innere Haltung, die er gegen den Versuch der SS aufbietet, ihm und seinen Kameraden die Zugehörigkeit zur Spezies Mensch abzusprechen. Im Blick der anderen sehen sie, daß sie nicht mehr dazugehören: »Manchmal kommt ein SS-Mann auf die Krankenstube. Er geht an den Leuten vorbei, und wenn ein Kranker von besonderer Magerkeit ist, fragt er den Arzt, was ihm fehlt ... Der SS-Mann und der Arzt sehen sich dann den *allzu mageren* Kerl eingehend an ... Der SS-Mann sagt traurig und diesmal mit leiser Stimme: *Scheiße.* Der Arzt nickt mit dem Kopf.«[19] Und es kann dahin kommen, daß der eigene Blick so wird wie der Blick der anderen. Antelme sucht einen Freund in der Krankenbaracke und kann ihn nicht finden. Bis man ihm bedeutet, er stehe doch vor ihm. »Ich erkannte nichts an ihm wieder.«[20] Es kann sein, daß man auch sich selbst nicht mehr erkennt, nicht mehr als Menschen wahrzunehmen in der Lage ist: »Wir bekamen Prügel, wir waren schmutzig, wir bekamen nichts zu essen, wir glaubten, das sei das Äußerste und wir würden wenigstens weiterhin schlafen können. Jetzt haben wir Läuse ... Ein Alptraum, wir werden unterliegen ... Eines Tages hat ein Meister gesehen, wie einem Kameraden ... eine Laus über den Nacken lief. ... Er ... hat einen anderen Meister gerufen ... den Arm ausgestreckt und mit dem Finger auf den Nacken des Häftlings gezeigt ... *Scheiße* ... Sie sitzen im Hemd, in der Unterhose. Man zerquetscht und zerquetscht. Die Daumennägel sind rot von Blut. Die Nähte entlang hängen ganze Trauben von Nissen, es gibt noch und noch, fett, ekelerregend. Auf meinem

---

18 Ebd., S. 110.

19 Robert Antelme, Das Menschengeschlecht. Als Deportierter in Deutschland, München 1987, S. 236.

20 Ebd., S. 241.

Hemd, auf meiner von wundgekratzten Stichen roten Haut ist Blut. Krusten bilden sich allmählich, ich reiße sie ab und sie bluten. Ich kann nicht mehr, ich werde schreien. Ich bin Scheiße. Ganz richtig, ich bin Scheiße.«[21]

Nahe daran zu sein, das Wissen, daß man noch ein Mensch ist, zu verlieren, Menschen ausgeliefert zu sein, deren jede Handlung den ihnen Unterworfenen dieses Menschsein abspricht, diese für die Lager, zumal die Vernichtungslager typischste, gewöhnlichste, routinierteste Haltung – wie ist sie zu beschreiben, in Worte zu fassen, wieder- und weiterzugeben? Primo Levi wählt ein besonders untypisches Beispiel: die Begegnung zweier Menschen, eines Häftlings, der Chemiker ist und sich gemeldet hat, als die SS unter den Häftlingen nach Chemikern sucht, und einem der führenden Chemiker der Buna-Werke in Auschwitz-Monowitz:

»Pannwitz ist hochgewachsen, mager und blond; er hat Augen, Haare und Nase, wie alle Deutschen sie haben müssen, und er thront fürchterlich hinter einem wuchtigen Schreibtisch. Ich, Häftling 174517, stehe in seinem Arbeitszimmer, klar, sauber und ordentlich, und mir ist, als müßte ich überall, wo ich hinkomme, Schmutzflecken hinterlassen. Wie er mit Schreiben fertig ist, hebt er die Augen und sieht mich an. Von Stund an habe ich oft und unter verschiedenen Aspekten an diesen Doktor Pannwitz denken müssen. Ich habe mich gefragt, was wohl im Innern dieses Menschen vorgegangen sein mag, und womit er neben der Polymerisation und dem germanischen Bewußtsein seine Zeit ausfüllte; seit ich wieder ein freier Mensch bin, wünsche ich mir besonders, ihm noch einmal zu begegnen, nicht aus Rachsucht, sondern aus Neugierde auf die menschliche Seele.

Denn zwischen Menschen hat es einen solchen Blick nie gegeben. Könnte ich mir aber bis ins letzte die Eigenart jenes Blickes erklären, der wie durch eine Glaswand eines Aquariums zwischen zwei Lebewesen getauscht wurde, die verschiedene Elemente bewohnen,

21 Ebd., S. 158ff.

so hätte ich damit auch das Wesen des großen Wahnsinns im Dritten Reich erklärt.

Was wir alle über die Deutschen dachten und sagten, war in dem Augenblick unvermittelt zu spüren. Der jene blauen Augen und gepflegten Hände beherrschende Verstand sprach: ›Dieses Dingsda vor mir gehört einer Spezies an, die auszurotten selbstverständlich zweckmäßig ist. In diesem besonderen Fall gilt es festzustellen, ob nicht ein verwertbarer Faktor in ihm vorhanden ist.‹«[22] – Es folgt, wie im Theater auf Amphitryon Sosias folgt (aber es ist die Wirklichkeit), auf Pannwitz der Kapo Alex: »Das Stahlkabel einer Hebewinde versperrt den Weg, Alex faßt es an, um darüberzusteigen. Donnerwetter!, jetzt sieht er seine Hand an, die ganz schwarz ist vom klebrigen Schmierfett. Inzwischen habe ich ihn eingeholt: Ohne Haß und ohne Hohn wischt er seine Hand, innen und außen, an meiner Schulter ab. Und er wäre sehr erstaunt, der unschuldige Rohling Alex, wenn ihm jemand sagen würde, daß ich ihn heute nach dieser seiner Geste einschätze, ihn und Pannwitz und all die Unzähligen, die ihm gleichen, die großen und kleinen, in Auschwitz und überall.«[23]

Die Lager sind Institutionen des Mordes. Sie sind die absoluten Gegenentwürfe zur Zivilisation – und doch, muß man hinzufügen, ausgestattet und eingerichtet mit so vielen zivilisatorischen Tugenden: Umsicht, Triebaufschub, Arbeitsteilung. Auschwitz hat mit Birkenau und Monowitz und der sie verbindenden Infrastruktur die Größe der Stadt Kassel. Der Führer habe den Juden eine Stadt geschenkt, hieß es in der Theresienstadt-Propaganda. Tatsächlich hat Nazi-Deutschland mit Auschwitz dem Tod eine Stadt gegründet. Die Lager, mit denen Deutschland Europa überzog, nicht nur von der Maas bis an die Memel und von der Etsch bis an den Belt, sondern von Norwegen nach Thessaloniki und von den Pyrenäen

22 Levi, a.a.O., S. 127f.

23 Ebd., S. 130.

bis weit über die Weichsel hinaus, waren eine Urbanisierung des Todes.

Antelme schreibt nur über ein kleines Arbeitslager, Gandersheim, nicht weit von Hannover. »Wir ... sind alle nur hier um zu sterben. Das ist das Ziel, das die SS für uns gewählt hat. Sie hat uns weder erschossen noch aufgehängt, doch jeder von uns muß, nachdem ihm rationell das Essen entzogen worden ist, in einer variablen Zeit zum vorgesehenen Toten werden. Das einzige Ziel eines jeden einzelnen ist es also, sich daran zu hindern zu sterben. Das Brot, das wir essen, ist gut, weil wir Hunger haben, doch wenn es auch den Hunger stillt, so wissen und spüren wir doch, daß sich mit ihm das Leben im Körper wehrt. Die Kälte ist schmerzhaft, aber die SS will, daß wir vor Kälte sterben, wir müssen uns gegen die Kälte schützen, denn in der Kälte lauert der Tod. Die Arbeit ist ermüdend – und für uns absurd –, aber sie verbraucht und nützt ab, und die SS will, daß wir durch die Arbeit sterben; daher müssen wir uns bei der Arbeit schonen, weil auch da der Tod drin lauert. Und dann ist da noch die Zeit: die SS meint, wenn wir nichts zu essen bekommen und arbeiten müssen, werden wir am Ende sterben; die SS meint, daß sie uns durch die Müdigkeit besiegen wird, das heißt durch die Zeit, und der Tod lauert in der Zeit. Aktiv sein heißt hier vernünftig gegen den Tod kämpfen.«[24]

Das reine Überleben, das Kreatürlichste, am wenigsten Pathetische, bloße Voraussetzung alles anderen und darum für sich recht eigentlich nicht nennenswert, wird so zum objektiven Gegenentwurf zur Welt der Lager. Es muß die oder der einzelne das gar nicht so empfunden haben, wie Antelme es formuliert – spürbar ist es den Lesenden in allen Texten. Nur verwechsle man das Lesen nicht mit dem Leben derjenigen, die die Texte verfaßt haben. Identifikatorischer Triumph ist alles andere als am Platze – ebensowenig wie die Rede vom Prinzip Hoffnung. Daß sie die Hoffnung zu überleben nie aufgegeben habe, schreibt Ruth Klüger, und sie schreibt es

---

24 Antelme, a.a.O., S. 57.

»kindlicher Verblendung und Todesangst« zu: »Zwar sagt man, daß die Hoffnung am Leben erhält. Aber in Wirklichkeit ist Hoffnung ja die Kehrseite der Angst, und die Angst kann schon den Eindruck vermitteln, daß sie am Leben erhält, denn man spürt sie wie Sand auf der Zunge und wie ein Rauschgift in den Adern. Das Prinzip Angst sollte es heißen, nicht das Prinzip Hoffnung, nur läßt sich aus diesem Prinzip nicht viel Erbauliches gestalten.«[25]

Todesangst als Lebenszustand – er kommt in den kleinen Notaten Klemperers, er »möchte doch noch ein bißchen leben«, ebenso zum Ausdruck wie in dem lapidaren, fast stoischen Titel von Klügers Memoiren, der auch, mit anderer Intonation, wie ein kindliches Flehen gelesen werden kann: *weiter leben*. Und doch wird in diesen Zeugnissen der Angst – weil sie denn eben Dokumente des Überlebens geworden sind – objektiv der Sieg des Überlebens gegen die Ordnung des Tötens Dokument. Noch einmal: dieser Sieg ist, was die Individualität der Verfasserinnen und Verfasser angeht, kein Triumph. »Merkwürdig«, schreibt Klüger, »daß man sich auch daran gewöhnte, daß man nicht unentwegt von Angst geschüttelt war.« Und: »Statistisch gesehen, mußten wohl manche von uns den Nazis durch die Lappen gehen, besonders da sie im Begriff waren, den Krieg zu verlieren. Die Frage, wer die Glückspilze waren, führt jedoch leicht von der Statistik fort und in den Märchenwald der Erfolgsgeschichten. Und warum erzählst du selbst dann so eine? fragen die Freunde. Da liegt das Dilemma: für uns Heutige ist die Statistik das, was die Notwendigkeit im Trauerspiel für die Schicksalsgläubigen einer anderen Zeit war; aber anders als das Trauerspiel ist die Statistik halt sehr unergiebig in den Einzelheiten. Wo wir uns fürchten und freuen, spricht sie nicht mit. Und von Furcht und Freude handeln doch alle Geschichten über Menschen. So auch meine. Nur darf der wahrheitsliebende Leser das Happy-End meiner Kindheitsirrfahrten (wenn man das einfache Weiterleben über-

25 Klüger, weiter leben, a.a.O., S. 106.

haupt als Happy-End bezeichnen will) nicht auf ein Hoffnungskonto, nicht auf meines und schon gar nicht auf sein eigenes setzen.«[26]

Trostbüchlein sind es nicht, keine Dokumente des Weltvertrauens, aber als Dokumente des Überlebens und der Schilderung des Entsetzens und des Entsetzlichen bleiben sie paradoxe Zeugnisse des Fortlebens einer Zivilisation, die in den Lagern zerstört wurde – auch dort, wo sie, wie im Fall Roman Fristers, dieses zu dementieren scheinen. Die Frage nach dem Woher der moralischen Autorität dieser Memoiren Überlebender läßt sich beantworten: Nur in diesen Texten wird das Ausmaß der Zivilisationskatastrophe, weil im Detail zur Kenntnis genommen, nicht verleugnet. Nur in diesen Texten wird wirklich deutlich, daß die Rede vom »Zivilisationsbruch« keine wohlfeile Rede ist. Wir sprechen nicht von irgendeiner der historischen Katastrophen. »An keinem anderen Ort und zu keiner anderen Zeit hat man ein derart unerwartetes und derart komplexes Phänomen beobachtet: niemals sind so viele Menschenleben in so kurzer Zeit mit einer derart luziden Kombination von technischer Erfindungsgabe, Fanatismus und Grausamkeit ausgelöscht worden«, schreibt Levi und zweifelt sogleich, ob das eigentlich das Entscheidende sei: »Niemand spricht die spanischen Konquistadoren von den Massakern frei, die sie während des gesamten 16. Jahrhunderts in Amerika veranstaltet haben. Allem Anschein nach verloren dabei mindestens sechzig Millionen Indios ihr Leben; aber die Konquistadoren handelten auf eigene Faust, ohne oder gegen die Anweisungen ihrer Regierung, und ihre Untaten, die letztlich kaum ›geplant‹ waren, erstreckten sich über einen Zeitraum von mehr als hundert Jahren« – aber dann kommt das Entscheidende beinahe unscheinbar mit einem »und schließlich« eingeleitet: »Und schließlich: hatten wir uns nicht davon zu befreien versucht, indem

26 Ebd., S. 107f.

wir verkündeten, daß es sich dabei um ›Geschichten aus anderen Zeiten‹ handelte?«[27]

Das Selbstbild unserer modernen Zivilisation hat davon gelebt, einen Strich zwischen sich und die Greuel der Vergangenheit zu ziehen, die sie (historisch nicht korrekt, aber intentional bezeichnend) das finstere Mittelalter nannte. Von dieser Grenzziehung lebten unsere Ideale. Diese Grenzziehung hat sich als illusionär herausgestellt. Die Grenze existiert nicht mehr, das Selbstbild der modernen Zivilisation, ihre Ideale nicht nur angestrebt, sondern zu großen Teilen auch erreicht und in stabile Institutionen geformt zu haben, ist in Auschwitz zerstört worden. Aber die Ideale sind darum nicht lächerlich geworden. Das Festhalten an ihnen ist nicht das illusionäre Gebaren eines, der die Welt nicht zur Kenntnis nehmen will, wie sie gewesen ist und also ist. Moral, die sich der Kenntnisnahme verweigerte, wäre Verleugnung und selbst zutiefst unmoralisch. Die Würde, die darin besteht, die Welt zur Kenntnis zu nehmen und gleichwohl nicht zu bejahen, und die wir in den Memoiren der Überlebenden finden, ist zwar ein Zustand unglücklichen Bewußtseins, sie gleichwohl zum Ausgangspunkt eines neuen, veränderten Redens über Fragen der Moral zu machen, hat, wie der Versuch Tzvetan Todorovs[28] beweist, nichts Frivoles und nichts von der hyänenhaften Phrase, daß auch das Schlimmste noch zu etwas gut sei. »Auschwitz«, so fällt Ruth Klüger einem jungen Deutschen ins Wort, der den Umstand bemängelt, einen Israeli getroffen zu haben, der Auschwitz überlebt und dennoch auf die Araber geschimpft habe, »sei keine Lehranstalt für irgend etwas gewesen und schon gar nicht für Humanität und Toleranz. Von den KZs kam nichts Gutes, und ausgerechnet sittliche Läuterung erwarte er? Sie seien die allernutzlosesten, unnützesten Einrichtungen gewesen, das möge man festhalten, auch wenn man sonst nichts über sie

27 Primo Levi, Die Untergegangenen und die Geretteten, München 1990, S. 17f.

28 Todorov, a. a. O.

wisse.«[29] Dem ist nichts hinzuzufügen, nur folgt daraus eben nicht, daß das auch für die Bücher gelte, die die Erfahrungen mitteilen, die ihre Verfasserinnen und Verfasser in den Lagern machen mußten.

Die Teilhabe aber an diesen Texten, die sich nicht aus dem identifikatorischen Überlebensglück gewinnen läßt, eben weil Überleben und weiter leben kein Glück ist – jedenfalls nur *luck*, nicht *happiness* –, kommt allerdings aus einem ganz anderen Gefühl, der Scham. Sie findet sich mehr oder weniger explizit in fast allen Texten. In seinem Aufsatz »Die Scham« zitiert Primo Levi aus seinem Buch *Die Atempause*: »Der Abschnitt erzählt von den ersten russischen Soldaten in Sichtweite unseres Lagers, das von Leichen und Sterbenden erfüllt war: ›Sie grüßten nicht, sie lächelten nicht; sie schienen befangen, nicht so sehr aus Mitleid, als aus einer unbestimmten Hemmung heraus, die ihnen den Mund verschloß und ihre Augen an das düstere Schauspiel gefesselt hielt. Es war die gleiche wohlbekannte Scham, die uns nach den Selektionen und immer dann überkam, wenn wir Zeuge einer Mißhandlung sein oder sie selbst erdulden mußten, jene Scham, die die Deutschen nicht kannten, die der Gerechte empfindet vor einer Schuld, die ein anderer auf sich lädt und die ihn quält, weil sie existiert, weil sie unwiderruflich in die Welt der existenten Dinge eingebracht ist und weil sein guter Wille nichts oder nicht viel gilt und ohnmächtig ist, sie zu verhindern‹.« – »Ich glaube nicht«, schreibt Levi weiter, »in diesem Text irgend etwas streichen oder verbessern zu müssen, vielmehr habe ich einiges hinzuzufügen.« Es gebe Menschen, »die der Schuld anderer oder der eigenen den Rücken kehren, damit sie nicht sehen oder sich von ihr nicht berührt fühlen müssen: so haben es die meisten Deutschen in den zwölf Jahren der Hitler-Herrschaft gemacht, in der Illusion, daß Nicht-Sehen gleichbedeutend sei mit Nicht-Wissen und daß das Nicht-Wissen ihren Anteil an der Komplizenschaft oder der stillschweigenden Duldung verringern würde. Uns aber ist das

29 Klüger, weiter leben, a. a. O., S. 72.

Schutzschild der gewollten Unwissenheit ... verweigert worden: wir konnten nicht anders als hinsehen. Uns umgab das Meer vergangener und gegenwärtiger Leiden, und sein Spiegel ist Jahr um Jahr angestiegen, so daß wir beinahe ertrunken wären. Es war sinnlos, die Augen zu verschließen oder sich abzuwenden, weil dieses Meer allgegenwärtig war, sich in alle Richtungen erstreckte bis hin zum Horizont ... Die Gerechten unter uns, weder größer noch geringer an Zahl als in jeder anderen menschlichen Gemeinschaft, haben Gewissensqualen und Scham, kurz gesagt: Leiden für eine Schuld ertragen, die nicht sie, sondern andere verursacht hatten, in die sie sich aber dennoch verstrickt fühlten, weil ihnen bewußt war, daß das, was um sie herum vorging – sowohl in ihrem Beisein als auch in ihnen selbst –, unwiderruflich war. Niemals mehr würde das abgewaschen werden können. Es hatte gezeigt, daß der Mensch, das menschliche Geschlecht, also kurz gesagt: wir, potentiell in der Lage sind, unendliches Leid hervorzurufen; und daß das Leid die einzige Kraft ist, die man aus dem Nichts erzeugt, ohne Kosten, ohne Mühen. Es reicht, wenn man nichts sieht, nichts hört, nichts unternimmt.« [30]

Diese Scham ist die andere Seite des Überlebens. Ist das Überleben der Gegenentwurf zur Ordnung des Tötens, so setzt die Scham voraus, daß die SS-Welt nicht recht habe. »Ich ... kämpfte gegen Brechreiz und schämte mich ob meinem Menschsein«, schrieb Ladislaus Szücs. Scham zu empfinden setzt die Einheit des Menschengeschlechtes voraus. In der Scham verbirgt sich das Ideal einer in Auschwitz zerstörten Zivilisation, das aber in dieser Zerstörung nicht widerlegt worden ist. Das Empfinden der Scham verbindet den Lesenden mit den Texten – sofern er nicht vergißt, daß es etwas anderes ist, diese Scham als jemand zu empfinden, dem es angetan worden ist, denn als jemand, der nur durch ein Buch Zeuge unsagbaren Leides geworden ist, das uns zwar immer wieder zum Verstummen bringt, aber nicht sprachlos macht.

30 Levi, Die Untergegangenen und die Geretteten, a. a. O., S. 87f.

Stenogramme aus der Vorhölle

Über Victor Klemperers Tagebücher

Der deutsche Versuch, die Juden Europas auszurotten, ist Gegenstand ganz unterschiedlicher Literatur geworden – wissenschaftlicher, dokumentarischer, Erinnerungsliteratur und fiktionaler Literatur. Eine Reihe von Büchern sind darunter, die Standardwerke geworden sind, das heißt solche, die immer wieder gelesen und zitiert werden. Hannah Arendts *Eichmann in Jerusalem*, Raul Hilbergs *Die Vernichtung der europäischen Juden*, Eugen Kogons *Der SS-Staat*, Primo Levis *Ist das ein Mensch?*, Ruth Klügers *weiter leben*, Louis Begleys *Lügen in Zeiten des Krieges*, Jurek Beckers *Jakob der Lügner*. Wirkliche Bestseller aber sind hierzulande, so glaube ich, nur die folgenden Bücher geworden: *Das Tagebuch der Anne Frank*, Speers *Erinnerungen* und *Spandauer Tagebücher*, Klemperers *Ich will Zeugnis ablegen bis zum letzten* und Daniel Goldhagens *Hitlers willige Vollstrecker*. Ein wissenschaftliches Buch, drei (ich ziehe die Speer-Titel zu einem zusammen) Erinnerungen. Das Tertium scheint offensichtlich: das Bedürfnis nach Authentizität, die Frage nach dem, wie es denn wirklich gewesen sei – und auch Goldhagens Buch könnte dazu passen mit seinen langen Schilderungen aus den sogenannten Arbeitslagern, von den Todesmärschen, den Erschießungskommandos.

Aber damit ist nicht viel gesagt – das war auch in anderen Büchern zu finden. Um der Antwort näherzukommen, möchte ich zunächst zwei Publikumserfolge hinzunehmen, die keine Bücher gewesen sind: die TV-Serie *Holocaust* und den Film *Schindlers Liste*. *Das Tagebuch der Anne Frank* erscheint 1950 auf deutsch; Speers *Erinnerungen* 1967, *Holocaust* läuft 1977, *Schindlers Liste* kommt 1992 in die Kinos, Klemperers Tagebücher erscheinen 1995, und 1996 ist das Jahr des Buch- und Medienerfolges von Daniel Goldhagen. Drei Bestseller in vierzig Jahren, drei Bestseller in den vier darauf folgenden. Ich gebe vorsorglich zu, daß eine solche Rechnung den Büchern gegenüber unfair scheinen muß, die im Lauf der Jahre und Jahrzehnte ebenfalls beachtenswerte Auflagen erzielt haben – gleichwohl: solche Longseller sind Indikatoren eines langfristigen und nachhaltigen Interesses, die Bestseller die einer öffentlichen Erregung.

Lassen Sie mich nun noch Speers Bücher für eine Weile beiseite stellen – welches Bild ergibt sich dann? Das *Tagebuch der Anne Frank* ist zunächst einmal ein typisches Buch der Jahrhundertmitte, es ist fast ein existentialistisches Werk (»existentialistisch« in dem saloppen Sinn, in dem es das Feuilleton der 50er verwendet hat), und es war unausbleiblich, daß man ein Theaterstück daraus gemacht hat. Der Ort gleichsam außerhalb der Welt, die Umwelt als die bedrohlichen »Anderen«, aber in der überschaubaren Bühnenwelt die Dramatik des Allzumenschlichen, der Ernst des Ganzen wird dadurch verbürgt, daß es schlecht ausgeht, wir aber nicht erfahren, *wie* schlecht. Das mag ein wenig zu kalt klingen diesem erschütternden Dokument gegenüber, aber schon die Rede vom »erschütternden Dokument« ist ja bloße Routine, die man im Lexikon findet. Ich glaube, daß es die angesprochenen literarischen Eigenschaften gewesen sind, die das Buch zu einem Erfolg haben werden lassen. Ein Bericht über die letzten Wochen von Anne Frank im Lager wäre kein vergleichbarer Erfolg gewesen.

Gleichwohl widerlegt der Erfolg des Buches die Behauptung, erst die Serie *Holocaust* habe die Deutschen dazu gebracht, sich mit einigen Opfern der Vernichtungspolitik zu identifizieren. In Anne Frank konnte sich der Leser einfühlen, und er konnte es wegen des Theaterhaften des Textes, der Irrealität des Geschilderten, aber der in gewissem Sinne imaginierbaren Irrealität. In den Speicher von Anne Frank konnte die Phantasie hingelangen wie in das Irrenhaus von Dürrenmatts *Physikern* oder Sartres *Bei geschlossenen Türen* – aus Auschwitz könnten wir uns von Jean Améry und Primo Levi erzählen lassen, mit unserer Imagination dorthin folgen aber nicht.

Der Zuschauer der Serie *Holocaust* erlebt am TV-Schirm das Leben und Sterben einer Familie, und wie es die Folge jeder einigermaßen gelungenen Seriendramaturgie ist, identifiziert man sich mit Glück und Leid der Hauptfiguren, so daß man schließlich an den dargebotenen Schicksalen nur darum interessiert ist, weil man die Akteure so gut kennt und man wissen will, was aus ihnen geworden ist.

Was aus ihren jüdischen Mitbürgern geworden war, hatten die Deutschen nach 1945 mehrheitlich tatsächlich nicht wissen wollen. In ihrem Bericht über ihre Deutschlandreise von 1950 schrieb Hannah Arendt von einem »allgemeinen Gefühlsmangel« und einer »offensichtlichen Herzlosigkeit ... manchmal mit billiger Rührseligkeit kaschiert«, die sie als »Symptom einer tief verwurzelten, hartnäckigen und gelegentlich brutalen Weigerung« deutet, »sich dem tatsächlich Geschehenen zu stellen und sich damit abzufinden ... Das einfachste Experiment besteht darin, expressiv verbis festzustellen, was der Gesprächspartner schon von Beginn der Unterhaltung an bemerkt hat, nämlich daß man Jude sei. Hierauf folgt in der Regel eine kurze Verlegenheitspause; und danach kommt – keine persönliche Frage, wie etwa: ›Wohin gingen Sie, als Sie Deutschland verließen?‹, kein Anzeichen für Mitleid, etwa dergestalt: ›Was geschah mit Ihrer Familie?‹ – sondern es folgt eine Flut von Geschichten, wie die Deutschen gelitten hätten (was sicher stimmt, aber nicht hierhergehört); und wenn die Versuchsperson dieses kleinen Experiments zufällig gebildet und intelligent ist, dann geht sie dazu über, die Leiden der Deutschen gegen die Leiden der anderen aufzurechnen, womit sie stillschweigend zu verstehen gibt, daß die Leidensbilanz ausgeglichen sei und daß man nun zu einem ergiebigeren Thema überwechseln könne.«[1]

---

1 Hannah Arendt, Zur Zeit. Politische Essays, Berlin 1986, S. 44. – Vierzig Jahre später veröffentlicht der Cartoonist Walter Moers einen Comic strip, der folgenden Dialog illustriert: »Frau Feigbaum, Sie sind nicht nur Lyrikerin, sondern auch Jüdin, nicht wahr ...? – Äh ... ja ... – Das ist furchtbar ... da haben Sie sicher eine Menge erleiden müssen durch den Terror der Nazis ... – Üh ... eigentlich nicht ... Ich bin ja erst 1958 geboren, und daher ... – Aha ... Aber Auschwitz!! Sie waren doch sicher in Auschwitz!!? – Nein. – Nicht? –

Daß die *Holocaust*-Serie *diese* Haltung erschüttert hat – und daß *erst* die *Holocaust*-Serie diese Haltung erschüttert hat –, wird man sagen können. Man hatte die Serie im Dritten Programm plaziert und garniert mit wissenschaftlich-sachlichen Diskussionsrunden, aber das Publikum reagierte hochemotionalisiert und positiv. Jetzt schien ein wirkliches Bedürfnis dazusein, die Wahrheit zu erfahren. Daß einem eine TV-Serie nicht die historische Wahrheit ins Haus liefern kann, versteht sich von selbst. Aber darum geht es gar nicht. Sondern darum, daß für die Erkenntnis einer Wahrheit eine emotionelle Bereitschaft vorhanden sein muß. Die Bereitschaft war – jedenfalls bis zu einem gewissen Grade – gewachsen, und *Holocaust* hatte ihr zur Artikulation verholfen.

Schuld / Verantwortung / Freiheit

Nachdenklicherweise war es wiederum ein sogenanntes Hollywood-Produkt, Steven Spielbergs *Schindlers Liste*, das zu einer unerwarteten Artikulation einer wiederum geänderten kollektiven Emotionalisierung führte. Zuvor war die Geschichte von Oskar Schindler in einer Illustriertenserie bereits, ohne Aufsehen zu erregen, gedruckt worden, und deutsche Regisseure hatten die Idee verworfen, aus dem Stoff einen Film zu machen. Gewiß war der Erfolg nicht zuletzt Resultat des nun eben schwerlich zu übertreffenden Könnens des Regisseurs Spielberg und seiner – trotz einiger sicherlich weniger gelungenen Passagen – bereits zuvor (in dem Film *Empire of the Sun* nämlich) bewiesenen Sicherheit des Umgangs mit solch intrikatem Stoff. Denn *Schindlers Liste* ist ja alles andere geworden als eine Schönfärberei und die endliche Entdeckung des

Nein ... wir sollten mal, 74 mit der Schule, auf Klassenfahrt ... aber da bin ich krank geworden ... – Das ist furchtbar ... Waren Sie denn wenigstens in Bergen-Belsen? – Nein, auch nicht. – Aber Jüdin sind Sie schon ...? – Ja!! – Das ist furchtbar ...! – Wem sagen Sie das ...?« (Walter Moers: Schöne Geschichten, Frankfurt/M. 1991, S. 27.)

»guten Deutschen«. Die braven deutschen Regisseure, die den Stoff abgelehnt hatten, weil sie keinen Exkulpationsfilm hatten drehen wollen, hatten die Möglichkeit des Stoffes nicht erkannt, die Regel durch die Ausnahme darzustellen: die Deportationslisten durch den Kontrast mit Schindlers Liste, die in den Gaskammern Ermordeten, die man im Schneetreiben von Auschwitz als Hintergrund der kleinen Gruppe geretteter »Schindlerjüdinnen« sieht – bis hin zum Herausbrechen des Zahngoldes der Leichen, das die freiwillige Extraktion einer Plombe, deren Gold für einen Ring gebraucht wird, zitiert. Der Film nimmt den Zuschauer gleichsam an die Hand, indem er ihm eine Geschichte erzählt, die irgendwie gut ausgeht, aber führt ihm im Verlaufe der Geschichte jene Wirklichkeit vor, in der diese Geschichte eine Ausnahme gewesen ist. Das geht so weit, daß Spielberg in der Verhandlung Schindlers mit dem Auschwitz-Kommandanten (der Schindler, um die bürokratischen Vorgänge zu erleichtern, das Leben eines eben angekommenen »Ungarntransports« zum Tausch für die Arbeiter aus Schindlers Emaillefabrik anbietet) zeigt, daß Schindlers Insistieren auf »seinen« Juden, um die auch der Zuschauer bangt, weil er sie kennt, und die anderen sind für ihn graue Masse, vor dem Hintergrund der Massenvernichtung nur eine andere Form der Selektion ist.

Aber der Erfolg von *Schindlers Liste* dürfte in erster Linie auf dem Umstand beruhen, daß er die Dimension der individuellen Verantwortung thematisiert, und zwar dadurch, daß er den Helden gegenüber seinem Vorbild in der Realität ein wenig, aber doch nicht so sehr schönt, daß ein makelloser dabei herauskäme. Schindler bleibt ein Kriegsgewinnler, ein »Zocker«, wie ihn Hanno Loewy genannt hat; Spielberg gewährt ihm kein Damaskus-Erlebnis (auch die Räumung des Krakauer Ghettos ist keines), er ist nur jemand, der erst zögerlich, dann aber zusehends davon als Aufgabe gepackt, zum Lebensretter wird, weil er jenen letzten Schritt in das absolut Böse hinein nicht geht. Und auch hier wird die Regel durch die Ausnahme gezeigt: Schindler versucht, einen anderen deutschen Unternehmer dafür zu gewinnen, auch ein paar Leben zu retten – vergeblich.

Daß ein Film, in dem jemand Menschenleben vor der sicheren Vernichtung rettet, einfach deshalb, weil er es kann, in Deutschland derart Furore gemacht hat, zeigt, wie sehr bis dahin die Vorstellung in den Köpfen geherrscht hatte, zwischen 1933 und 1945 habe es für Deutsche, die mit den Verbrechen des Regimes konfrontiert worden waren, nur zwei Möglichkeiten gegeben: entweder unter dem Motto »Wenn ich's nicht mache, macht es sowieso ein anderer«, Verbrechen zu begehen, oder unter Einsatz des Lebens Hitler zu töten. Es ist das nicht eine der geringsten Verwüstungen, die die Zeit des Nationalsozialismus in Deutschland angerichtet hat. Wer nur noch die Alternative »Verbrecher oder Held« sieht, sagt damit, anders als er meint, gar nichts über das Regime aus, sondern einzig über sich, daß er seinen Sinn für die normalen Mittellagen des menschlichen Lebens verlernt hat nämlich, die auch in Diktaturen weiterexistieren. Dieser Sinn ist die mentale Voraussetzung dafür, nicht zu vergessen, daß man frei ist. Freiheit ist im wesentlichen unpathetisch. Das »Ich konnte doch nicht anders« des Helfershelfers ist dem »Hier stehe ich, ich kann nicht anders« des Gewissenshelden gar nicht so unähnlich. Freiheit hat zur Voraussetzung, daß man nicht vergißt, daß man immer auch anders kann. Eine Eintragung in Klemperers Tagebuch vom 16. 12. 1934 zeigt, wie solches Vergessen geht: »Von meinen zwei Hörerinnen ... erzählt die eine ...: ›Mein Bruder ist bei der SS ... Irgendwo muß er sein, bei der HJ ist Krethi und Plethi, so in seinem ‚Reitersturm' hat er sein eigenes Pferd und lernt reiten.‹ – ›Ist er mit dem Herzen dabei?‹ – ›Ach wo ... aber er muß doch.‹«

In *Schindlers Liste*, nicht aus den Erzählungen ihrer Großeltern und Eltern, erfuhren junge und nicht mehr ganz so junge Deutsche, daß jene auch anders gekonnt hätten, und darin bestand der Erfolg dieses Films. Ich glaube, daß *Schindlers Liste* den Gemütskonsens gestört hat, den Albert Speer über zwanzig Jahre vorher gestiftet hatte – und Daniel Goldhagen hat ihn vielleicht zerstört. Speer hatte für das deutsche Volk, oder jedenfalls die Bewohner der alten Bundesrepublik, eine Formel gefunden, mit der die Beunruhigung durch die Vergangenheit eine Weile stillgestellt hatte werden können. Ohne Wenn und Aber verurteilte Speer die Verbrechen des Regimes, ohne Wenn und Aber sprach er in Nürnberg von einer kollektiven Verantwortung der Angeklagten für diese Verbrechen, und später sprach er von seiner Mitschuld. Gleichzeitig aber beteuerte er bis zu seinem Tode, er habe von der Ermordung der europäischen Juden nichts gewußt. Eben darin habe seine Schuld bestanden: er hätte davon wissen können, aber sich das Wissen nicht verschafft. Mir geht es nicht um die Frage, wie glaubhaft die Behauptung des Nichtwissens ist (Gitta Sereny erörtert sie ausführlich in ihrer lesenswerten Speer-Biographie), sondern darum, daß ein Schuldbekenntnis gleichzeitig eine Ent-Schuldigung sein kann, denn es greift ja auf moralisch besonders ausgezeichneter Ebene, indem man sich für etwas schuldig erklärt, für das man die Schuld »eigentlich« nicht auf sich nehmen muß. Denn niemand verlangte ja von Speer, daß er für mehr die Schuld auf sich nahm als für das, wofür er zu zwanzig Jahren Spandau verurteilt worden war.

So erscheint Speer nach seiner Entlassung als eine Art freiwilliger Erlöser. Er nimmt die Schuld auf sich. Und: wenn sogar der Vertraute Hitlers, der Rüstungsminister, nichts von der Shoa gewußt hat, wie kann man es dann den, um den Untertitel zu Daniel Goldhagens Buch zu zitieren, »ganz gewöhnlichen Deutschen« nicht glauben, daß sie nichts gewußt hatten. Daß die Schuld irgendwie im Nichtsgewußthaben liegt, damit läßt sich leben. – Speer hatte also den ersten Bestseller geliefert, bei dem das Thema Schuld und Verantwortung im Mittelpunkt stand, aber er hat es mit einem bemerkenswerten Trick gewissermaßen neutralisiert, kaltgestellt. Vielleicht ist diese Kaltstellung die Voraussetzung des Erfolgs der Serie *Holocaust* gewesen. Die Speersche Formel – obwohl von dem in der Serie Dargestellten wenigstens mit allerlei Fragezeichen versehen – erlaubte, so nehme ich an, sich auf die Opferperspektive einzulassen, ohne sich allzusehr mit der Tatsache herumzuplagen, daß diese Art der Einfühlung ein im Grunde riskantes Unternehmen gewesen ist.

Schindlers Liste thematisierte nun die Dimension der Verantwortung auf ganz andere Weise, und, wie gesagt, damit die Freiheit des

Handelns. Der Film zeigte, daß man frei gewesen war, anders zu handeln – er demonstriert ex negativo die Schuld des Unterlassens. Daniel Goldhagens *Hitlers willige Vollstrecker* zeigte, daß auch die Mehrheit der Nicht-Schindlers frei gewesen war und ihre Freiheit genutzt hatte – die Schuld der vielen Täter. Goldhagen konnte im Buch das tun, was der Film aus guten Gründen nicht konnte. Er nahm in den Blick nicht die Ausnahme vor dem Hintergrund der Regel, sondern diese dort, wo sie Exzeß wurde, und er behauptete, daß diese Exzesse ihren Grund in der exzessiven antisemitischen Normalität der Deutschen hatten.

Zeitlich steht die Veröffentlichung von Klemperers Tagebüchern zwischen *Schindlers Liste* und *Hitlers willige Vollstrecker*. Ich denke, daß sie es auch thematisch tun. Der Schritt von Spielbergs Film zu Goldhagens Buch ist der Schritt hin zur Frage nach der Wirklichkeit der deutschen Volksgemeinschaft gewesen. Die Goldhagen-Debatte kreist um das Thema, wer wir, die Deutschen, soll heißen: die nach den Nürnberger Gesetzen Deutsche und Nachkommen von Deutschen gewesen waren und sind, wirklich gewesen sind. Der Erfolg von Goldhagens Buch und seiner Deutschlandreise zeigt, daß es inzwischen eine nicht geringe Bereitschaft gibt, zuzugestehen, daß hier der amerikanische Jude Daniel Goldhagen näher an der Wahrheit ist als der Deutsche Albert Speer.

Alltag

Die Klemperer-Tagebücher überliefern ein Porträt der Deutschen, gezeichnet von einem, der keiner sein durfte und ein Jude sein mußte, wiewohl er keiner sein wollte, ein Porträt von einem, der schikaniert, aller Ressourcen beraubt, geschlagen, mit dem Tode bedroht wird. Und trotz aller zwischendurch immer wieder notierten Einsicht, daß ihm gar nichts anderes übrigbleibe, als aufzuhören, aus der Sicht eines Deutschen zu schreiben, der nicht sein darf, was er sein will, sondern die ihm aufgenötigte jüdische Identität anzunehmen, spricht Klemperer zu seinem deutschen Leser nicht als zu einem anderen. Man wird nicht aus dem Text herausgestoßen, in seiner Identifikation nicht verstört.

Aber: Daniel Goldhagen hat darauf hingewiesen, daß die Haltung der Deutschen gegenüber den Juden zur Zeit des Nationalsozialismus immer unter dem Schatten von Auschwitz stehe und man darum oft übersehe, was *vor* der Vernichtung, *vor* dem Massenmord sich abgespielt habe – nicht nur in den Grausamkeitsexzessen in den Lagern, auf den Transporten, vor den Massenexekutionen, sondern im Alltag der deutschen Städte, in der Zurichtung einer vordefinierten Minderheit zu einer entrechteten und hilflosen Randgruppe. Wenn die Politik der Deutschen vor dem Mord haltgemacht hätte, so Goldhagen zu Recht, hätten wir immer noch ein ungeheuerliches Zivilisationsverbrechen vor uns. Klemperer berichtet von *diesem* Verbrechen, er berichtet nicht aus der Hölle der Lager, sondern aus der Vorhölle, in die zwischen 1933 und 1945 das Deutschland außerhalb des Lagers für die Juden geworden war.

Das macht die Lektüre zu einem emotionellen Wechselbad. Man liest sich durch Hunderte von Seiten, in denen Scheußlichkeiten, Niedrigkeiten und Gemeinheiten geschildert werden, und es ist die Normalität. Aber man liest auch von Akten der Menschlichkeit in dieser Vorhölle. Man liest von einem Leben, das schon bald nach 1933 eines in Todesangst ist, und man weiß doch, daß man die Zeugnisse eines Menschen liest, für den es nicht zum Schlimmsten gekommen ist – und der bis zum Schluß trotz aller Informationen über die Massenmorde von SS und Wehrmacht, trotz allen Wissens über ein »schnell arbeitendes Schlachthaus« namens Auschwitz nicht weiß, was die Realität der Vernichtungspolitik tatsächlich gewesen ist.

Klemperers Tagebücher entsetzen uns, aber sie versetzen uns nicht in eine Region, vor der unsere Imagination kapitulieren muß. Klemperers Realität ist in Reichweite unserer Ängste. Es ist das Realität gewordene Zusammentreffen alles dessen, wovor es einer bürgerlichen Existenz in einem Zivilisationsgefüge graut: er verliert seinen Beruf und wird arbeitslos; das Häuschen und das Auto werden ihm abgenötigt, und die Entschädigung ist nicht der Rede wert;

das Geld wird knapp und das Essen von Jahr zu Jahr schlechter und knapper; es fehlt an allem andern auch; er wird von der Infrastruktur der Stadt abgeschnitten, von der Bibliothek, von der Nutzung der Parks, der Benutzung der öffentlichen Verkehrsmittel; Ausgangsbeschränkung; Kennzeichnung und Stigmatisierung; er wird den Tätlichkeiten seiner Mitmenschen ausgesetzt; schließlich: die Gesetze gelten nur noch einseitig (er hat sie zu befolgen, die staatlichen Organe sind an sie nicht mehr gebunden). Vor all diesem haben auch wir Angst – in unterschiedlichem Grade, je nach unserer gesellschaftlichen Position, gewiß. Aber auch wenn es uns sehr gut geht, kommt uns in den Sinn, es könnte uns schlechter gehen, wir könnten die Arbeit verlieren, Pleite machen, die Wohnung verlieren. Die Angst vor der Stigmatisierung gehört zu unserer Kultur ebenso wie ein gewisses Mißtrauen in unsere Institutionen. Ganz sicher, daß wir auf der Polizeiwache nur korrekt behandelt werden, sind wir nicht. Bei fast jedem Einzelvorfall, von dem die Tagebücher berichten, können wir das Empfinden haben, dies sei ja noch zu verkraften, ja, es kann uns, die wir die Permanenz des Druckes, den das Ehepaar Klemperer erleben muß, nicht nachempfinden können, sogar unterlaufen, daß wir meinen, er schreibe nun doch etwas zu wehleidig und resigniert. Und erschrecken eine Seite später zutiefst und bewundern die Durchhaltekraft der beiden. Und dann: der Exzeß.

Was uns überfordert ist die Vorstellung, alles dieses käme zusammen. Denn Klemperer wird sozial ermordet. »Einschnürung« nennt er, was ihm widerfährt. Sein Lebensraum wird systematisch eingeengt, so daß er (wie andere) ernstlich erwägt, ob es ihnen in Theresienstadt nicht bessergehen würde als in Dresden. Der Bürger Klemperer wird zum Juden Klemperer gemacht, und wo es kein Bürgerrecht gibt, gibt es auch kein Menschen*recht*, sondern nur menschliche Willkür – die Willkür von Haß und Diebstahl und Gewalt oder die caritative des Mitleids und der Hilfe und der Zuwendung.

All das aber spielt sich innerhalb eines zeitlichen und räumlichen Horizontes ab. Der zeitliche ist durch das Wort »Pogrom«, der räumliche durch das Wort »Polen« bezeichnet. Immer fürchtet Klemperer, ermordet zu werden, und wenn es nicht irgendwann einfach auf der Gestapo ist, dann wird irgendwann (und sei es in den letzten Tagen eines verlorenen Krieges) das endgültige Pogrom kommen, von dem die Haussuchungen der Gestapo einen permanenten Vorgeschmack geben. Oder es ist die Deportation nach Polen, von der klar ist, daß sie den Tod bedeuten wird. Und intuitiv wird irgendwie deutlich, daß dieses auch der Rahmen ist, der die soziale Ermordung Klemperers determiniert – nicht als vorab bestimmtes Ziel, sondern – um das Bild zu wechseln – es ist wie jene irritierenden Körper in der Physik, deren Schwerpunkte außerhalb ihrer selbst liegen. Durch Klemperers Tagebücher sehen wir in eine Welt, wie sie in der vom Besuch des ungarischen Reichsverwesers Horthy in Berlin berichteten Anekdote deutlich wird. Horthy reagiert auf den Vorwurf Hitlers, er »verhätschele« seine Juden, mit der Replik, »er könne die Juden seines Landes, denen er bereits ›so ziemlich alle Lebensmöglichkeiten entzogen‹ habe, doch nicht auch noch ›erschlagen‹«, worauf Ribbentrop antwortet: »Doch, sie müssen entweder vernichtet oder in Konzentrationslager gebracht werden.«[2]

Terror

Versuchen wir uns in einer Analyse der Welt, in die Klemperer uns führt. Sie ist durch zwei scheinbar entgegengesetzte Momente fast vollständig determiniert: einmal durch ein immer enger werdendes System von Verordnungen, die eine Lebensmöglichkeit nach der anderen abschneiden, zum anderen durch die Lizenz zur Willkür, die vor allem der Gestapo (aber auch durchaus dem normalen Passanten) zugestanden wird. – Am 2. 6. 1942 stellt Klemperer die bisherigen gesetzlichen Schikanen zusammen:

---

2 Gitta Sereny, Das Ringen mit der Wahrheit. Albert Speer und das deutsche Trauma, München 1995, S. 488.

»– Neue Verordnungen in judaeos … ich stelle einmal die Verordnungen zusammen: 1) nach acht oder neun Uhr abends zu Hause sein. Kontrolle! 2) Aus dem eigenen Haus vertrieben. 3) Radioverbot, Telefonverbot. 4) Theater-, Kino-, Konzert-, Museumsverbot. 5) Verbot, Zeitschriften zu abonnieren oder zu kaufen. 6) Verbot zu fahren (dreiphasig: a) Autobusse verboten, nur Vorderperron der Tram erlaubt, b) alles Fahren verboten, nur Vorderperron der Tram erlaubt, c) auch zur Arbeit zu Fuß, sofern man nicht 7 km entfernt wohnt oder krank ist (aber um ein Krankheitsattest wird schwer gekämpft) Natürlich auch Verbot der Autodroschke.) 7) Verbot, ›Mangelware‹ zu kaufen. 8) Verbot, Zigarren zu kaufen oder irgendwelche Rauchstoffe. 9) Verbot, Blumen zu kaufen. 10) Entziehung der Milchkarte. 11) Verbot, zum Barbier zu gehen. 12) Jede Art Handwerker nur nach Antrag bei der Gemeinde bestellbar. 13) Zwangsablieferung von Schreibmaschinen, 14) von Pelzen und Wolldecken, 15) von Fahrrädern – zur Arbeit darf geradelt werden (Sonntagsausflug und Besuch zu Rad verboten), 16) von Liegestühlen, 17) von Hunden, Katzen, Vögeln, 18) Verbot, die Bannmeile Dresdens zu verlassen, 19) den Bahnhof zu betreten, 20) das Ministeriumsufer, die Parks zu betreten, 21) die Bürgerwiese und die Randstraßen des Großen Gartens … zu benutzen. Diese letzte Verschärfung seit gestern erst. Auch das Betreten der Markthallen seit vorgestern verboten. 22) Seit dem 19. September der Judenstern. 23) Verbot, Vorräte an Eßwaren im Hause zu haben. (Gestapo nimmt auch mit, was auf Marken gekauft ist.) 24) Verbot der Leihbibliotheken. 25) Durch den Stern sind uns alle Restaurants verschlossen. Und in den Restaurants bekommt man immer noch etwas zu essen, irgendeinen ›Stamm‹, wenn man zu Hause gar nichts mehr hat. Eva sagt, die Restaurants seien übervoll. 26) Keine Kleiderkarte. 27) Keine Fischkarte. 28) Keine Sonderzuteilung wie Kaffee, Schokolade, Obst, Kondensmilch. 29) Die Sondersteuern. 30) Die ständig verengte Freigrenze. Meine zuerst 600, dann 320, jetzt 185 Mark. 31) Einkaufsbeschränkung auf eine Stunde (drei bis vier, Sonnabend zwölf bis eins). Ich glaube, diese 31 Punkte sind alles. Sie sind alle zusammen gar nichts gegen die ständige Gefahr der Haussuchung, der Mißhandlung, des Gefängnisses, Konzentrationslagers und gewaltsamen Todes. –«

Die Liste, die man ergänzen kann durch das Dekret, das Spargel zum »rein arischen Gemüse« (18. 5. 1942) erklärt, hat einen merkwürdigen Doppelcharakter. Sie wirkt so pedantisch wie albern. Sie zerstört systematisch die Lebensmöglichkeiten desjenigen, der von ihr betroffen ist, und sie wirkt wie ein willkürliches, ungeplantes Auf-jemanden-Einschlagen. Der systematische Teil der sozialen Ermordung der Juden ist also gar nicht so weit entfernt vom willkürlichen, den Klemperer an etlichen kleinen wie großen, im Grunde immer bizarren Vorfällen dokumentiert:

»16. 9. 1935 – Aufruf (Rundschreiben) des Falkensteiner Bürgermeisters, worin alle Juden, Judenfreunde, konfessionellen Hetzer, Staatsfeinde und Gegner der Partei bedroht werden ... Gestern charakteristische Szene: Verkehrsstockung in der Prager Straße. Knäuel von Menschen, Wagen. Ein junger Mensch, blaß, starr, wahnsinnig im Aussehen, brüllt immerfort auf einen anderen ein, den ich nicht gesehen habe: ›Wer beim Juden kauft, ist ein Volksverräter! ... Ich habe gesagt ...‹ usw. usw. in infinitum. Alles ist gestört, betroffen, niemand mischt sich ein, Polizei läßt sich nicht sehen, der Verkehr stockt, und der Mann brüllt immerzu. – 17. 9. – Während ich gestern schrieb, hat der ›Reichstag‹ in Nürnberg schon die Gesetze für das deutsche Blut und die deutsche Ehre angenommen: Zuchthaus auf Ehe und außerehelichen Verkehr zwischen Juden und ›Deutschen‹, Verbot ›deutscher‹ Dienstmädchen unter 45 Jahren, Erlaubnis, die ›jüdische Flagge‹ zu zeigen, Entziehung des Bürgerrechtes. – 11. 6. 1940. – Ich hörte heute: Eine Frau besucht hier im Lazarett ihren verwundeten Mann; sieht beim Betreten des Saals einen ganz verstümmelten Menschen, ein Ohr, eine Gesichtshälfte, ein Arm sind weggerissen. Sie verfällt in Schreikrämpfe und schreit immerfort: ›Schuld der Juden! Schuld der Juden!‹ – Man wird uns noch alle an die Wand stellen. Frau Voß sagte: ›Wir kommen noch alle nach Lublin!‹ – 21. 12. 1942. – In der Zeit seiner Gefangenschaft traf [der Gestapo-Offizier] Weser Frau Hirschel auf der Straße und sprach sie an: ›Dein Mann ist eben gestorben.‹ Sie kannte seine Art und erwiderte, nein, er lebe. ›Doch‹, sagte er lachend, ›er ist tot, geh nur nach Haus, da findest du die Nachricht schon vor ...‹ Ist der Mann nur geisteskrank, oder ist er ein Verbrecher? Ich sprach von seinen ... Räubereien, Butter, *Geld* etc.) Darauf berichtet Hirschel diesen Vorfall ...: Eine jüdische Dame wird von Weser angehalten, wie sie vom Einkauf zurückkommt. Er nimmt ihr den großen Beutel im Hausflur ab, wühlt alles heraus (wie er ja bei Eva auch getan) und schlägt ihr den leeren Beutel heftig ins Gesicht. In derselben Sekunde, in der sie geblendet steht, reißt er an ihrer Handtasche und zerrt etwas hervor. Nachher vermißte die Dame ihr Portemonnaie. – Der Mann ist Reichsbeamter, Kommissar, Oberleutnant der SS. Er hat Macht über Leben und Tod.«

Manchmal ist die individuelle Terrorisierung bloß die Ausweitung der Vorschrift: »26. 6. 1942 – Neueste Verordnung: Fahrräder sind nur zu benutzen, wenn der Arbeiter einen längeren Weg als 7 km hat. Gleichzeitig: Wer noch die Tram benutzen darf (Arbeiter jenseits der 7-km-Grenze), darf nicht mehr Zwölferkarten oder Umsteigehefte lösen, sondern nur noch die teuren Einzelbillete. – 14. 11. 1943 – Fahrtgenehmigung, ein Danaergeschenk. Morgens ist es nur kalt auf dem Vorderperron, aber die Dunkelheit schützt mich. Aber mittags im Gedränge des übermäßigen Verkehrs, schutzloser als ein Hund. Einmal zupfte mich ein SS-Offizier im Aussteigen am Ärmel: ›Ihr looft!‹ Ich mußte zurückbleiben. Das war schlimm. Scheußlicher neulich ... mittags in der Marschallstraße, der Perron ziemlich leer: Ein Unteroffizier steigt auf, fixiert mich ... Nach einer kleinen Weile: ›Steig ab!‹ – ›Ich habe einen Fahrtausweis.‹ – ›Steig ab!‹ – Ich stieg ab, fuhr, ein neues Billet lösend, mit der nächsten Bahn weiter. Seitdem ist Mittagsfahrt eine Tortur für mich.«

Die Willkür wird per Dekret sanktioniert: »29. 8. 1942 – Der frühere Justizminister Thierack – bekannt als Bluthund – ist unter dem 20. August zum Reichsjustizminister ernannt worden. Es heißt im Dekret, er habe ›eine nationalsozialistische Rechtspflege aufzubauen‹: *›Er kann hierbei von bestehendem Recht abweichen‹* ...« Oft werden durch die Form der Mitteilung Dekret und Gerücht eins: »14. 9. 1939 – Befehl der Regierung *von Mund zu Mund* zu verbreiten an alle Juden: Verbot, nach acht Uhr das Haus zu verlassen, Verbot, jüdische Verwandte als Besuch bei sich aufzunehmen.« – Die Dekrete schaffen eine Situation, die der Willkür den Spielraum schafft, sich auszutoben: »31. 12. 1942 – Steinitz (:) Er war ... in der Prager Straße von einem Gestapomann gestellt worden: ›Du hast hier gar nichts zu suchen; scher dich in die Nebenstraßen!‹« – Die, zuweilen individuelle, Aktion geht oft der Propaganda voraus: »1. 1. 1939 – In Ulm jagte ›Mob‹ (also doch ›Volk‹, nicht nur befohlene SA!) den Rabbiner mit angezündetem Bart um den Marktbrunnen und schlug ihn auf die Hände, wenn er nach dem Bart griff: er lag nachher mit Brandwunden im Krankenhaus. – 17. 1. Immer entschiedener und immer offener betont (nicht bloß vom ›Stürmer‹), wird ›die Lösung der Judenfrage‹ zur Hauptaufgabe der NSDAP erhoben.«

Was Klemperer für die Vorhölle des deutschen Alltags dokumentiert, wird in der Hölle der Konzentrationslager die einzige Realität, das Vorherrschen desjenigen, das Dan Diner »Gegenrationalität« genannt hat: Wer überleben will, muß gegen Vorschriften verstoßen, auf deren Übertretung der Tod steht. »12. 12. 1942 – Neue Talmudfrage, aber lebensgefährliche. Es ist Vorschrift für Juden, nur den Vorderperron der Elektrischen zu benutzen, das Innere des Wagens nicht zu betreten. Seit vorgestern tragen die Bahnen große Aufschrift neuer Verkehrsregelung: Nur vorn Aufstieg. Nur hinten Ausstieg. Welchem Gebot soll der Jude nun beim Absteigen folgen? Jede Gebotsüberschreitung kostet ihn, via Gefängnis und Lager, das Leben. Die Frage wird leidenschaftlich erörtert.«

Aber Dresden ist nicht Auschwitz, nicht Buchenwald, nicht einmal Theresienstadt. Es gibt Grenzen – Grenzen der Vorschriften (der Mord ist nicht befohlen), Grenzen der Willkür, an die man die, die zu (fast) grenzenloser ermächtigt sind, anrennen sieht. »7. 3. 1943 – Die Haussuchungen sind bis zur Wasastraße gediehen. Dort sagte man dem Apotheker Steinberg: ›Warum hängt ihr euch nicht auf?‹ und *zeigte ihm*, wie man eine Schlinge macht.« Was in den Lagern die losgelassene »absolute Macht«, wie Wolfgang Sofsky es formuliert hat, ist, ist in Dresden eine Ermächtigung, von der es (vom Standpunkt der Machttechnik aus gesehen) nur von Belang ist, daß der ihr Ausgelieferte nicht weiß, wo ihre Grenzen sind. Was in den Lagern die furchtbare Langeweile dessen demonstriert, der sich bemühen muß, für einen Mord noch einen interessanten Anlaß zu finden, und darum vielleicht einen Menschen tottrampelt, der einen komischen Gang hat, zeigt sich in Dresden als darum offenere infantile Grausamkeitslust, weil sie nur Schikane bleibt, und weil ihr denn doch eine Grenze gesetzt ist. Durch das Hinzutreten des Trotzes dessen, der nicht *ganz* darf, was er will, bekommen Teile der kleinen Gestapo-Pogrome einen bizarr-albernen Zug, der in besonders ekelhafter und verachtenswerter Weise mit der Angst derjenigen kontrastiert, die ihnen ausgesetzt sind: »23. 5. 1942 – Gestern vormittag die Nachricht vom Tode Ernst Kreidls, nachmittags die längst erwartete Haussuchung … Das Rollkommando war hier um fünf erschienen und kurz vor meiner Rückkehr abgezogen. Ich sah zuerst durch die offene Entreetür das Chaos im Parterre. Friedheim zeigt mir die von Schlägen blutig unterlaufene Hals- und Kinnseite, er klagte über einen Fußtritt in den Leib gegen eine Bruchnarbe. Frau Kreidl und Frau Pick waren auch geschlagen worden. Bei uns fand ich Eva in voller Fassung: Es sei alles programmgemäß verlaufen. ›Du bist arisch? – Du Judenhure, warum hast du den Juden geheiratet? Im Talmud steht: ‚Jede nichtjüdische Frau ist für uns eine Hure' …‹ Sie wurde heruntergeschickt. Sie erhielt unten ein paar Ohrfeigen – ›mehr Bühnenohrfeigen als ernste‹, sagte sie, während Ida Kreidl ihrerseits über Ohrensausen klagte. Aber Eva wurde mehrfach ins Gesicht und auf den Kopf gespuckt. In unserer Wohnung … fand ich genau das Chaos, die viehische Verwüstung durch grausame und besoffene Affen, die ich schon oft habe beschreiben hören und die in ihrer Realität doch ungeheuerlich wirkte … Unten fanden die Leute … eine Schüssel Spinat; der Inhalt wurde den Damen ins Gesicht und über das Kleid geschmiert, auch wurde die Tür des Badezimmers damit bestrichen. Bei uns stank alles nach Knoblauch: Ein paar Knollen, die auf dem Balkon gelegen, waren zerkleinert auf die verschiedenen Zimmer verteilt worden und nicht leicht zu entdecken. – 24. 5. – Schlimmstes Opfer ist Friedheim geworden, in dem sie offenbar den Geldjuden, Bankier und Kapitalisten haßten ... Frau Pick erzählte, wie ihm die Leute ... einen Zylinder aufgesetzt, ihm dann einen Nachttopf in die Hand gegeben und so in den Keller geschickt haben. Zu Frau Pick unter Ohrfeigen: ›Hast du Kinder? – Und außer daß du diese Miststücke in die Welt gesetzt hast, hast du nie gearbeitet?‹ Und sie wurde über und über bespuckt und beschmiert. Eine Tube Zahncreme schmierte man in ihr Bettzeug, Kunsthonig in ihren Bettvorleger.«

Psychodynamik

Es ist ein Zug aller Terrorsysteme, daß sie bei aller Entsetzlichkeit Züge höllischer Albernheit aufweisen. Der Grund zeigt sich in dem Bedürfnis der Gestapo-Männer, Schmutz und Gestank zu verbreiten. Er dürfte in einer analsadistischen Regression zu suchen sein, die durch die bloße Übertragung eines zu großen Quantums an Macht ausgelöst wird. Die Kindheit zu verlassen bedeutet auch einzusehen, wie ohnmächtig man als einzelner ist, wie wenig weit meine Kräfte reichen, daß das Wünschen nicht hilft, und wie weit die sozialen Verbote meinen Handlungsspielraum einengen. Diese Einsicht, ohne die keine Reifung hin zu einer einigermaßen kompetenten Lebensführung diesseits von Zwangsjacke oder Gefängnisgitter möglich ist, wird durch Enttäuschungen erworben, und ihr bleibt der Schatten der Frustration. Die Versuchung, sich in kindliche Machtphantasmen fallen zu lassen, bleibt jedem Erwachsenen erhalten. Die Übertragung von unmäßiger Macht versetzt einen Menschen in den Zustand, daß Wünsche wahr werden können. Ob einer, der plötzlich über eine riesige Geldsumme verfügt, anfängt, die Welt als Spielzimmer anzusehen, das er mit Segelyachten, sieben Autos und Barbiepuppen aus Fleisch und Blut vollstellt, oder ob jemand es genießt, einem älteren Mann einen Nachttopf auf den Kopf zu setzen und ihm ungestraft ein Viertelpfund Butter zu stehlen, ist psychologisch betrachtet ein ähnlicher Vorgang, und in einer Figur wie Hermann Göring kommen beide Seiten, die sozial akzeptierte und in Illustrierten bewunderte und die böse des staatlich lizenzierten Diebes und Mörders, zusammen. Die Regression in gelebte Übermacht geht, so scheint es, zuweilen mit einer Regression auf ganzer Linie einher, und die Gestapo veranstaltet während ihrer Haussuchungen Schmutz- und Schmierorgien.

Man berücksichtige aber, daß solche psychische Deformation nicht etwas ist, das das Terrorsystem als bloßes Nebenprodukt abwirft. Man kann weder einen Massenterror noch einen Massenmord organisieren, indem man ihn nur organisiert. Nur entlang der Befehlslinie funktioniert er nicht, er bedarf der Initiative, der Kreativität, wie nahezu jede andere arbeitsteilige Unternehmung auch. Die autoritäre Kommando- und Verwaltungsstruktur bedarf immer der Ergänzung durch das persönliche Engagement für die gemeinsame Sache. In komplexeren Organisationsformen ist ein Befehl nie die bloße Anweisung, etwas Bestimmtes so und nicht anders zu tun, sondern einerseits die Einengung, andererseits die Erweiterung von Handlungsspielraum. Das gilt in unterschiedlichem Grade, und es galt im Nationalsozialismus in extremem Maße. Der Befehl, die jüdische Bevölkerung einer Kleinstadt zu deportieren, eröffnete dem Verantwortlichen Freiheiten, die ihm das Leben sonst nirgendwo bot. Neben das gebieterische »Du sollst!« trat das verführerische »Du darfst!«.

Dazu kam, daß sich eventuell vorhandene Skrupel im Exzeß überwinden lassen. Wer stets an der untersten Grausamkeitsschwelle agiert, das heißt immer nur so viel Gewalt androht oder ausübt, wie zu seinem vorgegebenen Zweck nötig ist, hält in sich eine Wertordnung am Leben, in der es eher schlecht ist, Menschen zu quälen. Mehr: er erhält in sich das Bewußtsein der eigenen Freiheit – zu handeln oder zu unterlassen. Für denjenigen, dem Zweck, Mittel, Vorschrift und eigene Vorlieben zu einem ununterscheidbaren Ganzen zusammenstürzen, schwindet das Bewußtsein der Freiheit zu einem Gefühl des Getriebenseins, des Mitstrudelns in einem fremdbestimmten übergroßen Ganzen, und es geht ihm damit auch jenes Wertsystem verloren, das ohnehin nur dem bewahrenswert erscheinen kann, der sich selbst als Handelnder begreift.

»21. 12. 1942 – Vor einem reichlichen Monat ... war Hirschel [Vorsteher der Gemeinde] geheimnisvoll verschwunden ... nach etwa vierzehn Tagen tauchte er wieder auf ... Gestern hat er uns seine Geschichte erzählt ... damals war, wegen irgendwelcher unvorsichtiger Äußerungen, ein Sprachlehrer Kronthal verhaftet worden – er ist inzwischen ins KZ gekommen, und man erwartet die Todesanzeige. Der Mann war für privaten Sprachunterricht konzessioniert. Man fand bei ihm einen Stundenplan, wonach er den Hirschelschen Kindern *auch* Unterricht in Geographie und Zeichnen erteilt hatte. Hirschel, bei dem Kommissar Müller gut angeschrieben, wurde nach der Bismarckstraße bestellt: ›Sie sollten wegen Übertretung des Unterrichtsverbotes ins KZ kommen; ich habe mich für Sie eingesetzt, Sie werden *nur* eingesperrt und nicht für lange ... Ihrer Gemeinde wird erklärt, Sie seien erkrankt.‹ Hirschel wartete dann in einem anderen Zimmer auf den Abtransport; in diesem Zimmer traf er den am gleichen Tag verhafteten Eger. Nach einer Weile kam Kommissar Weser zu ihnen – die Bestie, die auch uns geschlagen und bespuckt hat. Er war erst nur höhnisch: ›Du sollst ja gesagt haben, ich sei der Schlimmste – na, deine Gemeinde siehst du nicht wieder.‹ Indem rollte draußen ein langer Lazarettwagen vorüber. ›Weser geriet plötzlich in Raserei, schlug auf uns beide ein. ‚Daran seid ihr schuld ... Ich kann doch sonst niemandem was zuleide tun, aber jeden Juden möchte ich morden. Auch deine beiden Jungen möchte ich totschlagen ... Du kommst nicht wieder.'‹« Funktional ist die individuelle psychische Deformation, weil sie die scheinbare Irrationalität des Gesamtsystems, das heißt seine Unberechenbarkeit erhöht. Das Moment von individueller Willkür als systematische Eigenschaft des Ganzen wird zum Charakteristikum des Terrorsystems selbst, minimiert die Möglichkeiten zu Gegenstrategien und Widerstand und zerstört die ihm Unterworfenen psychisch, weil es unmöglich wird, die bloße Wahrscheinlichkeit des eigenen Überlebens zu kalkulieren. »11. 5. 1943 – Dieses Gefühl, die nackte Todesangst vor dem Erwürgtwerden im Dunkeln ... ist auch das Besondere dieses letzten Jahres: Man rechnet nicht mehr mit dem Gefängnis oder mit Prügeln, sondern plattweg bei allem und jedem mit dem Tod. – 14. 5. – Gestern kam Nachricht, daß die Vorladung des zusammengebrochenen Kornblum aufgehoben, daß aber ein neuer Mann des Enterleinbetriebes, Kahane, verhaftet sei. Es wird immer rätselhafter, nach welchen Gesichtspunkten die Gestapo verfährt. Der Tod schwebt in jedem Augenblick über allen.« All dieses ist in der abgeschlossenen Hölle des Lagers vielleicht verständlicher deshalb, weil seine uns so ferne und sich der Empathie verschließende Realität uns erlaubt, auch solche seltsamen Befunde wie den, neben Rationalität und Irrationalität eine dritte Art, eine Terrorratio hinzunehmen. Aber wie verstehen wir, was in der Vorhölle vor sich geht?

Es wäre so verkürzt, daß es falsch würde, wenn man sagte, sie »dienten« dazu, die Volksgemeinschaft zum Substrat des Massenmordes zuzurichten. Zwar sind die Seiten der Tagebücher Klemperers voll von Berichten über Propagandaplakate, -reden, -artikel, aber es ist ein exkulpierendes Mißverständnis der 50er Jahre, das nationalsozialistische Deutschland als fugenloses totalitäres Regime aufzufassen, in dem bald nur noch gehört und gedacht werden konnte, was die Propaganda von oben eingeflößt hat. Propaganda, die nicht ihr Gegenstück in der alltäglichen Praxis hat, bleibt ebenso leer wie dann wirkungslos, wenn sie kein Fundament in den allgemeinen Gefühlen hat. Oft sieht sich Klemperer gezwungen, Belege für einen ungemein weit reichenden antisemitischen Konsens zu notieren, und diese Belege werden ihm durchaus auch von Gegnern des Regimes und seiner Judenpolitik geliefert. »17. 6. 1934 – Interessante lange Gespräche zwischen Kühn und mir ... Er bekannte sich als Gegner des Antisemitismus und doch im Grunde zum Antisemiten. Der Deutsche sei schöpferisch, sei eigentlich der Natur verbunden, Luther, Ekkehard hätten schöpferische Phantasie – Spinoza sei unschöpferisch, bloß Mathematiker. Der Jude sei geschäftig, schmiegsam, beweglich, unschöpferisch. Es gebe keinen wirklichen jüdischen Musiker, auch keinen Dirigenten. Furtwängler ›reiße hin‹, Otto Klemperer nicht. – Er war betroffen, als ich ihm sagte, die Nationalsozialisten verlören oder hätten bereits verloren den bellum judaicum. ›Also glauben Sie doch an solche Unbesiegbarkeit des ‚Weltjudentums'? Dann begreift sich doch eigentlich die Erbitterung der überzeugten Nationalsozialisten!‹ – 27. 9. 1936 – Tanneberg ... der Mann, Anfang vierzig, seit 29 zur NSDAP gehörig, vom Stahlhelm herkommend, Antisemit in Richtung gegen die zugewanderten Ostjuden, ist heftigster Gegner der Regierung, nicht nur ihrer Judenpolitik. ... Sein Antisemitismus: ›Warum hat man die Galizier im Krieg hereingelassen? Warum mußte der Polizeipräsident von Berlin Jude sein, warum an jeder hervorragenden Stelle ein Jude sitzen?‹ Woraus zu entnehmen, daß die NSDAP die Volksstimmung ganz richtig bewertet hat und daß der jüdische Traum vom Deutschsein doch wohl ein Traum gewesen ist. – 18. 10. 1936 – Am Freitag nachmittag war die Bibliothekarin Roth bei uns. Erbitterte Gegnerin der Nazis – aber: ›Wenn sie die Ostjuden ausgebürgert oder wenn sie den Juden das Richteramt genommen hätten, *das* wäre allenfalls begreiflich gewesen.‹ Also *das* wäre auch ihr nicht als absolut böse erschienen. Also ist Hitler auch hier nicht ohne Basis. – 27. 9. 1940 – Frau Voß hat seit einer Woche Besuch ihres Schwagers ... entschiedenster Gegner Hitlers, aber auch Gegner Englands. Er möchte den Sturz Hitlers, aber er möchte auch den Sieg Deutschlands über England ... Hatte keine Ahnung von all den Beschränkungen für Nicht-Arier. Diese Ahnungslosigkeit sah ich gestern an anderer Stelle ebenso. Ein freundlich zutunlicher Beamter des Ruhegeldamts, wo ich wegen der Kirchen- und Judensteuer komplizierte Auskünfte einholen mußte ... Wir kamen ins Gespräch, ich packte ein bißchen unvorsichtig aus, bat nachher um Diskretion. Daß man mein Haus genommen, daß ich Dresden nicht verlassen kann, daß ich verhaftet war usw. – All das wußte er nicht. ›Ich dachte, Sie als Frontsoldat ... Können Sie nicht an einem andern Ort wohnen, wo Sie besser vergessen können? ... Können Sie Ihre Pension nicht im Ausland erhalten?‹ Er war ehrlich entsetzt. Dabei nationalsozialistisch geeicht: ›Daß es Sie so trifft! Aber Sie müssen doch zugeben, daß uns *der* Jude ungeheuer geschadet hat.‹«

Es gibt Ausnahmen; Klemperer schreibt sie zunehmend dankbar

auf – und ist zunehmend bereit, als Ausnahme zu notieren, was er wenige Jahre zuvor als Beleg für die Regel aufgefaßt hätte: »8. 7. – Eva hörte im Restaurant das Gespräch zweier Damen an. ›Alles ist verbittert ... Und dann die Wucherpreise für Lebensmittel! ... Im vorigen Krieg *sollen* die Juden gewuchert haben – jetzt sind doch keine Juden mehr da!‹ – Tröstlich so etwas zu hören.«

Transformation der Volksgemeinschaft

Aber wie auch immer Breite und Tiefe des Konsenses angesehen werden mag: ein wie großer Teil der Volksgemeinschaft tatsächlich radikal antisemitisch gewesen ist, ein wie großer leidenschaftslos, gewissermaßen »unter anderem« antisemitisch, ein wie großer aufrichtig entsetzt über die Schikanen vor aller Augen und den Mord, dem offenen Geheimnis, vor dem man Augen und Ohren verschließen konnte, wenn man wollte – die langsame soziale Ermordung der noch nicht deportierten Juden ging inmitten der Volksgemeinschaft vor sich. Auch hier konnte man die Augen verschließen – vor dem Einzelfall. – »24. 6. 1940 – Gestern ... bin ich endlich und wirklich ›dienstentpflichtet‹ worden. Frau Wittich, eine ... gutmütig anständige Person: ›Sie werden sich nun erholen können und etwas vom Sommer haben!‹ Ich sagte ihr, mit dem Stern würden Spaziergänge besser vermieden. Darauf sie ganz harmlos und unwissend: *›Dann würd' ich ihn doch draußen nicht tragen!‹* Aber ›die Judenfrage‹ ist *das* Thema auch für den, der nicht zu deuten weiß, was er doch sieht: 19. 4. – Zu Neumark sagte ein nicht nazistischer, nicht antisemitischer Arier: ›Der Eintritt Amerikas in den Krieg muß doch den Juden großen Auftrieb verliehen haben, ich sehe jetzt viel mehr Juden auf den Straßen als vordem, sie trauen sich wieder hinaus.‹ Neumark entgegnete, die Juden seien jetzt häufiger auf der Straße zu sehen, weil ihnen die Tram verboten sei. Das war dem Mann vollkommen unbekannt.«

Von den Juden konnte man den Blick abwenden. Nicht aber von den Deutschen. Wie die Gemeinschaft beschaffen war, in der man nun endlich »unter sich« war, wie es im Aushang des *Stürmer* anläßlich eines Verbotes für Juden, sich an Badestränden aufzuhalten, hieß, davor konnte niemand die Augen verschließen. »11. 8. 1935 – An den Straßenbahnschildern der Prager Straße: ›Wer beim Juden kauft, ist ein Volksverräter‹, in den Schaufenstern der kleinen Läden in Plauen Aussprüche und Verse aus allen Zeiten, Federn und Zusammenhängen (Maria Theresia, Goethe! etc.) voller Beschimpfungen, dazu: ›Wir wollen keine Juden schauen / in unsrer schönen Vorstadt Plauen‹ ... Einmal nach vielen Wochen im Kino ... ›Kerak und die Nachtigall‹ ... schauerlicher Hintertreppenmist ... darin die Rolle eines waffenschiebenden Levantiner-Scheusals. Gleich flüstert ein Mädel neben mir: ›Der Jude!‹ – 12. 9. 1937 – Überall unterwegs die Tafel ›Juden unerwünscht!‹ und jetzt, während des fünften Parteitages, die erneute Aufpeitschung des Judenhasses. – 5. 2. In seiner ›Reichstagsrede‹ vom 30. Januar machte Hitler wieder aus allen Gegnern Juden und drohte mit der ›Vernichtung‹ der Juden in Europa, wenn ›sie‹ den Krieg gegen Deutschland heraufbeschwören würden ... Fahrten in die Stadt ... Wir aßen ein paarmal auf dem Bahnhof. Einmal drangen wir ins Markthallenrestaurant vor, das uns voriges Jahr so gut gefiel; als wir müde und hungrig hinkamen, hing ein neues Schild dort: ›Juden unerwünscht‹. – 24. 8. 1944 – Der Verwalter unseres Hauses, erzählte Frau Ziegler, er sei wegen Judenfreundlichkeit vor die Gestapo geladen worden. Auf seine Erklärung, die Leute seien anständig, wurde ihm gesagt, es gebe keine anständigen Juden und die ›ganze Rasse werde ausgerottet werden‹. – 15. 1. 1945 – Lewinsky hatte wieder von arischer Seite gehört, was also keine Erfindung in kann: daß die Deutschen in Polen die gräßlichsten Judenmorde begangen haben. Ein Soldat hatte erzählt, wie man kleine Kinder am Bein gepackt und ihnen die Köpfe an der Hausmauer zerschlagen habe.«

Diese Beispiele zeigen, wie irreführend es ist, von bloßer Propaganda und damit von einem Sender-Empfänger-Modell zu sprechen. Es handelt sich um eine alle möglichen gesellschaftlichen Bereiche durchdringende antisemitische Kommunikation – und die stets umlaufenden Informationen über das, was für alle, die nicht sehen wollen, weit draußen vor sich geht. Zu dieser Kommunikation gehören auch die vielen antisemitischen Ausfälle einzelner und scheinbaren wie tatsächlich spontanen Aktionen. Auch sie sind kommunikative Akte der Selbstverständigung darüber, wer man ist als Deutscher, und wer die anderen, die Juden sind. Auch demjenigen, dem nie in den Sinn käme, an solchen Aktionen teilzunehmen, wird vor Augen geführt, daß er straflos dürfte, wenn er denn wollte. »2. 12. 1938 – Trude Öhlmann ... erzählte, wie in Leipzig die SA angetreten sei, Benzin in die Synagoge und ein jüdisches Warenhaus gegossen habe, wie die Feuerwehr nur die umliegenden Gebäude schützen durfte, den Brand aber nicht zu bekämpfen hatte, wie man dann den Warenhausbesitzer als Brandstifter und Versicherungsbetrüger verhaftete. In Leipzig erfuhren wir auch die Milliardenbuße, das deutsche Volk habe die Juden gerichtet ... Trude zeigte ein offenes Erkerfenster ihr gegenüber. So steht es seit Tagen offen; die Leute sind ›geholt‹ worden. – 3. 12. – Heute ist der ›Tag der deutschen Solidarität‹. Ausgehverbot für Juden von zwölf bis zwanzig. – 1. 11. 1941 – Vorgestern das erstemal leicht angepöbelt ... eine Riege Pimpfe: ›Ä Jude, ä Jude!‹ – 25. 2. 1941 – (Abtransport des Autos) Draußen ... standen ein paar kleine Jungen herum und sagten immer wieder: ›Das Judenauto, das Judenauto.‹ – 12. 4. 1942 – Dicht vor unserm Haus rief mir ein junger Mensch, blond und brutal aussehend, von seinem Auto aus zu: ›Du Lump, warum lebst du noch?‹ – 11. 5. – Haussuchung im Altersheim Güntzstraße. Frauen von 70 bis 85 Jahren bespuckt, mit dem Gesicht an die Wand gestellt und von hinten mit kaltem Wasser übergossen, ihnen die Lebensmittel fortgenommen, die sie auf ihren Marken als Wochenration gekauft, unflätigste Schimpfworte ... In der Zeitung ein Artikel, ›Erfolgreiche Judenrazzia im Kreise Magdeburg.‹ – 17. 8. 1943 – Auf dem Heimweg ... Beschimpfungen eines gutgekleideten, intelligent aussehenden Jungen von etwa elf, zwölf Jahren. ›Totmachen! – Alter Jude, alter Jude!‹«

All dies erfaßt nicht jeden einzelnen, aber jeder einzelne wird Teil des so sich selbst über sich selbst verständigenden Ganzen. Wenige, so Hannah Arendt, hätten alles gewußt, alle aber irgend etwas, und so verfestigt sich die Volksgemeinschaft auch über den Status des Komplizen, sei er nun Mittäter, Mitwisser oder derjenige, der mißbilligend in Kauf nimmt. Bezeichnend für den Zustand des Kollektivs: die Furcht vor Vergeltung ist ubiquitär. »29. 5. 1943 – Artikel aus dem ›Freiheitskampf‹, ›Schuld ist der Jude‹ ... Argumentation: Die Juden haben den ersten Weltkrieg vorbereitet ... Feststellung: ›Hätte man den Juden nicht die Staatsbürgerschaft gegeben, sondern sie im Ghetto gelassen, so hätten sie die Revolte von 1918 nicht anzetteln und uns nicht zu Fall bringen können. An allem ist also der Jude schuld, wir müssen ihn in Europa ausrotten. Das mag schrecklich sein, ist aber Vergeltung und Notwehr ‚seiner Mordlust gegenüber'. ‚Wenn die Juden siegen, wird unser ganzes Volk niedergemetzelt'‹ – 20. 8. 1944 – Ich erfuhr: Vor einiger Zeit seien viele ältere Juden (dreihundert? dreitausend?) aus Theresienstadt fortgeschafft worden, und danach habe der englische Sender die Vergasung des Transports gemeldet. Wahrheit ... Auf dem Heimweg erzählte Werner Lang: Ein Soldat habe ihn auf dem Tramperron angesprochen: ›Sie sind noch hier, wieso das?‹ (im unaggressiven Ton) – ›Weil ich in Mischehe lebe.‹ – ›Das ist ja anständig; aber in Polen habe ich so gräßliche Sachen gesehen, so gräßliche! Das muß sich rächen!‹ – 7. 9. Bestimmt in *allen* Zeitungen vom Dienstag 5. 9. – ich bekam die ›Dresdner Zeitung‹ erst gestern abend von Cohn, es war aber schon ringsum davon die Rede –, Artikel: ›Bereit sein ist alles! Im Bereich der deutschen Grenzen: der Volkskrieg‹. Vom stellvertretenden Reichspressechef Helmut Sündermann. (Also offiziell an Alle.) ... Der Feind nähere sich den deutschen Grenzen, sein Plan: ›Der deutsche Staat soll von der Landkarte gestrichen, die deutschen Menschen sollen als Arbeitssklaven über den ganzen Erdball verteilt werden.‹ Der Feind will uns ganz vernichten, ›von wahnwitzigen jüdischen Haßphantasien getrieben‹. – 21. 10. – Außer dem Wort Volkssturm nichts Neues. Fanatisch, unbändig, der Jude für die Gesamtheit der Feinde, ›Ausrottung des deutschen Menschen‹. 7. 2. 1945 – Der alte judenfreundliche Hausverwalter, der die Gasrechnung einkassieren kam und mich trösten wollte – wir hatten von der Wahrscheinlichkeit eines Pogroms im Augenblick des Debakels gesprochen –: ›Gewiß, Sie werden es vielleicht nicht erleben, aber die Rache ist unausbleiblich.‹ Ich mußte über diesen Trost innerlich lachen, aber zugleich spürte ich doch einen scheußlichen Schauder.«

Auch hier handelt es sich übrigens um einen vermutlich universalen Mechanismus. Die Untat zeugt zwar nicht unbedingt das schlechte Gewissen, aber die Angst vor der Bestrafung. Diese kann unmittelbar im Dienste des Mordens stehen: Major Trapp vom Hamburger Polizeibataillon 101 bereitet seine Männer auf ein Massaker an polnischen Juden mit dem Hinweis vor, sie sollten bei der Erschießung von Frauen und Kindern daran denken, »daß zur gleichen Zeit deutsche Frauen und Kinder durch feindliche Bomben umkämen«[3]. – Die Mörder des Polizeibataillons hielten diese tatsächlich wahnsinnigen Sätze ihres Kommandeurs für ebenso plausibel wie die Dresdner Bürger. »Wenn sich diese Judensache einmal auf Erden rächt, dann gnade uns Deutschen«, so Trapp nach dem Massaker.[4]

Diese Angst vor der gerechten Strafe hat die Volksgemeinschaft zusammenhalten und buchstäblich wie die Wahnsinnigen kämpfen lassen. Mit diesem Volk werde sich dieses Desperado-Regime bis zum letzten wehren, schreibt Klemperer. – Diese Angst war noch, als sie ihr fundamentum in re hatte, magisch: »12. 9. 1944 – Gestern nachmittag mit Eva auf dem Friedhof ... Der Friedhofsverwalter hat Amtswohnung (dort) draußen; er sagt, er habe keine Haussuchung zu befürchten; die Gestapo habe Angst vor den Toten (vor *ihren* Toten!).«[5]

Die Frage, wer wann wieviel darüber wußte, was 1945 vor den

3 Christopher R. Browning, Ganz normale Männer. Das Reserve-Polizeibataillon 101 und die »Endlösung« in Polen, Reinbek 1993, S. 108.

4 Ebd., S. 90.

5 Diese Angst hat noch die Nachkriegsgesellschaft geprägt – vgl. Jan Philipp Reemtsma, Deutsche Linke '91. Sozialpsychologische Gedanken zur Architektur einer Ruine, in: ders., Der Vorgang des Ertaubens nach dem Urknall. 10 Reden und Aufsätze, Zürich 1995, S. 62–75.

Augen der Welt als beispielloses Ausrottungsprogramm enthüllt wurde und was ohne große gemeinschaftliche Anstrengungen nicht hätte Wirklichkeit werden können, können die Klemperer-Tagebücher nicht beantworten. Allerdings finden sich auch dort nachdenklich machende Hinweise. Im Februar 1945 fragt Klemperer, aus Dresden ohne Stern geflohen und unter falschem Namen: »20. 2. 1945 – ›Haben Sie vielleicht etwas von einem Dr. Lang gehört, einem jüdischen Arzt – bis kurz vor dem Krieg hatte er seine Praxis, später sah ich ihn mal beim Goehle-Werk ...‹ – ›Ich kenne ihn nicht, aber wenn er Jude war, hat man ihn bestimmt längst nach Polen gebracht, die sind alle fortgebracht worden ...‹ – 22. 4. – (Ein Berliner:) ›Ich weiß nicht, ob Sie wissen, wie man in Berlin mit den Juden umgegangen ist. Diese armen Menschen, sie waren doch wahrhaftig aus der Volksgemeinschaft ausgeschlossen. Ja, wenn man sie meinetwegen von den Staatsämtern ausgeschlossen hätte! Aber aus allem! Sie durften in kein Theater, sie durften nur zu bestimmten Stunden einkaufen, ich habe Kinder, zehnjährige, ganz abgesondert gesehen ...‹ ... Er schien mehr von den Greueln zu wissen, als er sagte.« Und zu alledem nehme man hinzu, was der völlig isolierte Victor Klemperer wußte: von Auschwitz, von Vergasungen, von Babi Jar ... und wenn auch die Tagebücher keine hinreichende Möglichkeit bieten, solches Wissen zuverlässig auf die Volksgemeinschaft hochzurechnen, so zeigen sie doch, was aus der deutschen Volksgemeinschaft wurde, während diese Massenmordpolitik vorbereitet und exekutiert wurde.

Mag es verwegen anmuten, zu behaupten, die Deutschen *wollten* nun endlich das Gesicht anblicken, das sie vor einem halben Jahrhundert der Welt gewiesen haben, so läßt sich doch nicht von der Hand weisen, daß sie es bei der Lektüre Klemperers eben tun. Aber sie tun es bei dieser Lektüre im Windschatten jener Ängste, die einst die Volksgemeinschaft zusammenhielten. Nicht nur, daß ihnen in Klemperers Tagebüchern zu lesen erspart bleibt, was der Zufall der rechtzeitigen Zerstörung Dresdens Victor Klemperer erspart hat – sie fühlen sich bei der Lektüre auch nicht der Befürchtung ausgesetzt, die magische Strafe – »Auge um Auge« und »bis ins vierte

Glied« – könne sie ereilen. Wenn er auch zuweilen schreibt, der wirklich Schuldige sei der ganz normale Deutsche und kein anderer – wirklichen Haß kann Klemperer nur dort entwickeln, wo er sich tatsächlich zugehörig fühlt, und das ist die akademische Welt. Er ist ein deutscher Kosmopolit, ein Bürger des 18. Jahrhunderts. Und also haßt er die Verräter der Ideale Lessings, Wielands und Diderots, und er haßt diejenigen, die mit allen Privilegien ausgestattet ein Übersoll an Schäbigkeit und Gemeinheit entwickelten: »30. 4. 1935 – Ich habe einen besonderen koketten Ruhm darein gesetzt, heute eine Seite (Lesage/marivaux) an meinen 18ieme [Buch über das 18. Jahrhundert in Frankreich, J.P.R.] zu schreiben, heute, wo ich durch die Post meine Entlassungsurkunde erhielt. – 4. 5. – Stepun berichtet, daß mein Katheder neu besetzt wird. Also hat man mich nicht einsparungshalber hinausgeworfen. Sondern als Juden. – 7. 5. – Niemand von meinen Kollegen kümmert sich um mich. – 11. 5. – Heute nachmittag habe ich den Schlüssel zum Seminar ... übergeben. Ein Diener kam, den ich nur vom Sehen kenne; er trug SA-Uniform; er drückte mir mit deutlicher Herzlichkeit die Hand. – 16. 8. 1936 – Wenn es einmal anders käme und das Schicksal der Besiegten läge in meiner Hand, so ließe ich alles Volk laufen und sogar etliche von den Führern, die es vielleicht doch ehrlich gemeint haben könnten und nicht wußten, was sie taten. Aber die Intellektuellen ließ ich alle aufhängen, und die Professoren einen Meter höher als die andern; sie müßten an den Laternen hängen bleiben, solange es sich irgend mit der Hygiene vertrüge.«

Vielleicht ist dort die Bedingung des Wunsches nach Wahrheit zu sehen: die Voraussetzung, daß sie konsequenzlos bleibe. Die sonderbare Situation, daß ein Verbrechen, das man sich angewöhnt hatte, beispiellos zu nennen, so ahndungslos bei den vorgeblichen Ahnungslosen blieb, hat zweifellos tiefgreifende emotionelle Verstörungen hervorgebracht. Ob nun, ein halbes Jahrhundert später, jener von Hannah Arendt konstatierte »allgemeine Gefühlsmangel« und die »manchmal mit billiger Rührseligkeit kaschierte offensichtliche Herzlosigkeit« überwunden ist, die sie als »Symptom einer tief verwurzelten, hartnäckigen und gelegentlich brutalen Weigerung«

deutet, »sich dem tatsächlich Geschehenen zu stellen und sich damit abzufinden«, behoben ist und nicht einfach in eine Sentimentalität verkehrt hat, die Henryk Broder einmal die »unveränderte deutsche Liebe zu toten Juden« genannt hat, wird sich zeigen. Denn die von Hannah Arendt vermißte menschliche Teilnahme hätte zur Voraussetzung, daß jenseits aller Strafphantasien denn doch zu erkennen noch ansteht, daß sich vor etwas mehr als einem halben Jahrhundert »deutsche Identität« durch ein Massenmordprogramm definiert hat.

IV

Die Idee des Vernichtungskrieges

Clausewitz – Ludendorff – Hitler

»Je nun: ›daß Kriegsmänner gute und verständige Bürger seien, hiervon ist ein gar zu großer Mangel an Beispielen‹.«

Martina

Der Vernichtungskrieg ist eine kulturelle Errungenschaft. Es gibt ihn nicht bloß deshalb, weil es Krieg gibt. Vernichtungskrieg, sprich: Krieg, der geführt wird, um – im schlimmsten Falle – eine Bevölkerung zu vernichten oder auch nur zu dezimieren, aber auch der Krieg, in dem es um die Vernichtung der gegnerischen waffenfähigen Bevölkerung, der gegnerischen Armeen geht, ja auch die Vernichtungsschlacht, in der das gegnerische Heer nicht nur besiegt oder zurückgeschlagen, sondern in möglichst großem Umfange getötet werden soll – alle diese Formen des Vernichtungskrieges sind, wiewohl in geographischem Raum und historischer Zeit weit verbreitet, keine historischen Selbstverständlichkeiten.

Diese Feststellung impliziert keine Behauptung über die Natur des Menschen, außer die über seine historisch erwiesene Fähigkeit, Vernichtungsschlachten und -kriege zu führen. Aber von dieser Fähigkeit – wie von der, monotheistische Religionen, Staaten oder Sozialversorgungssysteme zu bilden – hat er nicht stets Gebrauch gemacht, ja es ergibt sich aus einigen Beispielen die Evidenz, daß er von diesen Fähigkeiten nicht nach Belieben, das heißt ohne eventuell zeitraubendes Lernen, Gebrauch machen kann. Die Frage danach, *wie* sich eine Kultur die Fähigkeit, Vernichtungskriege zu führen, angeeignet hat, ist nicht gleichbedeutend mit der, warum andere Kulturen dieses nicht getan haben, ja ist ihr in gewissem Sinne entgegengesetzt. Enge ich mein Fragen auf die kulturellen Hemmungen vor dem Vernichtungskrieg ein, unterstelle ich einen im Menschen oder in der Natur des Krieges liegenden Trend zur Vernichtung, den es – von Fall zu Fall – zu hindern oder wenigstens zu mildern gelungen ist.

Wer wissen wolle, welche Farbe die Brille habe, durch die er gewohnt sei zu schauen, müsse sie abnehmen, hat Zygmunt Bauman einmal geschrieben. Wir tun gut daran, uns von der Idee zu befreien, es liege im Wesen des Krieges, ihn so zu führen, daß eine möglichst große Zahl an Toten sein Ergebnis ist. Es ist ein Merkmal unserer Kultur, Krieg auf diese Weise zu führen. Es gibt kein »Wesen des Krieges«, und schon, was »Krieg«, was »einen Krieg gewinnen« oder »eine Schlacht schlagen« heißt, läßt sich nicht kulturunabhängig formulieren. Geprägt durch unsere kulturellen Gewohnheiten, haben wir allerdings Schwierigkeiten, bestimmte Auseinandersetzungen als »Krieg« zu identifizieren und geben ihnen darum spezielle Kennzeichnungen, in denen meist die Wörter »zeremoniell« oder »rituell« vorkommen. Wir möchten mit dieser Redeweise betonen, daß solche Kriege keine »richtigen« Kriege seien. Selbst der britische Militärhistoriker John Keegan, der oft auf die rituellen Elemente in modernen Kriegen hingewiesen hat, fühlt sich zu der Versicherung genötigt, daß die Ägypter der Antike – ihre uns bekannte Kriegführung mag Hunderte von Jahren lang noch so »zeremoniell« gewesen sein – diese Zeremonialität einem eigentlichen, ursprünglicheren Vernichtungskrieg abgewonnen haben müssen: »Schlachten, die gegen Eindringlinge geführt wurden, hatten mit Sicherheit keinerlei zeremoniellen Charakter«, ähnlich wie er über die Azteken schreibt, wir wüßten nur etwas über ihre Art und Weise der Kriegführung zu einem bestimmten Zeitpunkt: »... auf der Höhe ihrer Macht, [und nicht], wie sie Krieg führten, als sie noch nach dieser Macht strebten. Wahrscheinlich haben sie damals ihre Gegner abgeschlachtet, wie das alle Eroberer stets getan haben.«[1] Aber, wie Keegan an anderer Stelle schreibt, »Krieg ist stets Ausdruck einer Kultur, oft sogar eine ihrer bestimmden Größen,

1 John Keegan, Die Kultur der Krieges, Berlin 1995, S. 205 u. 178.

und in manchen Gesellschaften die Kultur selbst«.[2] Wenn wir unsere Kultur verstehen wollen, müssen wir lernen, sie als eine zu verstehen, in der die Idee der Vernichtung so selbstverständlich geworden ist, daß wir wähnen, sie läge im Wesen der Sache.

Es gelingt selten, die kulturelle Brille abzunehmen, die erworbenen Selbstverständlichkeiten wie mit anderen Augen anzusehen. Die Analyse eines kulturellen Konflikts bietet hierfür die Chance. Für unsere Zwecke äußerst aufschlußreich, sowie gleichzeitig *das* Beispiel für das Aufeinandertreffen zweier einander vollständig fremder Kulturen (mit letalem Ausgang für die eine), ist die Eroberung Mexikos durch die Spanier. Interessant ist hierbei weniger, daß die Azteken eine andere Art hatten, Krieg zu führen als die Spanier. Das Frappierende ist, daß sie ihre Art, Krieg zu führen, nicht zu ändern in der Lage waren, als es buchstäblich um ihre Existenz ging. In dieser Unfähigkeit, eine andere Art der Kriegführung zu lernen, liegt das offenbare Geheimnis, warum es einer Schar von fünfhundert Spaniern gelingen konnte, aztekische Heere, die nach Zehntausenden zählten, zu schlagen: die Fähigkeit der Spanier, einen Vernichtungskrieg zu führen, und die Unfähigkeit der Azteken, sich diese Fähigkeit rechtzeitig anzueignen.[3] Denn mag auch John Keegans Vermutung zutreffen, daß die Azteken zur Zeit ihres Aufstieges zur Macht diese Fähigkeit besessen hatten – als es nicht einmal mehr um den Machterhalt, sondern ums bloße Überleben ging, gelang es ihnen nicht, sich auf sie zu besinnen. Diese Tatsache erscheint uns so unplausibel, daß wir erkennen können, wie sehr *unsere* Plausibilitätsannahmen an historisch kontingente Umstände gebunden sind, und darum ist diese für die eine Seite so katastrophale Begegnung zweier Kulturen für die Spätgeborenen der siegreichen so aufschlußreich.

---

2 Ebd., S. 34.

3 Die gängigen Erklärungen – überlegene spanische Bewaffnung, Kavallerie, Aberglauben der Azteken, verheerende Krankheiten – erklären Teilaspekte des Geschehens, nicht aber es selbst. Vgl. hierzu: Jan Philipp Reemtsma, Cortez et. al., in: ders., u. a. Falun. Reden und Aufsätze, Berlin 1992.

Die Hauptstadt der Azteken, Tenochtitlan – eine Stadt, größer und schöner als irgendeine spanische, wie die Eroberer sagten –, war nach 75 Tagen Kampf buchstäblich in Schutt und Asche gelegt. Die Schätzungen der aztekischen Verluste schwanken, wenn man die Hungertoten in der belagerten Stadt einrechnet, zwischen 240000 und 100000 (Cortés' Angabe) Männern – Frauen und Kinder finden sich in keiner der Rechnungen.[4] Die Azteken fingen und opferten insgesamt »etwa 70 Spanier«.[5] Nimmt man an, daß die Streitmacht des Cortés nach den Verlusten der vorangegangenen Kämpfe und dem Zuwachs durch die übergelaufenen Truppen des kubanischen Gouverneurs Velázquez etwa wieder das anfängliche halbe Tausend erreicht hatten, waren also siebzig Gefangene ein Siebentel seiner Truppen. Bei einem für einen beiderseitigen Vernichtungskampf – zumal für einen Haus-um-Haus- und Mann-für-Mann-Kampf – typischen Verhältnis von Getöteten und Gefangenen hätten seine Verluste also die Zahl seiner Truppen weit übersteigen müssen. Hätten die Azteken einen Vernichtungskampf führen *wollen*, hätten sie die Spanier vernichten *können* – die Zahl der Gefangenen, die sie machen konnten, trotz aller anzunehmenden Überlegenheiten der Spanier und trotz der großen Verluste, die sie für jeden Gefangenen, der lebend aus dem Gemetzel fortzubringen war, erlitten, beweist das. Ohne spanische Führung wären die zahlreichen indianischen Hilfstruppen geflohen, und die Azteken hätten – für dieses Mal wenigstens – Macht und Leben gerettet.[6]

In Europa, wie die *Ilias* lehrt, ist die Idee des Vernichtungskrieges

---

4 Vgl. Richard Lee Marks, Der Tod der gefiederten Schlange, München 1993, S. 341.

5 Ebd., S. 328.

6 Wir wollen hier nicht untersuchen, warum die Azteken eine andere Art der Kriegführung hatten, sondern nur auf die äußerst plausible, wiewohl natürlich nicht unumstrittene These des US-amerikanischen Anthropologen Marvin Harris verweisen, der im Kannibalismus der Azteken die Ursache ihrer Kriegführung erblickt. Vgl. Marvin Harris, Wohlgeschmack und Widerwillen. Die Rätsel der Nahrungstabus, Stuttgart 1990.

alt. Sie allein hat aber das Kriegsgeschehen durchaus nicht bestimmt – die Dominanz der Idee des Vernichtungskrieges ist eine Errungenschaft der jüngsten Geschichte. In der Antike spielte die Versklavung Gefangener stets eine Rolle und trieb damit den Wunsch an, Gefangene zu machen. Hannibals Massaker an verwundeten und gefangenen Römern diente außerordentlichen Zwecken, die seiner isolierten Kriegführung in Mittel- und Süditalien entsprangen. Er hatte keinen Zugang zu irgendeinem Sklavenmarkt und keine Möglichkeit, Tausende von Gefangenen zu bewachen und gleichzeitig weiterhin Krieg zu führen. Hierin erblicke man aber keine »Logik des Krieges«, vielmehr die Entscheidung, partiell der Logik eines Vernichtungskrieges zu folgen.

Dasselbe gilt für den englischen König Heinrich V., dessen Befehl, die Gefangenen der ersten französischen Angriffswelle bei Azincourt zu töten, oder wenigstens mit dem Tode zu bedrohen, vom adligen Teil seiner Truppen verweigert wurde, und der auf die keinem Standesethos verpflichteten, vielmehr aus Vagabunden und Drop-outs rekrutierten Bogenschützen zurückgreifen mußte.[7] Die Frage, inwieweit jeweils auch sogenannte materielle Interessen berührt werden, ist dabei ganz unerheblich. Es geht nicht um den Gegensatz von Moral und Interesse, sondern nur darum, daß die englischen Ritter eine andere Art von Krieg führen wollten als ihr König.

»Der Lehrmeister des Krieges, von Clausewitz, stellt in seinem Werke *Vom Kriege* … mit Recht fest, daß der Krieg ein Akt der Gewalt ist, durch den ein Staat einen anderen unter seinen Willen zwingen will. In seinen Betrachtungen über die Erreichung dieses Zieles denkt Clausewitz nur an die Vernichtung der feindlichen Streitkräfte durch Schlachten und Gefechte. Sie ist unantastbarer Grundsatz der Kriegsführung geworden, und dessen Berücksichtigung die erste Aufgabe der Führung des totalen Krieges. Was Clau-

7 Vgl. John Keegan, Das Antlitz des Krieges, Frankfurt/M. 1991, S. 124ff. (Die Anmerkung sei erlaubt, daß der pathetische deutsche Titel dem Buch ganz unangemessen ist. Korrekt und passend wäre: Das Gesicht der Schlacht.)

sewitz über den Vernichtungsgedanken auf dem Schlachtfelde sagt, wird deshalb stets seine tiefe Bedeutung behalten. General Graf v. Schlieffen hat dem treffend Ausdruck gegeben in seiner Vorrede zu der im Jahre 1905 erschienenen Auflage des Clausewitz'schen Werkes. Ich kann das nur unterstreichen.« So Ludendorff im Jahre 1937[8] – zu einem Zeitpunkt, an dem die Idee des Vernichtungskrieges jene Dominanz erreicht, die sie in den voraufgegangenen europäischen Jahrhunderten noch nicht gehabt hatte. Von dieser Transformation – und von der mäeutischen Rolle preußischer und deutscher Generalstäbe dabei – soll im folgenden die Rede sein.

Nicht allein Ludendorff hat Clausewitz zum Vater der Idee der Vernichtungsschlacht als des eigentlichen Wesens des Krieges und damit der Idee des Vernichtungskrieges ernannt – von vielen ist aber bestritten worden, daß das zu Recht geschehen sei. Daß die Rezeption von Clausewitz' Hauptwerk *Vom Kriege* einen großen Beitrag zur zunehmenden Dominanz des Vernichtungsgedankens geleistet hat, kann man allerdings kaum bestreiten, und man wird Mühe haben, das Buch ganz von der Mitverantwortung für seine Wirkung freizusprechen. Clausewitz, 1780 geboren, war seit seinem zwölften Lebensjahr Soldat. Er nimmt an der Belagerung von Mainz teil, gerät bei Jena und Auerstedt in französische Gefangenschaft, wird, entlassen, Büroleiter bei Scharnhorst, lehrt an der Berliner Kriegsschule, opponiert gegen den politischen Kurs der preußischen Regierung, der ihm zu profranzösisch ist, bittet um den Abschied und tritt in russische Dienste. Bei Tauroggen tritt er als Vermittler auf und betreibt den Koalitionswechsel. Agitation für eine antifranzösische *levée en masse*. 1814 Wiederaufnahme in preußische Dienste, bald in den Generalstab, Direktor der Berliner Allgemeinen Kriegsschule, Ernennung zum Generalmajor und Mitglied des Großen Generalstabes, Nobilitierung 1827, Tod durch die Cholera 1831. Sein unvollendetes Werk *Vom Kriege*,

8 General Ludendorff, Der totale Krieg, München 1937, S. 3.

von der Witwe postum herausgegeben, wird bald zu dem Klassiker der Militärtheorie schlechthin und findet begeisterte Leser in allen politischen Lagern.

Vom Kriege ist der Versuch, den Erfahrungsschatz von Militärstrategen zu systematisieren. Das Buch vermeidet bewußt die Form der Kasuistik und bietet sich statt dessen, philosophischer Mode der Zeit folgend, als Versuch einer geschlossenen Abhandlung. Clausewitz' Bemühen um die geschlossene Form einer deduktiven Abhandlung verdeckt aber, daß seine Gedanken – wie es einer guten Kasuistik ziemt – widersprüchlich sind. Clausewitz hat darum für ganz unterschiedliche Konsequenzen herhalten müssen, die andere aus seinem Werk gezogen haben. Die Schuld daran tragen aber nicht in erster Linie die Unklarheiten in Clausewitz' Hauptwerk, sondern es ist im Gegenteil sein Hang zur Systematisierung dort, wo es nichts zu systematisieren gibt, verantwortlich dafür.

Der wichtigste Streit der Clausewitz-Interpreten geht darum, ob Clausewitz die Theorie vertreten habe, einziges Ziel des Krieges sei die totale Niederwerfung des Gegners (und alles andere durch Politik erzwungene Verfälschung dieses eigentlichen Kriegszieles), oder ob der Krieg als Instrument der Politik nur die Ziele habe, die die Politik ihm vorgebe. Für beide Auffassungen gibt es Textbelege. In seinem Aufsatz »Instrumentelle und existentielle Auffassung des Krieges bei Carl von Clausewitz«[9] führt Herfried Münkler diesen Streit der Clausewitz-Interpretationen auf die Veränderungen in Clausewitz' politischem Denken zurück, die ihn beim Versuch, eine einheitliche Theorie zu schaffen und zu bewahren, dazu brachten, einzelne Gedanken im Verhältnis zu anderen jeweils auf unterschiedliche Weise zu akzentuieren. Münkler nimmt mit Raymond Aron einen Bruch im Clausewitzschen Denken um das Jahr 1827, dem Jahr seiner Nobilitierung, an. Vor 1827 sei für Clausewitz die Napoleonische Strategie, »die auf die Niederwerfung des Gegners

9 Herfried Münkler, Instrumentelle und existentielle Auffassung des Krieges bei Carl von Clausewitz, in: ders., Gewalt und Ordnung. Das Bild des Krieges im politischen Denken, Frankfurt/M. 1992.

abzielende Doktrin der Entscheidungsschlacht«, das Vorbild gewesen, das nach 1827 seine »paradigmatische Stellung im Clausewitzschen Theoriegebäude«[10] verloren habe. Eingebaut ist die Unterscheidung zwischen Napoleonischer und anderer Strategieauffassung in der Unterscheidung zwischen »absolutem« und »wirklichem« Krieg. Sie hat allerdings damit eine philosophische Gewichtung – und Bewertung – erhalten, die es nicht mehr erlaubt, sie als bloßes Vorbild mal zu nehmen, mal wieder zu lassen.

»Wir haben«, schreibt Clausewitz im zweiten Kapitel des siebenten Buches unter dem Titel »Absoluter und wirklicher Krieg«, »im ersten Kapitel gesagt, daß das Niederwerfen des Gegners das natürliche Ziel des kriegerischen Aktes sei und daß, wenn man bei der philosophischen Strenge des Begriffs stehen bleiben will, es im Grunde ein anderes nicht geben könne. Da diese Vorstellung von beiden kriegführenden Theilen gelten muß, so würde daraus folgen, daß es im kriegerischen Akt keinen Stillstand geben und nicht eher Ruhe eintreten könne, bis einer der beiden Theile wirklich niedergeworfen sei.«[11] Allerdings finde man Krieg in dieser reinen Gestalt kaum oder nie, »und man könnte zweifeln, daß unsere Vorstellung von dem ihm absolut zukommenden Wesen einige Realität hat, wenn wir nicht gerade in unseren Tagen den wirklichen Krieg in dieser absoluten Vollkommenheit hätten auftreten sehen. Nach einer kurzen Einleitung, die die französische Revolution gemacht hat, hat ihn der rücksichtslose Bonaparte schnell auf diesen Punkt gebracht. Unter ihm ist er rastlos vorgeschritten, bis der Gegner darniederlag; und fast ebenso rastlos sind die Rückschläge erfolgt. Ist es nicht natürlich und notwendig, daß uns diese Erscheinung auf den ursprünglichen Begriff des Krieges mit allen strengen Forderungen zurückführt?«[12]

Doch bei aller Faszination durch Napoleon und durch die Prussifizierung seines Vorbilds ins Immer-feste-Druff, weiß Clausewitz,

10 Ebd., S. 95.
11 Carl von Clausewitz, Vom Kriege, Berlin 1867, Bd. 3, S. 72.
12 Ebd., S. 73.

»daß diese Theorie mit einer starken Logik doch sehr ohnmächtig bleibt gegen die Gewalt der Umstände. Wir werden uns also dazu verstehen müssen, den Krieg, wie er sein soll, nicht aus seinem bloßen Begriff zu konstruieren, sondern aus allem Fremdartigen, was sich darin einmischt und daran ansetzt, seinen Platz zu lassen, aller natürlichen Schwere und Reibung der Theile, der ganzen Inkonsequenz, Unklarheit und Verzagtheit des menschlichen Geistes; wir werden die Ansicht fassen müssen, daß der Krieg und die Gestalt, welche man ihm giebt, hervorgeht aus augenblicklich vorherrschenden Ideen, Gefühlen und Verhältnissen, ja wir müssen, wenn wir ganz wahr sein wollen, einräumen, daß dies selbst der Fall gewesen ist, wo er seine absolute Gestalt angenommen hat, nämlich unter Bonaparte.«[13] Doch nachdem hier also das große Vorbild der Zeit vor 1827 die Abkehr von ihm selbst sanktioniert hat, finden wir im Fortgange des Textes: »Dieses Alles muß die Theorie zugeben, aber es ist ihre Pflicht, die absolute Gestalt des Krieges obenan zu stellen und sie als einen allgemeinen Richtpunkt zu brauchen, damit Derjenige, der aus der Theorie etwas lernen will, sich gewöhne, sie nie aus den Augen zu verlieren, sie als das ursprüngliche Maß aller seiner Hoffnungen und Befürchtungen zu betrachten, um sich ihr zu nähern, wo er *kann*, oder wo er *muß*.«[14]

Hierüber kann man lange und vergeblich grübeln – vor allem darüber, was die Metapher vom »Richtpunkt« bedeuten soll. Denn wenn jemand an so entscheidender Stelle eine mißglückte, ja in ihrem Bildgehalt widersprüchliche Metapher verwendet, ist auch der zugrundeliegende Gedanke unklar und widersprüchlich. Man hat darüber gestritten, ob der »absolute Krieg« als eine »regulative Idee im Sinne Kants« (also als Mittel zur Systematisierung disparater Erscheinungen) zu verstehen sei oder nur als »theoretische Fiktion ... was der Krieg wäre, wenn er unabhängig von Raum und Zeit geführt würde«, und wiewohl die eben zitierte Stelle eher die erste

13 Ebd., S. 74.

14 Ebd., S. 75.

Interpretation plausibel erscheinen läßt, so ist doch auch die Münklersche zu vertreten, nach der dieses Zitat zu einer älteren Textschicht gehört und andere, später verfaßte, Stellen die zweite Auffassung stützen.[15]

Die berüchtigte Formel vom Krieg als der Fortsetzung der Politik ist eine Folge aus der Hinwendung der theoretischen Aufmerksamkeit vom »absoluten« zum »wirklichen« Krieg, dem Versuch, Ordnung in all jene Umstände zu bringen, die aus dem absoluten den wirklichen Krieg machen, dem Versuch, die Rationalität aus der Sphäre der Erkenntnis des Absoluten in die des bloß Wirklichen übergehen zu lassen: »Der Kriegsplan faßt den ganzen kriegerischen Akt zusammen, durch ihn wird er zur einzelnen Handlung, die einen letzten endlichen Zweck haben muß, in welchem sich alle besonderen Zwecke ausgeglichen haben. Man fängt keinen Krieg an, oder sollte vernünftigerweise keinen anfangen, ohne sich zu sagen, was man mit, und was man in demselben erreichen will; das Erstere ist der Zweck, das Andere das Ziel.«[16] Ist der Zweck nicht mehr mit abstrakter, die Wirklichkeit unter sich zwingender Logik die Vernichtung des Gegners, dann ist sie ins Belieben des Kriegführenden gestellt, und hier kommt die *instrumentelle* Auffassung des Krieges als Mittel der Politik ins Spiel.

Die existentielle Auffassung des Krieges, »in welcher der Krieg nicht als Mittel der Politik, sondern als Medium der Konstitution der Transformation einer politischen Größe begriffen wird«[17], findet sich zunächst vor der Arbeit an *Vom Kriege*, zur Zeit der ungebrochenen Napoleon-Faszination und des gleichzeitigen nationalistischen Hasses auf Frankreich, der Clausewitz dazu gebracht hatte, zeitweilig dem preußischen König die Loyalität aufzukündigen und in russische Dienste zu treten – in Tolstois *Krieg und Frieden* reitet er durch die Seiten. Da ist von »Wiedergeburt des Volkes in bluti-

15 Münkler, a. a. O., S. 97.
16 Clausewitz, a. a. O., S. 72.
17 Münkler, a. a. O., S. 103.

gem und ehrenvollem Kampf«[18] und Ähnlichem die Rede. Vorbild für solche Redereien war, Carl Schmitt hat in seiner *Theorie des Partisanen*[19] darauf hingewiesen, der spanische Guerillakrieg gegen die französische Besatzung, ein Krieg um nationale Unabhängigkeit und übrigens auch die Wiedereinführung der Inquisition, der Vorbildcharakter für die irregulären deutschen Banden der ersten Phase des später so genannten Befreiungskrieges hatte, aber auch zu einem bestimmten Zeitpunkt – 1813, ein Jahr nach Tauroggen, ein Jahr vor Clausewitz' Wiedereintritt in die preußische Armee – für die preußische Regierung. Diese verpflichtete ihre Untertanen auf Kampf gegen den Feind mit Waffen aller Arten, »Beile, Heugabeln, Sensen und Schrotflinten werden … ausdrücklich empfohlen«, und es wird von einer Notwehr gesprochen, »die alle Mittel heiligt«.[20] Diese Proklamation wird bald zurückgezogen, bleibt aber denkwürdig.

Es ging auch ohne den Volkskrieg; man fing sich wieder ein. Ein gutes Dutzend Jahre und eine Nobilitierung später war Clausewitz' Ideal nicht mehr der in Kriegsgewittern neugeschmiedete Volkskörper, sondern die souveräne preußische Politik der Zukunft, die schließlich weniger *im* Kriege als *durch* den Krieg und die folgenden Friedensschlüsse und diplomatischen Übereinkünfte möglich geworden war, und für die Krieg ein Dispositiv sein und bleiben sollte. Hierhin gehört die Formulierung des mehrfachen Generalstäblers, daß der Krieg seine eigene Grammatik, aber keine eigene Logik habe.

In der Wirklichkeit ist dieser Satz deshalb so problematisch, weil er meistens falsch ist. Im Werk von Clausewitz ist er es darum, weil die Unterscheidung von absolutem und wirklichem Krieg nicht nur in die Grammatik, sondern in die Logik des Gedankenganges nun einmal eingetragen worden war und durch jede Einschränkung in ihrer Fundamentalität immer neu bestätigt wurde. Beherrschend wird der Gedanke, weil er als Grundmetapher die Physiognomie

---

18 Zitiert nach Münkler, a. a. O., S. 106.

19 Carl Schmitt, Theorie des Partisanen, Berlin 1992.

20 Ebd., S. 47f.

des Werkes prägt. Wo immer ein sich philosophisch gerierender Text ein Eigentliches, Wahres, Absolutes, eine Idee, Grundlage oder -strömung, ein Fundament, einen, wenn auch unerreichbaren, so doch erstrebenswerten Zielpunkt etc. gegen etwas, das nichts weiter als wirklich sei, setzt, gewichtet er seinen Text um diesen Schwerpunkt. – Dazu kommt ein offensichtliches rationalistisches Mißverständnis. »Die Politik« bekommt bei Clausewitz eine ähnlich scherenschnitthafte Realität wie »der Krieg«. Da ihre Zwecke (der Zweck des Krieges, gäbe es die Politik nicht, wäre klar) nicht zur Debatte stehen, kann angenommen werden, sie wären »in der Wirklichkeit« immer so fein darzulegen, wie es der Generalstab braucht, um einen Feldzugsplan auszuarbeiten. Das ist in der Regel nicht der Fall, und vor allem ändert sich die Politik, wenn die Völker aufeinanderschlagen.

Der erste Krieg, dessen Erfahrung unsere Kultur in einer Weise aufbewahrt hat, daß wir sie in Texten wie diesem zitieren können, der Peloponnesische, begann als ein instrumenteller Krieg, wenn er je einer war. Man kann an ihm zweierlei demonstrieren: einmal, ein wie großer Irrtum die instrumentalistische Auffassung des Krieges ist, zum zweiten, daß auch sie keine genuin moderne und moderner Rationalität verbundene ist, sondern in unterschiedlichen kulturellen Umfeldern aufkommen kann. »Es entstand um die Mitte des fünften Jahrhunderts in Griechenland«, schreibt Christian Meier, »ein eigentümliches Bewußtsein menschlichen Könnens, eine entfernte Entsprechung des modernen Fortschrittsdenkens ... Es war das Bewußtsein nicht eines breiten und langgestreckten geschichtlichen Prozesses, aber von großen Möglichkeiten des Wirkens und Bewirkens; Möglichkeiten, die vor allem den Fachleuten, einem kleinen Kreis gut geschulter Männer offenstanden. Man fand, daß die téchnai insgesamt, die Fähigkeiten zu fachgemäßer, methodischer Lösung verschiedenster Probleme stark fortgeschritten seien. Künstler glaubten, die äußersten Möglichkeiten ihrer Kunst erreicht zu haben. Mediziner waren dabei, eine neue Wissenschaft zu erfinden ... Denker machten sich daran, ganze Gesellschaftsordnungen am Reißbrett zu entwerfen. Sophisten behaupteten, ihre

Schüler in die Lage versetzen zu können, in Wirtschaft wie in Politik alles zu erreichen, was sie wollten ... Es kam die Meinung auf, daß es keinen Zufall gebe; das sei nur eine Ausrede von Leuten, die nicht richtig gerechnet hätten. So fand denn auch Perikles, daß man einen ganzen großen Krieg zwischen Athen und Sparta planen könnte.«[21] Perikles' Kriegsplan sah vor, daß sich die athenische Bevölkerung hinter die »Langen Mauern«, die Befestigungsanlagen, die Athen mit dem Hafen Piräus verbanden, zurückziehen und keine Schlacht zu Lande annehmen solle. Die attische Flotte sollte derweil die Küste des Peloponnes verheeren und Stützpunkte errichten, von denen aus kurze Vorstöße ins Landesinnere unternommen werden könnten. Nach Perikles' Urteil konnte der Krieg nicht verloren werden, da Athen über das Kriegsentscheidende verfüge: einen Plan und Geld. »Der Kriegsplan stellte folglich ein großartiges Zeugnis menschlicher Berechnung dar: Anscheinend konnte alles mögliche passieren – und Perikles wußte, daß ein Krieg viele Wechselfälle mit sich brachte –, ohne daß die gute Aussicht auf das Gelingen geschmälert worden wäre. Insofern war der Zufall einkalkuliert.«[22]

Meier weist auf den Grundirrtum in der Planung des Perikles hin: Er übersah, daß kriegführende Bevölkerungen keine Rechengrößen sind, die konstant bleiben. Hunderttausend Menschen hatten sich – gleichzeitig provisorisch und auf Dauer – zwischen den »Langen Mauern« einzurichten. Es kam zu der großen »Pest« von Athen, der auch Perikles erlag. Die Probleme, in die Athen bald geriet, führten allerdings nicht zu einer wachsenden Verzagtheit, sondern zu jener zunehmenden Radikalisierung im Denken und Handeln, von der Thukydides so Zeugnis ablegt: »Unbedachtes Losstürmen galt nun als Tapferkeit und gute Kameradschaft, aber vordenkendes Zögern als aufgeschmückte Feigheit, Sittlichkeit als Deckmantel einer ängstlichen Natur, Klugsein bei jedem Ding als Schlaffheit zu jeder

21 Christian Meier, Athen, München 1993, S. 470.

22 Ebd., S. 529.

Tat; tolle Hitze rechnete man zu Mannes Art, aber behutsames Weiterberaten nahm man als ein schönes Wort zur Verbrämung der Abkehr. Wer schalt und eiferte, galt immer für glaubwürdig, wer ihm widersprach, für verdächtig.«[23] Das galt ab einem bestimmten Zeitpunkt auch für die Gegenseite: »Perikles' Zermürbungsstrategie war vom Frieden her gedacht: Sie führte in der Tat zu vielen Mißhelligkeiten, Verwüstungen, Versorgungsschwierigkeiten und anderem, was einen Widerwillen gegen den Krieg erwecken konnte. Sobald man sich aber im Krieg befand, mußte sich daraus zugleich die Wut ergeben, der Wille, sich zu rächen; der Wille zum Sieg.«[24] Perikles war mit Clausewitz der Meinung, daß der Krieg die Fortsetzung der Politik sei, und weder er noch Clausewitz erlebten, was ihre Nachgeborenen erleben mußten: daß die Politik die Fortsetzung des Krieges werden sollte.

Nicht erst Ludendorff in seiner Schrift *Der totale Krieg*, sondern bereits Alfred von Schlieffen, Chef des deutschen Generalstabes von 1891 bis 1905, hat darin explizit das höchste Ziel der Politik gesehen – gleichfalls mit Berufung auf Clausewitz. Diese Umkehrung des Clausewitzschen Aphorismus ist in der Tat ein Mißbrauch des Clausewitzschen Textes – aber doch ein naheliegender, und hier wird man John Keegan denn wohl doch zustimmen müssen, der nicht nur seine *Kultur der Kriegers* mit dem Satz »Krieg ist nicht ›eine bloße Fortsetzung der Politik mit anderen Mitteln‹«[25] beginnt, sondern Clausewitz' Werk insgesamt so charakterisiert: »Seine Lehre der Kriegführung (war) ein Rezept zur Zerstörung der europäischen Kultur.«[26]

Gerade in der instrumentalistischen Auffassung des Krieges nämlich setzt sich die existentielle durch und kehrt die Instrumentalisierung um. »Die instrumentelle Kriegsauffassung ist und bleibt bezo-

---

23 Thukydides, Der Peloponnesische Krieg, III, 82 (Übersetzung G. P. Lachmann), München 1993.

24 Meier, a. a. O., S. 532.

25 Keegan, Die Kultur des Krieges, a. a. O., S. 21.

26 Ebd., S. 57.

gen auf eine unfraglich legitime politische Ordnung: diese definiert die Zwecke, die zu erreichen der Krieg das Mittel ist. Anders die existentielle Auffassung des Krieges, in welcher der Krieg wohl auch ein Mittel ist, aber nicht ein Mittel zur Verfolgung vorgegebener Zwecke, sondern eines, das seinen Zweck erst selbst hervorbringen soll.«[27] Nun verändert *jeder* Krieg den politischen Zweck, in dessen Verfolgung er unternommen wird, und zwar bloß deshalb, weil dieser mit dem Mittel des Krieges verfolgt wird. Genaugenommen gilt das in Zweck-Mittel-Relationen stets, weil sich das Gefüge der Handlungsoptionen, aus denen heraus diese oder jene politische Entscheidung getroffen wird, ist die Entscheidung einmal getroffen, ändert. Jede Handlung formt das voraufgegangene Geschehen teleologisch um. Was vorher Gegenstand der freien Entscheidung war, ist nachträglich ein Objekt der Erklärung, warum es so kommen mußte. Im Falle des Krieges gilt dies in besonders dramatischer Weise.

Diese teleologische Deformation hat im Falle des Thukydides zur Begründung der Geschichtsschreibung als Wissenschaft geführt – in seiner Unterscheidung von Kriegsanlaß und Kriegsursache nämlich. Während der konservative Aristophanes in den *Acharnern* die Zufälligkeit und Nichtigkeit der Kriegsanlässe für seine politische Polemik gegen die demokratische Kriegspolitik anführt, nimmt der Historiker und Bewunderer des Perikles, Thukydides, gerade die Nichtigkeit zum Anlaß, nach einer tieferen Ursache zu forschen.[28] Der eigentliche, wahre Grund – alethestáte próphasis – des Krieges sei die gewachsene Macht Athens gewesen, die die Rivalität des Peloponnes und eine Spannung, die zwangsläufig zur Entladung kommen mußte, hervorgebracht habe. Uns ist die Unterscheidung zwischen bloßem Anlaß und eigentlicher Ursache so geläufig, daß wir gerne übersehen, daß in ihr auch eine Gefahr steckt: »Man hat die Unterscheidung zwischen Anlaß und Ursache des Krieges immer

27 Münkler, a.a.O., S. 108.

28 Vgl. auch Herfried Münkler, Die Weisheit der Regierenden. Varianten der Kriegsursachenanalyse, in: ders., a.a.O., S. 80ff.

bewundert und als eine der großen Erkenntnisse historischer Wissenschaft gefeiert. Mit Recht. Doch bedarf sie im Einzelnen der Interpretation, damit nicht der Eindruck entsteht, damals habe es keine Freiheit des politischen Handelns gegeben, sondern der Weg zum Krieg sei zwangsläufig gewesen.«[29] Thukydides, so Christian Meier, habe nicht nur den Perikleischen Kriegsplan »in auffälliger Weise« verteidigt, sondern »er entlastet« – in deutlichem Kontrast zu Aristophanes – »Athens ersten Mann auch von der Schuld am Kriege. Denn wenn es zwangsläufig dazu kommen mußte, ging es in der Tat nurmehr darum, wann und wie er beginnen sollte.«[30]

Thukydides läßt athenische Gesandte die Politik der Stadt so rechtfertigen: »Und dann zwang uns die Natur der Dinge selbst, unsere Herrschaft in der jetzigen Form auszubauen, hauptsächlich Furcht ... Später hätten wir uns nicht mehr sicher gefühlt, nachdem wir bei den meisten verhaßt waren, schon einige Abtrünnige unterworfen hatten, auch ihr uns nicht mehr die gleiche Freundschaft zeigtet, sondern Argwohn und Entzweiung ... das aber ist keinem zu verargen, daß er für die äußerste Gefahr alles nach seinem Vorteil einrichtet.«[31] Man sieht, wie sehr die Unterscheidung zwischen Anlaß und Ursache zu der Apologie der athenischen Diplomaten paßt – wir sehen aber auch, daß Thukydides sehr wohl verzeichnet, daß es nicht nur die athenische Machtstellung ist, sondern die ersten Kriegshandlungen selbst sind, die die Kriegspolitik bestimmen. Sukzessive tritt im Verlaufe des Krieges an die Stelle des Kults der Machbarkeit das Reden über die Unfreiheit und die Natur des Menschen, gegen die der Mensch machtlos sei.[32] Die athenischen Diplomaten rechtfertigen den Machtanspruch Athens damit, daß er in der menschlichen Natur liege – über ihn läßt sich nicht diskutieren. Da der Gegner dasselbe vorbringen kann, ist – auch dieses menschliche Natur – ein Krieg also unvermeidlich. Und zwar ein absoluter Krieg

29 Meier, a.a.O., S. 523.
30 Ebd., S. 535.
31 Thukydides, I, 75.
32 Vgl. Meier, a.a.O., S. 536 ff.

im Sinne von Clausewitz: »Der Tod zeigte sich da in jederlei Gestalt, wie es in solchen Läuften zu gehen pflegt, nichts, was es nicht gegeben hätte und noch darüber hinaus.«[33]

Clausewitz' Festhalten an der philosophischen Figur eines absoluten Krieges als dem wahren gegenüber dem bloß wirklichen, der ein Instrument der Politik sei, wirkt wie die im akademischen Räsonnement verkapselte Einsicht, daß die Gefahr der Umkehrung der Instrumentalisierung niemals zu bannen ist. – Aber wir wollen nicht den Anschein geben, als wollten wir eine Mystifikation durch eine andere bekämpfen. Nicht »der« Krieg eskaliert unausweichlich bis zur Vernichtung, aber dort, wo die Idee der Vernichtung einmal die Politik und die Köpfe beherrscht, ist es schwierig, sozusagen unterhalb ihrer Standards zu operieren. Sie kann dann zu einem kulturellen Muster werden, wie es die sogenannten ritualisierten Kriege sind.

Die Aufgabe, vor die sich Generalstabschef von Schlieffen, dessen Vorwort die fünf zwischen 1905 und 1915 erschienenen Auflagen der gesammelten Werke Clausewitz' eingeleitet hat, von Amts und Berufs wegen gestellt sah, war, für den Fall des Scheiterns der Bismarckschen Bündnispolitik ein Kriegsszenario zu entwerfen, und zwar vor allem für den schlimmsten Fall eines Zweifrontenkrieges gegen Frankreich und Rußland. Das ist soweit ein politischer Auftrag. Schlieffens Lösung des Problems war, den Plan eines *Angriffs*krieges gegen Frankreich und Rußland zu entwerfen, demzufolge zunächst Frankreich niedergeworfen werden sollte, um dann alle Kräfte gegen Rußland richten zu können. Um den zweiten Teil des Planes möglich werden zu lassen, mußte der erste auf eine sehr eindeutige Weise wirklich werden: Das »Niederwerfen« Frankreichs mußte eine Vernichtung des französischen Heeres sein. Frankreich mußte mit einem Schlag vollständig wehrlos gemacht werden. Schlieffen plante den Krieg gegen Frankreich als eine einzige Entscheidungs- und Vernichtungsschlacht und konnte sich da-

33 Thukydides, III, 81.

bei durchaus auf Clausewitz berufen: »Worauf es (bei der Niederwerfung des Feindes) auch im einzelnen ankommen mag, so ist doch der Anfang dazu überall derselbe, nämlich: die Vernichtung der feindlichen Streitkraft, d. h. ein großer Sieg über dieselbe und ihre Zertrümmerung.«[34] Für Schlieffen aber gerann der gesamte Clausewitz in diesem Gedanken.

Das historische Vorbild, an dem sich Schlieffen orientierte, war Hannibals Sieg bei Cannae. Schlieffen wollte den gesamten Frankreichfeldzug als ein einziges gigantisches Cannae inszenieren und die gesamte französische Streitmacht in einer Zangenbewegung umfassen, einschließen und »zertrümmern«. Der Schlieffen-Plan interessiert uns hier nicht wegen seiner Hypertrophie und erweislichen Undurchführbarkeit[35], auch nicht wegen seiner politisch-militärischen »Nebenfolgen« – da aus geographischen Gründen die eine Hälfte der »Zange« durch Belgien gelegt werden und damit die belgische Neutralität verletzt werden mußte, wurde automatisch Großbritannien, die Garantiemacht dieser Neutralität, als dritter Kriegsgegner hineingezogen[36] –, sondern wegen der Verkehrung des Instrumentalverhältnisses von Politik und Krieg. Auftragslage war, für einen politischen Eventualfall militärische Maßnahmen vorzusehen – durchaus nicht per se offensive. Das Ergebnis war ein Offensivplan, der möglichst ins Werk gesetzt werden *mußte*, bevor die Gegenseite ihrerseits Offensivmaßnahmen einleitete – kurz: ein Überfall. Damit der gelingen konnte, ergab sich aus dem militärischen Plan für die Politik der »Auftrag«, den geeigneten Zeitpunkt zum Angriff zu finden, mithin eine die Offensive legitimierende

34 Clausewitz, a. a. O., Bd. 3, S. 136.

35 Vgl. Jehuda L. Wallach, Kriegstheorien. Ihre Entwicklung im 19. und 20. Jahrhundert, Frankfurt/M. 1972.

36 Was ab einem bestimmten Punkt der deutsch-britischen Spannungen aufgrund der Wilhelminischen Flottenpolitik erwünscht gewesen sein dürfte. Vgl. auch Robert K. Massie, Die Schalen des Zorns. Großbritannien, Deutschland und das Heraufziehen des Ersten Weltkrieges, Frankfurt/M. 1993, S. 768ff.

politische Situation herbeizuführen.[37] Diese Umkehrung des Verhältnisses von Politik und Krieg folgt aus einem Denken unter dem *Dogma der Vernichtungsschlacht*, wie Jehuda Wallach seine große Studie über Clausewitz und Schlieffen genannt hat. Von diesem Denken hat sich die deutsche Generalität im Ersten Weltkrieg, auch als sich Schlieffens Kriegsplan als Illusion herausstellte[38], nicht befreit – es mündete in die faktische Militärdiktatur unter Ludendorff und Hindenburg in den Jahren 1917/18.

Die in der abendländischen Kultur endemische Idee der Vernichtungsschlacht wurde im Sandkasten Schlieffens (er starb im Jahre 1913) zur Idee des Vernichtungskrieges, indem er Krieg und Schlacht in die Vorstellung eines einzigen großen Umfassungs- und Einschließungsmanövers mit anschließendem Gemetzel zusammenzog. Als sich die deutsche Generalität mit dem Scheitern dieses Planes und dem sich anschließenden Stellungskrieg konfrontiert sah, gab es keine Rückkehr zu konventionelleren Formen der Kriegsplanung und -führung, auch keinen ernsthaften Versuch der

37 »Der Kriegsausbruch von 1914 ist das erschütterndste Beispiel hilfloser Abhängigkeit der politischen Staatsleitung von den Planungen der Militärtechniker, das die Geschichte kennt. Darin, daß sie sich in diese Abhängigkeit hineinziehen ließ, daß sie die Kriegsplanung ohne Vorbehalt als Sache des militärischen Fachmannes betrachteten, liegt die historische Schuld der Nachfolger Bismarcks.« Gerhard Ritter, Der Schlieffen-Plan, zitiert nach Wallach, a.a.O., S. 59. – Wie sehr schon vor dem Schlieffen-Plan einige Köpfe (vor allem Kronprinz Wilhelm und Waldersee) von der Idee besessen waren, man könnte den richtigen Zeitpunkt für einen Krieg (so ziemlich egal, gegen wen – heute Rußland, morgen Rußland und Frankreich, übermorgen England) verpassen, zeigt John Röhl, Wilhelm II. Die Jugend des Kaisers, München 1993, S. 444ff., 452ff., 742ff.

38 Neuere Forschungen deuten darauf hin, daß die Durchführbarkeit des Schlieffen-Plans bereits vor dem Versuch, ihn doch durchzuführen, in Zweifel stand, und man mit einem langen Krieg rechnete. Die sich sofort stellende Frage, warum dann doch etwa so marschiert wurde, wie Schlieffen es gewollt hatte, ist leicht zu beantworten: Der deutsche Generalstab hatte gar keinen anderen Kriegsplan. Vgl. Wallach, a.a.O., S. 62.

Politik mehr, sich des Krieges zu bemächtigen. Am 21. Dezember 1915 trug General Falkenhayn Wilhelm II. eine neue strategische Idee vor. Sie bestand nicht etwa darin, zu versuchen, den Stellungskrieg in einen neuen Bewegungskrieg umzuwandeln, sondern in dem Versuch, die Realität des Stellungskrieges mit der Idee der Vernichtungsschlacht zu verbinden. Das Resultat war eine *erweiterte* Idee der Vernichtung. War im Schlieffen-Plan nur das gegnerische Heer das Objekt der »Zertrümmerung«, das heißt partiellen Vernichtung und gänzlichen Entwaffnung, gewesen, so war das Objekt der Falkenhaynschen Vernichtungsphantasien ein Teil der französischen Bevölkerung, eine ganze Generation waffenfähiger Männer. Der Ort, den Falkenhayn für die monatelange sukzessive Menschenvernichtung ausersehen hatte, war Verdun.

Verdun, so Falkenhayns richtiges Kalkül, werde von Frankreich nicht aufgegeben werden können. Der Angriff auf Verdun sollte zu keinem Geländegewinn führen, er sollte keine klassische Entscheidungsschlacht einleiten, er sollte nicht einmal in traditionellem Sinne erfolgreich sein. Weil diese Progression der Idee des Vernichtungskrieges dem ausführenden Offiziersstab unbekannt war, wurde er über das Ziel der Schlacht im unklaren gelassen. »Am 26. Mai 1916, d.h. 3 Monate nach Beginn der Schlacht um Verdun, hat Falkenhayn ... bei einer Besprechung der Stabschefs der Armeen bei Mezière gesagt, ›... die Oberste Heeresleitung hat nie die Absicht gehabt, Verdun zu nehmen‹.«[39] »Selten ist es in der Kriegsgeschichte vorgekommen, daß der Befehlshaber einer großen Armee so zynisch betrogen wurde ...«[40]

Der Idee, die französischen Truppen um einen Ort kämpfen zu lassen, den sie aus Gründen der nationalen Moral mit allen Mitteln halten mußten, aber gegen eine Armee, die zurückschlagen zu können sie zu schwach waren, lag, nach Wallachs Formulierung, ein »grausiger Gedanke« zugrunde: »... wenn die Franzosen die Her-

39 Wallach, a.a.O., S. 258.
40 Ebd., S. 264.

ausforderung annehmen würden, ›werden sich die französischen Streitkräfte ausbluten‹. *Das war in der Kriegsgeschichte ein völlig neuer Gedanke.* Bisher hatten sich die Feldherren darum bemüht, durch einen Sieg in der Schlacht oder in einer Reihe von Schlachten den Feind zu schlagen ... Falkenhayn ist von dieser Methode der Kriegführung abgewichen. Seine Theorie vom ›Ausbluten‹ gründete sich auf die Annahme, daß der Angreifer dem Gegner in einem lange dauernden Ringen immer mehr Verluste beibringen würde, als er selbst in der gleichen Zeit hinzunehmen hat. Es ist nicht sein Ziel gewesen, zu beweglichen Operationen oder zu einem Durchbruch im konventionellen Sinne zu kommen, sondern er wollte eine gigantische ›Saugpumpe‹ konstruieren, um den Franzosen das Blut abzusaugen. Später pflegte Falkenhayn das Schlachtfeld von Verdun die ›Maasmühle‹ zu nennen.«[41] Die Metaphern sprechen für sich.

Bekanntlich ging Falkenhayns Rechnung – die Wallach zu Recht »satanisch« nennt[42], obwohl sie doch andererseits auch wieder nur eine Anpassung und damit Ausweitung der Vernichtungsphantasien Schlieffens auf das reale Kriegsgeschehen war – nicht auf. Falkenhayn erwartete eine Verlustrate von 5 : 2 zu Lasten Frankreichs – die Zahl der Toten betrug auf französischer Seite 362000, auf deutscher 336000.[43] Und über die Zahl der Toten hinaus gilt: »die beiden feindlichen Armeen waren, nachdem sie einmal durch die ›Maasmühle‹ gegangen waren, nie wieder dieselben«.[44] – »Der Krieg«, hat Kant einmal geschrieben, »ist darin schlimm, daß er mehr böse Leute macht, als er deren wegnimmt«[45], und da er hierin recht hat, finden wir Erinnerungen an Verdun, die so lauten:

41 Ebd., S. 256 (Hervorhebungen J. P. R.).
42 Ebd., S. 268.
43 Ebd., S. 257.
44 Ebd., S. 269.
45 Immanuel Kant, Gesammelte Schriften, Bd. 8, Berlin/Leipzig 1923, S. 365.

»Durch Monate schon tobt
der Kampf im Halbkreis um Verdun.
Die ganze Front entlang rast wildes Trommelfeuer,
oder besser,
heult es gleichwie ein überirdischer Orkan,
in dem der Einzelschlag kaum mehr zu hören.«

Soweit Rudolf Heß 1924[46], ein Gedichtanfang, der hier wegen seiner vierten Zeile erinnert werden soll. In Prosa geht das so: »Es muß doch etwas Ungeheures, Gewaltiges ums Sterben sein. Mag sein, daß ich vor dieser Erinnerung noch leise zittere, vielleicht auch vor dem Gefühl eines inneren Glückes. Mir ist so, als sei heute meinem jungen, heißen Leben eine Dornenkrone aufgedrückt worden.«[47] Das Buch, aus dem die Worte sind, heißt *Der Glaube an Deutschland. Ein Kriegserleben von Verdun bis zum Umsturz* und erschien 1931 mit einem Vorwort von Adolf Hitler. Der Verfasser, Heinz Zöberlin, befehligte 1945 als Führer einer Werwolf-Einheit ein Erschießungskommando.

Seit Verdun war nicht mehr die gegnerische Armee, sondern die gegnerische *Gesellschaft* der Feind. Hierzu gehört die Erklärung des uneingeschränkten U-Boot-Kriegs sowie der Versuch, Rußland durch die Unterstützung der Bolschewiki zu destabilisieren. Hierzu gehören aber vor allem auch die innenpolitischen Konsequenzen, die die Veränderung der militärischen Führung ab August 1916 mit sich bringt. Unter Ludendorff und Hindenburg transformiert sich Deutschland faktisch in eine Militärdiktatur. Die Politik tritt nicht nur tatsächlich, sondern auch offen und bewußt in den ausschließlichen Dienst der Kriegführung. Der Krieg wird zunehmend das, was Ludendorff »total« nennen sollte. »Das Gesetz über den vaterländischen Hilfsdienst«, schreibt die *Frankfurter Zeitung* am 2. Dezember 1916, »das wie kein zweites in die wirtschaftlichen,

46 Rudolf Heß, Vor Verdun!, zitiert nach German Werth, 1916. Schlachtfeld Verdun. Europas Traum, Berlin 1994, S. 146.

47 Ebd., S. 142.

sozialen und persönlichen Verhältnisse aller Schichten des arbeitenden Volkes eingreift und der militärischen Mobilmachung vom August 1914 die noch imponierendere Mobilmachung eines ganzen Volkes folgen läßt, ist heute vom Reichstag mit 235 gegen 19 Stimmen angenommen worden. Durch diese Abstimmung beteuert das deutsche Volk durch den Mund seiner Vertreter den Siegeswillen, mit dem es in den ihm aufgezwungenen Krieg gezogen wurde, und die feste Entschlossenheit, diesen Siegeswillen in die Tat umzusetzen und den Krieg zu einem schnellen und glücklichen Ende zu führen. Es kann seinen Eindruck nicht verfehlen, daß gerade die Gewerkschaften es waren, die heute diesen hohen Zweck des Gesetzes in den Vordergrund und als maßgebend für seine Bewilligung hinstellen. Das Gesetz ist eine nationale Tat, die ihre schönste Blüte freilich erst zeigen kann, wenn seine Ausführung allen Beteiligten die gemeinsame Arbeit zur Lust macht.«[48] Ludendorff kommentiert die dem Gesetz zugrundeliegende Idee (das Gesetz selber ging ihm nicht weit genug) wie folgt: »Der Krieg legte uns die Pflicht auf, auch die letzten menschlichen Kräfte aufzubringen und verfügbar zu machen. Ob das für den Kampf oder für die Verwendung hinter der Front, ob für die Kriegswirtschaft oder sonstigen Dienst im Heimatheere und im Staate geschah, war gleich ... Schon im September 1916 gelangten die ersten Anträge der Obersten Heeresleitung zum selbstlosen Aufbringen der menschlichen Kräfte an den Reichskanzler. Sie ging dabei immer bestimmter von der Ansicht aus, daß die Kraft jedes einzelnen im Kriege dem Staate gehöre, daß daher jeder Deutsche vom 15. bis 60. Lebensjahr dienstpflichtig wäre, und daß diese Dienstpflicht, wenn auch mit Einschränkungen, auf die Frau auszudehnen sei. Einer solchen Dienstpflicht konnte durch Wehrpflicht im Heere oder durch Arbeitspflicht – in weitestem Sinne – in der Heimat entsprochen werden ... Die Einführung der Arbeitspflicht für den Krieg als Dienstpflicht hatte die

48 Zitiert nach Ernst Johann (Hg.), Innenansicht eines Krieges. Bilder, Briefe, Dokumente 1914–1918, Frankfurt/M. 1968, S. 219f.

große sittliche Bedeutung, jeden Deutschen in dieser ernsten Zeit in den Dienst des Vaterlandes zu stellen, wie es der uralten germanischen Rechtsauffassung entsprach.«[49] Das Verhältnis der Obersten Heeresleitung zur Regierung sah er so: »Der Ausgleich im Großen [erfolgte] zwischen Heer, Marine und Heimat durch die Oberste Heeresleitung im Benehmen mit den beteiligten heimatlichen Behörden. Nur die Oberste Heeresleitung konnte dies annähernd übersehen; auch der preußische Kriegsminister hatte nicht genügenden und nur einseitigen Einblick in die am Feinde stehende Wehrmacht und die Kriegsnotwendigkeiten.«[50] Da sich die »Kriegsnotwendigkeiten« auf die Dienstpflicht der gesamten Bevölkerung bezogen, bedeuten diese Sätze den faktischen Regierungsantritt der Obersten Heeresleitung.

Mit der Mobilisierung der Gesamtbevölkerung für den Krieg – »je mehr das Heer verlangte, desto mehr mußte aber auch die Heimat hergeben«[51] –, mit der durch Ludendorff zunächst durchaus erfolgreich durchgeführten technokratischen Umformung der Volkswirtschaft in eine totale Kriegswirtschaft ging die Ideologie vom »Ringen der Völker« einher. Es finden sich erste Ansätze zur weltanschaulichen Gleichschaltung. Nicht nur die Politik, nicht nur die Wirtschaft, sondern die gesamte Bevölkerung diente der Fortsetzung des Krieges mit allen Mitteln, ebenso wie die gegnerische Bevölkerung als solche den Feind darstellte. Michael Geyer schreibt über die Oberste Heeresleitung: »Einerseits variierte und erweiterte sie das Verständnis davon, was den entscheidungsorientierten Gebrauch von Gewalt ausmachte, indem sie indirekte Mittel der Kriegführung gegen das moralische und soziale Gefüge der Alliierten einführte. Andererseits löste sie den instrumentellen Zusammenhang zwischen Mittel und Ziel auf, von dem die ›idealistische‹ Strategie geleitet war, und die utilitaristische Einstellung der be-

49 Erich Ludendorff, Meine Kriegserinnerungen 1914–1918, Berlin 1919, S. 258ff.

50 Ebd.

51 Ebd., S. 215.

grenzten Kriegführung im 19. Jahrhundert. Die neue ›Strategie‹ weitete den Krieg über die Grenzen der militärischen Institutionen aus und lieferte den Grund für die nationale Mobilisierung. Die Strategie verlor ihren instrumentellen Charakter und wurde Erklärung wie Legitimation für den totalen Krieg. Die Oberste Heeresleitung ging soweit, Machtpolitik in den Termini rassischer oder völkischer Widersprüche zu reinterpretieren. Der Krieg wurde in der Tat total, sobald er als ideologische und kulturelle Kollision (Kulturkrieg) verstanden wurde, zwischen mobilisierten Nationen, deren Ziel das national-rassische Überleben durch die Unterwerfung der jeweils anderen Nationen war.«[52]

Der »Durchbruch im Westen«, den Ludendorff und Hindenburg, sich von Falkenhayns Strategie des langsamen Ausblutens abwendend und der Wucht brachialer Angriffe vertrauend – »Das Wort ›Operation‹ verbitte ich mir. Wir hauen ein Loch hinein. Das Weitere findet sich«[53] –, erhofften, mißlang. »Am 5. April 1918 ... schrieb Rupprecht[54]: ›Es fällt auf, daß in sämtlichen Weisungen der Obersten Heeresleitung eine eigentliche Absicht nie zu erkennen ist, sondern immer nur von zu erreichenden Geländeabschnitten die Rede ist, und es macht mir den Eindruck, wie wenn die Oberste Heeresleitung sozusagen von der Hand in den Mund lebt ...‹ Außerdem bemängelte Rupprecht, es seien immer wieder neue Offensiven in neue Richtungen befohlen worden, ohne daß man sich die für die Vorbereitung notwendige Zeit nahm. Ungerechtfertigte Eile angesichts einer immer noch organisierten gegnerischen Front kennzeichnete alle nacheinander unternommenen Schritte. Trotz zunehmenden Munitionsmangels und ungenügender Umgruppierung von Artillerie und Angriffstruppen wurden die neuen Angriffe

52 Michael Geyer, German Strategy in the Age of Machine Warfare, 1914–1945, in: Peter Paret (Hg.), Makers of Modern Strategy from Machiavelli to the Nuclear Age, Oxford 1991, S. 546.

53 Zitiert nach Wallach, a. a. O., S. 279.

54 Kronprinz Rupprecht von Bayern, Oberbefehlshaber der bayerischen Truppen an der Westfront.

wie rasend vorwärtsgetrieben. ›Man gewinnt den Eindruck, irgend jemand im Großen Hauptquartier sei wahnsinnig geworden.‹«[55] Man kann diesen Zusammenbruch strategischen Denkens, der nur dort nicht wahrgenommen wird, wo trotzdem Erfolge erzielt werden[56], mit aller Vorsicht, aber doch, auch mit dem Totalwerden des Krieges in Verbindung bringen. Waren schon bei Schlieffen Kriegszweck und Kriegsziel, die nach Clausewitz deutlich zu unterscheiden sind und als unterschiedene zusammen den Kriegsplan ergeben, eins geworden, weshalb Wallach zu Recht schreibt, so seltsam es auch scheinen möge, »Deutschland ist 1914 in den Krieg eingetreten, ohne einen umfassenden Kriegsplan zu besitzen«[57], so ist bei einer Kriegsauffassung, derzufolge nicht mehr Heere, sondern Völker aufeinanderschlagen, der Krieg erst beendet, wenn das feindliche Volk als Volk vernichtet oder doch zumindest wehrlos ist. Damit ist die Vorstellung eines Krieges in Permanenz verbunden, der den Kampf an sich in den Vordergrund des Denkens stellt. Wenn die Schlacht selbst schon das Eigentliche ist, verlieren strategische Konzepte, die die Schlacht als einem Kriegsplan untergeordnetes Mittel (zu dem gehört, daß man es anwenden oder *nicht* anwenden kann) sehen, an Bedeutung.

So wurde in dieser letzten Kriegsphase – tendenziell – der Kampf an sich, das Töten Selbstzweck. Dennoch konnte nicht verborgen bleiben, daß der Krieg verlorenging – und nicht zuletzt aufgrund seines »Totalwerdens«. »Wie war es möglich, daß, je mehr die Nation in die Kriegsanstrengungen investierte, sie um so weniger erreichte? Die dritte Oberste Heeresleitung fand eine Antwort in Schuldzuweisungen an die Arbeiter, die Bourgeoisie, an Frauen, Intellektuelle, Universitäten, Homosexuelle und die Jugend, und zunehmend transformierte sie ihren eigenen Mangel an Verständnis

55 Wallach, a. a. O., S. 286.

56 Michael Geyer sieht interessanterweise in der Blitzkriegsstrategie der Wehrmacht unter Hitler eine Fortsetzung der Ludendorffschen Primitivstrategie, die auf nichts weiter vertraut als auf Wucht und Schnelligkeit.

57 Ebd., S. 296.

dessen, was vorging, in wütende Attacken gegen eine ›jüdische Verschwörung‹, die die Lebensgrundlagen der deutschen Armee unterminierte. Radikale Nationalisten verloren in dem Maße das Interesse an sogar ehrgeizigsten territorialen Zielen, wie der Krieg für sie ein Kampf um die Befreiung der deutschen Rasse vom Bösen wurde. Deutschland steuerte in den apokalyptischen Krieg.«[58] Ein Teil dieses Krieges wurde nach der Kapitulation von 1918 in Rußland weitergekämpft. Marodierende deutsche Truppen, abgeschnitten von Befehlslinien, kämpften bis ins Jahr 1919 als bewaffnete Banden einen antibolschewistisch und rassistisch motivierten Kleinkrieg. »In den Jahren 1919/20 trugen sie ihre militante Ideologie und ihre völkische Kriegspraxis zurück nach Deutschland.«[59] »Zwischen 1941 und 1943 wurde die apokalyptische Kriegsvision zur strategischen Realität im Osten«[60], und man wird sagen können, daß dort, in den Schlachten, Massakern, Massenmorden des »Ruß-

58 Geyer, a. a. O., S. 551. – Hier ist auf eine seltsame Koinzidenz hinzuweisen. Zwei Jahre vor dem Kallias-Frieden (449 v. u. Z.), der den Peloponnesischen Krieg kurz unterbrach, änderte Perikles die Bürgerrechtsbestimmungen Athens. War zuvor Bürger gewesen, wessen Vater Athener war, so mußte nunmehr ein athenischer Bürger zwei athenische Eltern haben. Hierdurch wurde nicht nur der Kreis der Bürger eingeschränkt, wie Christian Meier sagt, sondern der Charakter des Bürgerrechts änderte sich. War es vorher etwas, das in einem rechtlichen Sinne vererbt wurde, wurde es zu einer erblichen Eigenschaft ganz anderer Art: der »Blutsbindung«. »Die Erklärung kann nur sein, daß die Athener befürchteten, ihre Bürgerschaft büße an Geschlossenheit … ein«, Meier, a. a. O., S. 400. Mehr noch: Sie versuchten, diese Geschlossenheit biologisch zu garantieren. Dadurch zeigt sich, daß die Krise der Polis im Kriege tendenziell zu einer Zerstörung der Politik führte. Der, wenn man so will, Protorassismus des Perikleischen Gesetzes ist wie eine Vorwegnahme des Versuchs, eine Volksgemeinschaft zu bilden – und damit den Krieg härter und entschiedener vortragen zu können.

59 Geyer, a. a. O., S. 553.

60 Ebd., S. 574 – und Geyer fügt ein wichtiges Notabene hinzu. »Der apokalyptische Krieg wurde von verschiedenen Organisationen geführt, die – meistens – miteinander in Steit lagen. Historiker sollten sich von ihrem Konkurrieren und Gezänk nicht irreführen lassen.« – Interessant ist auch Geyers

landfeldzuges«, Clausewitz' wirklicher und absoluter Krieg eins geworden waren.

Die Idee des »totalen Krieges« ist eine Radikalisierung der Idee des Vernichtungskrieges. Sie ist ein Ergebnis des Ersten Weltkrieges und keineswegs auf Deutschland beschränkt.[61] Man kann sie als naheliegende Konsequenz der Rückwirkung avancierter Kriegstechnologie auf die Volkswirtschaften kriegerischer Nationen ansehen, und falsch ist das nicht. Doch auch gilt, daß die Kriegstechnologie nie diesen Entwicklungsschub erfahren hätte, wäre nicht eine nationale Bereitschaft dagewesen, ihn zu finanzieren. Die Idee des Vernichtungskrieges muß, um die Selbstverständlichkeit zu erlangen, die ihr historisch zuteil geworden ist, die Macht gewinnen, die vergessen läßt, daß sie nicht in der Sache liegt, sondern Eigenschaft der Kultur ist, die bereit ist, sich ihr unterzuordnen. Hat sie diese Macht gewonnen, kann ihr die technische Entwicklung neue Entfaltungsmöglichkeiten geben. Erst die Entwicklung von Kernwaffen erlaubte es, über die Vernichtung der gegnerischen Bevölkerung als Präventivmaßnahme strategische Gedankenspiele anzustellen.

Das Totalwerden des Vernichtungsgedankens hat in Deutschland aber eine Dimension gewonnen, die von der technisch-wirtschaftlichen Dimension sich völlig ablöste. Deutschland führte im Zweiten Weltkrieg nicht nur einen Krieg Gesellschaft gegen Gesellschaft, sondern nach eigenem Verständnis einen Rassenkrieg. Dieser Rassenkrieg, der in den Vernichtungslagern und auf den Kriegsschauplätzen der Ostfront geführt wurde, ruht nicht auf den Dogmen einer klassischen Ideologie, sondern die ihn befördernden Glaubenssätze sind so etwas wie Gerinnungszustände zuvor erworbener diffuser Ressentiments, zusammengehalten von der Idee der Vernichtung, die zur zentralen Obsession wird. Sie richtet sich nicht mehr gegen irgendeine gegnerische, Bevölkerung, sondern

---

Analyse der Funktion der Rivalitäten in der militärischen Führung (S. 586ff.).

61 Vgl. etwa John Frederick Charles Fuller, Der erste der Völkerbundskriege. Seine Zeichen und Lehren für Kommende, Berlin 1937.

Feind ist, was in der gegnerischen, der eigenen, der Weltbevölkerung einem Homogenitätsideal widerspricht, dessen Erreichung allein endgültigen Sieg und Frieden garantieren kann.

Hier geht der NS-Staat über die Ludendorffsche Militärdiktatur hinaus, denn die Vorstellung einer Heeresführung, die ein Volk in den Dienst des Krieges stellt, ist in dem Augenblick obsolet, wo die totale Mobilmachung die Gesellschaft wirklich totalisiert. Es ist dann wieder die Politik, die bestimmend wird, aber denoch wird der Krieg nicht wieder zum Instrument, denn Politik und Krieg werden eins. Der Krieg – der totale Vernichtungskrieg – ist die unmittelbare Umsetzung der nationalsozialistischen und rassistischen Politik. »Der NS-Krieg war ein Krieg um soziale Rekonstruktion mittels Destruktion der unterworfenen Gesellschaften.« Die Vernichtung ist nicht mehr ein Mittel, den Krieg zu gewinnen, sondern der Krieg besteht in der Vernichtung ganzer Bevölkerungen, mindestens ihrer Unterjochung und Versklavung. Die Ludendorffsche Dienstpflicht setzt sich nicht nur im nationalsozialistischen Arbeitsdienst, sondern auch in der Vernichtung von KZ-Häftlingen und Kriegsgefangenen durch Arbeit fort. »Völlig willkürliche Herrschaft über unterworfene Völker sollte dazu dienen, soziales Leben und Organisation der Deutschen aufrechtzuerhalten und zu gewährleisten. Ein terroristischer Rassismus wurde zur Essenz nationalsozialistischer Politik, während ihre Führer dem Krieg entgegenstrebten.«[62]

Das oft angeführte Beispiel der für »rationale« militärische Zwecke benötigten Transportkapazität, die für die »irrationalen« Massenverbrechen in den Vernichtungslagern zur Verfügung gestellt wurde, verliert unter dieser Betrachtung zwar weder das sich in ihm manifestierende Grauen noch gewinnt es irgendeine Logik, die normalen Verhältnissen angepaßt werden könnte. Allerdings fügt es sich in die Logik der bis in ihre letzten Konsequenzen vorangetriebenen Idee des Vernichtungskrieges. »Im Volke liegt der Schwerpunkt im totalen Krieg«, beschwört Ludendorff 1937 in sei-

62 Geyer, a. a. O., S. 566.

ner Schrift *Der totale Krieg* diese Idee: »Der Beachtung tiefer rassischer und seelischer Gesetze wird es gelingen, Volk, Kriegsführung und Politik zu der gewaltigen Einheit zu verschweißen, die die Grundlage seiner Lebenserhaltung ist.«[63] Diese »gewaltige Einheit« von Volk, Krieg und Politik ist der Triumph der Idee des Vernichtungskrieges – er wird nach innen und nach außen geführt. Er ist total, er schafft sich im Vollzug seine Feinde, er hat sein Ziel in sich selbst, und er ist auch total in zeitlicher Hinsicht: Er endet nicht, wenn seinen Exekutoren nicht ein Ende gesetzt wird.

1930 beschwor auch Ernst Jünger in seinem düster-schwärmerischen Aufsatz *Die totale Mobilmachung* die Transformation des Ludendorffschen totalen Krieges in den Hitlerschen totalen Vernichtungskrieg: »Tief stieg der Deutsche Mensch unter der vielfach schillernden Oberfläche der Auseinandersetzungen ... in die Zone des Chaos hinab. Mag sein Kampf von dieser Oberfläche der Barbusses und Rathenaus aus als zwecklos, als ›sinnlos‹ erscheinen, – was kümmert das *uns*? In den Tiefen des Kraters besitzt der Krieg einen Sinn, den keine Rechenkunst zu zwingen vermag. Diesen erahnte der Jubel der Freiwilligen, in dem die Stimme des deutschen Dämons gewaltig zum Ausbruch kam, und in der sich der Überdruß an den alten Werten mit der unbewußten Sehnsucht nach einem neuen Leben verband ..., so kann auch das Ergebnis dieses Krieges für die wirklichen Krieger kein anderes als der Gewinn des tieferen Deutschland sein. Das dem so ist, bestätigt die Unruhe, die das Kennzeichen des neuen Geschlechtes ist, und die keine Idee dieser Welt und kein Bild der Vergangenheit befriedigen kann. Hier waltet eine fruchtbare Anarchie, die den Elementen der Erde und des Feuers entsprungen ist, und in der sich der Keim einer neuen Herrschaft verbirgt. Hier deutet sich eine neue Rüstung an, die ihre Waffen aus reineren, härteren, an jedem Widerstand erprobten Erzen zu schmieden sich bestrebt. Der Deutsche hat den Krieg geführt mit dem für ihn allzu billigen Ehrgeiz, ein guter Europäer zu sein.

63 Ludendorff, a. a. O.

Da aber so Europa gegen Europa Krieg führte, – wer anders als Europa konnte Sieger sein? Dennoch ist dieses Europa, dessen Oberfläche nunmehr planetarische Ausdehnung gewann, sehr dünn geworden, sehr Politur, seinem räumlichen Gewinn entspricht ein Verlust an Glaubwürdigkeit. Bei uns heißt, an seinen Werten noch teilnehmen, ein Reaktionär, ein Mensch von gestern, ein Mensch des 19. Jahrhunderts sein. Denn tief unter den Gebieten, in denen die Dialektik der Kriegsziele von Bedeutung ist, begegnete der deutsche Mensch einer stärkeren Macht: er begegnete sich selbst. So war dieser Krieg ihm zugleich und vor allem das Mittel, sich selbst zu verwirklichen. Und daher muß die neue Rüstung, in der wir bereits seit langem begriffen sind, eine Mobilmachung des Deutschen sein, – und nichts außerdem.«[64] Sigmund Freud hat in einem Brief an Arnold Zweig, geschrieben am 23. September 1935, denselben Gedanken etwas kürzer gefaßt: »Es ist wie eine langersehnte Befreiung. Endlich die Wahrheit, die grimmige, endgültige Wahrheit, die man doch nicht entbehren kann. Man versteht das Deutschland von heute nicht, wenn man um ›Verdun‹ (und wofür es steht) nichts weiß … Heute sagt man sich, hätte ich aus den Erfahrungen vor Verdun die richtigen Schlüsse gezogen, so hätte ich wissen müssen, daß man unter dem Volk nicht leben kann. Wir dachten alle, es sei der Krieg und nicht die Menschen, aber die anderen Völker haben auch Krieg gehabt und sich doch anders benommen. Wir wollten es damals nicht glauben, aber es ist wahr gewesen, was die anderen von den Boches erzählt haben.«

64 Ernst Jünger, Die totale Mobilmachung, in: ders. (Hg.), Krieg und Krieger, Berlin 1930, S. 29f.

»Es schneet der Wind das Ärgste zu«

Ernst Jünger im Kaukasus

»Freitag, der 13. November. Dazu der erste Schnee im Jahr. Morgens Spaziergang mit Carl Schmitt im Grunewald.«

Kaukasische Aufzeichnungen

»Schnell, nur schnell, jetzt muß getötet werden!«

Feuer und Blut

»Woroschilowsk, 1. Dezember 1942 – Besuch des Pestinstituts, das mit russischen Gelehrten und Angestellten arbeitet. Der üppige Boden dieses Landes ist auch ein Dorado für Seuchen und Krankheiten, wie das Ukrainische Fieber, Ruhr, Typhus, Diphtherie und eine epidemische Gelbsucht, deren Erreger man noch nicht gefunden hat. Die Pest soll alle zehn Jahre wiederkehren; so trat sie 1912, 1922 und 1932 auf und hätte demnach jetzt wieder ihre Zeit. Sie wird durch Karawanen aus der Gegend von Astrachan eingeschleppt. Ein Massensterben von Nagetieren geht ihr ankündigend voraus. In solchen Fällen sendet das Institut eine aus Zoologen, Bakteriologen und Sammlern gebildete Expedition zur näheren Erforschung aus. Der Vormarsch der Seuche wird durch Kordons von kleineren Stationen, durch die ›Pesthöfe‹, beobachtet und bekämpft. Besondere Sorgfalt wird der Vertilgung der Ratten gewidmet; zu diesem Geschäft gibt es eigene Fänger, die ›Derisatoren‹, die in allen Kolchosen vertreten sind.

Gespräch mit dem wissenschaftlichen Leiter, Professor Hach, bei dem ich mich wohlfühlte. Diese Beziehung von Mensch zu Mensch, die man bei den Franzosen als human bezeichnen würde, hat beim Russen eine andere, elementarische Färbung, kommt aus tieferen Flutungen. Das Liebenswerte, wie es sich dort durch eine feine Anstrengung, durch seelische Aktivität, erzeugt, beruht hier eher auf Erschlaffung; es hat einen weiblicheren, aber auch dunkleren, amoralischen Zug.

Professor Hach ist mit jener abgemilderten Form der Verbannung belegt, die man als ›Minus Sechs‹ bezeichnet, das heißt, er darf sich in den sechs größten Städten des Landes nicht aufhalten.

Da im Pestinstitut auch große Mengen von Impfstoff gewonnen werden, wurde es nach dem Einmarsch der deutschen Truppen unter Schutz gestellt. Man teilte ihm zur Versorgung eine Kolchose zu, auf welcher der russische Staat bis dahin achthundert Geisteskranke beschäftigt und ernährt hatte. Diese Kranken wurden nun, um das Gut für das Pestinstitut zu räumen, durch den Sicherheitsdienst umgebracht. In einem solchen Zuge verrät sich die Neigung des Technikers, die Moral durch Hygiene zu ersetzen, ganz ähnlich, wie er die Wahrheit durch Propaganda ersetzt.«[1]

Das eine Tertium ist »Hygiene«. Wer will, kann als Echo nachklingen lassen: Hygiene-Institut, Paris, Pasteur, pasteurella pestis. Wie oft führt Jünger sein Protokoll stilistisch an die Schwelle der Allegorie und überläßt es dem Leser, damit zu machen, was er will. Das ist manchmal sehr fein gemacht, manchmal hinterläßt dergleichen im Leser ein Gefühl, wie es sich im Arm einstellt, wenn man etwas zu Leichtes zu weit zu werfen versucht. Das zweite ist »Pest«.

Um die Parallelen nicht zu aufdringlich zu gestalten, spannt Jünger das Ritardando mit dem liebenswerten und so überaus russischen Professor dazwischen. Aber nicht nur deshalb. Mit dieser Passage, die durch keine gestalterische Sorgfalt etwa der Vokalverteilung übers Klischee gehoben werden kann, führt Jünger den Russen ein, wie ihn das Stereotyp will. Doch bleibt er beim in aller Naivität gezeichneten Bild nicht stehen. Zweimal hat der Text den Silbenfall »moral«: im Worte »amoralisch« für das Liebenswerte

---

1 Ernst Jünger, Kaukasische Aufzeichnungen, in: ders., Sämtliche Werke I, 2, Stuttgart 1978, S. 431.

des russischen Leiters des Pestinstituts und in der Rede von der Ersetzung der Moral durch Hygiene. Russen und Deutsche; dazwischen die Franzosen, die die zivilisatorische Mitte, diesseits von Hygiene und Pest, repräsentieren.

Den Mord erwähnt Jünger nur. Das Barbarische und Irrsinnige des Vorgangs, die Ermordung psychisch Kranker, um die Kolchose anderen Zwecken widmen zu können, wird durch den Lakonismus des Vortrags unterstützt, gleichzeitig aber auf Distanz gerückt: Es ist wie durchs Okular betrachtet. Auch steht hier nicht die Amoral des Technikers gegen die Moralität der anständigen Behandlung Geisteskranker. Der »dunkle amoralische« Zug, der dem Wissenschaftler zugeschrieben wird, überschattet auch die Menschlichkeit der Kolchose, als seien die Russen nur instinktiv human, also gar nicht human, sondern bloß kreatürlich. In seiner Art der Erwähnung der Schlächterei des SD führt Jünger zwei Extreme gegeneinander, die beide gleich weit von Humanität und Moral entfernt sind, Technik und Kreatürlichkeit, Hygiene und Pest.

Jünger versucht, sich in einer humanen Mittellage zwischen den Extremen zu situieren, er beschreibt Russisches aus der Perspektive der *Pariser Tagebücher*. In denen spricht er von »Cappriccios aus der Schinderwelt«, wenn ihn Nachrichten vom Krieg der deutschen Wehrmacht in der Sowjetunion erreichen, wie »Brandungsarme«, die in eine Lagune eindringen[2]: »Dort unten verwirklicht sich viel von unseren trübsten Träumen.«[3] Während seines Urlaubs in Kirchhorst notiert er: »Fahrt zum Friseur. Dort Unterhaltung über die russischen Gefangenen, die man aus den Lagern zur Arbeit schickt. ›Da sollen böse Brüder drunter sein. Die fressen den Hunden das Futter weg.‹ Wörtlich notiert.« Von Kirchhorst geht es im November 1942 nach Berlin, von dort zu einer Inspektionsreise in den Kaukasus, die bis Anfang Januar 1943 dauert.

Wovon er in den *Kaukasischen Aufzeichnungen* kein Zeugnis ab-

2 Ebd., S. 260.
3 Ebd., S. 306.

legt, kann der Historiker in Erfahrung bringen. Wie es sich liest, wenn er schweigt, kann man beschreiben. »Woroschilowsk, 2. Dezember 1942 – Der Hauch der Schinderwelt wird oft so spürbar, daß jede Lust zur Arbeit, zur Formung von Bildern und Gedanken erstirbt. Die Übeltat hat einen auslöschenden, verstimmenden Charakter, die Menschenflur wird unwirtlich wie durch ein verborgenes Aas. In solcher Nachbarschaft verlieren die Dinge ihren Zauber, ihren Duft und Geschmack. Der Geist ermattet an den Aufgaben, die er sich stellte und die ihn erquickend beschäftigten. Aber gerade dagegen muß er ankämpfen. Die Farben der Blumen am tödlichen Grat dürfen dem Auge nicht verbleichen, und sei es eine Handbreit neben dem Abgrunde. Das ist die Lage, die ich in den ›Klippen‹ schilderte.«[4] Er versucht, die Realität des Krieges in der Sowjetunion aufs dichterische Déjà-vu herabzustimmen, aber es gelingt ihm nicht, obwohl er, dem eigenen ästhetischen Imperativ folgend, als nächstes die Sonnenblumenkerne beschreibt, die dort jedermann »unermüdlich knabbert«, und sie sind »von schwarzer Farbe, mit feiner weißer Lineatur«, und die sie knabbern wirken irgendwie possierlich, und es »wird behauptet, daß es den Frauen feste Brüste schafft«.

Daß er mit Bauern und Fischern sowie mit Menschen gut auskomme, die er »erste Garnitur« nennt, folgt als nächste Eintragung. Mit »den mittleren Lagen« habe er Schwierigkeiten: »Oft will es mir scheinen, als ob ich mich in einer Welt bewegte, für die ich nicht entsprechend ausgerüstet bin.« Das mag sich, so oder so, auf das Terrain beziehen, in dem er intellektuell rekognosziert. Weiter geht es so: »Woroschilowsk, 6. Dezember 1942 – Sonntag, bei klarem Frost. Auch liegt ein wenig Schnee. Ich ging am Morgen im Wald spazieren und gedachte beim Anblick der leichten, reinen Decke des wunderlichen Verses, den Perpetua in unserer Leipziger Mansarde einst im Erwachen vor sich hin murmelte: ›Es schneet der Wind das Ärgste zu – –‹ Damals bewohnten wir ein Atelier. Nachts sahen wir

4 Ebd., S. 431.

durch das gläserne Dach die Sterne kreisen und im Winter den weichen Fall der Schneeflocken. / Die Bilder im Walde waren ein wenig heiterer. Dort kamen mir Bäuerinnen entgegen mit langen, gebogenen Traghölzern, an deren Ende Wassereimer oder kleine Lasten schaukelten. Auch die Joche der Panjepferdchen, die beim Traben hoch über ihren Schultern tanzen, sind lustig anzusehen. Das erinnert an alte Zeiten ...« – gemeint sind die Zeiten des alten Rußland, die noch konserviert sind, und was könnte eine »wohlwollende und väterliche Macht« nicht bewirken. Ich lasse einmal die Attitüde, Armut mit Behagen zu betrachten, unkommentiert. Mich interessiert hier, daß Jünger etwas hervorhebt – »Die Bilder im Walde waren ein wenig heiterer« –, ohne zu sagen, was: »heiterer« als? Der Text – vielleicht bildet er den Verleugnungsmechanismus des Gedächtnisses getreulich nach – deckt zu, was in der Wirklichkeit der Schnee zudeckte: das Ärgste. Was wird hier zugedeckt und doch als Verdecktes sichtbar gehalten? Es dürfte sich um das handeln, was in so vielen Berichten aus den Winterkriegen vorkommt, zugewehten Leichen. Und da hier kein Schlachtfeld ist, sind es vermutlich erschossene Zivilisten, Kriegsgefangene.[5] Wir wissen es nicht, nur daß der Autor von dem, was der Schnee dort deckt, sagt, daß es das Ärgste sei.

Der nächste Eintrag hält fest, daß er die Lektüre des Propheten Jeremia beendet habe. Die Stelle ist auch eine dieser Beinahe-Allegorien und hübsch gemacht. Dann folgt: »Woroschilowsk, 7. Dezember 1942 – Gestern war ein bedeutsamer Tag; ich gewann einen Schimmer von ›Das bist du‹.« Im Angesicht dessen, was der Schnee bedeckt, findet Jünger zu dem, was nach Schopenhauer der Grund jedweder Moral ist, *tat twam asi*, der andere, der bist du. Größer könnte die Spannung zwischen der dichterischen Kälte und Objektivität, die Jünger für sich reklamiert und durchhalten möchte, noch

5 Ähnliches wird immer wieder in Erinnerungen an den Krieg der Wehrmacht in der Sowjetunion berichtet, so auch in der Rede von Klaus von Bismarck anläßlich der Eröffnung der Ausstellung »Vernichtungskrieg. Verbrechen der Wehrmacht 1941 bis 1944« in Hamburg im März 1995.

am tödlichen Grat die Färbung der Sonnenblumenkerne zu notieren, und der Empathie, der Identifikation mit dem anderen, mit dessen Leid, nicht sein. Hier hat eine moralische Verstörung stattgefunden, und wie tief sie geht, wie nachhaltig sie wirkt, erkennt man nicht zuletzt an Jüngers Auslassungen. Nur wenig beschreibt er von dem, was ihn so verstört. »Es schneet der Wind das Ärgste zu« – das ist beinahe alles. Man kann das als bewußten Verzicht interpretieren, man kann hinter der Unwilligkeit zu beschreiben aber auch eine tatsächliche Unfähigkeit vermuten. Jüngers Stil reicht nicht in jene Bereiche, die so an seine moralische Verfassung rühren. Die beschreibenden Passagen zwischen den Andeutungen haben etwas von herabgesetztem Wahrnehmungsvermögen, sie sind in ihrer scheinbaren Präzision ungeheuer geschwätzig. Jünger wirkt in den *Kaukasischen Aufzeichnungen* wie ein Mensch, der sich, um einer psychischen Überforderung Herr zu werden, in leeres Gerede flüchtet oder selbstvergessen vor sich hin pfeift. Arno Schmidt hat einmal, bezogen auf Karl Mays religiöse Exkurse, die oft an Stellen hoher emotionaler Intensität eingeschaltet werden, den Ausdruck »frommes Fading« verwendet, und ich übernehme ihn für diese Jüngerschen Zustände, weil es kein adäquates deutsches Wort für solch mentales »Abdriften« gibt. Was er Ankämpfen gegen die Ermattung des Geistes nennt, ist tatsächlich das Lob des mentalen Fadings. Die feinsinnige Vokabel »Hauch der Schinderwelt« zeigt den Mechanismus. Gemeint ist der Gestank des Schlachthauses.

Am 1. September 1982 schreibt Franz Fühmann in einem Brief: »Weißt Du, was ich jetzt mache? Ernst Jüngers Werk von A–Z lesen, ich hab's angefangen, es ist eine merkwürdige Mischung von höchst Ärgerlich (zum Teil tut's weh) und Grandios. Ich ahne jetzt, woraufs ihm ankommt. Wenn sich's bestätigen sollte, was ich da ahne, spielt er für die historischen Prozesse so eine Rolle wie Freud für die individualpsychologischen. Er versucht, die Bewegungsgesetze des Untergrunds aufzudecken, hat dazu eine eigene Terminologie, wenn ich da ein bißchen weiter fortgeschritten bin, müßten wir unbedingt einmal darüber reden.«[6] Daß Fühmann, der aufgrund seiner eigenen Biographie vom Thema der individuellen wie kollektiven Transformationen fasziniert war, irgendwann auf Jünger stoßen mußte, erscheint jedenfalls aus der Retrospektive trotz aller politischen Ferne fast notwendig. Ob die Parallele zu Freud, die er in diesem Brief zieht, plausibel ist, steht auf einem anderen Blatt – sie wäre wohl aus dem Vergleich der Bedeutung Freuds für das Werk Fühmanns zu erschließen. Meine eigene Bereitschaft, Jünger für einen bedeutenden Theoretiker der kollektiven Veränderungen im Europa der ersten Hälfte des 20. Jahrhunderts zu halten, ist nicht besonders entwickelt, allerdings halte ich sein Werk für ein hochrangiges Dokument in diesem Zusammenhang.

Daß der Erste Weltkrieg den Europäern an die anthropische Substanz gegangen sei, hat allerdings nicht nur Ernst Jünger gespürt, sondern viele andere haben es auch, zum Beispiel zwei ihm so ferne Autoren wie Walter Benjamin und Karl Kraus. – *Die letzten Tage der Menschheit*, V. Akt, 49. Szene: »Der Optimist: Jeder Krieg wurde doch durch einen Frieden beendigt. Der Nörgler: Dieser nicht. Er hat sich nicht an der Oberfläche des Lebens abgespielt, sondern im Leben selbst gewütet. Die Front ist ins Hinterland hineingewachsen. Sie wird dort bleiben. Und dem veränderten Leben, wenns dann noch eines gibt, gesellt sich der alte Geisteszustand. Die Welt geht unter, und man wird es nicht wissen. Alles was gestern war, wird man vergessen haben; was heute ist, nicht sehen; was morgen kommt, nicht fürchten. Man wird vergessen haben, daß man den Krieg verloren, vergessen haben, daß man ihn begonnen, vergessen, daß man ihn geführt hat. Darum wird er nicht aufhören. Der Optimist: Aber wenn nur erst der Friede da ist – Der Nörgler: – so wird man vom Krieg nicht genug kriegen können! Der Optimist: Sie nörgeln selbst an der Zukunft. Ich bin und bleibe Optimist. Die Völker werden durch Schaden – Der Nörgler: – dumm. Dumdum.«

---

6 Franz Fühmann, Briefe 1950–1984, herausgegeben von Hans-Jürgen Schmitt, Rostock 1994, S. 444.

Es war Kraus' Überzeugung, daß auf die letzten Tage der Menschheit allenfalls die allerletzten würden folgen können, und er sah diese auch schon angebrochen, als er den Pressebericht über die Fleddereien der Schaulustigen bei einem Eisenbahnunfall zitierte.[7] Dieses Gesindel bestand für ihn nicht abstrakt aus Kindern der Zeit, sondern war für ihn sehr konkret der Auswurf des Weltkrieges, von dem er nicht wußte, aber sehr wohl ahnte, daß er nur der Erste gewesen war. *Die Welt nach dem Kriege*, überschrieb er zwei Pressemeldungen, die er unkommentiert abdruckte. In der einen wurde von einem Vater berichtet, einem Heimkehrer, der mit seinen beiden Söhnen Familiengericht über seine ihm während seiner Zeit im Felde untreu gewesene Frau abgehalten, sie erschossen hatte und von einem Kriegsgericht freigesprochen worden war; in dem anderen über eine Razzia auf Katzen, die unter allerlei anteilnehmenden Grausamkeiten von Kindern und Passanten gefangen, wehrlos geprügelt, in einem Aschenwagen gesammelt und zur Vergasung gefahren worden waren.[8]

Lieber das schlechte Neue als das gute Alte, hat Brecht einmal irgendwo gesagt – es ist das Vertrauen, daß die Geschichte, wenn nicht zum Guten, so doch wenigstens zu einem kathartischen Moment hintreibt. Wo Karl Kraus nur das Barbarische sah, sah Walter Benjamin im Barbarischen die historische Chance. In dem vermutlich Mitte 1933 verfaßten *Erfahrung und Armut* folgt auf die Anamnese der Erschütterung einer Generation durch den Weltkrieg (»eine der ungeheuersten Erfahrungen der Weltgeschichte«) deren Diagnose als einer »Art von neuem Barbarentum«. Es sei das Hereinbrechen des radikal Neuen, auf das kein durch Tradition und Überlieferung geübtes Sensorium hatte vorbereitet sein können, das dieses Barbarentum zur Folge gehabt habe: »Eine Generation, die noch mit der Pferdebahn zur Schule gefahren war, stand unter freiem Himmel in einer Landschaft, in der nichts unverändert ge-

---

7 Karl Kraus, Brot und Lüge. Aufsätze 1919–1924, herausgegeben von Christian Wagenknecht, Frankfurt/M. 1991, S. 103.

8 Ebd., S. 297f.

blieben war als die Wolken, und in der Mitte, in einem Kraftfeld zerstörender Ströme und Explosionen, der winzige gebrechliche Menschenkörper.«[9]

Ernst Jünger hat diese Erfahrung in das folgende Bild gefaßt: »Ich glaube einen Vergleich gefunden zu haben, der das besondere Gefühl dieser Lage, in der ich, wie jeder andere Soldat dieses Krieges so oft gewesen bin, recht gut trifft: Man stelle sich vor, ganz fest an einen Pfahl gebunden und dabei von einem Kerl, der einen schweren Hammer schwingt, ständig bedroht zu sein. Bald ist der Hammer zum Schwunge zurückgezogen, bald saust er vor, daß er fast den Schädel berührt, dann wieder trifft er den Pfahl, daß die Splitter fliegen – genau dieser Lage entspricht das, was man deckungslos inmitten einer schweren Beschießung empfindet.«[10]

In der Vorstellung, daß das Entsetzliche zu entsetzlich gewesen sei, als daß anderes denn Gutes aus ihm kommen könne, sind sich Jünger und Benjamin einig. Diese Vorstellung hat seit je die Geschichtsphilosophie angetrieben, man findet sie bei Lessing schon im Keime, bei Herder im Sproß, bei Hegel dann in voller Blüte; nicht obwohl die Geschichte ein entsetzliches Einerlei von Mord und Notzucht sei, müsse man nach dem Zweck der Gesamtveranstaltung suchen, sondern ebendarum. Benjamins Idee, daß jede Epoche ihre Nachfolgerin träumend in sich trage, dürfte hier ihren verzweifelten Ursprung und in den Analysen, die die destruktiven Potentiale des 19. Jahrhunderts erweisen sollten, ihre paradoxe Bestätigung gesucht haben.

Wer in dem Umstand, daß Benjamin seinen Lobpreis künftigen Barbarentums schrieb, als die Nazis bereits an der Macht waren, nur politische Blindheit erkennen wollte, machte es sich zu leicht. Er erkennte nicht die Spur des Schreckens in diesem Text – jenes Schreckens, der Kraus zum Verstummen brachte –, eine Spur, die

9 Walter Benjamin, Gesammelte Schriften, herausgegeben von Rolf Tiedemann und Hermann Schweppenhäuser, Band II, 1, Frankfurt/M. 1977, S. 214.

10 Zitiert nach Martin Meyer, Ernst Jünger, München 1993, S. 30f.

allerdings aus den Gesten frivoler Fröhlichkeit herausgelesen werden muß, die er an den Tag legt: »Barbarentum? In der Tat. Wir sagen es, um einen neuen, positiven Begriff des Barbarentums einzuführen. Denn wohin bringt die Armut an Erfahrung den Barbaren? Sie bringt ihn dahin, von vorn zu beginnen; von Neuem anzufangen; mit Wenigem auszukommen; aus Wenigem heraus zu konstruieren und dabei weder rechts noch links zu blicken.«

»In der Tür«, so endet dieser Aufsatz, »steht die Wirtschaftskrise, hinter ihr ein Schatten, der kommende Krieg.« Die Menschheit bereite sich darauf vor, »die Kultur, wenn es sein muß, zu überleben« – und nicht zurückgeschaut, keine Wehmut, denn: »Was die Hauptsache ist, sie tut es lachend. Vielleicht klingt dieses Lachen hie und da barbarisch. Gut.«[11] »Wir kommen«, schreibt Jünger in der ersten Fassung von *Feuer und Blut*, »aus einer unsicheren Zeit, die nicht das rechte Maß in sich trug; der Krieg hat uns eine neue Sicherheit und frische Instinkte gebracht. Wir bauen heute keine Kirchen mehr, wir bauen im Stile einer imperialistischen Zeit. Wir kommen aus einer Zeit, in der man Postanstalten wie romanische Schlösser, Bahnhöfe wie gothische Burgen und Elektrizitätswerke wie Jahrmarktspaläste errichtete, aus einer Zeit, in der man neue Formen mit alten Fassaden behing, und in der man der mechanischen Entwicklung seelisch noch nicht gewachsen war. Möge dieses eiserne Zwischenspiel dazu dienen, daß wir uns über uns selbst ins Klare kommen.«[12] Dies ist ein Zentralmotiv im Werke Walter Benjamins wie in dem von Karl Kraus: daß die überkommenen Formen – der Architektur wie der politischen und sozialen Organisation – dem Stand der Technik nicht angepaßt seien. Bei Kraus ist die Phrase die sprachliche Form dieser Inkongruenz, Benjamin schrieb über die Verkleidung von Eisenpfeilern als griechische Säulen; über ihre Hochschätzung des Werkes von Adolf Loos waren sich Benjamin und Kraus einig, doch von der »Mobilisierung« der Sprache

11 Benjamin, a. a. O., S. 215 ff.

12 Zitiert nach Meyer, a. a. O., S. 93.

»im Dienste des Kampfes oder der Arbeit« hätte Kraus nie, aber Jünger ebenso schreiben können, wie Benjamin das getan hat. Nach der sogenannten Machtergreifung der Nationalsozialisten schrieb Kraus jedenfalls den deutschen Zuständen eine neue Kongruenz zu, den »Aufbruch der Phrase zur Tat«, und hier hätte ihm Jünger mit veränderten Vorzeichen zustimmen können: »Die echte Revolution hat noch gar nicht stattgefunden. Sie marschiert unaufhaltsam heran. Sie ist keine Reaktion, sondern eine wirkliche Revolution mit all ihren Kennzeichen und Äußerungen, ihre Idee ist die völkische, zu bisher nicht gekannter Schärfe geschliffen, ihr Banner das Hakenkreuz, ihre Ausdrucksform die Konzentration des Willens in einem einzigen Punkt – die Diktatur. Sie wird ersetzen das Wort durch die Tat, die Tinte durch das Blut, die Phrase durch das Opfer, die Feder durch das Schwert.«[13]

Um den politischen Schriftsteller Jünger geht es mir hier nicht, nicht um den Hitler-Propagandisten, der er war, nicht um den Verfasser der *Marmorklippen*, über deren politische Bedeutung man gerne streiten kann, da literarisch über sie nicht viel zu sagen ist, oder den der *Jahre der Okkupation*, in denen er sich Rechenschaft geben will, sich aber doch nur auf so merkwürdig konfirmandenhafte Weise ums Denken drückt. Mir geht es um einen Autor, der Texte hinterlassen hat, aus denen ein gewisses Maß an Verständnis für jene Deformationen zu gewinnen ist, die der Krieg in den Kriegern hinterläßt. Die Texte Jüngers erlauben uns auch zu erkennen, wie sehr die kollektiven Erfahrungen, für die Kraus' Verzweiflung und Benjamins Angstlust stehen, eben direkte oder indirekte Kriegserfahrungen sind, Erfahrungen, die sich auf Angst, Angstbewältigung, Erleben von Todesdrohung und Töten, Trauma und lang anhaltende Verstörung gründen – oder, um näher bei Benjamin zu bleiben, eben keine klassischen Erfahrungen mehr sind, sondern Erlebnisse, die eine Mentalität formen und transformieren.

Jüngers Biograph, Martin Meyer, der übrigens weitere interes-

13 Zitiert nach Meyer, a. a. O., S. 106.

sante Parallelbildungen bei Jünger und Benjamin untersucht hat, schreibt über den *Kampf als inneres Erlebnis*: »In dem Essay spitzt Jünger die schon in den ›Stahlgewittern‹ thematisierte Frage zu, in welchen physischen und psychischen Situationen der Mensch gleichsam auf sich selbst in seiner Ur-Verfaßtheit zurückgelangt. Er beschreibt damit eine Entelechie, allerdings eine, die den Prozeß fortschreitender Humanität und Vernunft rückwärts buchstabiert.«[14] Und er zitiert: »Wenn ich beobachte, wie sie geräuschlos Gassen in das Drahtverhau schneiden, Sturmstufen graben, Leuchtuhren vergleichen, nach den Gestirnen die Nordrichtung bestimmen, erstrahlt mir die Erkenntnis: Das ist der neue Mensch. Die Sturmpioniere, die Auslese Mitteleuropas. Eine ganz neue Rasse, klug, stark und Willens voll. Was hier im Kampfe als Erscheinung sich offenbart, wird morgen die Achse sein, um die das Leben schneller und schneller schwirrt. Über ihren großen Städten wird tausendfach brausende Tat sich wölben, wenn sie über die Asphalte schreiten, geschmeidige Raubtiere, von Kräften überspannt. Baumeister werden sie sein auf den zertrümmerten Fundamenten der Welt. Denn dieser Krieg ist nicht, wie viele meinen, Ende, sondern Auftakt der Gewalt. Es ist die Hammerschmiede, die die Welt in neue Grenzen und neue Gemeinschaften zerschlägt.«[15]

Solche Stellen gibt es beliebig viele bei Jünger. Was es mit ihnen auf sich hat, mag eine seltsame aus dem 1925 geschriebenen *Wäldchen 125* deutlich machen, die Jünger in späteren Publikationen des Textes gestrichen hat. Jünger beschreibt dort eine Phantasie, die die Nachkriegszeit antizipiert. »Die Passage ist nicht nur deshalb befremdlich, weil der Autor in gespielter Antizipation vom ›Leben nach dem Kriege‹ spricht, als ob es nicht längst Wirklichkeit geworden wäre. Beschrieben wird, wie er ›unter dem Keller meines väterlichen Hauses‹ einen ›kunstgerechten Stollen‹ bauen und dort einen Unterstand mit allen entsprechenden Geräten einrichten werde.

14 Ebd. S. 43.
15 Ebd., S. 60.

Dort müßten sich die Soldaten, ›echte Frontschweine‹, zum Umtrunk treffen. ›An diesem Ort wil ich mich der Zeit erinnern, die für mich die wesentlichste meines Lebens ist ...‹«[16]

Die Stelle ist so befremdlich wie aufschlußreich. Was soll das Indianerspiel? Anzunehmen ist tatsächlich, daß es sich um keine Phantasie handelt, die der Soldat Jünger hatte, aber eine, die der Veteran dem Soldaten in den Mund legt, weil der Wunsch nach der so engen wie übersichtlichen Realität des Unterstands dem Autor bedrängend-unabweisbar geworden war. Ein solcher Wunsch ist das Resultat einer nicht wirklich gelungenen Anpassung an eine posttraumatische Realität. Die unter Bedingungen der Lebensgefahr erlebten Gefühle und erlernten Reflexe haben keinen Platz mehr in der Welt, aber sie sind dennoch präsent, können, durch zufällige Begegnungen ausgelöst, plötzliche Erinnerungsstürze mit sich bringen. Oder den Wunsch, an einen Ort zurückzukehren, an dem die Gefühle am Platze gewesen waren und nicht ein überwältigendes Fremdheitsgefühl zur Folge haben. Man kann Jüngers Versuche, seine politische Gegenwart nach den Maßgaben einer erlebten Schützengrabenwelt zu deuten, als Resultat einer nicht gelingenden Anpassung an eine Welt außerhalb der Gräben, Unterstände und Verhaue verstehen und seine Beschwörungen einer Zukunft, deren bloßer Vorschein der Weltkrieg gewesen ist, als manisch-literarische Überhöhung des Wunsches, den der noch Angstgeschüttelte hat, dorthin zurückzukehren, wo die Angst real war und nicht als zu lange anhaltende Verstörung und tatsächlich partielle Verrücktheit diagnostiziert werden muß.

In der *Totalen Mobilmachung* von 1930 phantasiert Jünger seinen neuen, aus den Gräben des Ersten Weltkrieges heraufgestiegenen Menschen, als den für den Zweiten mobilgemachten Deutschen: »Tief stieg der deutsche Mensch unter der vielfach schillernden Oberfläche der Auseinandersetzungen ... in die Zone des Chaos

16 Ebd., S. 80.

hinab ... Das dem so ist, bestätigt die Unruhe, die das Kennzeichen des neuen Geschlechtes ist, und die keine Idee dieser Welt und kein Bild der Vergangenheit befriedigen kann. Hier waltet eine fruchtbare Anarchie ... in der sich der Keim einer neuen Herrschaft verbirgt. Hier deutet sich eine neue Rüstung an ... Tief unter den Gebieten, in denen die Dialektik der Kriegsziele von Bedeutung ist, begegnete der deutsche Mensch einer stärkeren Macht: er begegnete sich selbst ... Und daher muß die neue Rüstung ... eine Mobilmachung des Deutschen sein, – und nichts außerdem.«[17] Diesen Typus nun, den er herbeigewünscht hatte, den Triumphator über alle europäische Zivilisiertheit, die der Weltkrieg wie eine brüchige Fassade demoliert habe, erlebte Jünger nach 1933 als weltpolitische Wirklichkeit – wie Karl Kraus, der erkannte und in der *Dritten Walpurgisnacht* Zeugnis davon ablegte, daß sein Alptraum Wahrheit geworden war. Auch Jünger fühlt, wenn es auch keinen Text gibt, der den Schock abbildete,der vielleicht keiner gewesen ist, sondern ein langsames, sich steigerndes Unbehagen, daß sein Traum eine alptraumhafte Wirklichkeit geworden ist. Feiert er im *Arbeiter* noch das Amalgam von Mensch und Maschine, die vollständige Anpassung des Menschen als Krieger und Arbeiter an die Erfordernisse der Technik, so ist das Resultat dieser Anpassung – hier wiederum berühren sich die Jüngerschen und Krausschen Diagnosen – das Entsetzliche.

Im Kaukasus begegnet er diesem an die Technik des neuen Weltkriegs angepaßten deutschen Menschen in actu, und es gelingt ihm, durch genaues Vorbeisehen, durchs verleugnende Notieren dessen, was sich am Rande des tödlichen Grats sehen läßt, kurz: durch das dann Text werdende Fading das Entsetzen in Ekel zu transformieren; und die dem Ekel angemessene Gestik ist das Wegdrehen des Kopfes. Jünger gibt sich und fühlt sich, als gehöre er nicht dazu, obwohl er doch dieselben Orden, Waffen und Achselstücke trägt:

---

17 Ernst Jünger, Die totale Mobilmachung, in: ders. (Hg.), Krieg und Krieger, Berlin 1930, S. 29f.

»Im Zuge Oberst Rathke, Chef der Abteilung Heerwesen. Gespräch über die Lage bei Rostow, die er für reparabel hält. Dann über den Krieg überhaupt. Nach den ersten drei Werturteilen erkennt man den Angehörigen des anderen Lagers und zieht sich auf höfliche Allgemeinplätze zurück.«[18] Und doch gehört er hinein, und die Attitüde des Ekels kann die ihn umgebende Welt auf Distanz nicht halten. Der Ekel wird zum Selbstekel, vor dem er sich nur noch dadurch schützen kann, daß er jene Identifikation aufgibt – oder sagen wir: auf Zeit suspendiert –, die den frühen schriftstellerischen Ruhm ausgemacht hat. Jünger schreibt von den »ungeheuerlichen Schandtaten des Sicherheitsdienstes nach der Eroberung von Kiew« (die, wie man weiß, nicht nur die des Sicherheitsdienstes gewesen sind – kein Fading, hier schweigt der Soldat solidarisch) und über die Gerüchte über, obwohl der Name nicht fällt, Auschwitz, von »Giftgastunnels, in die mit Juden besetzte Züge einfahren«, eingeleitet durch eine Pariser Erinnerung: »Ich dachte an die Frau des guten Potard, um die er sich damals so ängstigte. Wenn man in solche Einzelschicksale hineingeblickt hat und dann die Ziffern ahnt, in denen die Meintat in den Schinderhütten sich vollzieht, eröffnet sich die Aussicht auf eine Potenzierung des Leidens, vor der man die Arme sinken läßt. Ein Ekel ergreift mich dann vor den Uniformen, den Schulterstücken, den Orden, den Waffen, deren Glanz ich so geliebt habe. Das alte Rittertum ist tot; die Kriege werden von Technikern geführt. Der Mensch hat also jenen Stand erreicht, den Dostojewski im ›Raskolnikow‹ beschrieben hat. Da sieht er seinesgleichen als Ungeziefer an. Gerade davor muß er sich hüten, wenn er nicht in die Insektensphäre hineingeraten will. Es gilt ja von ihm und seinen Opfern das alte, ungeheure: ›Das bist Du.‹«[19] Der Offizier beider Weltkriege, der Pour-le-mérite-Träger Jünger unterscheidet nicht mehr, was vielen, vielen seiner Leser auch, über ein halbes Jahrhundert später noch so wichtig war: die

18 Ernst Jünger, Kaukasische Aufzeichnungen, a.a.O., S. 483.
19 Ebd., S. 470.

Kragenspiegel und Achselstücke zu unterscheiden. Bei Jünger zieht sich der Ekel vor allem, was Uniform, Orden und Waffen trägt, das Erschrecken vor den Mitsoldaten und vor sich selbst samt seinen Zwischenkriegsphantasien in eins zusammen, und das Ergebnis ist eine Moral, ist Empathie, die alle Attitüde hinter sich läßt: »Das bist Du.«

Nicht einmal die Distanznahme durch Historisierung will gelingen. Jünger weigert sich, die Massaker der Deutschen als reflexhaft wiederholte asiatische Tat zu verstehen. Wer so argumentiere, schreibt er, ein Argument umreißend, das im sogenannten Historikerstreit hätte verwendet werden müssen, zeige allein, wie sehr er selbst in seinem Denken Teil der Barbarei geworden sei. »Wir sprachen über die Schandtaten der Zeit. Es war ein dritter dabei, der sie für unvermeidlich hielt. Durch die Abschlachtung des russischen Bürgertums nach 1917, die Ausmordung von Millionen in den Kellern, sei der deutsche Kleinbürger in panischen Schrecken versetzt worden und habe sich fürchterlich gemacht. So sei von rechts gekommen, was noch entsetzlicher von links gedroht habe. Bei solchen Unterhaltungen wird deutlich, wie tief die Technik bereits in das Moralische eingedrungen ist. Der Mensch fühlt sich in einer großen Maschine, aus der es kein Entrinnen gibt.«[20] Der Mensch fühlt sich in einer großen Maschine, aber er ist es nicht. Die totale Mobilmachung ist wirksame Propaganda, keine Wahrheit. Die Moral ist nicht außer Kraft gesetzt, aber man hat sich aufgeführt, als sei sie es. Von Verantwortung – individueller wie kollektiver – ist weiterhin zu reden, das Gerede von der großen Transformation, in die man willenlos eingeschlossen sei, hinfällig.

Und doch taucht dieses Gerede in den *Kaukasischen Aufzeichnungen* immer wieder auf. Es wirkt deplaziert, weil ihm jedwede Plausibilität entzogen ist. Es klingt wie aus einem anderen Text in diesen hineinkopiert. »In Kiew stieg ich im alten Hotel ab, das mir jetzt

20 Ebd., S. 472.

sehr komfortabel schien. Wir sehen die Dinge relativ. Ich teilte mein Zimmer mit einem Offizier des Ersten Weltkriegs, der aus dem Stalingrader Kessel kam. Es scheint, daß dort schon die Flugplätze unter gezieltem Beschuß liegen. Sie füllen sich mit zerstörten Maschinen an. Insassen eines großen Gefangenenlagers, das mit eingeschlossen wurde, lebten zunächst von Pferdefleisch, dann kannibalisch und verhungerten am Schluß. Die Kessel verläßt man geätzt, mit Narben – vielleicht mit Stigmen künftiger Herrlichkeit.«[21]

Es *ist* aus anderen Texten. Der Ton der *Totalen Mobilmachung*, der *Stahlgewitter*, jener Texte, die dieser zu dementieren versucht, wird repetiert. Vielleicht ist es nicht falsch, statt von Repetition von Sequenzbildung zu sprechen. Die Phantasien künftiger Herrlichkeiten waren mentale Maßnahmen, in Momenten von Angst und Verstörung nicht um den Verstand zu kommen, und ihnen einen großen Sinn zu imputieren, ihre spätere Kultivierung in vielgelesenen Büchern, das Angebot, ein kollektives Trauma weniger zu bewältigen, als unter seiner Gewalt zu leben. In den *Kaukasischen Aufzeichnungen*, die die Realität dieser Transformation aufzeichnen, kehrt die Phantasie wieder wie ein Tick. Der ist in seiner Reflexhaftigkeit um so auffälliger, als der Text sich gegen den Gedanken, der in ihm immer wieder zum Vorschein kommt, wehrt: »Ich dachte ... an ein Gespräch mit meinem Vater um 1911. Sein Thema war, ob eines Tages der fliegende Mensch im Luftraum uns ebensowenig erstaunen würde wie ein Zug von Kranichen. Ich hatte damals ein vorwärtsgerichtetes romantisches Gefühl, als ob wir uns Saurierzeiten näherten. Das ist ein Zug, der mir verlorengegangen ist. Die Optik inmitten der Katarakte ist eine andere als jene, mit der man ihnen entgegentreibt. Aber alles entspricht unseren Wünschen, unserer großen Begierde; wir zahlen mit vollem Gewicht.«[22] Das ist bemerkenswert, es heißt: das, was du da siehst, hast du im Grunde, ohne es ganz zu wissen, gewollt. Aber: »Wir zahlen mit vollem

21 Ebd., S. 482f.

22 Ebd., S. 474.

Gewicht« ist natürlich leere Pose, er zahlt mit unschönen Anblicken und allenfalls mit dem Verlust seiner Ideale. Mit vollem Gewicht haben die ermordeten Geisteskranken gezahlt, allenfalls zahlen gerade seine Kameraden im Kessel von Stalingrad, aber die Einsicht verbirgt das Gerede von der »künftigen Herrlichkeit«. Zum Wegsehen im Fading kommt der Tick als ein sich gegen Empfinden und Erkenntnis immer wieder durchsetzendes Nocheinmal.

Jünger ist anwesend abwesend. Man schießt, er wirft sich in Dekkung, die Reflexe funktionieren noch, aber er findet sich albern, anachronistisch: »Der Zustand, in dem man solche Dinge reizvoll findet, liegt eben hinter mir«[23] – es ist jedoch psychologisch von der nicht situationsadäquaten Zwangshandlung, vom Tick, nicht zu unterscheiden. Jünger ist fremd im Kaukasus und er wird sich dort fremd, keine spätere Stilisierung kann das verbergen. Aber es ist kein Prozeß. Zunächst ist das Morden, dessen Zeuge er wird, für ihn etwas, das zum totalitären Umfeld gehört. »Die Gegner erwarten keine Gnade voneinander und werden durch die Propaganda in dieser Meinung noch bestärkt. So fuhr im letzten Winter ein Schlitten mit verwundeten russischen Offizieren irrtümlich in die deutschen Stellungen. Im Augenblick, in dem es die Insassen merkten, zogen sie Handgranaten zwischen ihren Körpern ab. Immerhin werden Gefangene gemacht, sowohl um Arbeitskräfte zu gewinnen als auch um Überläufer anzuziehen. Die Partisanen aber stehen außerhalb des Kriegsrechts soweit von solchem noch gesprochen werden kann. Sie werden Wolfsrudeln gleich in ihren Wäldern zur Ausrottung umstellt. Ich hörte hier Dinge, die in die Zoologie einschneiden.«[24] Doch läßt er das als Entschuldigung nicht gelten: »So wird es immer Gebiete geben, auf denen man sich vom Gegner das Gesetz nicht geben lassen darf. Der Krieg ist kein Kuchen, den die Parteien restlos teilen; es bleibt immer ein gemeinsames Stück. Das ist der göttliche Anteil, der dem Streit entzogen bleibt und der den

23 Ebd., S. 450.

24 Ebd., S. 441.

Kampf der puren Bestialität und der dämonischen Gewalt entzieht. Schon Homer kannte und achtete ihn.«[25]

Dann wird der Gedanke kräftiger, daß er mit solcherlei sonderbar onkelhaft wirkenden Maximen und ihren Prämissen an der Wirklichkeit des Krieges im Kaukasus einfach vorbeischreibt: »Die gestrige Besprechung zeigt mir, daß ich zu einer Bestandsaufnahme in diesem Land nicht kommen werde: es gibt zu viele Stellen, die für mich tabu sind ... Derartiges gehört zum Zeitstil; das sieht man schon daran, daß es überall begierig ergriffen wird. Die Gegner sehen es voneinander ab. Ob es nicht vielleicht doch gut wäre, die Schreckensstätten aufzusuchen? ... Über Polizeimaßnahmen sprach er im Ton eines Hegemeisters, wie etwa: ›Das halte ich für eine ganz irrige Ansicht, daß man die dreizehn-, vierzehnjährigen Burschen, die mit den Banden aufgegriffen werden, nicht liquidieren soll. Wer derart ohne Vater und Mutter wild aufgewachsen ist, kommt niemals mehr zurecht. Da ist die Kugel das einzige Richtige.«[26] Noch sagt er: »Die Gegner sehen es voneinander ab«, und schreibt damit an der Information, daß russische Kinder gewohnheitsmäßig umgebracht werden, vorbei, denn deutsche Kinder treiben sich ja am Kaukasus nicht herum. Dann aber doch das Mißtrauen in die Mitteilung: »... Partisanen oder Banditen wie die deutsche Lesart lautet.«[27] Schließlich: »Dann Abstieg, während dessen Häußler über eine Erschießung von Partisanen berichtete. Ich hörte den Dolmetsch hinter uns lachen und sah ihn daraufhin genauer an. Es schien mir an ihm auch schon das Pergamentene der Haut, die Starre des Blicks sichtbar, die ich an jenen wahrzunehmen glaube, die solchem Blutvergießen zustreben.«[28] Zustreben – die Resultate der totalen Mobilmachung des neuen Menschen.

Immer wieder sucht Jünger Orientierung bei seinen vergangenen Kriegserfahrungen, und alles, was über den Reflex hinausgeht, miß-

---

25 Ebd.
26 Ebd., S. 442.
27 Ebd., S. 443.
28 Ebd., S. 453.

lingt. Verdun, die Somme-Schlacht nennt er episodisch – »demgegenüber«; und: »Ideengeschichtlich ist dieser Zweite Weltkrieg vom Ersten völlig unterschieden; er ist wahrscheinlich die größte Auseinandersetzung über die Willensfreiheit, die es seit den Perserkriegen gegeben hat. Und wieder sind die Fronten ganz anders gezogen, als es auf den Karten scheint. Den Ersten Weltkrieg verlor der Deutsche mit dem Russen zusammen, und es kann sein, daß er den Zweiten mit dem Franzosen zusammen verliert.« Immer wieder das Gefasel des Fading, durch das dann doch das »Das bist Du!« hindurchbricht: »Durch das Pschischtal zurück. Am Rande des Flusses eine Schlammfigur – ein toter Russe, der auf dem Gesicht lag, das wie im Schlaf auf dem rechten Arm ruhte. Ich sah den schwarzen Nacken, die schwarze Hand. Der Leichnam war so aufgebläht, daß das verschlammte Zeug prall anschloß wie Haut bei einem Seehund oder großen Fisch. So lag er da wie eine angeschwemmte Katze, ein Skandalon. Im Ural, in Moskau oder in Sibirien warten Frau und Kinder noch jahrelang auf ihn. Im Anschluß daran Unterhaltung über ›das‹ Thema, bei welcher Gelegenheit mich wieder die allgemeine Abstumpfung, auch des Gebildeten, verwunderte. Der Mensch hat das Gefühl, in einer großen Maschine zu stecken, in der es nur passive Teilnahme gibt.«[29]

Wie setzt sich gegen Fading, Ticks und alle Fertigkeiten, über Fatales hinwegzuformulieren, die Erschütterung über einen toten Menschen durch? Oder anders: Was erzwingt diese große Desorientierung, die sich in mentalem Fading, in Ticks, bewußt in wenn wohl auch nur vorübergehender Erschütterung der biographiekonstituierenden Ideale sowie im Bekenntnis zur Empathie ausdrückt? Sie setzt nicht, wie man vielleicht erwarten würde, dort ein, wo sich irgendein Wehrmachtsoffizier nicht so verhält, wie der Erste-Weltkriegs-Traditionalist Jünger es für angemessen ansehen würde, nicht beim Anblick der ungeborgenen Leiche, nicht bei den Nach-

29 Ebd., S. 458f.

richten über die Massenmorde an der russischen Zivilbevölkerung – daß Jünger dieses wahrnimmt und wie er es wahrnimmt, ist Resultat, nicht Auslöser. Der Umschlagpunkt liegt, wie die Analyse des Textes zeigt, anderswo.

Die erste Erwähnung des Ersten Weltkrieges ist der Vergleich einer Kampfsituation. Es ist der Eintrag vom 20. Dezember 1942. Jünger beschreibt den Aufstieg zu einem Beobachtungsstand, dann, am Ziel, richtet man sich ein: »An unserem Ziel, einer unter abgehauenen Zweigen versteckten Hütte, angelangt, entzündeten wir ein Feuerchen und richteten unsere Gläser auf das Waldgebiet.« Feuerchen. Der behagliche Diminutiv signalisiert, daß hier der Dichter in seinem ureigenen Element ist, dort, wo Krieg und Pfadfinderei zusammenkommen, spätes Jugendglück der Front, noch einmal. Dann: »Auf einer kahlen, mit Schnee bedeckten Fläche erhaschte das Glas ein Trüppchen Russen, die planlos auf ihr umherzukriechen schienen, bald hier-, bald dorthin ziehend wie Ameisen. Zum ersten Male sah ich, mich gegen diesen Eindruck wehrend, Menschen wie durch ein Teleskop, das auf den Mond gerichtet ist. Gedanke: ›Während des Ersten Weltkrieges hätte man noch darauf schießen lassen.‹« [30]

Es fehlt ihm am Feuerchen das Unter-Feuer-Nehmen des Gegners. Dieses Gefühl löst die Vergleiche mit dem Ersten Weltkrieg aus, die in die Wiederholung des »ungeheuren« Satzes vom »Das bist Du« und die guten Vorsätze vom Neujahrstag münden: »Immer ein Auge für die Unglücklichen.« Wie kommt aus dem Befremden über einen ausgebliebenen Feuerbefehl jene humane Erschütterung, die sich gegen alle anderen Gedanken und Gefühle zu behaupten weiß?

Will man das verstehen, muß man genauer betrachten, was für eine Art Soldat Ernst Jünger eigentlich ist beziehungsweise war. Im Grunde nämlich gar kein Soldat. Jemand wie der frühere Kanzler der Bundesrepublik Deutschland, Helmut Schmidt, der einmal

---

30 Ebd., S. 455.

sagte, sozialdemokratische Solidarität habe er im Schützengraben gelernt, war ein Soldat. Einer, der die Uniformität in der Uniform liebt, die Gleichmacherei der Feldzüge, die Reduktion der Klassen auf den gemeinsamen Nenner nicht des Humanen, sondern des Schützen Asch. Helmut Schmidts positiver Bezug auf sein Kriegserleben repräsentiert die große Demokratisierung der Destruktivität, die mit der Levée en masse und den Napoleonischen Kriegen begann und in den Massenaufrüstungen des 19. Jahrhunderts das Zeitalter der Weltkriege vorbereitete. Jünger sieht sich als »Ritter«, so anachronistisch und verblasen das angesichts des Massentodes an der Somme auch wirkt. Es wäre falsch, in dieser Selbstzuschreibung nur das Anachronistische zu sehen, denn Jünger versuchte sich in seiner Soldatenzeit jene Erlebnisse zu verschaffen, in denen er sich als »Ritter«, oder sagen wir es besser mit dem Terminus des britischen Historikers John Keegan: als »ursprünglichen Krieger« sehen konnte. In *Feuer und Blut* beschreibt er die Gefühle nach der Schlacht: »Die Arbeit für diesen Tag ist getan, warum soll man ihn nicht mit einem kleinen persönlichen Abenteuer zum Abschluß bringen?« Nur mit einem Begleiter macht er sich auf. »Am Rand der Mulde entdecken wir einen zweiten in die Böschung getriebenen Unterstand, der zu ebener Erde liegt und sogar Fenster besitzt. Ehe wir ihn betreten, rufen wir erst einige Male drohend, die fertiggemachten Handgranaten in der Faust, zum Fenster hinein. Nichts regt sich; er scheint verlassen zu sein ... Mein Blick fällt auf eine lederne Kartentasche mit einer durchsichtigen Zelluloidscheibe. Her damit, so eine habe ich mir schon lange gewünscht! Bei uns ist es schon seit Jahren, als ob es kein Leder mehr, sondern nur noch Pappe gäbe. Sogar einen silbernen Becher haben sie uns zurückgelassen; wir haben leider keine Verwendung dafür. Diese kleine Metallflasche voll Whisky wird schon besser zu gebrauchen sein. Auch Wäsche, besonders Strümpfe aus schottischer Wolle, sind da, und ich suche mir einen Brotbeutel, um das alles zu verstauen.«[31] Die

31 Ernst Jünger, Feuer und Blut, in: ders., Sämtliche Werke 1, 1, S. 517f.

kindliche Freude über Leder und Plastik, der adoleszent-auskennerische Ton beim Anblick einer Flasche Schnaps: »wird schon besser zu gebrauchen sein«, zeigt, welche Art Krieger Ernst Jünger ist. Er ist den Klephten des griechischen Unabhängigkeitskampfes nahe verwandt, über die sich die Philhellenen so entsetzten, weil sie hofften, Phalanx-Soldaten anzutreffen, aber archaischen Kriegern gegenüberstanden: »Wie sie bald sahen, beschränkten sich die ›Kriegsziele‹ der Klephten auf die Freiheit, in ihren gebirgigen Grenzzonen auf die Staatsgewalt zu pfeifen, sich von Raub zu ernähren, auf die andere Seite zu wechseln, falls das Vorteile versprach, Andersgläubige zu ermorden, wenn sich eine Gelegenheit dazu bot, herausgeputzt herumzustolzieren, grimmig die Waffen zu schwingen, sich den Geldbeutel mit Bestechungsgeldern vollzustopfen und auf keinen Fall bis zum letzten Mann zu kämpfen, nicht einmal bis zum ersten, wenn es sich einrichten ließ.«[32] Jünger ähnelt weit mehr dem indianischen Kämpfer, dem es auf den Tod des Gegners nicht ankommt, sondern aufs Renommee mit der abenteuerlichen Tat, dem es aber auch nicht darauf ankommt, für eine kleine schäbige Beute jemandem das Messer durch den Hals zu ziehen. Jedenfalls einer, der stiehlt, was nicht niet- und nagelfest ist, ein Freibeuter, ein Leichenfledderer. So einen verschlägt es in die Schützengräben des Ersten Weltkrieges, und er ist dort völlig fehl am Platze. *Das* ist das Thema der Jüngerschen Kriegsschilderungen. Populär wurden sie durch ihr Angebot, das Feldgrauen als Abenteuer zu erinnern. Das Suggestive daran ist so groß, daß ich jemanden, der gänzlich unverdächtig ist, auf Jüngers Kasinopathos hereinzufallen, habe sagen hören, Jünger stelle sich in seinen Aufzeichnungen als einen dar, der keine Angst kenne.

Tatsächlich beschreibt Jünger mehrfach, wie er vor Angst fast den Verstand verliert. »Ich habe die Fähigkeit verloren, mich zu wundern; die Dinge treten mit der Selbstverständlichkeit des Traumes in die Wahrnehmung ein. Aber ich scheine doch in irgendeiner

32 John Keegan, Die Kultur des Krieges, Berlin 1995, S. 33.

Ebene erschüttert, denn ich suche ein tiefes Erdloch auf und setze mich, merkwürdig gleichgültig und unbeteiligt, auf den Boden, um kleine Lehmstückchen mit der Hand zu zerreiben.«[33] Es ist nach einem Granateneinschlag gewesen, und Jünger zerbröselt in einem Explosionstrichter unter Schock kleine Dreckstückchen. Der Grabenkrieg führt bei ihm immer wieder zur unbeherrschbaren Panik: »Meine Besinnung ließ mich völlig im Stich. Rücksichtslos rannte ich alles über den Haufen und kletterte endlich aus dem höllischen Gewühl des Grabens heraus, um freie Bahn zu bekommen. Ich raste wie ein durchgehendes Pferd durch dichtes Unterholz, über Wege und Lichtungen, bis ich in einem Waldstück nahe der Grande Tranchée zusammenbrach.«

Wenn Jünger in Erwartung einer Schlacht schreibt, »... freilich, man hat die Zähne schon manchmal zusammenbeißen müssen«[34], dann ist das Unsinn, Kasinojargon, der sich mit dem »freilich« unverkennbar ausweist, denn gleich schreibt er, wie er die Schlacht des nächsten Tages nur betrunken erwarten kann: »So wollen wir denn wie schon so oft die bunten Vorhänge des Rausches vor das Spiel hängen.«[35] Keegan antwortet auf die Frage, was Männer in Schlachten durchhalten lasse, einigermaßen lakonisch: »In erster Linie der Alkohol.«[36] Jünger notiert dies gewissenhaft: »Teufel, wir geraten da in eine schöne Bescherung hinein. Mir ist ganz flau im Magen, und ich möchte einen Schluck von dem Kognak aus meiner Feldflasche nehmen.«[37] Wer verstünde das nicht. »Wir aber hatten die Gesichter nach Westen gekehrt und starrten unbeweglich in diese feurige Wand. Wir hatten keine Angst mehr, denn das Schauspiel war von einer Größe, die kein menschliches Gefühl mehr aufkommen ließ. Wir warteten, denn es war unzweifelhaft, daß sich an diese ungeheuerliche Verschwendung des Materials der Einsatz des Men-

33 Ernst Jünger, Feuer und Blut, a. a. O., S. 488.

34 Ebd., S. 444.

35 Ebd., S. 457.

36 John Keegan, Das Antlitz des Krieges, Frankfurt/M. 1991, S. 131.

37 Ernst Jünger, Feuer und Blut, a. a. O., S. 462.

schen schließen mußte. Da sah ich, wie neben mir ein blutjunger Fähnrich sich bückte und eine Flasche ergriff, die ihm am Abend der Materialträgertrupp nach vorn gebracht hatte und deren Wein für die heißen Mittagsstunden des nächsten Tages aufgespart werden sollte. Ich sah, wie er sie zum Munde hob, in einem langen Zug leerte und lachend nach vorn über die Brüstung warf.«[38]

Das ist also die eine Methode, sich an ein soziales Umfeld anzupassen, an das anzupassen sich alles sträubt: Alkohol. Vor der Seeschlacht wird eine Extraration Rum ausgeschenkt, alkoholisiert waren auch die Truppen, die das Warschauer Ghetto räumten, und mit langen Trinkgelagen gewöhnte Mengele den Arzt Delmotte an das Leben in Auschwitz. Alkohol und Kameraderie. Aber die eigentliche Anpassung an das Milieu der Schlacht geschieht im Angriff. In *Feuer und Blut*, der Beschreibung einer Schlacht aus der Zeit des Ludendorffschen Generalstabes, als man noch einmal versuchte, den Stellungskrieg aufzubrechen, ein »Loch hineinzuhauen«, beschreibt Jünger, wie es zunächst darum geht, »das Material« auszuhalten: »Das haben wir auch kennengelernt dieses Gefühl, daß der Mensch dem Material überlegen ist, wenn er ihm die eigene Haltung entgegenzustellen hat, und daß sich kein Maß und Übermaß der äußeren Gewalten ausdenken läßt, das den Widerstand eines mutigen Herzens brechen kann.«[39] Das ist Quatsch. Aber das nachträgliche Erstaunen darüber, daß man es ausgehalten *hat*, mag zu solchen Formulierungen führen. Es gibt Gefühle, die zu groß, zu beunruhigend sind, um erinnert werden zu können. – Dann verbündet sich das Material mit einem und die reale Euphorie ersetzt die künstliche des Alkohols. »Immer noch schwillt der lückenlose Donner an, und mit ihm steigert sich die Zuversicht. Überall sieht man blitzende Augen und gestraffte Gesichter. Jeder brennt darauf, um 9.40 Uhr zum Sturm anzutreten. Um 8.25 Uhr setzen die schweren Minenwerfer ein … sehen wir sie wuchtig einschlagen

38 Ebd., S. 450.
39 Ebd., S. 451.

und in dichter Kette einen Vorhang von Feuer und spritzender Erde vor den Wald der Granatkegel ziehen ... Dort ist jetzt alles in ein einziges flammendes Wetter gehüllt. Geschwader von Bombern haben die Städte des Hinterlandes heimgesucht. Von Stunde zu Stunde sind wuchtige Feuerschläge von Flachbatterien auf die Stabsquartiere niedergekracht. Jede Straße liegt unter Feuer, die Artilleriestände sind mit Gelbkreuz vergast ... und gar die Kampftruppe selbst! Was davon noch lebt, kann nur betäubt in den Schlünden der Erde hocken ... inmitten der rotglühenden Landschaft eines Jüngsten Gerichts.«[40]

Schließlich das wahrscheinlich psychologisch Entscheidende, der Umschlag von Angst in Tötungsbereitschaft und -lust. Jünger beschreibt ihn so: »[Ich] stürze den Kognak wie Wasser hinab. Die Landschaft beginnt vor den Augen zu tanzen; sie hüllt sich in rote und tiefgelbe Farben ein ... nun wird es seltsam wach in uns ... Dort ist ja der Feind, dort sitzt ja der Mensch, und gleich werden wir bei ihm sein! Diese Erkenntnis erfüllt uns mit einer wilden, rasenden Lust, es ist, als ob alles, was sich reißend gespannt und gespeichert hat, plötzlich einen Auswege sähe und sich in scharlachrote Abgründe stürzte wie ein tosender Wasserfall ... ich fühle, wie sich meine rechte Hand wie ein Schraubstock um den Pistolenkolben spannt und die linke um den kurzen Bambusstock, wie mir das Blut siedend in das Gesicht geschossen ist, während sich die Zähne aufeinanderpressen und die hellen Tränen unaufhaltsam über das Gesicht fließen.«[41] – Dann der erste Feind, ein Verwundeter: »Verfluchter Hund, du bist geliefert, dir ist der Tod bestimmt. Er scheint verwundet zu sein, aber was schiert mich das jetzt und hier? Ich weiß, daß ich ihn töten werde, und er weiß es ebensogut.«[42]

Warum kämpfen Männer? (und ich stelle diese Frage, weil es eben in den meisten Armeen der Welt Männer sind, die kämpfen, nicht weil es irgendeinen Anhaltspunkt gäbe, daß die Armeen dieser Welt

40 Ebd., S. 486.
41 Ebd., S. 491 ff.
42 Ebd., S. 494.

anders aussähen, wenn Frauen in ihnen kämpften) – warum also kämpfen Männer? Ich erwähne noch einmal John Keegan, weil er dieser Frage genauer, das heißt näher am empirischen Befund, nachgegangen ist als seine Vorgänger, und weil er sich vor den banalen Antworten nicht drückt. Einige Männer kämpfen, weil sie betrunken sind, weil sie Beute machen wollen, weil sie sich nach dem Kampf wie ein Pfau gebärden wollen, weil sie über einen Gegner triumphiert haben. Aber das macht sie nicht zu guten Soldaten, denn der »ursprüngliche Krieger« ist kein guter Soldat. Der Soldat muß töten ohne Rücksicht auf sein eigenes Leben, der Krieger will leben ohne Rücksicht auf den Gegner – der mag davonkommen oder man tötet ihn, gleichviel. Der Soldat aber hat den Auftrag zu töten, und dieser Auftrag gefährdet sein Leben. Warum führt er diesen Auftrag aus? Anders gefragt: Welcher Art ist die Prämie, die den Krieger zum tauglichen Soldaten macht?

Jüngers »kleines persönliches Abenteuer« ist es nicht oder nur ausnahmsweise. Da nimmt sich der Krieger, was er kriegen und wovon er später erzählen kann. Der Schnaps gehört dazu seit alters her, die Beute, auch die Plünderung, die Vergewaltigung, aber das hält keine Armeen zusammen. Ist, wie Keegan zustimmend zitiert, Waterloo »auf den Spielwiesen von Eton gewonnen worden«[43]? Es sind solche außermilitärischen Bedingungen, die zum Erfolg einer militarisierten Kultur beitragen – als man die Kadettenanstalten einführte, wußte man, was man tat. Es ist auch der Umstand, daß es unter gegebenen Voraussetzungen weniger gefährlich ist zu kämpfen als sich zu ergeben[44], wie der englische Soldat würde bestätigen können, der seine Begegnung mit Ernst Jünger nur durch Zufall überlebte. Aber ich denke, all das rührt noch nicht an das Herz dieses Vorgangs. Männer kämpfen, weil sie töten dürfen. Das ist ein mißverständlicher Satz, der zu suggerieren scheint, töten würde dem Menschen Spaß machen. Das ist nur manchmal der Fall. Man-

43 John Keegan, Das Antlitz des Krieges, a. a. O., S. 225.

44 Ebd., S. 227f.

che Menschen scheinen konstitutionell gerne zu töten, bei manchen ist diese Vorliebe als Defekt in ihrer Lebensgeschichte zu lokalisieren. Im Krieg ist diese Vorliebe soziologisch zu betrachten, sie ist eine Konsequenz aus dem Funktionieren einer Institution, der Armee. Im Grunde ist nämlich die Frage, warum Männer kämpfen, obwohl diese Bereitschaft sie in Teufels Küche bringen kann, falsch gestellt beziehungsweise enthält schon die ganze Antwort: Sie kämpfen, weil sie in Teufels Küche sind und herauskommen wollen.

Der Krieg ist die größte Zumutung, die die moderne Zivilisation für den Menschen bereithält. Man verlangt von ihm nicht nur, sich im Zweifelsfalle töten oder verstümmeln zu lassen, sondern auch dieses offenen Auges auf sich zukommen zu lassen. Man nimmt ihm jegliche Freiheit und Selbstkontrolle und verlangt von ihm, als täte er es freiwillig, sich Eisen und Feuer auszusetzen. Beim Soldaten, der unter Feuer liegt, wird die Einschränkung von Freiheit und Lebensbedrohung extrem. Er wird gleichsam komprimiert. Diese Komprimierung erfährt eine Ausdehnung im Angriff. Der Soldat ist – abhängig von der militärischen Taktik – losgelassen, er kann die Bedrohung in Drohung wenden, den drohenden Tod in Töten.

Der Soldat erlebt die Zivilisation im Extrem. Er ist Mitglied einer Organisation, der er mit einem Höchstmaß an Selbstaufgabe anzugehören hat. Diese Institution hat einen antizivilisatorischen Auftrag: töten. Dieses Ziel verlangt mehr Disziplin als jedes, das sich fugenärmer in den zivilisatorischen Bau fügen ließe. Als Prämium winkt die Freiheit der Barbarei, das Töten auf eigene Faust. Menschen halten diese Knochenmühlen der Zivilisation aus, weil sie in ihnen Barbaren sein dürfen. »Zu Klagen und Totenfeiern ist später noch Zeit. Und wieder setzt der Wille zum Siege zu einer seiner furchtbaren, sich rhythmisch wiederholenden Geburtswehen an, von der jeder Mann der im Kampf längst zerstreuten und zerrissenen Einheiten gepackt und geschüttelt wird … Jeder ist bis zur Weißglut entflammt … Mir ist bei diesem rasenden Ansturm unglaublich heiß geworden, der Körper ist ausgedörrt. Ich habe bereits den Rock aufgerissen und die Halsbinde abgeworfen, aber es ist mir, als ob ich jeden Augenblick verdursten müßte ... Ein Häslein schießt in Zickzacksprüngen aus der Feuerwalze heraus, ein Mann neben mir reißt die Flinte herunter und pafft hinter ihm her; es war ein guter Witz.« Dann, am Feind: »Ich ... stoße plötzlich auf einen riesigen Kerl, der der Länge nach im Graben liegt. Aha, das scheint der Richtschütze gewesen zu sein. Den Schuß, der ihm durch beide Schläfen gefahren ist, kann ich auf meine Rechnung setzen. Er hat ihm ein Auge aus der Höhle getrieben ... Ich verschmachte vor Durst. Ich gehe einige Schritte weiter und komme an einem Stolleneingang vorbei. Vielleicht daß es da unten etwas zu trinken gibt. Aber wie fahre ich zusammen, als ich auf der untersten Stufe einen Engländer sitzen sehe ... Behutsam hebe ich die Pistole an, ziele auf ihn und schreie dann herunter: ›Come here, hands up!‹ Er springt hoch, starrt mich an wie ein Gespenst und verschwindet mit einem Satz in dem dunklen Stollengang. Nun ärgere ich mich. Ich hätte gleich schießen sollen, anstatt Redensarten zu machen. Jedenfalls habe ich keine Lust, mich da unten hineinzuwagen. Ich werfe eine Handgranate hinunter und kehre wieder um ... Ein wichtiger Teil unserer Aufgabe ist nun geschafft, ein schrecklicher, Schritt für Schritt errungener Weg liegt hinter uns ... Nicht der Befehl, sondern das Ziel gab Richtung und Verbindung und hat all diese von scheinbaren Zufällen getriebenen Kämpfer vereint. Aber nun, nachdem die Elementarkraft sich verausgabt hat, greift die bewußte Führung ein, bis neue Ziele auftauchen. Das sind zwei Reiche: Spannung und Besinnung, dunkles Blut und helles Feuer – der große Takt, der die Schlachten belebt.«[45]

Diese »Geburt«, von deren Wehen Jünger spricht, ist prosaisch gesprochen der Prozeß der psychischen Anpassung an eine widrige, ängstigende, gefährliche Umwelt. Die Angst wird in mörderische Aggression umgeformt. Und dieser Neubildungsprozeß – im Bündnis mit der Technik, dem Material – ist es, den Jünger immer wieder besingt, in jeder Schlachtbeschreibung direkt, im *Arbeiter*

45 Ernst Jünger, Feuer und Blut, a. a. O., S. 502 ff.

und in der *Totalen Mobilmachung* als halb historisches, halb metaphysisches Konzept oder als Prognose. Er transformiert den erlebten »großen Takt« der Schlacht in ein Lebensgefühl, in eine geschichtsphilosophische Phantasie, schließlich in eine politische Sehnsucht nach dem neuen größeren Krieg.

Nicht unerwähnt sollte bleiben, daß dieser »große Takt« auch physiologisch beschrieben werden kann. Zur vermehrten Adrenalinausschüttung in der Gefahrensituation kommt die Produktion von Endorphinen in der Kampfsituation. Künstlich bereits im vorherigen Alkoholkonsum angeregt, erfolgt sie im Kampfrausch schubartig. Endorphine wirken zur Regulierung komplexer Streßreaktionen, dämpfen das Schmerzempfinden, wirken euphorisierend. Strittig ist in der Forschung, ob Alkohol- und Opiatabhängigkeit nicht eigentlich Abhängigkeit von der chemisch stimulierten Endorphinausschüttung sei, und es gibt auch eine Theorie, daß Menschen, die gewohnheitsmäßig Gefahrensituationen aufsuchen, weniger ein psychologisches Rätsel als Menschen auf der Suche nach dem immer neuen Endorphinkick sind. Hier mag man akzentuieren, wie man will, hingewiesen werden sollte nur auf den Umstand, daß die Schwärmerei vom »großen Takt« der Schlacht auch einer neurochemischen Beschreibungssprache zugänglich ist.

Die Erfahrung einer genossenen psychischen Transformation liegt Jüngers Idee von einem auf den Schlachtfeldern entstehenden neuen Menschen zugrunde. Und die Erfahrung hatte nicht nur ihre subjektive Seite der Verklärung von Angst und mörderischem Furor, sondern auch ihre objektive: Millionen hatten diese Transformationen immer wieder an Leib und Seele erlebt, sie waren tatsächlich andere geworden. Wer sich dem mörderischen Taumel nicht hat überlassen müssen, erkannte in dieser Transformation den Barbarisierungsschub, dem die europäischen Gesellschaften, besonders aber – durch die Niederlage und die politische Unfähigkeit, sie zu akzeptieren – die deutsche, sich aussetzten. Die Readaption mißlang, und Jüngers Phantasien gehören zu den wichtigen Dokumenten dieses Mißlingens. Im Kaukasus sieht Jünger das Resultat. Seine Phantasien über die segensreiche Transformationswirkung von

Kesselschlachten laufen leer und nebenher wie im Dienste des Fading. Aber ein weiteres Mal kann er sich nicht anpassen, diesmal an das Milieu des neuen Krieges. Er vermißt die »Ritter« und sieht nur noch die Techniker – anders gesagt: Waren für den Ersten Weltkrieg der Held und der Kriegsneurotiker typisch, der Schwadroneur und der von Angst Ver- oder Zerstörte, so kommen aus den Killing Fields des Krieges im Osten Abgestumpfte. An dieses Milieu des Mordes ohne Enthusiasmus konnte Jünger sich nicht anpassen. Ein Freibeuterdasein konnte er nicht führen, und der Rhythmus der Schlacht war ein anderer. Jünger notiert den Gedanken, der ihm durch den Kopf schießt, als er den Feind sieht: »Gedanke: ›Während des Ersten Weltkrieges hätte man noch darauf schießen lassen.‹« Für ihn gibt es den Furor der Schlacht nicht mehr, und so bleibt er fremd in der Maschine des Mordens.

Die Unfähigkeit zur Adaption erlaubt ihm, Humanität zu entwickeln. In den beschriebenen Grenzen, aber doch. – »Nachmittags in der Kreisstadt beim Friseur. Er wiederholte die Geschichte von der Bosheit der Russen, die den Hunden das Futter fortfräßen, und fügte neue Gedanken hinzu. Man dürfe ihnen keine Bohne zum Stecken geben, da sie diese sofort verschlängen, und auch die Spargel schlügen sie roh in sich hinein. Überhaupt sei ihnen ›nichts Eßbares heilig‹, wie er sich ausdrückte. Dabei ist dieser Friseur ein gutmütiger Mensch ... Zunehmende Migräne, wie unter einer Wolkenlast.«[46]

46 Ernst Jünger, Kaukasische Aufzeichnungen, a. a. O., S. 491.

Trauma und Moral

Einige Überlegungen zum Krieg als Zustand einer kriegführenden Gesellschaft und zum pazifistischen Affekt

Als das Hamburger Institut für Sozialforschung seine Ausstellung »Vernichtungskrieg. Verbrechen der Wehrmacht 1941 bis 1944« das erste Mal auf einer Pressekonferenz vorstellte, gab es zwei Überraschungen. Die erste: niemand meldete »von rechts« nennenswerte Einwände an – die kamen später, als sich zeigte, wieviel Aufmerksamkeit die Ausstellung auf sich zog. Die zweite: der einzige Einwand kam »von links«, und er beklagte Differenzierung am falschen Ort – jeder Krieg sei ein Vernichtungskrieg, und die Ausstellung verharmlose den Krieg als solchen, wenn sie die Besonderheiten des Krieges der deutschen Wehrmacht auf dem Balkan und in der Sowjetunion hervorhebe. Ich setze die Wörter »rechts« und »links« in Anführungszeichen, um deutlich zu machen, daß sie nur sehr eingeschränkte Bedeutung haben. Selbstverständlich könnte etwa ein »rechter« Engländer die Ausstellung begrüßen, und daß eine pazifistische Haltung, wie sie sich in dem Einwand von der Verharmlosung aller anderen Kriege andeutete, mit einer »linken« identisch sei, ist ja auch nicht ausgemacht. Andererseits ist es schwierig, rechte (nicht im Sinne von: richtige) Pazifisten zu finden.

Als die Ausstellung an weiteren Orten der Bundesrepublik und Österreichs gezeigt wurde, waren dann bald auch die erwartbaren Reaktionen festzustellen. Sie erkläre alle Wehrmachtsangehörigen zu Verbrechern, hieß es (was nicht stimmte), sie beflecke die Ehre deutschen Soldatentums (als ob alle die, die von der Frage der Ehre umgetrieben sind, nicht hätten zu dem Schluß kommen müssen, *das* habe die Wehrmachtsführung mit ihrem freiwilligen Eid auf Hitler schon selber besorgt), und schließlich: die Ausstellung behaupte, alle Soldaten seien Mörder. Derweil fand man im Gästebuch der Ausstellung immer wieder Einträge, die anmahnten, die Ausstellung mache nicht deutlich genug, daß alle Kriege Verbrechen seien und alle Soldaten (potentielle) Mörder.

Tatsächlich zeigte die Ausstellung, daß der Krieg, den die deutsche Wehrmacht im, pauschal gesprochen, Osten geführt hatte, ein Krieg gewesen war, der sich deutlich unterschieden hatte von anderen Kriegen, auch von solchen, die die Wehrmacht anderswo – etwa in Frankreich oder Skandinavien – geführt hatte. Der Krieg im Osten war von Anfang an als ein Krieg gegen eine gesamte Bevölkerung geplant worden, nicht nur als einer gegen eine Armee. Was anderen Ortes das Besatzungs- oder Kollaborationsregime betrieb, die Beihilfe zum Massenmord durch die Deportation der jüdischen Bevölkerung in die Vernichtungslager, das tat auf dem Balkan und in der Sowjetunion die Wehrmacht, indem sie den Mord vor Ort durch SS, SD und Einsatzgruppen absicherte und teilweise selber durchführte. Die Wehrmacht war als Organisation ein aktiver Mittäter beim Massenmord an der jüdischen Bevölkerung. Dazu kamen der Hungertod von Millionen Zivilisten als explizites Kriegsziel, der Partisanenkrieg zu dem Zeitpunkt, als es noch keine wirklichen Partisanen gab, als flächendeckendes Terrorprogramm und die planmäßige Ermordung von Millionen Kriegsgefangener. Kurz, die Ausstellung dokumentierte nicht Exzesse einer nicht zuletzt durch den Kampf gegen einen brutalen Gegner verrohten Soldateska, sondern eine besondere, in den Exzeß hinein geplante Kriegführung. Sie zeigte nicht die Ausnahme von der Regel, sondern die Ausnahme als regelrechte Plaungsvorgabe, und damit nicht nur das, was heute das moralische Gefühl empört, sondern was auch zur Zeit der Durchführung international Kriegsverbrechen genannt worden war, nebst einer Wehrmachtsführung, die offen proklamiert hatte, die Regeln, die Krieg und verbrecherischen Krieg zu unterscheiden versuchten, seien außer Kraft gesetzt.[1]

1 Vgl. Hannes Heer und Klaus Naumann (Hg.), Vernichtungskrieg. Verbrechen der Wehrmacht 1941 bis 1944, Hamburg 1995, und Hamburger Institut für Sozialforschung (Hg.), Vernichtungskrieg. Verbrechen der Wehrmacht 1941 bis 1944, Ausstellungskatalog, Hamburg 1996.

So bildeten auf einmal ein Teil der Veteranen dieses Krieges (*ein* Teil, der andere Teil schrieb Dankesbriefe und bot weiteres Archivmaterial an) und die Träger des pazifistischen Affekts eine Koalition der Verleugnung. Bestanden die einen darauf, in einem ganz normalen Krieg gekämpft zu haben, an dessen Rändern allenfalls von der Wehrmacht säuberlich getrennte Kommandos Unerfreuliches angerichtet hätten, so wollten die anderen gleichfalls nicht gelten lassen, daß in diesem Krieg anderes geschehen sei, als in Kriegen immer geschehe. Der Militärhistoriker ist beiden verdächtig. Die einen sehen in ihm den möglichen Diffamierer der eigenen Vergangenheit, die anderen den, der durch schlaue Differenzierungen den Deutschen erneut einzureden versucht, es gebe solche und solche Kriege.

Die Haltung der ersteren muß uns hier nicht interessieren, diese Debatte ist, wo es denn Sinn hatte, sie überhaupt zu führen, abgeschlossen. Die der letzteren bedarf genauerer Untersuchung. Man könnte es sich leichtmachen und sie auf eine persönliche Haltung einerseits, einen banalen Irrtum andererseits reduzieren. Die Haltung bestünde darin, dem Satz »Du sollst nicht töten!« universale und ausnahmslose Verbindlichkeit zuzusprechen. Das mag einer tun, und in welche Schwierigkeiten einer kommt, der das tut, davon wußten die Prüfungsausschüsse für Kriegsdienstverweigerer ein Lied zu singen. Ich persönlich finde diese Haltung respektabel ebenso wie diejenigen – die Quäker etwa, manche Hindus oder die Zeugen Jehovas –, die versuchen, sie zu leben, und die Konsequenz, mit der letztere diese Haltung bis in die Konzentrationslager hinein bewahrt haben, verdient mehr als bloßen Respekt. Ich möchte trotzdem nicht weiter auf sie eingehen, und zwar aus einem einfachen Grund: man kann mit ihr nicht streiten, jedenfalls nicht, solange sie konsequent am zentralen Postulat der Ausnahmslosigkeit festhält. Wo sie dies nicht tut, hebt sie sich selber auf und zerfällt in eine Menge von Ansichten über die Rechtfertigbarkeit des Tötens in verschiedenen Situationen, also in ihr Gegenteil. Entweder schreibt man dem »Du sollst nicht töten!« ausnahmslose Verbindlichkeit zu, oder man dünnt den Imperativ aus zu etwas wie einer regulativen

Idee, die nicht viel mehr besagt als: Wir sind uns doch alle einig, daß es irgendwie schöner wäre, wenn die Menschen einander nicht umbrächten, oder?

Manchmal kleidet sich der pazifistische Affekt in ein Argument und lautet etwa: Noch nie sind Probleme durch Krieg (oder allgemeiner: Gewalt) gelöst worden. Natürlich ist das bloß Unsinn. Jeder weiß, daß viele Probleme durch Gewalt gelöst werden können und durch Gewalt, auch durch Krieg, gelöst worden sind. Das Problem bei Krieg und Gewalt ist nicht anders als bei anderen Handlungen. Nicht immer werden die Probleme, die man lösen möchte, auf die Weise gelöst, die man wählt, um sie zu lösen, und immer werden nicht alle Probleme auf einmal gelöst, und schließlich entstehen aus Krieg und Gewalt neue Probleme, wie aus jeder anderen Handlung auch.

Aber es ist nicht nur nicht fair, sondern auch vom Problemgehalt her falsch, den pazifistischen Affekt auf die radikalpazifistische Haltung oder den handlungstheoretischen Irrtum zu reduzieren. Nehmen wir das »Soldaten sind Mörder«-Zitat. Es ist entweder unsinnig – wenn es sich auf den StGB-Gehalt des »Mörder«-Begriffes bezieht. Oder es ist eine Einkleidung der radikalpazifistischen Haltung und bringt gerade die Ablehnung unterschiedlicher Bewertung von Tötungshandlungen, wie sie z. B. das StGB enthält (»Mörder ist, wer ...«), zum Ausdruck. Es heißt dann, daß jeder, der einen Menschen töte, ein Mörder und jeder, der zum Töten ausgebildet werde, ein potentieller Mörder sei. Diese Haltung ist, siehe oben, konsistent, solange sie es ist.

Aber beide Deutungen des Satzes sind ziemlich uninteressant. Man kann mit dem Satz, alle Soldaten seien (potentielle) Mörder, meinen, daß es der Krieg, und zwar jeder Krieg, mit sich bringe, daß die Unterscheidung zwischen erlaubten und unerlaubten Tötungshandlungen undeutlich werde, daß jeder Krieg eine Tendenz zum unkontrollierbaren Exzeß in sich trage, daß gerade die kalte Tötungsplanung, die ein Soldat, ein Kommandeur durchführen müsse, der erste Schritt in Verrohung und Barbarei sei. Wer so argumentiert, muß nicht jedem Land, jeder Armee das Recht, vielleicht manchmal die Pflicht zur Selbstverteidigung absprechen, nicht in jeder Gruppe von Rebellen eine Mörderbande sehen, den Überfall auf die Sowjetunion nicht mit dem D-Day gleichsetzen und kann doch ein vergleichsweise starkes Argument für die Ablehnung wenigstens der meisten kriegerischen Unternehmungen in die Debatte bringen. Die Frage ist nur, ob das Argument stimmt und ob es so sehr stimmt, daß Unterscheidungen wie die zwischen Vernichtungskrieg und anderen Kriegen dadurch hinfällig werden.

Das Argument hat den Vorteil, daß es an Hand empirischen Materials diskutierbar ist, aber in seinem empirischen Gehalt nicht aufgeht – das heißt die in ihm enthaltene normative Frage wird nicht durch die Art und Weise entschieden, in der die empirische beantwortet wird. Dennoch wird sie in ihren empirischen Dimensionen diskutierbar gehalten und kann immer neu aufgeworfen werden. – Um einem möglichen Mißverständnis vorzubeugen: Wenn jemand plausibel machen könnte, daß im Krieg die ausgeübte Gewalt zuverlässig in gewissen Grenzen gehalten werden könne, dann folgt daraus keineswegs, daß allein darum *diese* Grenze akzeptiert werden müsse. Voraussetzung dafür, sich auf die Diskussion dieses Argumentes einzulassen, ist allein, zu akzeptieren, daß es überhaupt Fälle geben kann, in denen kriegerische Gewalt akzeptiert werden kann – akzeptiert, nicht glorifiziert.[2]

---

2 Wer dies verneinte, nähme die radikalpazifistische Haltung ein, die oben beschrieben wurde, und müßte, dies nur zur Erinnerung, auch die Befreiung Europas von Nazi-Deutschland oder die Selbstverteidigung eines Landes oder einer Stadt gegen Luftangriffe ablehnen. – Für ein Abgleiten der Akzeptanz in Glorifizierung ist Wolf Biermanns frühes Gedicht »Genossen, wer von uns wäre nicht gegen Krieg, aber …« ein Beispiel. Man muß durchaus nicht Gewalt, die man für nötig hält, ästhetisch ansprechend finden, und aus der Empfindung, eine Bevölkerung habe das Recht, sich gegen ein Terrorbombardement zu schützen, folgt nicht notwendigerweise (wenn auch faktisch wohl fast immer) die Genugtuung über den möglichen Tod von Menschen, den der Flugzeugpiloten nämlich.

Das historische Urbild eines kalkulierten Krieges, der außer Kontrolle geriet, ist der Peloponnesische. Christian Meier hat in seiner großen Studie *Athen* gezeigt, bis zu welchem Grade dieser Krieg ein Resultat jenes Machbarkeitsfetischismus gewesen ist, der Athen an dessen Vorabend beherrschte und seinen Ausdruck im genialen Politiker und Planer Perikles fand.[3] Perikles' Plan sah vor, die Bevölkerung Attikas innerhalb der Athen und Piräus verbindenden »langen Mauern« in Sicherheit zu bringen, sich auf keine Feldschlacht einzulassen, aber die Küsten des Peloponnes mit den athenischen Seestreitkräften systematisch zu verheeren. Er ging davon aus, daß Athens finanzielle Mittel es erlauben würden, einen solchen Plan bis zur Zerrüttung des Peloponnesischen Bundes durchzuführen. Was er nicht berücksichtigt hatte, war, daß der Krieg es nicht erlauben würde, einen solchen Plan planmäßig zu exekutieren. Die Seuche, die unter den innerhalb der Mauern zusammengepferchten Menschen wütete; der Haß der Kriegsparteien aufeinander, der die Kalküle verändert, nach denen sie den Preis berechnen, der einen Sieg noch als lohnend erscheinen läßt; die Änderung der politischen Konstellationen und Stimmungen, die Gewöhnung schließlich an den Krieg, die Verrohung der Öffentlichkeit und des einzelnen: All das ist nicht nur das allgemein Unvorhersehbare, es sind nicht die, um mit Clausewitz zu reden, »Friktionen«, sondern es handelt sich um die systematische Produktion von Unvorhersehbarem, wie sie die Anwendung extremer Gewalt über einen längeren Zeitraum stets mit sich bringt.[4] Auf den Krieg bezogen heißt das, daß Perikles' Irrtum vor allem darin bestand, nicht vorauszusehen, daß der

---

3 Vgl. Christian Meier, Athen. Ein Neubeginn der Weltgeschichte, Berlin 1993; vgl. Die Idee des Vernichtungskriegs, in diesem Band, S. 285.

4 Vgl. Jan Philipp Reemtsma, »Institutions of Violence and their Potential Dynamics«, in: International Study Group for Trauma, Violence and Genocide (Ed.), Interdisciplinary Research into Trauma and Violence. Second Retreat of the International Study Group for Trauma, Violence and Genocide, Bad Teinach, November 17–18, 1995, Hamburg 1996.

Krieg die Gesellschaften, die ihn führen, transformiert, und zwar nicht nur durch die etwaigen Folgen einer Niederlage. Wer Krieg verstehen will, muß die Vorstellung vom Krieg als einem Instrument, das man gleichsam aufnehmen und nach Gebrauch wieder weglegen kann, aufgeben. Der Krieg ist selber ein Gesellschaftszustand, und eine Gesellschaft, die Krieg führt, tritt in einen anderen Zustand ein. Auf diesen Umstand weist Kant hin mit seinem wunderbar lakonischen Wort »Der Krieg ist darin schlimm, daß er mehr böse Menschen macht, als er deren wegnimmt«[5], und mit diesem Argument hat John Dewey gegen den Eintritt der USA in den Zweiten Weltkrieg argumentiert.[6] Auch wenn wir allen Grund haben, froh zu sein, daß Dewey nicht erfolgreich gewesen und seine Prognose nicht buchstäblich eingetroffen ist[7], ist das Argument als solches nicht falsch. Es ist aber ungeschickt, den Blick gleich auf das gesellschaftliche Ganze zu lenken, anstatt ihn zunächst auf das Instrument der Kriegführung, die Armee, zu richten. An ihr läßt sich die Behauptung, daß der Krieg kein Instrument sei, sondern ein Gesellschaftszustand, kleiner dimensioniert demonstrieren: Für die Armee ist Gewalt kein Instrument, sondern Gewalt ist die Lebensform dieses speziellen Sozialverbandes.

Wie jeder Sozialverband fordert auch die Armee ihren Mitgliedern eine Adaptionsleistung ab, und die ist in diesem Falle zunächst einmal die Adaption an das Milieu des Tötens. Inwieweit die in Friedenszeiten gelingt, ist nicht ausgemacht, stellt sich aber im

---

5 Immanuel Kant: Gesammelte Schriften, Bd. 8, Berlin/Leipzig 1923, S. 365.

6 »It is quite conceivable that after the next war we should have in this country a semimilitary, semi-financial autocracy, which would fashion class divisions on this country for untold years. In any case we should have the suppression of all the democratic values for the sake of which we professionally went to war.« Zitiert aus: Robert B. Westbrock, John Dewey and American Democracy, Cornell 1991, S. 511f.

7 Vgl. hierzu Marcus G. Ruskin, Democracy versus the National Security State, in: ders., Essays of a Citizen, New York 1991.

Kriege heraus. Die zweite Adaptionsleistung ist die an ein Leben in Angst, oder sagen wir besser, weil sich ja bei vielen Soldaten die Angst verliert oder jedenfalls kein Dauerzustand ist, ein Leben in Todesgefahr. Beide Adaptionsleistungen müssen vollbracht werden, und sie gelingen nur zusammen. Je besser die eine gelingt, desto besser die Voraussetzung, daß auch die andere erfolgreich bewältigt wird, und umgekehrt. Der Vorgang dieser Adaption, seine Bedeutung für den einzelnen wie den Zusammenhalt der Armee insgesamt, vor allem aber für den Zusammenhalt der den Kampf tatsächlich führenden Untergruppen, kann nicht instrumentell verstanden werden, und zwar weder von seiten des einzelnen Soldaten noch von seiten der Armee, deren Teil der Soldat ist. »Wenn man Menschen aufs Töten ansetzt, kann man sie nicht einfach wie eine Maschine wieder abstellen«, zitiert der Militärhistoriker John Keegan aus dem Bericht eines ehemaligen britischen Offiziers über die Erschießung eines deutschen Offiziers im Ersten Weltkrieg, während des Sturmangriffs auf einen Schützengraben: »Als wir gerade einfielen, kam ein Offizier aus dem Unterstand. Die eine Hand hielt er über dem Kopf, in der anderen hatte er seinen Feldstecher. Er hielt ihn S. entgegen ... und sagte: ›Hier, Sergeant, ich ergebe mich.‹ S. sagte: ›Danke, Sir‹, und nahm den Feldstecher mit der Linken. Im gleichen Augenblick schob er den Gewehrkolben unter den Arm und schoß den Offizier glatt in den Kopf.« Die darauf folgende erklärende Bemerkung: »S. ... muß halb wahnsinnig gewesen sein vor Aufregung, als er in den Schützengraben sprang. Ich glaube, er dachte überhaupt nichts.«[8]

Ernst Jünger beschreibt solchen Zusammenhang von Angstbewältigung und Tötungsbereitschaft mehrfach. Nach der Schilderung des Wartens auf den Angriff unter Artilleriefeuer charakterisiert er sich so als den, der im Angriff die Angst überwindet: »(Ich) stürze den Kognak wie Wasser hinab. Die Landschaft beginnt vor

8 John Keegan, Das Antlitz des Krieges. Die Schlachten von Azincourt 1415, Waterloo 1815 und an der Somme 1916, Frankfurt/M. 1991, S. 54.

den Augen zu tanzen; sie hüllt sich in rote und tiefgelbe Farben ein ... nun wird es seltsam wach in uns ... Dort ist ja der Feind, dort sitzt ja der Mensch, und gleich werden wir bei ihm sein! Diese Erkenntnis erfüllt uns mit einer wilden, rasenden Lust, es ist, als ob alles, was sich reißend gespannt und gespeichert hat, plötzlich einen Ausweg sähe und sich in scharlachrote Abgründe stürzte wie ein tosender Wasserfall ... ich fühle, wie sich meine rechte Hand wie ein Schraubstock um den Pistolenkolben spannt und die linke um den kurzen Bambusstock, wie mir das Blut siedend in das Gesicht geschossen ist, während sich die Zähne aufeinanderpressen und die hellen Tränen unaufhaltsam über das Gesicht fließen.«[9] Der erste Feind ist ein Verwundeter, der sich ergeben will: »Verfluchter Hund, du bist geliefert, dir ist der Tod bestimmt. Er scheint verwundet zu sein, aber was schiert mich das jetzt und hier? Ich weiß, daß ich ihn töten werde, und er weiß es ebensogut.«[10] Der Kampfeswille oder die Tötungsbereitschaft des einen ist das Gegenstück zur Gewißheit des anderen, getötet zu werden.

Der Zustand, in dem sich ein Mensch befindet, der optimal an das Milieu der Schlacht angepaßt ist, ist, das wird man zugeben müssen, nicht besonders geeignet, in erster Linie auf die Grenzen zu achten, die der Gewalt im Krieg gezogen sein müssen, wenn er dem Bild des »anständigen«, des »sauberen« Krieges entsprechen soll, das immer wieder entworfen wird. Die Gewalt, die der Soldat ausübt, ist, noch einmal, kein ihm äußeres Instrument, das er ergreifen und weglegen kann, sondern er muß, um zu überleben, als Gewaltausübender leben. Das impliziert selbstverständlich nicht die Behauptung, in der Schlacht verwandelten sich alle Soldaten in bewußtlose Berserker oder Armeen bestünden grundsätzlich aus wahnsinnigen Mördern. Das ist nicht der Fall, und es gibt viele Beispiele, in denen einzelne Soldaten oder Offiziere bewunderungswürdige Beispiele der Tö-

9 Ernst Jünger, Sämtliche Werke, Tagebücher I: Der Erste Weltkrieg, Stuttgart 1978, S. 491ff.; vgl. »Es schneet der Wind das Ärgste zu«, in diesem Band, S. 316ff.

10 Ebd., S. 494.

tungsabstinenz mitten in gefährlichsten Gefechten gezeigt haben. Dennoch bleibt die Angriffswut des Soldaten eine Conditio sine qua non des erfolgreichen Gefechts, und die Angriffswut ist durchaus dem pathologischen Zustand des Berserkers verwandt.

In seinem Buch *Achill in Vietnam. Kampftrauma und Persönlichkeitsverlust*[11] betont der Psychiater Jonathan Shay die rationale Brücke, die vom selbstkontrollierten Soldaten über den engagierten Angreifer zum wahnsinnigen Mörder führt: »Wenn ein Soldat in eine Falle gerät, umzingelt ist oder überwältigt wird und dem sicheren Tod ins Auge blickt, dann trägt die Berserkerwut offensichtlich entscheidend zum Überleben bei, weil dieser Mann durch rücksichtslose Raserei nichts zu verlieren, aber alles zu gewinnen hat.«[12] Gleichwohl gibt es einen gravierenden Unterschied, und der besteht in der Dauer eines solchen Zustandes. Jünger etwa beschreibt das »Abkühlen« nach der Schlacht, das es erlaubt, sich auch wieder nach anderen Regeln als denen des Gemetzels und des »Er oder ich« zu benehmen. Andere finden aus dem Zustand des Berserkertums nicht mehr heraus. Ein Vietnamkriegsveteran beschreibt, wie sich sein mentaler Zustand änderte, nachdem ein Vietcong, den er hatte gefangennehmen wollen, versucht hatte, ihn zu töten. Er erschießt ihn: Ich »ballerte das ganze Magazin in ihn hinein. Dann sah ich Blut von meiner Hand hinabtropfen, und ich drehte vollkommen durch. Ich schleifte ihn in das Reisfeld und machte mich mit meinem Messer über ihn her. Als ich ihn erledigt hatte, sah er wie eine Lumpenpuppe aus, mit der ein Hund gespielt hat. Aber selbst dann war ich noch nicht befriedigt ... Ich fühlte mich verraten, drehte durch. Ich verlor all mein Mitleid. Ich spürte danach, daß ich mich stark verändert hatte. Ich konnte einfach nicht genug kriegen. In mir hatte sich ein derartiger Haß aufgestaut, daß ich gar nicht genug zerstören konnte ... Mit der Zeit wurde es immer schlimmer. Dieses verdammte Töten machte mir wirklich Spaß, ich konnte nicht ge-

11 Jonathan Shay, Achill in Vietnam. Kampftrauma und Persönlichkeitsverlust, Hamburg 1998.

12 Ebd., S. 126.

nug davon bekommen. Nach jeder Leiche fühlte ich mich besser. Das entlastete mich immer ein wenig ... Ich wurde sehr hart, kalt und gnadenlos. Ich hatte all mein Erbarmen verloren.«[13]

Es gibt Soldaten, die aus diesem Zustand nicht mehr herausfinden. »Der Berserker ist im übertragenen Sinne – und manchmal auch buchstäblich – für alles blind, außer für sein zerstörerisches Ziel. Er kann nicht mehr zwischen Zivilisten und Kämpfern unterscheiden, ja nicht einmal zwischen Kameraden und Feinden.«[14] Es hat Soldaten gegeben, die zu Hause plötzlich auf Passanten geschossen haben.

Der Film *Rambo II*, dessen Thema die Rückkehr eines Vietnamkriegsveteranen auf den ehemaligen Kriegsschauplatz ist, um nach amerikanischen Gefangenen zu suchen, ist (die Konzessionen an das Genre des Actionfilms einmal in Abzug gebracht) eine ziemlich gute Schilderung des Soldaten als Berserker. Diejenigen, die sich, sei es aus politischen Gründen oder sei es, weil sie sich die Identifikation mit dem Hauptdarsteller nicht versagen konnten, dem Drive des Films überließen, wie diejenigen, die aus moralischem Abscheu gegenüber einem scheinbar so gewaltverherrlichenden Film nicht genau hinsahen, merkten nicht, daß er einen Kriegshelden, der wahnsinnig geworden war, bei seiner Arbeit zeigte. »Ich wurde zu einem verfluchten Tier«, sagt ein wirklicher Ex-Soldat über sich: »Ich fing damit an, Köpfe auf Pfähle zu spießen ... Sie wollten einen beschissenen Helden aus mir machen, und so spielte ich den Helden. Sie wollten verdammte Opferzahlen gemeldet bekommen, und so lieferte ich ihnen Opferzahlen. Ich hoffe, die sind, verdammt noch mal, glücklich damit. Aber die müssen nicht damit leben. Ich schon.«[15]

Shay beschreibt, wie sich ein solches Kriegstrauma, das, wenn der Soldat überlebt, sein ganzes Nachkriegsleben – und damit das aller Menschen, die mit ihm zu tun haben – prägen kann, oft sukzessive

13 Ebd., S. 125.
14 Ebd., S. 135.
15 Ebd., S. 131.

aufbaut. Das auslösende Moment kann ein Erlebnis von höchster Bedrohung sein – oder plötzliche Errettung aus einer ausweglos scheinenden Situation. Es kann der Tod eines Kameraden sein. Oft aber kommen diese Momente zusammen, bilden eine Sequenz von traumatisierenden Ereignissen, die irgendwann zu einer plötzlichen Charakterveränderung führt. Shays Hypothese ist, daß es eine spezifische Bedingung gibt, die solchen Ereignissen eine charakterverändernde Wirkung verleiht, und er sieht diese Bedingung in einer moralischen Verstörung, die zuvor stattgefunden haben muß. Shay nennt diese Verstörung »Betrug an dem, ›was recht ist‹«. Sie kann ausgelöst werden durch einen Feind, der sich, tatsächlich oder in der Phantasie des Soldaten, nicht regelrecht verhält[16], es kann eine tatsächliche oder imaginierte Ungerechtigkeit sein, die der Soldat von seinen Vorgesetzten erfährt, es kann das Gefühl sein, im Stich gelassen zu werden, und vieles mehr dieser Art; es kann aber auch die

16 John Keegan zitiert aus der »Australischen Offiziellen Geschichte des Weltkrieges« den Bericht eines australischen Leutnants über eine Begebenheit während der dritten Ypern-Schlacht: »›Am 20. September 1917 traf er auf einen weiten Kreis von Truppen seiner Brigade, die einen zweistöckigen Unterstand umzingelt hatten und auf eine Schießscharte im oberen Teil feuerten, aus der geschossen wurde. Ein Mann stand kühn ganz nahe darunter und schoß hinauf, als ihn ein tödlicher Schuß traf, aber die Deutschen im unteren Teil ergaben sich bald darauf. Der Kreis der Australier stand sofort bequem, und die Gefangenen kamen heraus, als plötzlich Schüsse fielen und ein Australier getötet wurde. Der Schuß kam aus dem oberen Teil des Unterstandes, dessen Verteidiger nichts von der Kapitulation der Männer unter ihnen ahnten; aber die umstehenden Truppen waren viel zu erhitzt, als daß sie dies begriffen hätten. Ihnen erschien die Tat als gemeiner Verrat, und sie erstachen die Gefangenen mit ihren Bajonetten. Ein Australier, der gerade zustechen wollte, stellte fest, daß er sein Bajonett gar nicht aufgepflanzt hatte. Der unglückliche Deutsche flehte um Gnade, aber er steckte grimmig das Bajonett auf und stieß zu.‹ – ›Die Deutschen‹, fährt der amtliche Geschichtsschreiber ungerührt fort, ›waren in diesem Fall völlig unschuldig, aber in der Hitze des Gefechts sind solche Dinge unvermeidlich, und die Schuld dafür liegt bei jenen, die Kriege anzetteln, und nicht bei denen, die sie führen.‹« (Keegan, a. a. O., S. 52f.)

befohlene oder zufällige Verletzung der Regeln des »sauberen Krieges« durch ihn selbst sein. Ein Ex-Soldat aus Vietnam berichtet, wie seine Einheit drei Fischerboote unter Feuer nimmt, die sie fälschlich für einen Waffentransport halten: »Und wir eröffneten das Feuer auf sie … Und die verdammte Feuerkraft war irgendwie unwirklich, ich meine das Feuer, das wir auf ihre Boote richteten. Es war eine konstante, vollkommen konstante Feuerkraft. Es war so, als würde niemals irgendeinem die Munition ausgehen.

Dann dämmerte der Tag [lange Pause], und wir stellten fest, daß wir eine Menge Fischer und ihre Kinder getötet hatten.

Was uns, verdammt noch mal, völlig durcheinanderbrachte, ist dies: Wenn man sich an die Mannschaft wendet, dann heißt es immer: ›Macht euch keine Sorgen. Es läuft alles wunderbar.‹ Denn das ist es, was man von oben zu hören bekommt.

Der beschissene Oberst sagt: ›Macht euch keine Sorgen deswegen. Wir kümmern uns darum. Wissen Sie, wir müssen die Leichen zählen!‹ So beginnt es in deinem Kopf zu arbeiten.

In deinem Innern ist dir klar, daß es falsch ist, aber inzwischen erzählen dir deine Vorgesetzten, daß das alles in Ordnung war. Nun, dann ist es eben in Ordnung. Das ist eben so im Krieg … ›Luftlandetruppen! Rein in die Hubschrauber und weg!‹ …

Die Leutnants kriegten ihre Auszeichnung, und der Oberst bekam seinen Orden. Und sie würden ihre Verleihungszeremonien veranstalten, du würdest dastehen müssen wie ein verfluchter Vollidiot, und sie würden beschissene Auszeichnungen für das Töten von Zivilisten verteilen.«[17]

»Ich muß damit leben« – das ist nach einem Trauma keine bloße Redensart. Der medizinische Ausdruck ist PTSD-Syndrom, »PTSD« steht für »Post-Traumatic-Stress-Disorder«. Die psychische Verfassung und ihre physiologischen Korrelate sind mittlerweile recht gut beschrieben.[18] Wesentliches Kennzeichen des post-

17 Shay, a. a. O., S. 33f.

18 Judith L. Herman, Die Narben der Gewalt. Traumatische Erfahrungen verstehen und überwinden, München 1993; Besel A. van der Kolk / Alexander

traumatischen Syndroms ist das zwanghafte Wiederholen des traumatischen Erlebnisses, nicht nur in Träumen, sondern im alltäglichen Leben, sei es in Form des plötzlichen sogenannten Flashback, sei es die Wiederkehr bestimmter psychischer oder physischer Zustände, die mit dem Erleben des Traumas verbunden waren. Dazu kommt eine allgemein herabgesetzte Fähigkeit, Belastungen oder erhöhten Streß zu ertragen, zusammen mit einem allgemeinen Gefühl des Sicherheits- und Vertrauensverlustes gegenüber seiner nächsten Umgebung, auch des generellen Bedeutungsverlustes der umgebenden Welt schlechthin.[19]

Die Rede ist hier von den besonders schweren Fällen, die aber im Falle des Vietnamkriegs etwa eine Viertelmillion Menschen ausmachen (und dabei spreche ich nur über die US-amerikanischen Fälle, nicht über die vietnamesischen oder kambodschanischen!). Aber auch wer nicht die Skalenwerte erfüllt, die das DSM-III-R (Diagnostic and Statistical Manual of Mental Disorders)[20] der American Psychiatric Association für PTSD aufführt, ist ein, wenn auch nicht auf den ersten Blick erkennbarer, Kriegsversehrter. Auf eine wich-

---

McFarlane / Lars Weisaeth (Eds.): Traumatic Stress, The Effects of Overwhelming Experience on Mind, Body, and Society, New York/London 1996; Mittelweg 36, H. 2/96 u. H. 3/96 (darin die Themenblöcke ›Trauma‹); International Study Group for Trauma, Violence and Genocide (Ed.), »Coming Home« from Trauma: The Next Generation, Muteness, and the Search for a Voice. Fist Retreat of the International Study Group for Trauma, Violence and Genocide, Bailey Farms, Ossining/New York, July 28–29, 1995, Hamburg 1996.

19 Die physiologische Seite dieses Prozesses sollte nicht übersehen werden – vgl. hierzu Besel A. van der Kolk, The Body keeps the Memory, in: ders. u. a. (Eds.), a. a. O. (Anm. 18); Shay, a. a. O., S. 146: »Die Berserkerphase dieses Mannes existierte in seiner Physiologie noch lange weiter, nachdem er das Schlachtfeld verlassen hatte. Er glaubt, daß er sie durch Einnahme eines Adrenalinblockers schließlich unter Kontrolle bringen konnte.«

20 American Psychiatric Association. DSM-III-R: Diagnostic and Statistical Manual of Mental Disorders, 3rd ed. rev. (DSM-III-R), Washington D. C.: American Psychiatric Association Press 1987.

tige Folge dieser Versehrung macht Shay aufmerksam. Demokratie sei, so führt er aus, eine widersprüchliche Einrichtung, jedenfalls aus dem Blickwinkel des psychisch Kriegsversehrten. Demokratie bedeute Kampf ohne Todesgefahr, und Veteranen, die unter PTSD litten, hätten größte Schwierigkeiten, sich kompetitive Situationen jeglicher Art ohne Tod und Töten vorzustellen. Außerdem setze politisches Engagement die Vorstellung einer Zukunft voraus, die mitzugestalten sich lohne. Der Traumatisierte empfindet aber die Welt um ihn her als bedeutungslos, oft in einem gewissen Sinne als inexistent. »Ein nicht therapiertes Kampftrauma – und ich vermute auch andere aus allen Arten von Gründen, nicht geheilte, schwere Traumata – zerstören die implizite Basis der Demokratie, die kognitiven und sozialen Fähigkeiten, die es einer Gruppe von Menschen erlauben, einen zusammenhängenden Diskurs über ihre eigene Zukunft herzustellen.«[21]

Ähnlich sind die lang- oder doch wenigstens mittelfristigen Folgen einer staatsterroristischen Diktatur. Ein Teil der Bevölkerung – und jeweils nicht nur die direkt Folter und Verfolgung Ausgesetzten, sondern auch ihr personales Umfeld, Familie, Freunde – wird durch die Traumatisierung in seiner Politikfähigkeit getroffen. So kann eine terroristische Diktatur, auch wenn sie in Gestalt ihrer Repräsentanten nach ein paar Jahrzehnten oder vielleicht nur Jahren scheitert, doch erfolgreich sein in ihren langfristigen destruktiven Auswirkungen, die, wie viele Studien belegen, auf die Generation der direkt Betroffenen nicht beschränkt bleiben. Insofern mag der Vergleich drastisch anmuten, aber doch eine Rechtfertigung in den Tatsachen haben, wenn man behauptet, daß kriegführende Gesellschaften (obgleich in der Regel nicht intentional) diejenigen, zumindest einen Teil derjenigen, die für sie in den Krieg ziehen, faktisch so behandeln wie Diktaturen ihre innenpolitischen Feinde. Und ein Krieg kann sich auf die Entwicklungsperspektiven einer Gesellschaft auswirken wie die Zeit unter einem Terrorregime.

21 Shay, a. a. O., S. 253.

Hier kann man über den Kreis derjenigen hinausgehen, die im Krieg extrem oder auch nur, sit venia verbo, durchschnittlich traumatisiert worden sind, und über die Armee hinaus auf die gesamte Gesellschaft blicken. Die Grenze zwischen erlaubter und unerlaubter Gesellschaft im Kriege entspricht der zwischen Krieg und Frieden in der nichtkriegführenden Gesellschaft.[22] Die Grenzüberschreitung zum Kriege hin bedeutet an sich selbst die Gefährdung der Grenze zwischen erlaubt und unerlaubt im Kriege. Dies ist die abstrakt-allgemeine Formulierung dessen, was am Beispiel der Psychologie des kämpfenden Soldaten oben ausgeführt wurde. Daß die Institutionen einer Gesellschaft, die dazu da sind, das Zivilisationsgebot »Du sollst nicht töten« zu garantieren, auf das Ziel des Tötens ausgerichtet werden, trifft die Zivilisation stets im Kern.[23] Eine Gesellschaft wird nicht nur durch die aus dem Krieg in sie zurückkehrenden Versehrten verändert, sondern auch dadurch, daß nicht nur Krieg ein Gesellschaftszustand ist, sondern daß eine Gesellschaft, die Krieg führt, eine Gesellschaft im Kriegszustand ist. Die klassische Beschreibung sozialer Deformationen infolge von Krieg stammt aus Thukydides' Schilderung des Peloponnesischen Krieges.[24]

Gibt es ein kollektives Äquivalent für das, was man beim Individuum PTSD nennt? Zumindest gibt es bei kriegführenden Gesellschaften das, was Shay die Verengung des sozialen und moralischen Horizonts nennt.[25] So, wie das Trauma die Fähigkeit zum Ver-

---

22 Jedenfalls gilt dies für moderne, im weiteren Sinne bürgerliche Gesellschaften. Über Gesellschaften, die als ganze auf den Krieg ausgerichtet sind, ihn also für sich als Normalzustand ansehen (Extremfall: Sparta), sei hier nichts gesagt. Kennzeichnend für die Moderne ist aber ihr Selbstbild als einer Epoche, für die die Einschränkung von Gewalttätigkeit kennzeichnend ist.

23 Vgl. Jan Philipp Reemtsma, Die ›Signatur des Jahrhunderts‹ – ein kataleptischer Irrtum?, in: Mittelweg 36, H. 5/93, S. 7–23.

24 Thukydides, Der Peloponnesische Krieg, III, München 1993, S. 82f.

25 Vgl. Shay, a.a.O., S. 59f.

trauen auch in die posttraumatische Umwelt zerstören kann, sehen sich kriegführende Nationen in einer Welt von Feinden.[26] Wo beginnt die Verengung des moralischen Horizontes, wo der Umschlag in die Barbarisierung? Beginnt sie nicht bereits mit der Umkehrung des zivilisatorischen »Du sollst nicht töten« in das »Du sollst töten«?

Das hier diskutierte pazifistische Argument, das mich zu dieser rhetorischen Frage führt, hat also einen starken empirischen Gehalt, und es paßt in den normativen Rahmen, den moderne bürgerliche Gesellschaften für sich zu reklamieren pflegen: daß Gewalt und Krieg Mittel seien, zu denen nur in Ausnahmefällen gegriffen werden dürfe. Dort hat es auch seinen guten politischen Sinn: Es weist darauf hin, daß Gewalt und Krieg eben nie bloße Mittel sind.

Hier kann die Analyse des pazifistischen Arguments abbrechen, aber ich möchte, gewissermaßen als Postskript, noch eine Überlegung anschließen, die allerdings äußerst spekulativer Natur ist. Hilflos bleibt das pazifistische Argument dort, wo sein normativer Gehalt und die Werte, die eine Gesellschaft für sich reklamiert, nicht wenigstens teilweise übereinstimmen. Dort, wo der Krieg ganz oder wenigstens zu einem großen Teil die Kultur bestimmt, ist der Hinweis auf die deformierende Kraft extremer Gewaltausübung obsolet, denn dort werden die Deformationen, denen die Krieger dieser Kultur unterliegen, als Tugenden gefeiert.

Andererseits ist es wahrscheinlich, daß der Krieg in solchen Kulturen eine weit weniger traumatisierende Wirkung auf den einzelnen ausübt – sehen wir von denen ab, die in ihm zu bloßen Opfern werden, ohne ihr Leid durch Töten, Rauben und Vergewaltigen kompensieren zu können. Es spricht einiges dafür, daß der Viet-

---

26 Hier weist die Analogie wieder ins Individuelle zurück. Als Sohn eines Mannes, der im Ersten wie im Zweiten Weltkrieg gekämpft, bis zu seinem Tode an seinen schweren Verwundungen laboriert und im Krieg gegen die Sowjetunion zwei Söhne verloren hatte, erinnere ich mich an folgende Zeilen aus einem Nachtgebet: »... und schick mir Feinde, Mann um Mann, satt sein macht faul und träge«.

namkrieg deshalb eine so große Zahl an extrem traumatisierten Soldaten hinterlassen hat, weil dieser Krieg nie wirklich gesellschaftlich akzeptiert und weil er verloren worden ist. Wir wissen, daß ein Trauma oft dann erst seine zerstörerische Kraft vollständig entwikkelt, wenn das soziale Umfeld des Traumatisierten unfähig ist, mit dem Trauma umzugehen, dem Traumatisierten nicht das zuteil werden läßt, was er als gerecht empfindet, ihn gar stigmatisiert oder ausstößt. So sind für viele KZ-Opfer die Behandlungen, die sie als Zeugen in NS-Prozessen über sich ergehen lassen mußten, oder ihre vergeblichen Bemühungen um Entschädigungszahlungen desaströs gewesen.[27] Jonathan Shay weist darauf hin, wie sehr Vietnamkriegsveteranen – er vergleicht sie ausdrücklich mit den deutschen Soldaten nach 1918 – das Gefühl haben, sowohl um den Sieg betrogen worden zu sein als auch für ihre Leiden nicht die genügende gesellschaftliche Anerkennung gefunden zu haben.[28] Der Erfolg des Filmes *Rambo I* beruht auf der Thematisierung dieses Gefühls: Ein Kriegsheimkehrer wird von der Gesellschaft ausgestoßen und demonstriert in den sich anschließenden bewaffneten Auseinandersetzungen mit der Polizei, daß er, wenn es nur auf ihn angekommen wäre, den Dschungelkrieg hätte gewinnen können. Am Ende bricht er weinend zusammen und wird von seinem ehemaligen Vorgesetzten ins Gefängnis eskortiert.

Man kann den Erfolg, den die Friedensbewegung in den USA hatte, damit in Zusammenhang bringen, daß kein konkurrierender Wert in wirklich überzeugender Weise gegen den wachsenden Unwillen einer Bevölkerung, sich einem Krieg zu unterziehen, bestehen

---

27 Vgl. Hans Keilson, Sequentielle Traumatisierung bei Kindern, Stuttgart 1979; Christian Pross, Wiedergutmachung. Der Kleinkrieg gegen die Opfer, Frankfurt/M. 1988.

28 Shay sagte, er »wüßte, daß es sich hier um eine sehr sensible Frage handele, die viele Veteranen stark errege. Er [der Patient] grinste mich nicht sehr freundlich an und zog einen Finger quer über seinen Hals. ›Sie würden mir wohl am liebsten die Gurgel durchschneiden?‹ fragte ich ihn. Seine Reaktion war unmißverständlich.« (Shay, a. a. O., S. 40)

konnte, zumal da die Medien demonstrierten, daß die Ideale, für deren Aufrechterhaltung oder Wiedereinrichtung man angeblich kämpfte, in diesem Krieg selber gründlich zerstört wurden. Man wird vielleicht sagen können, daß die traumatisierten Vietnamkriegsveteranen unter diesen gesellschaftlichen Rahmenbedingungen doppelt gelitten haben: nicht nur nach ihrer Heimkehr, sondern auch während des Krieges durch die Verletzung des moralischen Rahmens, den zu bewahren sie meinten angetreten zu sein. Anders gesagt: Hätten die USA den Vietnamkrieg als einen Ausrottungskrieg gegen alle Vietnamesen geplant und geführt und wäre dieses Kriegsziel wenigstens mehrheitlich gebilligt worden, so wären möglicherweise die traumatischen Auswirkungen des Kriegsgeschehens auf die Soldaten geringer gewesen, der Krieg wäre noch brutaler geführt und möglicherweise gewonnen worden[29]; und mit Sicherheit wäre die Anerkennung für die Veteranen größer gewesen. Dieses Gedankenspiel führt zu einem fatalen Ergebnis: akzeptierte und darum radikalere Barbarisierung einer Gesellschaft belastet ihre Mitglieder wahrscheinlich weniger als der Versuch, kriegerische Gewalt auszuüben und gleichzeitig die Ideale einer friedlichen Gesellschaft intakt zu lassen.

An diesem Punkt können wir uns wieder der Ausstellung »Vernichtungskrieg« zuwenden. Sie dokumentiert den Krieg eines Staates, dessen zivile und militärische Führung vorsätzlich die meisten Werte außer Kurs gesetzt hatte, deren es bedarf, will man zwischen erlaubter und unerlaubter Gewalt in einem Krieg unterscheiden. Der Krieg der deutschen Wehrmacht im Osten war ein Ausrottungskrieg, in dem eine Mehrheit von Soldaten Kriegsverbrechen begangen hat, Zeuge von Kriegsverbrechen wurde oder

29 Für dieses Gedankenspiel lasse ich (im Grunde unzulässigerweise) die Konstellation des Kalten Krieges außer acht, obwohl ohne diese der Krieg nicht geführt worden wäre und nur innerhalb ihrer tatsächlich über einen möglichen anderen Ausgang spekuliert werden kann. Aber hier geht es nicht um eine historische, sondern um eine psychologische Spekulation, und da sei diese unvollständige Fiktion ausnahmsweise erlaubt.

wenigstens von ihnen wußte – soviel kann man, obwohl sich genaue Zahlen über Tatbeteiligungen nicht angeben lassen, wenigstens sagen. Die Verbrechen der Wehrmacht, die die Ausstellung belegt, sind nur zum geringen Teil jene Kriegsgreuel, über die etwa die oben zitierten Vietnamkriegsveteranen sprechen. Es handelt sich vielmehr um angeordnete, meist kaltblütig exekutierte Massenmordaktionen. Was die Teilnahme an solchen Verbrechen bei den Männern ausgelöst hat, die sie durchführten, wissen wir nicht, wir können aber, wenn wir die Ergebnisse, zu denen Christopher Browning und Daniel Goldhagen bei der Untersuchung des Reserve-Polizeibataillons 101 gelangt sind[30], verallgemeinern, annehmen, daß es der Mehrheit wenig ausgemacht hat und nur bei einer Minderheit etwas wie eine moralische Verstörung eingetreten ist. Aber das ist eine Vermutung. Wie die psychische Verbindung solcher Erlebnisse mit anderen potentiell traumatisierenden – Tod von Kameraden, Todesangst, Verwundung, Gefangenschaft – gewesen ist, wissen wir nicht.

Wir wissen aber, daß das Nachkriegsdeutschland die Weltkriegsveteranen gleichfalls weder als Helden heimkehren ließ noch ihrem Leid sonderlich viel Anteilnahme schenkte. Einmal, weil der Krieg verloren worden war. Zum anderen, weil im Vordergrund der Nachkriegsaufmerksamkeit das zivile Opfer stand: die Toten und Obdachlosen der Luftangriffe und die Vertriebenen. Drittens, weil es das gab, was Hermann Lübbe das »kommunikative Beschweigen« genannt hat. Die Verbrechen der Wehrmacht wurden zum größten Tabu der deutschen Nachkriegsgeschichte. Sie wurden durch ein kollektives Schweigen geleugnet, um den Preis, daß man ihren Veteranen den Heldenstatus nicht zuerkannte[31] und daß man

30 Christopher R. Browning, Ganz normale Männer. Das Reserve-Polizeibataillon 101 und die »Endlösung« in Polen, Reinbek 1996; Daniel J. Goldhagen, Hitlers willige Vollstrecker. Ganz normale Deutsche und der Holocaust, Berlin 1996.

31 Das gilt immer mit Blick auf die ganze Gesellschaft, nicht in bezug auf nostalgische Submilieus wie etwa die FDP der 50er Jahre, die ein Sammelbek-

das Leid der einzelnen Soldaten nicht thematisierte.[32] Über die Auswirkungen dieses Beschweigens auf den einzelnen wissen wir ebenfalls nichts. Aus dem, was aus der Forschung bekannt ist, müßte das kollektive Beschweigen für viele Veteranen gravierende Folgen gehabt haben: »Jeder schwere Schlag im Leben wird länger währende und ernsthaftere Konsequenzen haben, wenn es keine Gelegenheit gibt, sich mit anderen über das Geschehene auseinanderzusetzen. Gemeint ist hiermit eine Mischung aus einer formalen gemeinschaftlichen Zeremonie und dem informellen, emotionalen Erzählen der Geschichte gegenüber *anderen, mit denen ein sozialer Zusammenhalt besteht*, und die den Überlebenden nicht allein lassen, wenn es darum geht, mit dem Verlust fertig zu werden.«[33]

Über solche Folgen wissen wir nichts – wobei anzumerken ist, daß es keine Forschungen in dieser Richtung gegeben hat. Möglich also, daß unser Nichtwissen nichts anderes ist als wissenschaftliche Ignoranz infolge (und im Dienst) des kollektiven Beschweigens. Möglich aber auch, daß der Krieg, sehen wir von dem extremen Schicksal mancher Kriegsgefangener ab, für seine Soldaten wohl sehr selten Folgen gehabt hat, die auf schwere Traumatisierungen hätten schließen lassen. Sollte dies (und noch einmal: wir wissen es nicht!) der Fall gewesen sein, so ist ein Zusammenhang mit der Barbarisierung der deutschen Bevölkerung vor Kriegsausbruch und im Laufe des Krieges mit Sicherheit anzunehmen. Dann wäre das ein halbes Jahrhundert währende kollektive Schweigen über die Wirklichkeit des Zweiten Weltkrieges in der Sowjetunion und auf dem

ken ehemaliger SS-Männer wurde. Aber gerade an solchen Submilieus zeigt sich, daß sie gesamtgesellschaftlich erfolglos waren und auch (anders als etwa in Österreich) bald wieder zerfielen.

32 Es gibt Ausnahmen, wie etwa die Thematisierung von Stalingrad oder der Kriegsgefangenen in der Sowjetunion (etwa in dem TV-Mehrteiler *So weit die Füße tragen*), aber sie sind charakteristischerweise ins Mythische verschoben. Eine Konfrontation der Gesellschaft mit den Veteranen, die in ihr lebten, fand nicht statt.

33 Shay, a. a. O., S. 79f.

Balkan die Zeit gewesen, die die deutsche Gesellschaft gebraucht hat, den moralischen Rahmen wiederzugewinnen, in dem das Verbrechen des Vernichtungskrieges erst thematisiert werden konnte. Das pazifistische Ressentiment gegen einen differenzierenden Blick auf die Kriege dieses Jahrhunderts wäre dann in Deutschland eine Form der Weigerung gewesen, sich diese zivilisatorischen Normen wiederanzueignen.

Und auch Opas MG

Wolfgang Borchert als Veteran

Als die wichtigste Stimme der deutschen Nachkriegsliteratur ist Wolfgang Borchert von einem seiner Biographen bezeichnet worden. Ich habe vor einiger Zeit einmal versucht, anhand einer Analyse von *Draußen vor der Tür* herauszubekommen, was diese Stimme eigentlich zu sagen hat und warum sie bis heute so gern gehört wird.[1] Meine damaligen Ergebnisse, kurz zusammengefaßt: Die das Stück antreibende Emotionalität ist eine im wesentlichen adoleszente, das heißt eine, die dauernd zwischen dem Wunsch nach Aufbegehren und Unterkriechen schwankt, die noch nicht in der Lage ist, eigene Bindungen einzugehen und sich auf einen größeren sozialen Bereich als den familiären einzulassen, vielmehr die Zumutung, sich auf das Leben einzulassen, zurückweist und der schwindenden oder verloren geglaubten familiären Wärme nachtrauert. Diese emotionelle Grundierung ist nicht unplausibel für die Situation eines jungen Kriegsheimkehrers, für den es naheliegt, dem Erlebten mit regressiven Wünschen zu begegnen, aber sie ist natürlich keine gute Voraussetzung für eine politisch reflektierte Haltung dem tatsächlichen Geschehen gegenüber. Der Adoleszente neigt dazu, sich als Opfer zu sehen (»Niemand hat mich gefragt, ob ich leben wollte!«), er neigt auch dazu, die Dimension der individuellen Verantwortung für sich und sein Leben abzulehnen. Durch beides ist die Figur Beckmann in *Draußen vor der Tür* gekennzeichnet – und hierin liegt auch das Geheimnis des Erfolges von *Draußen vor der Tür*, das schon im Untertitel anfängt zu jammern: »Ein Stück, das kein Theater spielen und kein Publikum sehen will«, geschrie-

1 Vgl. Jan Philipp Reemtsma, Generation ohne Abschied. Wolfgang Borchert als Angebot, in: ders., Der Vorgang des Ertaubens nach dem Urknall, Zürich 1995, S. 24ff.

ben zu einem Zeitpunkt, zu dem klar war, daß das dem Stück vorausgegangene Hörspiel ein Riesenerfolg gewesen und die Theateraufführung garantiert war.

Draußen vor der Tür lieferte die Formeln und Bilder, mit deren Hilfe sich ein deutsches Publikum von seiner Vergangenheit lossagen konnte, ohne die Frage nach Verantwortung und Schuld stellen, geschweige denn beantworten zu müssen. Aus dem Vernichtungskrieg gegen die Bevölkerung der Sowjetunion kehrte ein Landser mit Gasmaskenbrille zurück, den allein der Gedanke an seine toten deutschen Kameraden um den Schlaf brachte; statt der sechs Millionen ermordeter Juden beschäftigt ihn allein das in den Selbstmord getriebene Ehepaar Beckmann.

Ich habe dann die Stimmung von *Draußen vor der Tür* mit expliziten politischen Äußerungen Borcherts verglichen, und es ergab sich eine deutliche Korrespondenz: Borchert war, wenn man abstreicht, was der Mythos hinzugetan hat, eigentlich alles andere als ein politischer Mensch. Einen Komödianten hat Rühmkorf ihn genannt, einen romantischen Schwärmer. Was ihm die Nazi-Justiz angetan hat, hat sie nicht einem Oppositionellen oder einem Widerständler angetan, sondern einem Leichtsinnigen. Einem, der leichtsinnig – und redlich – genug gewesen ist, seinen weniger politisch reflektiert als vegetativ empfundenen Widerwillen gegen das NS-Regime deutlich werden zu lassen. Borcherts politische Haltung nach 1945 ist nicht die eines Menschen, der die Niederlage eines feindlichen Regimes überlebt hat. Es ist erstaunlich, wie ungebrochen Borchert, den die Nazis doch beinahe zerbrochen hatten, Deutscher und Patriot ist.

Von einer Auseinandersetzung mit der nationalsozialistischen Vergangenheit hält Borchert nahezu programmatisch nichts: »Wenn es möglich ist, Vergangenheit zu tilgen, dann soll man es immer tun.« Nein, das meint nicht den Bruch mit der Vergangenheit, sondern wirklich das eine: Schwamm drüber. In einem Interview, kurz vor seinem Tod in der Schweiz gegeben, sagt er auf die Frage, ob er den Eindruck habe, »daß Deutschland den Nationalsozialismus und Militarismus überwinden wird«: »Solange an

Deutschlands Grenzen Paraden marschiert und nationale Sicherheiten gefordert werden, kann man über die Frage nicht diskutieren.« Man höre: Solange die von Deutschland überfallenen und verwüsteten Länder im Falle einer neuen Souveränität Deutschlands auf Sicherheitsgarantien bestünden, könne in Deutschland nicht die Frage der Überwindung des Militarismus diskutiert werden. Hier zeigt sich, wie ein bloß deklamatorischer Pazifismus durchaus mit extremer nationalistischer Aggressivität einhergehen kann … Auf eine weitere Frage: »Wie definieren Sie die Begriffe ›Demokratie‹ und ›persönliche Freiheit‹?« antwortet Borchert so: »So lange die Zigarettenstummel fremder Militärmächte auf der Straße liegen (damit will ich nichts gegen die Zigaretten gesagt haben) und so lange ich 16seitige Fragebogen ausfüllen muß, um in einer Zeitschrift gedruckt zu werden, so lange ist es sinnlos, über Demokratie und persönliche Freiheit zu diskutieren.« Das erste zur Außen-, das zweite zur Innenpolitik. Hier wird die Larmoyanz und das ewige Gerede, die anderen ließen einen nicht, unmittelbar bösartig, und Borchert, Pazifist und später zum Repräsentanten des »anderen Deutschland« erklärt, unterscheidet sich in ihnen von keinem Schwadroneur an Stammtischen irgendwelcher Exnazis und Frontschweine.[2]

Ich bin dann noch auf den Text *Generation ohne Abschied* und die diesen Text betreffende Kritik, die sich Borchert von seinem Freund Martin Cordes hat anhören müssen, eingegangen – es lohnt sich, einen zweiten, genaueren Blick zu tun. Dieser Text mit der deklamatorischen Verwendung der ersten Person Plural hat ja – wie der explizit so genannte andere postum veröffentlichte – den Charakter eines Manifestes. In ihm versucht Borchert, die Summe seines Lebensgefühls zu ziehen und aller Welt deutlich zu machen, worum es ihm geht.

Fangen wir mit dem Titel an: Was heißt eigentlich *Generation ohne Abschied*? Der Titel ist (wie *Draußen vor der Tür*) ziemlich gut, er prägt sich ein, er bekommt durch seine Prägnanz etwas Plau-

2 Ebd., S. 56ff.

sibles, das er allerdings verliert, wenn man genauer über ihn nachdenkt. Was soll das sein, eine *Generation ohne Abschied*? Rein grammatisch gesehen – ich weiß, daß das bei Borchert riskant ist (»Wir brauchen keine Dichter mit guter Grammatik!« – nun, intakte würde reichen) – heißt *Generation ohne Abschied*: eine Generation, die nicht verabschiedet worden ist, ihren Abschied nicht erhalten hat. Eine Generation in Waffen, »stand-by« sozusagen? Nein, denn doch nicht. Gemeint ist eine Generation, deren Angehörige sich nicht ordentlich verabschieden können, weil sie sonst von ihren Gefühlen übermannt würden: (»Wir können keinen Abschied leben, wir dürfen es nicht … (sonst) könnte es geschehen, daß unsere Tränen zu einer Flut ansteigen würden …«[3] (GW, 59).

Warum? Und: Warum ist das bemerkenswert? Das Wort Abschied bündelt gleichsam alles andere, was dieser Generation außerdem fehlt. Borchert nennt: Bindung, Tiefe, Glück, Grenze, Hemmung, Behütung, Gott, Vergangenheit, Anerkennung, Spur, Heimkehr – das klingt ziemlich zusammengewürfelt, und nur die Beschwörung des »Wir sind eine Generation ohne Abschied« – sechsmal auf zwei Seiten – hält das zusammen. Die *Generation ohne Abschied* ist mithin eine beraubte Generation. Sie hat, systematisieren wir das mal, keine Heimat mehr und konnte auch nicht wieder heimkehren, sie ist ihrer Vergangenheit beraubt und hinterließ keine Spur, sie verlor dabei ihre Ideale (Gott) sowie ihr Glück, nämlich Bindungsfähigkeit, Anerkennung, Behütetsein. Sie ist darum oberflächlich, weiß um Grenze nicht noch Hemmung. Sie ist, plan gesprochen, ziemlich asozial.

Was Borchert beschreibt, ist – der Befund der Analyse von *Draußen vor der Tür* bestätigt sich – eine Generation, die aus der Familie und deren Obhut verstoßen ist und nicht wieder in ihre Mitte zurückkehren kann. Sie ist all dessen verlustig gegangen, wofür die Familie und ihre Bindungskraft stand. Normalerweise würde einem solchen Verlust, der das Normalste von der Welt ist (vom Welt*krieg*

---

3 Wolfgang Borchert, Das Gesamtwerk, Reinbek 1996; hier zitiert als: GW.

reden wir noch nicht), etwas entsprechen: der Abschied, der Abschied von der Familie. Der Abschied, der dadurch möglich wird, daß man alt genug geworden ist, sich selbständig in der Welt zurechtzufinden, sein Glück nicht mehr nur zu empfangen, sondern zu machen, alt genug, Bindungen aufgeben zu können, um neue einzugehen, Behütungen entbehren zu können, um fähig zu werden, anderen Schutz versprechen zu können – und so fort. *Generation ohne Abschied* meint, daß dieser Schritt nicht selbständig getan, sondern die Ablösung von der Familie nur erlitten wird.

Sie wird gleichwohl nicht geleugnet, sondern als Tatsache festgehalten. Und nun? Plötzlich nimmt der Text eine Wendung, wird anders im Ton, sonderbar optimistisch: »Aber wir sind eine Generation der Ankunft ... voller Ankunft zu einem neuen Lieben, zu einem neuen Lachen, zu einem neuen Gott. Wir sind eine Generation ohne Abschied, aber wir wissen, daß alle Ankunft uns gehört.« (GW, 60f.) Dieser Ton hatte Martin Cordes so hellhörig wie mißtrauisch gemacht: »... dann las ich *Generation ohne Abschied*, und das schlug dem Faß den Boden aus! Gemach: ich erkenne die negativen Feststellungen in dem Stück durchaus an – Ihr seid eine Generation ohne Gott. Das aber, was Ihr da erlebt habt, ist doch in einer Richtung gelebt, nämlich der Bindung an Euch selbst! Jeder sucht das Seine, nicht den oder die Anderen oder gar das Glück der Anderen. Ihr erlebtet Euer Ich ›unter der Kathedrale von Smolensk ..., in der Normandie ..., am finnischen See, auf einem Gut in Westfalen‹. Und nun? Was bleibt an Erkenntnis? Schuld? Nein. Selbstgefühl! ›Wir sind eine Generation der Ankunft ... auf einem neuen Stern, in einem neuen Leben.‹ Ja, wird man denn dort wenigstens bleiben, beglückt und beglückend? Wohl kaum. ›Wir wissen, daß alle Ankunft uns gehört.‹ Das geht also ewig so weiter: ›Denn heute gehört uns Deutschland und morgen die ganze Welt‹ ...«[4]

Tut Cordes Borchert unrecht? Borcherts Antwort war bemerkenswert in ihrer Ignoranz. Sie verteidigt das Lied. Es habe ur-

4 Zitiert aus: Jan Philipp Reemtsma, Generation ohne Abschied, a. a. O., S. 58.

sprünglich »denn heute hört uns Deutschland« geheißen und sei im übrigen ein Lagerfeuerlied wie viele, die auch anderswo gesungen würden. Borchert hatte nicht verstanden, was Cordes so entsetzte und was ihm die Assoziation eingegeben hatte. Daß Borchert in *Generation ohne Abschied* die Begegnungen an ehemaligen Kriegsschauplätzen (Smolensk, Normandie) hatte stattfinden lassen, ohne auch nur einen Gedanken daran zu verschwenden, daß es hier keine einfachen Begegnungen zwischen Generationsangehörigen geben konnte – so wenig eine Begegnung wie eine Ankunft auf einem neuen Stern. Borcherts Geste, die verbrannte Erde und die Massengräber in eine Tabula rasa für Teenagertreffen zu verwandeln, konnte Cordes nicht akzeptieren – zu Recht. Und er argwöhnte hinter ihr eine jugendliche Unbefangenheit, wie sie auch die HJ ausgezeichnet hatte – denn daß der Nationalsozialismus eine sehr jugendliche Bewegung gewesen war, sehr getragen vom »Wir sind die neue Zeit« und »Jetzt wollen wir's den alten Säcken mal zeigen«, vergißt man leicht. »Ohne Hemmung« seien sie, sagte Borchert, und das ist, wie ich hinzufügen möchte, immer ein schlimmes Zeichen.

Ein Blick in den Text mit dem plakativen Titel *Das ist unser Manifest*. Er beginnt mit »Helm ab Helm ab«, und nicht »zum Gebet«, sondern: »– wir haben verloren!« (GW, 308) Gut, das war nicht zu übersehen damals, und eine Dolchstoßlegende stand nicht zur Verfügung. Borchert unternimmt eine Bestandsaufnahme der Gefühle des Kriegsheimkehrers angesichts des geschlagenen Deutschland. Mich interessiert eine Passage besonders: »… kein General sagt mehr Du zu uns vor der Schlacht. Vor der furchtbaren Schlacht.

Wir werden nie mehr Sand in den Zähnen haben vor Angst. (Keinen Steppensand, keinen ukrainischen und keinen aus der Cyrenaika oder den der Normandie – und nicht den bitteren bösen Sand unserer Heimat!) Und nie mehr das heiße tolle Gefühl im Gehirn und Gedärm vor der Schlacht.

Nie werden wir wieder so glücklich sein, daß ein anderer neben uns ist. Warm ist und da ist und atmet und rülpst und summt – nachts auf dem Vormarsch …

Und wenn nachts einer weinen muß, kann er es wieder. Dann braucht er nicht mehr zu singen – vor Angst.« (GW, 308f.)

Borchert beschreibt den Gefühlsmix des Soldaten: nur mühsam ertragene einer- und andererseits genossene Nähe des Mitsoldaten; Angst vor Tod oder Verwundung *und* das »heiße tolle Gefühl«, das das Töten anderer Menschen mit sich bringt. Wer die Schlachtbeschreibungen Ernst Jüngers liest, wird auf dasselbe stoßen. Die Angst derjenigen, die im Graben oder auf dem Acker unter Feuer liegen, das Umkippen der Angst in Euphorie und Aggression, das »sich beinahe in die Hosen machen« und das »Auf sie mit Gebrüll!«. Jünger beschreibt diesen Vorgang immer wieder, als könne man süchtig werden nach ihm. Möglicherweise kann man.

In dieser Stimmung werden Heldentaten vollbracht, kämpft der Soldat mit »Todesverachtung«, knallt oder sticht er nieder, was ihm in die Quere kommt. Diese Stimmungen werden erinnert mit Worten wie »Blei in die Fresse gepumpt« oder »sie rannten wie die Hasen«. Die Kehrseite ist natürlich das Erlebnis, wenn man selbst rennen muß wie ein Hase, wenn die Aggression in Panik umkippt: »Wovon unser Herz rast? Von der Flucht. Denn wir sind der Schlacht und den Schlünden erst gestern entkommen in heilloser Flucht. Von der furchtbaren Flucht von einem Granatloch zum andern ...« (GW, 311)

Man muß das nicht wörtlich nehmen als Erlebnisbericht. Die Schlachterfahrungen Borcherts waren begrenzt. Aber er schreibt wie ein Frontroutinier. Er macht sich zur Stimme eines ihm wahrscheinlich im Grunde Fremden. Wir werden gleich sehen, was ihn da anzieht – er will in diesem Ton den Erwachsenen simulieren. Für die Wirkung Borcherts ist das aber gleichgültig. Für die Wirkung ist nur bedeutsam, daß er den Ton traf. Nicht ob er das »heiße tolle Gefühl« wirklich selbst erlebt hatte, wohl aber, daß er von ihm schrieb ohne Zögern, affirmativ, selbstverständlich, Gemein- und Kameradschaft stiftend, mit der es in der Wirklichkeit so weit her nicht gewesen sein mußte.

Den Kriegsheimkehrer läßt der Krieg nicht los. »Und die Nacht ist voll Tod: Unsere Nacht. Denn unser Schlaf ist voll Schlacht.

Unsere Nacht ist im Traumtod voller Gefechtslärm. Und die nachts bei uns bleiben ..., die wissen das und morgens sind sie noch blaß von der Not unserer Nacht. Und unser Morgen ist voller Alleinsein. Und unser Alleinsein ist dann morgens wie Glas. Zerbrechlich und kühl. Und ganz klar. Es ist das Alleinsein des Mannes.« (GW, 310f.) Ach ja. Es ist wie so oft bei Borchert. Ein, zwei gute Sätze, und dann: si tacuisses. Aber die Stelle ist natürlich auch bezeichnend. Der Heimkehrer ist in der Schlacht zum Mann geworden. Die Alpträume weisen ihn aus. Die Einsamkeit »am Morgen danach« adelt ihn. Doch, so muß man hinzufügen, er bekennt auch, daß er mit ihr nicht gut leben kann: »Es ist das Alleinsein des Mannes. Denn wir haben unsere Mütter bei den wütenden Kanonen verloren.« Die Mütter – es klingt so wunderlich in dem Zusammenhang, aber man muß eben stets die grandios regressive Stimmung mitdenken, in die sich Borchert immer wieder hineinschreibt. Doch er weiß, daß der Wunsch, unter Mutters Röcken zu verschwinden, unrealistisch ist. Was also ist zu tun, wenn man doch von ihm nicht lassen möchte? Man promoviert das Elend zum Ausweis der Größe, und es handelt sich um jenen Identitätsausweis des Adoleszenten, den er gerne mit Ecce-Homo-Allüre vorweist: »Es ist das Alleinsein des Mannes ... Eisig einsam. Erbärmlich. Groß ... Du selbst.« (GW, 310f.)

Von der *Persönlichkeitsentwicklung* her gesehen ist das der Versuch, ein Leben auf dem Niveau eines Fünfzehn- bis Siebzehnjährigen zu führen – und Prosa zu schreiben, wäre hinzuzufügen. Für den *Kriegsheimkehrer* das Programm, die erlittene Verstörung (denn nur von ihr ist die Rede, nicht vom anderen zugefügten Leid) zu konservieren, weil der Versuch, sie zu überwinden, Abschied zu nehmen, auch Abschied bedeutet von Erinnerungen, die man sich gerne ungetrübt bewahren möchte. Für die *Generation* das Programm, den gegenwärtigen Geisteszustand zu bewahren, um sich nicht Fragen ausgesetzt zu sehen, die dann doch Begriffe wie Schuld und Verantwortung mit sich führen müßten. – Diese dreifache Stimme ergibt eine einheitliche Stimmung: eines spricht für das andere. Allerdings auch eine einförmige, und das liegt an der Gefühlsmonotonie: es ist im Grunde stets dieselbe Stimme, die der Erstarrung im Status quo als dem Ort der ewigen, um Rühmkorf zu zitieren, Jammertirade.

Dieses emotionale wie intellektuelle Programm der Erstarrung im Status quo plus Larmoyanz überführt Borchert in eine erstaunliche Emphase der Affirmation. Aus ihm heraus singt er sein »Deutschland über alles!«: »Denn wir lieben diese gigantische Wüste, die Deutschland heißt. Dies Deutschland lieben wir nun. Und jetzt am meisten. Und um Deutschland wollen wir nicht sterben. Um Deutschland wollen wir leben ... Dieses bissige, bittere, brutale Leben. Wir nehmen es auf uns für diese Wüste. Für Deutschland. Wir wollen dieses Deutschland lieben wie die Christen ihren Christus: Um sein Leid.« (GW, 313)

– Weil Deutschland sein Blut für alle Welt vergossen hat? Das Leid der Welt auf sich genommen? Das ist so lächerlich wie dumm, ein Denken auf der Affektgrundlage General Jodls bei der Unterzeichnung der bedingungslosen Kapitulation in Reims, als er bemerkte, kein Volk auf der Erde habe gelitten wie das deutsche. Und es geht, wie immer bei Borchert, weiter, und zwar Schlag auf Schlag (alle Zitate GW, 314):

– »Wir wollen diese Mütter lieben, die Bomben füllen mußten – für ihre Söhne.« Man denke. »Wir müssen sie lieben um dieses Leid.« Und um das Leid, das diese Bomben in Guernica, Coventry, Belgrad verursacht haben, sollen wir sie vermutlich auch lieben; denn es war doch auch der Söhne wegen.

– »Und die Helden, die Hölderlinhelden, für die kein Tag zu hell und keine Schlacht schlimm genug war – wir wollen sie lieben um ihren gebrochenen Stolz, um ihr ungefärbtes heimliches Nachtwächterdasein.« Umgefärbt? Gemeint ist der Ex-»Goldfasan« oder SS-Mann, der sich im Versteck hält. Borchert will ihn lieben.

– »Und das Mädchen, das eine Kompanie im nächtlichen Park verbrauchte und die nun immer noch Scheiße sagt und von Krankenhaus zu Krankenhaus wallfahrten muß – um ihr Leid.« Ihr Leid. Und doch läßt die Grammatik – »wir brauchen keine Dichter mit guter Grammatik« (schon recht, aber wie wäre es mit eindeutiger?)

– offen, wer wen verbrauchte, und so bleibt nur die Landserzote übrig.
– »Und den Landser, der nun nie mehr lachen lernt –« – und – da fehlt doch noch einer? Ach ja, der Heldengroßvater: »und den, der seinen Enkeln noch erzählt von einunddreißig Toten nachts vor seinem, vor Opas M. G. –« – Einunddreißig Tote vor Opas MG.

Und nachdem wir nun also auch den Opa lieben, der im Kreise seiner Enkel von den umgemähten Iwans schwärmen darf – vielleicht waren es ja auch die Kriegsgefangenen, deren Baracke die Soldaten zunächst in Brand steckten, um dann die, sie sich retten wollten, auf der Flucht zu erschießen? – nachdem wir also auch diesen Heldengroßvater lieben sollen, wäre ja die Bagage komplett, das ganze Deutschland soll es sein: »Denn sie sind Deutschland. Und dieses Deutschland sind wir doch selbst. Und dieses Deutschland müssen wir wieder bauen«, von Hölderlin bis Höß, nein, Pardon, nur bis Baldur von Schirach: »Horch hinein in den Tumult deiner Abgründe. Erschrickst du? Hörst du den Chaoschoral aus Mozartmelodien und Herms Niels-Kantaten? Hörst du Hölderlin noch? Kennst du ihn wieder, blutberaucht, kostümiert und Arm in Arm mit Baldur von Schirach? Hörst du das Landserlied? Hörst du den Jazz und den Luthergesang?« (GW, 311)

Nun ja, gegen die Zigaretten und den Jazz war nichts zu sagen, soweit läßt man sich die Besatzung gefallen. Das wirbelt so alles durcheinander – und *daß* es durcheinanderwirbelt, ist der Einwand nicht, denn so sah und sieht es aus in manchen Köpfen, und das zu schildern, könnte der blanke Realismus sein. Es ist aber die blanke Affirmation – ein Lebensgefühl wird präsentiert, ein Lebensgefühl ohne Reflexion, ohne die Chance zur Distanz. Der Text gibt diese Chance nicht, *er* wirbelt alles durcheinander und erzeugt Stimmung. Stimmung der Affirmation, des Trotz-alledem-Deutschland: Wir wollen es lieben – und wir wollen es wieder bauen, inklusive Baldur von Schirach. Und da zeigt sich eben der Sinn der Wortfolge *Generation ohne Abschied* – eine Generation, zu deren Sprecher sich Wolfgang Borchert macht, will keinen Abschied nehmen von der Volksgemeinschaft, deren Teil sie gewesen ist.

Ebensowenig wie der Sohn aus der Familie will. Darum paßt der Ton der Adoleszenz auf den Nachkriegston – beide Male will an einer Gemeinschaft, in der der einzelne dem Wahn nachhängen darf, geborgen zu sein und keine Verantwortung zu tragen, festgehalten sein. Festgehalten um den Preis, allerlei liebend in Kauf nehmen zu müssen – einen Preis, den der Text trotzig entrichten möchte.

Wäre Borchert allein in diesem fatalen Sinne als »wichtigste Stimme der deutschen Nachkriegsliteratur« zu bezeichnen, als charakteristische nämlich für das Ineinander von Bruch und Kontinuität, das Den-Krieg-satt-Haben einer- und die Weigerung über seine Wirklichkeit nachzudenken andererseits? Die Unfähigkeit oder besser noch Unwilligkeit, den nötigen Aufbau anders denn als *Wieder*aufbau zu denken? Hitler war man los, von der Volksgemeinschaft wollte man nicht lassen in Trotz und Larmoyanz. Oder tut diese Lesart Borchert Unrecht, weil sie sich dem historischen Abstand verdankt und man hinterher immer klüger ist? Nun, einmal gab es auch 1947 andere Stimmen, auch literarisch. Und zweitens stimmt es ja, daß man hinterher klüger ist oder doch jedenfalls die Chance hat, es zu sein. Wer würde dafür plädieren, diese Chance nicht zu nutzen?

Oder wäre es so, daß die vorgeschlagene Lesart die Komplexität der Texte mißachtete und dort platt und oberflächlich läse, wo er doch subtiler, differenzierter zu lesen nötigte? Kaum. Borchert schreibt wie einer, der ganz vorne an der Bühne steht und dessen Standpunkt ihm gar keine Chance zu einer Bemerkung sotto voce oder »beiseite« läßt. Der Text heißt *Das ist unser Manifest*, und so spricht er auch. Die Wörter sind alle auf derselben Ebene, schon das Übergewicht der Bei- und Unterordnungen zeigt, wie der Text gelesen oder gesprochen sein will.

Aber: Ich will Wolfgang Borchert nicht über den Leisten schlagen, den er uns in einigen – und in einigen seiner wirkungsträchtigsten Texte – hinhält. In anderen Texten klingt es anders: im Rundumgang der *Hundeblume*, im Marschtakt *Die lange lange Straße lang*. Da zeigt sich etwas ganz anderes als das Lamentieren und Indie-Brust-Werfen von *Manifest* und *Generation ohne Abschied* und eine ganz andere artistische Kompetenz als in der ästhetischen Katastrophe *Draußen vor der Tür*. Borchert ist kein eindeutiger Fall. Ihn als Ausdruck der Mehrdeutigkeit seiner Generation zu lesen würde zwar heißen, endgültig Abschied zu nehmen von der ohnehin nicht probehaltigen Lamettagestalt, der Hamburg noch heute Denkmäler setzt, aber es würde ihm gerecht.

(Und – an alle Borchert-Verehrer –: wäre das nicht die Voraussetzung dafür, ihn überhaupt einmal zu respektieren?)

Krieg und Nachkrieg

Rede zur Eröffnung der Ausstellung »Vernichtungskrieg. Verbrechen der Wehrmacht 1941 bis 1944« in München

Ehre, Endorphine, Staub, Heldentum, Routine – Krieg: ist für die, die ihn führen, für die, die ihn erdulden, für die, die ihn erleben – es läßt sich nicht auf einen Begriff bringen: Katastrophe oder Bewährungsprobe, Leid, Abenteuer, Blut, Metall, Kot, Feuer, Verwundung, Verwesung, Triumph, Alkohol, Urin, Schmerz, Tod, Mord – für den Sozialwissenschaftler ist Krieg ein Gesellschaftszustand. Wie für den zivilen ist für den kriegerischen Zustand einer Gesellschaft von Belang, was in ihr als Verbrechen gilt, welche Grenzen sie zwischen erlaubtem und unerlaubtem Verhalten zieht – auf dem Papier, auf das solche Regeln geschrieben werden, und tatsächlich.

Wenn in einer Gesellschaft das – wie man sagt – »Verbrechen überhandnimmt«, fragt man sich, was da schiefgegangen sei. Man versucht zu verstehen, was eine Eskalation in jene Richtung möglich gemacht haben mag, in der wir Abscheulichkeiten sehen müssen, vor denen wir lieber die Augen verschlössen. Hierbei handelt es sich nicht um einen empirischen Befund (»Der Normalzustand ist ohne Verbrechen« [denn er ist es nicht] / »Das Verbrechen ist die Ausnahme« [das muß es nicht sein]), sondern um eine hermeneutische Anweisung: »Verstehe den vom Verbrechen abgegrenzten Zustand als Regel, das Verbrechen als erklärungsbedürftige Ausnahme, und versuche, es aus Funktionsdefiziten des Normalzustandes zu erklären.«

Angesichts unseres Jahrhunderts wird man feststellen, daß man mit dieser hermeneutischen Regel in Schwierigkeiten gerät. Der »totale Krieg«, wie er von Ludendorff erst in der Praxis, dann in der Theorie angestrebt, wie er von Ernst Jünger in seiner Phantasie von der »totalen Mobilmachung« herbeigewünscht und in den *Kaukasischen Aufzeichnungen* mit Entsetzen erblickt wurde, wie er, nachdem von Hitlers Wehrmacht längst praktiziert, von Goebbels schließlich ausgerufen worden war, ist darum »total«, weil er das Vorhaben, eine Grenze zwischen erlaubt und unerlaubt zu ziehen, aufhebt.

Der Krieg der deutschen Wehrmacht im – pauschal gesprochen – »Osten« ist kein Krieg einer Armee gegen eine andere Armee gewesen, sondern er sollte der Krieg gegen eine Bevölkerung sein, von der ein Teil – die Juden – ausgerottet, der andere dezimiert und versklavt werden sollte. Kriegsverbrechen waren in diesem Kriegsnicht Grenzüberschreitungen, die erklärungsbedürftig sind, sondern das Gesicht dieses Krieges selbst. Der Terminus »Kriegsverbrechen« ist aus einer Ordnung entliehen, die von Deutschland außer Kraft gesetzt worden war, als dieser Krieg begann. Darum heißt diese Ausstellung – und das Buch, auf dem sie beruht – »Vernichtungskrieg«. Und nur im Untertitel »Verbrechen der Wehrmacht«.

Doch dieser Untertitel macht die Brisanz dieser Ausstellung in diesem Land aus. Warum ist die Wehrmacht der Bevölkerungsteil, dessen Rolle in den Jahren 1933 bis 1945 zu diskutieren nach wie vor so schwierig ist? Warum wurde diese Ausstellung, die zwar die erste ihrer Art ist, aber Material verwendet, das Historikern nicht unbekannt ist, die belegt, was andere zuvor und manche, wenige, ähnlich entschieden vorgetragen haben, schon vor ihrer Eröffnung in Hamburg im Frühjahr 1995 als derartige Erschütterung eines Selbstbildes wahrgenommen?

Ich denke, es liegt daran, daß man sich angesichts der nationalsozialistischen Vergangenheit mit der Frage herumzuschlagen gewöhnt hatte, wie »ganz normale Menschen« (in der Regel Männer, aber nicht nur) »so was« tun konnten. Man hatte sich auf das Problem konzentriert, wie und wo die Normalität die Grenze zur Barbarei überschreiten konnte. Und man hatte dabei die Frage vermieden, wo und wie die Barbarei zur Normalität, zuweilen zur Norm werden konnte.

Sie ist es aber geworden. Und das zeigt die Ausstellung. Von der Kriegsplanung, die »zig Millionen« Hungertote vorsieht, weshalb man hier nicht von Folgen eines Krieges, der sich »aus dem Lande« ernähren muß, sprechen kann, sondern vom Hungertod als Kriegsziel, bis zum Verfasser eines Feldpostbriefes, der sich darüber freut, daß man vom Erschießen zum Totschlagen mit Spaten übergegangen sei.

Es hat die Nürnberger Ärzteprozesse gegeben. Mitscherlich und Mielke sind wegen ihres Berichts *Medzin ohne Menschlichkeit* geächtet worden – doch nur auf Zeit. Die Rede von den »furchtbaren Juristen« ist akzeptiert. Die Deutsche Bank – noch vor wenigen Jahren war die Veröffentlichung des Berichtes der US-Militärverwaltung über ihre NS-Aktivitäten ein Skandal – öffnet ihre Archive; andere Unternehmen, Daimler-Benz, VW wären zu nennen. Aber »die Wehrmacht« ist nicht nur eine Institution – obwohl es sie ja gar nicht mehr gibt –, sondern in wesentlich diffuserer Weise als ein Betrieb, eine Standesorganisation, eine Terroreinheit Teil der Bevölkerung. »Verbrechen der Wehrmacht« sind von der Formulierung her potentielle Verbrechen des Jedermann, Verbrechen von jedermanns Mann, Vater, Bruder, Onkel, Großvater.

Zu zeigen, wie wenig scharf gezogen diese Grenze zwischen Normalität und Verbrechen war und wie weit verbreitet die freudige und freiwillige Beteiligung am Massenmord – denn die Ahndung der hier und dort vorgekommenen und der in einzelnen Fällen sehr entschiedenen Verweigerung verbrecherischer Befehle hat es ja allenfalls in Ausnahmefällen gegeben –, ist diese Ausstellung da. Sie behauptet *nicht*, daß *jeder* Wehrmachtsangehörige jene Grenze überschritten habe, die die Haager Landkriegsordnung zog, *oder* sich in jener Grenzenlosigkeit *wohl gefühlt* habe, die das Konzept des totalen Krieges eröffnet.

Krieg ist ein Gesellschaftszustand. Krieg ist ein Gesellschaftszustand, der fortdauert, der hineinwirkt in die Gesellschaft, auch wenn diese nach außen hin an keiner Front mehr kämpft. Soldaten kommen nach Hause. Im Falle Deutschlands kamen sie auf der Flucht, nach der Kapitulation, bald – oder erst nach Jahren – aus der Kriegsgefangenschaft. Alle als Geschlagene, viele verwundet, manche als Invaliden, alle mit Erinnerungen. Erinnerungen, die kaum einer hören wollte und die auf den Umkreis des erweiterten Stammtisches, der Heftchenliteratur, Militarialäden und, immer mal wieder, die eine oder andere Illustriertenserie und wenige Generalsmemoiren beschränkt bleiben mußte – Subkultur mit Konsalik. Versuche, eine Veteranenkultur aufzubauen wie nach dem Ersten Weltkrieg, scheiterten, anders als etwa in Österreich. Es war wie ein Vertrag: Schweigt von euren Heldentaten, und wir wollen von euren Verbrechen schweigen. So wurde auch – von innerfamiliären Ausnahmen abgesehen – von den persönlichen Erinnerungen geschwiegen.

Gestützt wurde dieser stillschweigende Vertrag über das Stillschweigen durch den Umstand, daß der Generalstab und das Oberkommando der Wehrmacht im Hauptkriegsverbrecherprozeß in Nürnberg 1946 nicht verurteilt worden sind. Bis heute wird dieser Umstand als Freispruch gehandelt. Tatsächlich führt das Urteil aus: »... daß Einzelprozesse gegen diese Offiziere den hier verfolgten Zweck besser erreichen würden«, zudem seien weder der Generalstab noch das OKW eine »›Gruppe‹ im Sinne der im Artikel 9 des Status gebrauchten Bezeichnungen« – sie seien nichts weiter als »eine Ansammlung von Militärs, eine Anzahl von Personen, die eben gerade in einem gegebenen Zeitpunkt hohe militärische Stellungen einnehmen«. Wer Mitglied einer »Gruppe« oder »Organisation«, verbrecherisch oder nicht, werde, müsse beim Eintritt in diese das Bewußtsein gehabt haben, »irgendwo beizutreten«.[1] Das sei weder beim OKW noch beim Generalstab der Fall gewesen. Dort sei man eben gewissermaßen gelandet. Unabhängig von dieser juristischen Würdigung des *Status einer Gruppe* heißt es weiter: »Obwohl der Gerichtshof der Meinung ist, daß die im Artikel 9 enthaltene Bezeichnung ›Gruppe‹ etwas mehr bezeichnen muß als diese Sammlung von Offizieren, hat er viele Zeugenaussagen über die Teilnahme dieser Offiziere an der Planung und Führung des An-

1 Das Urteil von Nürnberg 1946, München 1996, S. 168f.

griffkrieges und an der Begehung von Kriegsverbrechen und Verbrechen gegen die Menschlichkeit gehört. Diese Aussagen sind mit Bezug auf viele dieser Offiziere klar und überzeugend. Sie sind in großem Maße verantwortlich gewesen für die Leiden und Nöte, die über Millionen Männer, Frauen und Kinder gekommen sind. Sie sind der Schandfleck für das ehrenhafte Waffenhandwerk geworden. Ohne ihre militärische Führung wären die Angriffsgelüste Hitlers und seiner Nazi-Kumpanen akademisch und ohne Folgen geblieben. Wenn die Offiziere auch nicht eine Gruppe nach dem Wortlaut des Statuts bilden, so waren sie doch sicher eine rücksichtslose militärische Kaste ... Viele dieser Männer haben mit dem Soldateneid des Gehorsams gegenüber militärischen Befehlen ihren Spott getrieben. Wenn es ihrer Verteidigung zweckdienlich ist, so sagen sie, sie hätten gehorchen müssen; hält man ihnen Hitlers brutale Verbrechen vor, deren allgemeine Kenntnis ihnen nachweisbar wurde, so sagen sie, sie hätten den Gehorsam verweigert. Die Wahrheit ist, daß sie an all diesen Verbrechen teilgenommen haben oder in schweigender Zustimmung verharrten, wenn vor ihren Augen größer angelegte und empörendere Verbrechen begangen wurden, als die Welt je zu sehen das Unglück hatte ... Wo es der Sachverhalt rechtfertigt, sollen diese Leute vor Gericht gestellt werden.«[2]

Es hat einige, sehr wenige Prozesse gegeben. Die Rolle der Wehrmacht blieb – nicht, was einen kleinen Kreis von Fachhistorikern, sehr wohl aber was eine weite Öffentlichkeit anging – ein halbes Jahrhundert lang unthematisiert.

Wer diesen Umstand zu Recht moralisch verurteilt, sollte sich übrigens gleichzeitig fragen, ob dieses kollektive Schweigen nur negative Folgen gehabt hat. Tatsachen sind eine unordentlichere Angelegenheit, als es die Moral ist. Es kann etwas, das man zu Recht aus moralischen Gründen kritisiert, Folgen haben, die man nachträglich für gut halten kann. Vielleicht war ein öffentliches Schwei-

2 Ebd., S. 170f.

gen über die Verbrechen der Wehrmacht die einzige Möglichkeit des Gemeinwesens, von der Etablierung eines Feierkultes um gewonnene Schlachten des Ostfeldzuges verschont zu bleiben. Aber auch wenn man das Ergebnis akzeptieren mag, rechtfertigt doch dieses Akzeptieren nichts. Es verführt auch dazu, falsch zu verallgemeinern und die zu übersehen, die heute Briefe an das Hamburger Institut für Sozialforschung schreiben und fragen: Warum erst jetzt? Das sind die, die nach 1945 erzählen wollten, was wirklich geschehen war, und auf taube Ohren stießen. Auf einem der Videobänder, die Sie in dieser Ausstellung sehen können, werden Sie die Geschichte des Wehrmachtsfotografen Gerhard Gronefeld hören, für dessen Fotos nach dem Krieg sich kaum einer interessierte und die erst jetzt die Aufmerksamkeit auf sich ziehen, die sie verdienen.

Aber Sie haben auch die Stimmen der vielen anderen gehört, die sagen, diese Ausstellung verfälsche, verallgemeinere unzulässig – oder auch nur: das möge es da und dort gegeben haben, aber gesehen habe man solches nicht, allenfalls gehört, oder nicht einmal das. In dem Film *Jenseits des Krieges* von Ruth Beckermann, in dem Wiener Besucher dieser Ausstellung zu Worte kommen, gibt es einen ehemaligen Soldaten der Ostfront, der sich vor der Kamera mit einem anderen über das, was man gesehen habe oder habe sehen können, streitet. »Alles«, sagt dieser Mann, »was hier zu sehen ist, habe ich auch gesehen. Und meine Kameraden haben es auch gesehen. Aber als wir wieder zu Hause waren, da habe ich darüber sprechen wollen, aber es hat geheißen: ›Worüber redest du? Dergleichen haben wir nicht gesehen!« Er habe das nicht verstehen können, seine Kameraden hätten doch dasselbe gesehen wie er, er könne das bis heute nicht verstehen, und nun erlebe er in dieser Ausstellung dasselbe noch einmal: wieder behaupte einer, von nichts gewußt zu haben.

Natürlich gibt es Lügner, man soll nicht vorschnell psychologisieren. Aber sie sind vielleicht doch nicht ganz so zahlreich, wie man nach Betrachtung der Bilder und Lektüre der Texte in dieser Ausstellung meinen sollte. In der Autobiographie des Philosophen Paul Feyerabend findet sich folgende Passage: »Dann begann der Rückzug. Unterwegs sprengten wir alle Häuser, die wir fanden ... Zivilisten habe ich nur zweimal zu Gesicht bekommen. Einmal sah ich, wie ein riesiger Infanterist etwa zweihundert Meter von mir Zivilisten, Männer und Frauen in einen Keller drängte und dann eine Handgranate hinterherwarf. ›Warum macht er das?‹ fragte ein Soldat, der neben mir stand. Später erlebte ich, wie ein kleiner, gemein aussehender Kerl einen Zivilisten mit einem Kopfschuß umbrachte. Diese Ereignisse schockierten mich nicht, dafür waren sie viel zu seltsam. Aber ich habe sie behalten, und wenn ich heute daran denke, schaudert es mich.«[3]

»Diese Ereignisse schockierten mich nicht, dafür waren sie viel zu seltsam. Aber ... heute« – Feyerabend schreibt seine Memoiren angesichts des nahen Todes als letztes Lebensresümee – »schaudert es mich.«[4]

Da war – auf irgendeiner der Pressekonferenzen zu dieser Ausstellung – der ehemalige Soldat, der *seinen* Krieg als eine Idylle schilderte. Diese kleine Stadt in der Ukraine, die Familie, bei der er wohnte. Zwar habe er Kleidung und Pferde requirieren müssen und mit einer Art von Gutscheinen bezahlt, um deren Wertlosigkeit er wußte – doch gegen Plünderungen sei er stets eingeschritten.

Dann Front, dann habe er wieder zurückkehren dürfen in die kleine Stadt, und wie herzlich habe die Familie ihn wieder aufgenommen! Zwar habe die Frau viel geweint – der Mann sei inzwischen erschossen worden (vom SD erschossen worden), weil er Jude war –, aber er, der Wehrmachtsoffizier, sei so herzlich aufgenommen worden. Ich will nichts von dem in Zweifel ziehen, was der Mann erzählt. Ich bemerke, daß der Mord an dem Mann, der und dessen Familie ihn beherbergt haben, ihm die Erinnerung an die Idylle nicht trübt. Ich höre aus der Art des Vortrags, daß das Material der Ausstellung (das er akzeptiert, nur sagt, *sein* Krieg sei anders gewesen) sein Erinnern nicht zu einem Ritt-über-den-Bodensee-

3 Paul Feyerabend, Zeitverschwendung, Frankfurt/M. 1995, S. 66f.
4 Ebd., S. 67.

Gefühl macht. Und dann setzen eben doch meine Zweifel ein. Was hatte alles geschehen können, sichtbar sein, und ihm sein Gefühl eines schönen Krieges mit idyllischer Etappe nicht zerstören können? Die Tränen einer Frau, die die Gastgeberin für einen Landsmann der Mörder ihres Mannes hatte spielen müssen, hatten das nicht vermocht.

Krieg ist ein Gesellschaftszustand. Es spielt sich aber in allen Schichten der kriegführenden Gesellschaft ab – an der Front, in der Etappe, zu Hause, wo die Feldpostbriefe ankommen, wo die Rüstungsindustrie arbeitet, wo die Bilder des Krieges kursieren. Krieg ist ein Gesellschaftszustand – noch einmal: der fortdauert, der hineinwirkt in die Gesellschaft, auch wenn diese nach außen hin an keiner Front mehr kämpft. Krieg formiert und deformiert Gesellschaften. Und wenn ein Krieg die traditionellen Grenzen zwischen erlaubt und unerlaubt derartig radikal außer Kraft setzt, wie dieser Krieg es getan hat, braucht es eine Kraft von außen, sie wieder zu ziehen und zu garantieren, und es braucht Zeit, bis die internen gesellschaftlichen Regelsysteme, die über diese Grenzen wachen, wieder einigermaßen funktionieren.

Neue Normen, Erinnerungen, Schweigen – wie wird ein Selbstbild daraus? »Keiner«, sagt der Mann in Ruth Beckermanns Film, »hat nach 1945 zugegeben, etwas gesehen zu haben!« Da ist der Mann der vielen Leserbriefe, der irgendwann in das Hamburger Institut für Sozialforschung kommt und mich sprechen will: Es gehe um die Kinder von Bejala Zerkow. Das waren jüdische Kinder gewesen, deren Eltern vom SD ermordet worden waren, aber es war dunkel geworden über dem Töten, und so hatte man sie eingesperrt ohne Nahrung und Wasser. Die Wehrmacht war in die Stadt eingerückt, man hatte das Weinen der Kinder gehört, man beriet, was zu tun sei. Stabsoffizier Groscurth will das Leben der Kinder retten.

Am Ende aber steht der Befehl General Reichenaus, Aktionen, die einmal begonnen seien, müßten zu Ende geführt werden. Die Kinder werden erschossen. »Nein«, sagt der Mann, der in das Institut gekommen ist und der, wie er sagt, in Kürze seinen 80. Geburtstag feiern wird, »das ist nicht wahr. Ich habe die Kinder gerettet.« Er habe sie weinen gehört, Meldung gemacht, mit sechs Soldaten die zwei Bewacher des SD gezwungen, die Kinder freizulassen. Er habe den Bürgermeister von Bejala Zerkow aufgefordert, adoptionswillige Familien zu finden. Sie seien gefunden worden und die Kinder übergeben.

Es wird ein langes Gespräch. Denn es gibt Zeugen, die den Mord an den Kindern gesehen haben. Er kennt einen der Zeugen, einen Geistlichen, der die Truppe begleitet hat (»Ein vertrauenswürdiger Mann!«). Und schließlich: Man hat am Ort des Mordes – Jahrzehnte später – die Überreste der toten Kinder gefunden.

Der Mann bedankt sich für das Gespräch: »Ich gehe informierter weg, als ich gekommen bin.« Mehr sagt er nicht. – Später finden wir seine Zeugenaussage in den Akten eines Prozesses über den Mord an den Kindern von Bejala Zerkow aus den 60er Jahren. Seine Aussage: Er habe die Kinder weinen hören und Meldung gemacht. Was aus den Kindern geworden sei, wisse er nicht. – An anderen Orten aber hat es das gegeben: Kinder, die durch einen Zufall am Leben geblieben waren, wurden Familien übergeben. Diese Fälle waren zur Sprache gebracht worden, um zu zeigen, daß auch in den Zonen extremer Barbarei Räume der Entscheidungsfreiheit existierten und genutzt wurden – so oder so.

Unser Besucher hat irgendwann nicht mehr wissen wollen, was er wußte. Seine Erinnerungen paßten sich seinen Wünschen an. Er fing an, Briefe zu schreiben und gegen die Legende vom Kindermord in Bejala Zerkow zu streiten. Kurz vor seinem 80. Geburtstag wollte er die Wahrheit hören und kam dorthin, wo er zumindest ahnte, daß dort die Dokumente sein würden, die ihm die eigene Lebenslegende zerstören könnten. Das war es, was er wollte. Am Ende war ihm die Wahrheit wichtiger als das geschönte Bild der eigenen Vergangenheit.

Er hatte die *Erinnerung* an das Weinen der Kinder und das *Wissen* darum, daß es durch den Mord beantwortet worden war, nicht zu einem Bild der eigenen Vergangenheit machen können. Der Wunsch nach einer Revision der Moral des totalen Krieges war groß genug, um die Wahrheit zu entstellen, nicht groß genug, um sie zu ertragen. – Nach über einem halben Jahrhundert war das anders geworden. Er konnte die Wahrheit ertragen. Für ihn war der Krieg zu Ende.

Nicht für den, der immer wieder die Idylle in der Ukraine beschwört, denn jedesmal, wenn er das tut, muß er es unberührt tun von der Erinnerung an den begangenen Mord und an das Weinen der Frau.

Der Krieg ist vorbei für jenen ehemaligen Soldaten aus Ruth Beckermanns Film, der heute noch nicht begreift, wie seine Kameraden leugnen konnten, was sie sahen – hatte er sie doch gesehen, wie sie es sahen.

Für diese und für den, mit dem er die Ausstellung diskutierte, aber geht der Krieg weiter, denn seine Maßstäbe bestimmen noch heute ihr Sensorium. Moral ist unter anderem eine kognitive Fähigkeit. Damals haben sie nicht gesehen, was sich doch vor ihren Augen abspielte, weil es für sie gemäß der Moral des totalen Krieges kein Verbrechen war. So unterschieden sie es nicht von allem anderen um sie herum. Tote in Schützengräben, Artillerieeinschläge auf Marktplätzen, Zivilisten in Häusern, in die man Handgranaten wirft, erhängte Kinder – Krieg eben.

Nur die Wiedererlangung eines moralischen Differenzierungsvermögens kann in der Erinnerung Ordnung schaffen und schließlich – vielleicht auch ohne den Umweg über Idyllen und Selbstlegenden – zur Wahrheit führen, die darin besteht, die Tatsachen zu akzeptieren und sich damit abzufinden.

Krieg ist ein Gesellschaftszustand. Die Ausstellung zeigt den Zustand der deutschen Gesellschaft vor etwas mehr als 50 Jahren. – Die Reaktionen auf die Ausstellung zeigen den Zustand unserer Gesellschaft, die Sektoren, in denen er seine deformierende Kraft eingebüßt hat und die Maßstäbe der Zivilisiertheit aus eigener Kraft wieder adjustiert und stabil gehalten werden. – Und die Bereiche, in denen immer noch die Markierungen der Deformation durch die Barbarei kenntlich sind. Die Bereiche, in denen der Krieg fortdauert.

Rede zur Eröffnung der Ausstellung »Vernichtungskrieg. Verbrechen der Wehrmacht 1941 bis 1944« in Frankfurt

Zellulose, Zelluloid, Tränen, Kneipengespräche, Legenden, Alpträume, Lügen, Memoiren, verstaubte Alben auf Dachböden, Grabsteine, Orden, Wahrheiten – aus vielerlei Stoffen sind die Erinnerungen an Kriege gemacht. Der Sozialwissenschaftler rekonstruiert aus ihnen nicht nur ein Bild des Krieges, er rekonstruiert im Bild des Krieges, das eine Gesellschaft entwirft, das Bild, das sie sich von sich selbst macht, von ihrem Verhältnis zum Krieg.

Texte, immer wieder Texte, klassische sozusagen: *Draußen vor der Tür*; *Wanderer kommst du nach Spa...*; *Die unsichtbare Flagge*; *Der Arzt von Stalingrad*; *Katalaunische Schlacht*; *Kaukasische Aufzeichnungen*; *Leviathan oder die beste der Welten*.

Und nun so viele öffentliche Texte: Debatten, Reden, Fernsehkommentare, Beschimpfungen, Verleumdungen, Lob; so viele private: Gespräche, Briefe, Beschimpfungen, Dank, Morddrohungen, Bekenntnisse. All dieses Material, das der Analyse, des zeitdiagnostischen Bemühens harrt. Wie vielfältig auch wären die Textsorten, in denen man die Befunde präsentieren könnte. Wie nahe läge, wie nahe liegt mir manchmal die Polemik. Etwa dann, wenn Politikerinnen und Politiker aus den die Regierung tragenden Parteien Äußerungen tun, die bis in die Wortwahl hinein den Briefen ähneln, die ich allerdings ohne Unterschrift und Absender erhalte. Etwa dann, wenn von der Ehre einer Organisation gesprochen wird – lassen wir die Überlegung beiseite, ob eine Organisation denn eine Ehre haben könne, und ob jemand Ehre durch Mitgliedschaft und nicht allein durch ehrenvolles Verhalten erwerbe –, wenn also von der Ehre einer Organisation gesprochen wird, in der jedes Mitglied, qua nicht erzwungenem, sondern in freudiger Freiwilligkeit gefaßten Beschluß ihrer organisatorischen Leitung, auf einen Verbrecher vereidigt wurde.

Etwa dann, wenn einem vorgehalten wird, man verstehe als nach

1945 Geborener nicht, was einst Gehorsam und Eid bedeutet habe, und über dieser Anmahnung vergessen wird, daß in ebendieser Eidesformel etwas historisch völlig Neues zum Ausdruck gebracht wurde, was mit allen Traditionen, eine Armee auf ein Land, auf eine Verfassung oder auf eine Institution und ihre persönliche Repräsentanz zu verpflichten, brach: die Vereidigung auf ein Individuum als Individuum. Daß hier – und da würde die Polemik zur Soziologie – eine Armeeführung freiwillig Gebräuche wählte, die sonst nur für Verbrecherbanden kennzeichnend sind. Dann also, wenn vor jeder Diskussion darüber, was denn geschehen ist auf den Kriegsschauplätzen, denen diese Ausstellung gewidmet ist, vergessen wird, daß die deutsche Wehrmacht als Organisation bereits 1934 mit den Traditionen jenes Soldatentums gebrochen hatte, dessen Ansehen man angeblich antastet, wenn man darstellt, was historisch der Fall gewesen ist.

Etwa dann, wenn man hört, die Ausstellung verschweige, daß »nicht einmal das Nürnberger Siegergericht die Wehrmacht verurteilt« habe – man möchte schon etwas über diesen Sprachgebrauch sagen, und dann noch etwas über das Selbstbewußtsein der Uninformiertheit, der doch mit dem Erwerb eines dtv-Taschenbuches abzuhelfen gewesen wäre, in dem das Nürnberger Urteil hätte nachgelesen werden können – auch das Bedauern der Richter, daß ihnen das Statut des Gerichtshofs aus formalen Gründen nicht erlaubte, das Oberkommando der Wehrmacht und den Generalstab abzuurteilen, wiewohl ihre Mitglieder »an all diesen Verbrechen teilgenommen haben oder in schweigender Zustimmung verharrten, wenn vor ihren Augen größer angelegte und empörendere Verbrechen begangen wurden, als die Welt je zu sehen das Unglück hatte … Wo es den Sachverhalt rechtfertigt, sollen diese Leute vor Gericht gestellt werden.«

Und so ist man dann über der Polemik unversehens wieder in die Quellen geraten, wo doch auf die Polemik die Satire hätte folgen können – auch sie eine klassische Form, der Zeit die Diagnose zu stellen. Denn wie anders als satirisch soll von Vorschlägen wie dem die Rede sein, die Ausstellung »Vernichtungskrieg. Verbrechen der

Wehrmacht« in »Verbrechen in der Wehrmacht« umzubenennen, weil so allein eine Pauschalverurteilung von Soldaten, die individuell ohne zurechenbare Schuld geblieben seien, vermieden werden könnte? »Verbrechen in der Wehrmacht«? Die – um ein unverfängliches Beispiel zu nehmen – Fehler eines Unternehmens sind Fehler, die diese wirtschaftliche Organisation bei der Erreichung ihrer Ziele macht, ganz unabhängig davon, wie viele ihrer Mitarbeiter an den Fehlern beteiligt sind, und die Fehler in einem Unternehmen sind Fehler, die eben in ihm, im Bereich der Herstellung oder Verwaltung gemacht werden. Diesen Unterschied kennt jeder, der die deutsche Sprache mit minimaler Kompetenz spricht, aber ebendiese Kompetenz verschwindet, kollabiert – wie soll man sagen?: unter der Last dieses Themas. Was soll man von Leuten halten, die, um ihrer Empörung Ausdruck zu verleihen, von einem »sogenannten Forschungsband zur Ausstellung«, ja sogar von einer »sogenannten Ausstellung« sprechen? Welche Affekte verheeren da das Denken und Sprechen?

Es sind solche Signale, die zeigen, wie unrecht jene haben, die meinen, der Erfolg dieser Ausstellung sei nur dem Ungeschick ihrer Gegner zuzuschreiben. Wer denn hätte noch an die Legende von der sauberen Wehrmacht geglaubt, an welcher Schule sei die noch Gegenstand des Unterrichts gewesen? Nun, tatsächlich hat einzig und allein die hartnäckige Reaktion der deutschen Presse, die vom »Ende einer Legende« nicht aufhören konnte zu schreiben, uns die Ansicht nahegelegt, es habe diese Legende tatsächlich noch jenseits der 50er gegeben. Gestaltet worden ist die Ausstellung – und wer sie ansieht, sieht es ihr an – doch nicht als Enthüllungsaktion, als politische Provokation.

Der Ausstellung wie dem Buch, auf dem sie beruht, geht es um ein Stück Geschichte des 20. Jahrhunderts. Um eine Dimension des Krieges, die in der Neuzeit unbekannt gewesen ist. Der hier gemeinte Krieg hat sich vor allem auf den Gebieten der ehemaligen Sowjetunion abgespielt und ist nicht das Ergebnis einer Eskalation gewesen, sondern von seiten der politischen wie militärischen Führung von Anfang an intendiert. Dieser Krieg ist nicht ein Krieg gegen eine andere Armee gewesen, sondern von vornherein ein Krieg gegen eine andere Bevölkerung, deren einer Teil, die Juden, ausgerottet, deren anderer Teil, die nichtjüdische Zivilbevölkerung, durch Hunger und Terror dezimiert werden sollte. Zu diesem Krieg gehörte auch die planmäßige Ermordung von Kriegsgefangenen. Anders als in anderen besetzten Territorien machte das kriegführende Deutschland hier keinen Versuch, Quisling- oder Vichy-Regime einzusetzen, anders als auf anderen Kriegsschauplätzen wurden hier von Anfang an – und die in der Ausstellung dokumentierten Befehle, wie die Dokumente, die ihre Durchführung belegen, beweisen das – die Regeln jener Kriegführung außer Kraft gesetzt, in deren prinzipieller Einhaltung traditionellerweise das Ethos des Soldatenstandes seit dem Ende der Söldnerheere des 17. Jahrhunderts besteht.

Dieses zu zeigen heißt nicht – doch lassen Sie mich einfach wiederholen, was ich anläßlich der Eröffnung dieser Ausstellung nicht erst in München gesagt habe: »Zu zeigen, wie wenig scharf gezogen diese Grenze zwischen Normalität und Verbrechen war, und wie weit verbreitet die freudige und freiwillige Beteiligung am Massenmord – denn die Ahndung der hier und dort vorgekommenen und der in einzelnen Fällen sehr entschiedenen Verweigerung verbrecherischer Befehle hat es ja allenfalls in Ausnahmefällen gegeben – ist diese Ausstellung da. Sie behauptet nicht, daß jeder Wehrmachtsangehörige jene Grenze überschritten habe, die die Haager Landkriegsordnung zog, oder sich in jener Grenzenlosigkeit wohl gefühlt hat, die das Konzept des totalen Krieges eröffnete.«

Dieser Ausstellung ist es nicht um die Demontierung einer Legende gegangen, sondern um die Konfrontation mit einer Dimension historischer Wirklichkeit, von der gerade der oft wenig weiß, der die Attitüde des Sich-Auskennens zur Lebensmaxime erhoben hat. Kriege, so sagt uns der Leserbriefschreiber, und er sagt es mit der Sprache derjenigen, die stolz sind, daß sie das alles aus dem Effeff kennen, seien immer schrecklich. Kriege, sagt uns die Pazifistin, und sie sagt es nervös-mahnend, seien immer schrecklich. Besteht tatsächlich die Sorge, denjenigen, die zu lange mit den Dokumenten, die dieser Rassen- und Vernichtungskrieg hinterlassen hat, beschäftigt gewesen sind, sei solcherlei Erkenntnis inzwischen abhanden gekommen? Oder dokumentiert sich so die Weigerung, zur Kenntnis zu nehmen, daß Deutschland vor etwas mehr als einem halben Jahrhundert, also vor viel weniger als einem Menschenalter, einen zivilisatorischen Tiefstand erreicht hatte, der eben – glücklicherweise! – nicht zum historischen Alltag, auch nicht zu dem dieses furchtbaren Jahrhunderts gehört hat?

Solche Sätze seien, sagen manche, Bußpredigerrituale. Eine perverse Lust am Schuldbekenntnis. Die sei natürlich durch die Meinungsfreiheit gedeckt, aber – wie die Ausstellung insgesamt – eine bloße Privatveranstaltung, der man am besten Nichtbeachtung zuteil werden lasse. Immer noch diese seltsame Verwechslung von Tatsachen und Meinungen, die Hannah Arendt bei ihrem Besuch in Deutschland 1950 feststellte: »Der wohl hervorstechendste und erschreckendste Aspekt der deutschen Realitätsflucht liegt in der Haltung, mit Tatsachen so umzugehen, als handele es sich um bloße Meinungen ... Dies ist in der Tat ein ernstes Problem ... weil der Durchschnittsdeutsche ganz ernsthaft glaubt, dieser allgemeine Wettstreit, dieser nihilistische Relativismus gegenüber den Tatsachen sei das Wesen der Demokratie. Tatsächlich handelt es sich dabei natürlich um eine Hinterlassenschaft des Naziregimes. Die Lügen totalitärer Propaganda unterscheiden sich von den gewöhnlichen Lügen, auf welche nichttotalitäre Regime in Notzeiten zurückgreifen, vor allem dadurch, daß sie ständig den Wert von Tatsachen überhaupt leugnen: Alle Fakten können verändert und alle Lügen wahrgemacht werden. Die Nazis haben das Bewußtsein der Deutschen vor allem dadurch geprägt, daß sie es darauf getrimmt haben, die Realität nicht mehr als Gesamtsumme harter unausweichlicher Fakten wahrzunehmen, sondern als Konglomerat ständig wechselnder Ereignisse und Parolen, wobei heute wahr sein kann, was morgen schon falsch ist.« Die Qualifizierung des deutschen Vernichtungskrieges als einer historisch nicht nur quantitativ, sondern auch in ihrer klaren und dokumentierbaren Intentionalität beispiellosen Entgrenzung von Gewalt ist keine

Meinungsäußerung, sondern eine Tatsachenfeststellung. Und die Feststellung, alle Kriege seien schrecklich, ist ebenfalls keine Meinungsäußerung, sondern – wenn sie denn bedeuten soll, dieser Krieg sei im wesentlichen einer wie alle andern gewesen, seine Greuel das, was allenthalben vorfalle, wenn Armeen aufeinanderschlagen – bestenfalls eine Trivialität im Dienste einer Tatsachenverkennung.

Aber, es ist seltsam, die Tatsachen verlangen ihr Recht. Die Bundestagsdebatte über die Ausstellung hat gezeigt, wie auf einmal das Erzählen von Geschichten Oberhand gegen das Austauschen von Meinungen gewann, und mit den Geschichten gewannen die Tatsachen – wie sie erinnert worden waren – die Aufmerksamkeit zurück, die ihnen zuvor verweigert worden war.

Nun *sind* Kriege immer schrecklich, und ich habe auch lange gedacht, es sei bloß der Krieg gewesen. Auch mich bringt das zum Erzählen, und erlauben Sie mir, daß ich von meinen Erinnerungen spreche. Da war zunächst ein kriegsversehrter Vater, Freiwilliger im Ersten Weltkrieg. Als ich sieben Jahre wurde, ist er gestorben, und ich erinnere mich mehr an seine Verwundungen und den Stock, den er benutzte, als an vieles andere. Den zerschossenen Ellenbogen, das zerschmetterte Bein – er mochte es nicht, wenn ich die Treppe schneller hinauflaufen konnte als er mit seinem Stock – das Bein, in dem Streptokokken überlebt hatten, die regelmäßig-unregelmäßig virulent wurden, und manchmal wußte er im Fieberschock nicht mehr, was er tat. An das Nachtgebet mit der Zeile: »Und gib mir Feinde Mann um Mann / Satt sein macht faul und träge« erinnere ich mich noch. An die Bilder an der Wand und auf der Kommode: die gefallenen Halbbrüder, Uwe und Jochen. Zu ihrem Gedenken ging es immer am Volkstrauertag oder, wenn der Lapsus es wollte, Heldengedenktag, an ein Ehrenmal (später sagte man Mahnmal); es war auf dem Lande, Bläser bliesen im kalten Novemberwind und dann ein gemeinsames Lied: »Ich hatt' einen Kameraden …« Irgendwann ist mir der Text aufgefallen. Der verwundete Kamerad stirbt, doch: »Kann dir die Hand nicht reichen / derweil ich indessen lad«.

Uwe und Jochen. Der Ältere hat – ich weiß nicht, ob es stimmt, das ist die Geschichte, die mir erzählt worden ist – auf Befehl eines betrunkenen Offiziers alleine ein von Soldaten der Roten Armee gehaltenes Haus angreifen müssen. Er ist dann auf der Straße, nach einem Bauchschuß, sehr lange gestorben. Vielleicht sollte man hier von Verbrechen *in* der Wehrmacht sprechen.

Der Jüngere meldete sich freiwillig zur Front, obwohl er es nicht hätte tun müssen, denn er war der letzte von drei Brüdern, der zweite, jüngste, war zuvor an Kinderlähmung gestorben. Er wollte, was weiß ich, nicht zurückstehen, kein Feigling sein, sich nichts nachsagen lassen – vielleicht glaubte er an den Endsieg, was weiß ich. Sein, mein Vater hätte ihn zurückhalten können. Aber der hatte nicht gewollt, daß sein Sohn später einmal – was weiß ich. Es war in den letzten Monaten eines nunmehr offensichtlich so verbrecherischen wie bankrotten Regimes, das zu verteidigen meinem Bruder sein Leben, meinem Vater das Leben seines Sohnes gerechtfertigter Einsatz zu sein schien. – Beide hätten es nicht so formuliert. Beide hätten für »Regime« »Deutschland« gesagt oder »Vaterland«.

Man kann es sich einfach machen und sagen, hier habe so etwas wie ein Irrtum vorgelegen, eine grandiose Verkennung und Verwechslung. Doch diese durch Tod und Schmerz und Trauer als so grundlegend erwiesene Überzeugung über die Generationsgrenze hinweg als zwar groben, aber doch Unfug abzutun, geht jedoch tatsächlich nicht an. Wer verstehen will, muß lernen, beim Worte zu nehmen, auch beim Worte der Taten, er darf sich die Tatsachen nicht so zurechtreden, daß gar kein Verstehensproblem mehr vorliegt. Es gehört mit zur Anerkennung der historischen Tatsachen, daß wir konstatieren müssen, daß dort eine intellektuelle wie moralische Differenzierung nicht vorgenommen wurde, die wir für unabdingbar halten. Diese nicht zu betonen, würde bedeuten, die eigenen jeweiligen Standards aufzugeben. Wer das nicht will, gleichzeitig aber doch verstehen und damit gerecht werden will, muß auf der kognitiven wie moralischen Differenz als Voraussetzung des Verstehens beharren. Das ist keine moralische Überhebung, sondern die Verteidigung einer politischen Kultur gegen jene Affekte, die uns immer wieder drängen, mit denen, die wir geliebt haben, auch einverstanden sein zu wollen.

Vor weniger als einem Monat erhalte ich einen Brief von einem Verwandten – »gestatte mir das ›Du‹, denn Deine Großmutter und der Schwiegervater Deines Vaters waren Geschwister meines Vaters« –, von dessen Existenz ich bisher keine Ahnung hatte. Er schreibt wegen der Ausstellung, die er nicht gesehen, aber über die er gelesen hat. Er ist Soldat gewesen, ist schwer verwundet worden, hat ein Bein verloren. Er schreibt: »Ich stehe unter dem Eindruck, daß auch hier – wie so oft im Leben! – nicht die Frage nach Ursache und Wirkung gestellt wurde.« Im Brief eine Erzählung: September/Oktober 1941, »die Sturmgeschützabteilung«, deren Zugführer er ist, durchbricht die Verteidigungsstellung an der sowjetischen Grenze – »schwacher Widerstand ist zu brechen, stärkerem Widerstand ist auszuweichen« – und marschiert vor, 20 bis 50 Kilometer am Tag. »Die Division folgte uns, wobei es sich selbstverständlich nicht vermeiden ließ, daß zwischen Vorausabteilung und Division meistens ein viele Kilometer tiefer Zwischenraum, der nicht vom Feind gesäubert war, sich bildete.« – »Nun passierte es, daß vier Versorgungs-Lkw, die von der Division zur Vorausabteilung geschickt wurden, vom Russen« – vom Russen – »abgeschossen und die Soldaten erschossen wurden. Wir, die Vorausabteilung, erhielten durch Funk den Befehl, kehrtzumachen, weil hinter uns ›irgendeine Schweinerei‹ passiert sei«. Sie finden keinen Feind mehr vor, nur die ausgebrannten Lkws und die gefallenen deutschen Soldaten. Es »war von Russen nichts zu sehen«, heißt es im Brief, und man hört noch die Empörung über den aus dem Verborgenen operierenden Feind. Die deutschen Soldaten aber: »Sie waren regelrecht hingerichtet worden.« Was für ein Satz, der doch eigentlich sagen will, sie seien heimtückisch ermordet worden.

Ein Untergebener, ein »Kradmelder« durchwühlt die Leiche eines der Gefallenen, mein Verwandter vermutet sofort Leichenfledderei und verbietet diese. Aber der Kradmelder hat nur nach dem Soldbuch gesucht, er kannte den Gefallenen, der war ein »Bekannter oder Verwandter« von ihm gewesen, den er auf Grund des Soldbuches hatte zweifelsfrei identifizieren wollen, denn dessen Gesicht war während des Gefechts zerschmettert worden. – Man marschiert weiter, Gefangene werden gemacht. Der Kradmelder soll sie zur Division bringen. Einmal kommt er zu schnell zurück: er hat sie, wie es im Brief heißt, »hinter irgendeinem Busch kurzerhand mit der Maschinenpistole erledigt«. Dieses nun, führt der Brief aus, wäre ja ohne den Überfall auf den Lkw-Trupp nicht passiert, und nur wenn man so Ursache und Wirkung gemeinsam erkenne, erkenne man auch die Wahrheit.

Wie leicht und mit wieviel mehr Recht ließe anders sich von Ursache und Wirkung sprechen: von der Ursache des Angriffskrieges, von der Ursache, daß der Voraustrupp befehlsmäßig jenseits der Front operierte und das sogenannte Massaker nicht nur der Versuch war, die Stoßtrupps eines von vornherein gegen alles Völker- und Kriegsrecht operierenden Feindes zu bekämpfen – eine normale Kampfhandlung, auch wenn es ein anderer Feind gewesen wäre. Aber darauf kommt es nicht an. Es kommt darauf an, daß hier einer von Ursache und Wirkung spricht, wo die Rede von Handlungen, Entscheidungen und Verantwortung sein müßte. Mein Verwandter hat eine Tat gedeckt, die nach damals geltendem Völkerrecht sowie nach bisherigem militärischem Selbstverständnis ein Mord war, er schreibt: »Weil ich die Ursache, das Massaker an den Soldaten der Versorgungs-Lkw, kannte, habe ich davon abgesehen, Lötzsch« – so der Name des Untergebenen – »zu melden.« Aber es folgen noch vier Sätze: »Dies hätte für ihn bestimmt Kriegsgericht bedeutet. Das Urteil hätte mindestens ›Strafbataillon 600‹ oder ›Todesstrafe‹ bedeutet. Nur zur Abrundung sei erwähnt, daß ich zusammen mit Lötzsch 1943 infolge einer falschen Einweisung in russische Gefangenschaft geriet.

Daß unsere Gefangenschaft nur etwa zehn bis fünfzehn Minuten dauerte, hab ich nur dem entschlossenen Handeln von Lötzsch zu danken, doch dies ist eine andere Geschichte.« Nein, es ist keine andere Geschichte. So eng sind diese Sätze nebeneinander gefügt, daß man sie zitierend kaum trennen mag. Was haben Lötzsch und sein Vorgesetzter erwartet? Auch eine »regelrechte Hinrichtung« nach dem Maße von Ursache und Wirkung? Wie sehr muß die andere Geschichte, die Ursache der Dankbarkeit, noch zur Rechtfertigung des tolerierten Mordes herhalten, als wäre sie die rückgewandte Ursache der Entscheidung. Man sieht, wie wenig wohl derjenige, der die Geschichte erzählt, sich in ihr fühlt. Er ahnt, während er sie erzählt, daß nicht gelingen kann, was er möchte: daß man sein Verhalten billigen möge.

Sagte mein Verwandter die Wahrheit über die Strafen, die seinen Untergebenen erwartet hätten, sein Entschluß, den Mord an den Kriegsgefangenen faktisch zu akzeptieren, wäre ein Verbrechen in der Wehrmacht gewesen. Tatsächlich aber war der Mord durch die »Anordnungen für die Behandlung sowjetischer Kriegsgefangener« des OKW vom September 1941 gedeckt – wohlgemerkt: gedeckt, nahegelegt, nicht ausdrücklich befohlen. Der Mord war erlaubt, er wurde begangen, und so teilt mein Verwandter in diesem Brief ein kleines Detail aus dem Bereich der historischen Wirklichkeit mit, der zu Recht »Verbrechen der Wehrmacht« heißt.

Es ist schwer, bei einem solchen Brief, der am Ende den Refrain aufzuweisen hat, ein Krieg sei »leider nun einmal so« und »Krieg ist nun einmal kein Frauenkränzchen«, die intellektuelle Selbstbeherrschung zu wahren. Und doch gehört er zu diesen Geschichten, in denen sich die Tatsachen zu Worte melden, und die Worte stehen denen, die die Tatsachen camouflieren wollen, nicht mehr zu Gebote, und wir können in diesen Geschichten lesen, was mit ihnen noch dementiert werden soll. Ein Krieg wie jeder andere, und man solle ihn verstehen, indem man nicht als weltfremder Moralist nach Recht und Unrecht, sondern als Historiker nach Ursache und Wirkung frage. Mein Verwandter überläßt sich dabei der Erinnerung und im Erinnern dem Sog des totalen Krieges, der die Aufhebung dieses Unterschiedes zur Voraussetzung hatte. Hier sieht man erneut, daß nicht nur die Tatsachen für das moralische Urteil von Belang sind, sondern das moralische Differenzierungsvermögen darüber entscheidet, was man an Tatsachen überhaupt wahrzunehmen in der Lage ist.

Man kann aus solchen Geschichten lesen, wie schwierig die Wieder- oder vielleicht Neugewinnung moralischer Maßstäbe ist, die ein totaler Krieg so totalitär außer Kurs gesetzt hatte. Die Reaktionen auf die Ausstellung »Vernichtungskrieg« zeigen dieses in einer Deutlichkeit, die vielleicht kaum einer erwartet hätte. Nicht, daß die Ausstellung dies bewirkte. Die Rede vom »volkspädagogischen Unternehmen« ist verfehlt und wahrscheinlich nur ein Echo des Nachkriegsressentiments gegen den als Zumutung empfundenen Versuch einer Reeducation, die man – Meinungen gegen Tatsachen – allenthalben argwöhnt, wo die Rede über das, was gewesen ist, eine gewisse Intensität erreicht. Bewirken kann so was kein Buch, keine Ausstellung. Hier werden wir Zeugen einer wirklich noch nicht abgeschlossenen Umbildung einer politischen Kultur, die – und hier ist auch das Ressentiment gegen die »Volkspädagogik« Indikator einer halbbewußt eingestandenen Einsicht – sich nach 1945 aus sich selbst nicht hätte verändern können. Eine Ausstellung wie die, die wir hier in der Frankfurter Paulskirche eröffnen, ist – so hat sich herausgestellt – so etwas wie ein Schlüsselreiz, der viele Erinnerungen explizite Texte werden läßt, in denen wir ein Bild unserer Gesellschaft erkennen in seiner ganzen Ambivalenz, seinem beschwerlichen Neben- und Ineinander von Nähe und Distanz zum Verbrechen.

Zusammengehalten wird dieses Konglomerat durch eine gemeinsame Phantasie – unterschiedlich ist nur die Bereitschaft, ihrer Berechtigung nachzugehen und sich dem Schrecken auszusetzen, den jede wie immer beschaffene Antwort mit sich bringt. Diese Phantasie kommt im Vorwurf der Pauschalisierung zum Ausdruck, dem lautstarken öffentlichen Insistieren darauf, es seien nicht alle beteiligt gewesen an den Verbrechen. Nein, kommt die Gegenbeteuerung, nicht alle sind es gewesen, niemand sagt das, kein Buch, keine Ausstellung, diese schon gar nicht. Warum löst sich die Beschwörung des »Nicht alle!« nicht auf in der gemeinsamen Feststellung, der gemeinsamen bitteren Einsicht, daß es *zu viele* gewesen sind? Darum, weil die Phantasie, weil es so viele gewesen sind, hätten es alle gewesen sein können, noch immer und immer wieder mit dem ritualisierten »Nicht alle!« abgewehrt werden muß? Als verstehe es sich *nicht* von selbst, daß es nicht alle gewesen sind?

Wer das Bild einer Gesellschaft, das sie von sich entwirft, wenn sie über den Krieg redet, analysiert, muß zusehen, kein Teil eines solchen Phantasierens zu werden. Doch muß er es verstehen – verstehen etwa, daß hinter dem Vorwurf, die Ausstellung zeige nicht die *ganze* Wirklichkeit, nicht nur der Versuch einer Ehrenrettung, sondern auch die Angst steht, es könne einmal jemand wirklich die ganze Wirklichkeit zur Darstellung bringen. Aber er sollte auch verstehen, daß bei vielen diese Angst mit der Sorge verbunden ist, ein zu direkter Blick auf die Barbarei könne, was an Zivilisation wieder errungen ist, ruinieren. Die einen sprechen dann von der Kraft des Bösen zu faszinieren, die anderen davon, daß ein Zuviel an Bösem zu erblicken mutlos mache, die nächsten, daß jede Gesellschaft ein gewisses Maß an positiv besetzter Kontinuität brauche, um zu funktionieren – und so fort. Kurz: man lebe besser mit einer bestimmten Menge an Illusionen statt Wahrheiten, Ahnungen statt Gewißheiten und Idealisierungen statt politischer Urteilsfähigkeit. Es stimmt sogar, zeitweise lebt es sich besser damit. Nur nicht auf Dauer. Es ist nicht die Ausstellung, die das behauptet, es sind die Reaktionen auf die Ausstellung, die das beweisen.

Nachweise

Mord am Strand
Erweiterte Fassung eines Vortrags, gehalten auf dem Georg-Forster-Symposium vom 1. bis 4. April 1993 am WZ II der Gesamthochschule Kassel.

»Forsche nicht nach, wenn die Freiheit dir lieb ist; denn mein Gesicht ist ein Kerker der Liebe«.
Vortrag auf der 21. Arbeitstagung »Literatur und Psychoanalyse« am 12. Februar 1997 in Freiburg.
Abgedruckt in: Psyche, Heft 9/10, 1997, S. 820–834; eine Erwiderung Kurt Eisslers erschien in: Psyche, Heft 5, 1998.

Die Blutkur oder Die Angst vor den Ansprüchen der Oberfläche und warum alles immer wieder auf Mord hinausläuft
Vortrag auf dem Kongreß »Hans Henny Jahnn 100« vom 9. bis 11. Dezember 1994 in der Patriotischen Gesellschaft Hamburg.
Abgedruckt in: Hartmut Böhme (Hg.), Archaische Moderne. Der Dichter, Architekt und Orgelbauer Hans Henny Jahnn, Stuttgart 1996, S. 43–60.

Freiheit, Macht, Gewalt
Vortrag im Rahmen der Vortragsreihe »Gewaltige Zeiten« der Evangelischen Stadtakademie Hannover am 13. September 1994.
Abgedruckt in: Kriminologisches Journal, 6. Beiheft, 1997: »Die Gewalt in der Kriminologie«, hrsg. von Susanne Krasmann und Sebastian Scheerer, S. 31–44.

Des Schreckens innewerden
Abgedruckt als Band 1 der Reihe »Reden über Gewalt und Destruktivität, Hamburg 1995; unter dem Titel »... und 1 Jahrhundert« abgedruckt in: 200 Tage und 1 Jahrhundert. Gewalt und Destruktivität im Spiegel des Jahres 1945, hrsg. vom Hamburger Institut für Sozialforschung, Hamburg 1995, S. 46–73.

Nationalsozialismus und Moderne
Vortrag an der RWTH Aachen am 8. Februar 1996 im Rahmen der Ringvorlesung »Von der Diktatur zur Demokratie. Universität und Wissenschaft im Nationalsozialismus und in der Bundesrepublik«.

Abgedruckt in: Universitas, Heft 5, 1996, S. 453–468 (Teil 1) und Heft 6, 1996, S. 597–606 (Teil 2);
gekürzt abgedruckt in: Helmut König/Wolfgang Kuhlmann/Klaus Schwabe (Hg.), Vertuschte Vergangenheit. Der Fall Schwerte und die NS-Vergangenheit der deutschen Hochschulen, München 1997, S. 162–180.

Über einen ästhetischen Einwand
Abgedruckt in: Mittelweg 36, Heft 6, 1996, S. 6–17.

Die Memoiren Überlebender. Eine Literaturgattung des 20. Jahrhunderts
Vortrag an der Universität Hamburg am 8. Juli 1997 im Rahmen der Ringvorlesung »Geschichte der neueren deutschen Literatur: Gegenwartsliteratur 1966–1996«.
Abgedruckt in: Mittelweg 36, Heft 4, 1997, S. 20–39.

Stenogramme aus der Vorhölle
Vortrag an der Universität Hamburg am 11. November 1996 im Rahmen der Ringvorlesung »Juden und Deutsche nach 1945: Möglichkeiten zum Dialog?«.
Unter dem Titel »›Buchenwald wird von anderen geschildert werden; ich will mich an meine Erlebnisse halten‹. Stenogramme aus der Vorhölle« abgedruckt in: Hannes Heer (Hg.), Im Herzen der Finsternis. Victor Klemperer als Chronist der NS-Zeit, Berlin und Weimar 1997, S. 170–193.

Die Idee des Vernichtungskrieges
Abgedruckt in: »Vernichtungskrieg. Verbrechen der Wehrmacht 1941 bis 1944«, hrsg. von Hannes Heer und Klaus Naumann, Hamburg 1995, S. 377–401.

Trauma und Moral
Abgedruckt in: Kursbuch 126, 1996, S. 95–112.

Und auch Opas MG
Vortrag auf der Konferenz »Wolfgang Borchert in neuer Sicht« vom 23. bis 26. November 1995 an der Universität Hamburg.
Abgedruckt in: Gordon Burgess/Hans-Gerd Winter (Hg.), »Pack das Leben bei den Haaren«. Wolfgang Borchert in neuer Sicht, Hamburg 1996, S. 239–249.

Krieg und Nachkrieg
Rede zur Eröffnung der Ausstellung »Vernichtungskrieg. Verbrechen der Wehrmacht 1941 bis 1944« im Rathaus München am 24. März 1997.
Abgedruckt in: Mittelweg 36, Heft 2, 1997, S. 55–60;
Hans-Günther Thiele (Hg.), Die Wehrmachts-Ausstellung. Dokumentation einer Kontroverse, Bremen 1997, S. 60–67.

Rede zur Eröffnung der Ausstellung »Vernichtungskrieg. Verbrechen der Wehrmacht 1941 bis 1944« in der Paulskirche in Frankfurt am Main am 13. April 1997.
Abgedruckt in: Heribert Prantl (Hg.), Verbrechen der Wehrmacht. Eine deutsche Kontroverse, Hamburg 1997, S. 187–199.

Die Wurzeln des Faschismus liegen in der radikalen Linken am Beginn des 20. Jahrhunderts. Dessen führende Theoretiker waren ganz überwiegend »rechte Leute von links«, die aus dem revolutionären Syndikalismus hervorgegangen waren.

Der israelische Politikwissenschaftler Zeev Sternhell, ein herausragender Kenner der politischen Ideen des 19. und 20. Jahrhunderts, untersucht mit dieser wegweisenden theoriegeschichtlichen Studie die Bedeutung der revolutionären Ideologie für die Entstehung des Faschismus. In einer systematischen Auswertung zeitgenössischer französischer, italienischer und deutscher Quellen durchbricht Sternhell die herkömmlichen Formen und zeigt den gemeinsamen theoretischen Kern der später feindlichen Brüder.

Zeev Sternhell / Mario Sznajder / Maia Asheri
Die Entstehung der faschistischen Ideologie. Von Sorel zu Mussolini
Aus dem Französischen von Cornelia Langendorf
411 Seiten. Gebunden

ISBN 3-930908-53-0

Hamburger Edition
Institut für Sozialforschung

Richard von Weizsäcker

Vier Zeiten

Erinnerungen

Richard von Weizsäcker war als Bundespräsident ein Glücksfall für Deutschland. Damit ist nicht nur der Respekt gemeint, den er bei der politischen und intellektuellen Elite des Landes besaß, von der Popularität in der Bevölkerung ganz abgesehen. Er genoß Reputation und sogar Sympathie, in den europäischen Königshäusern ebenso wie im Kreml, wo sein Besuch half, das

480 Seiten
Abbildungen
Leinen

im
Siedler
Verlag

anfänglich gestörte Verhältnis zwischen Moskau und Bonn – also zwischen Gorbatschow und Kohl – wiederherzustellen. In der Reihe der nun sieben Präsidenten seit Wiedergründung eines deutschen Staates nimmt Weizsäcker deshalb eine Sonderrolle ein.

Sein nun vorliegendes, sehr persönliches Memoirenbuch ist in die Geschichte seiner Familie eingebettet. So sind seine »Erinnerungen« Lebensgeschichte, Familiengeschichte und Zeitgeschichte in einem.

Helmut Schmidt